国家卫生和计划生育委员会"十三五"规划教材

全国高等学校教材

供全球健康学及相关专业用

GLOBAL HEALTH

全球健康概论

An Introduction to Global Health

主　编　任明辉

副主编　汤胜蓝　刘远立

编　者　（以姓氏笔画为序）
　　　　冯子健（中国疾病预防控制中心）
　　　　任　苒（大连医科大学全球健康研究中心）
　　　　任明辉（国家卫生和计划生育委员会国际合作司）
　　　　刘远立（北京协和医学院公共卫生学院）
　　　　汤胜蓝（杜克大学 / 昆山杜克大学）
　　　　苏小游（中国医学科学院国际合作处）
　　　　李　锐（武汉大学公共卫生学院 / 全球健康研究中心）
　　　　吴　蓓（杜克大学）
　　　　张彦平（中国疾病预防控制中心）
　　　　周晓农（中国疾病预防控制中心寄生虫病研究所）
　　　　钱　序（复旦大学公共卫生学院）
　　　　阎丽静（杜克大学 / 昆山杜克大学）
　　　　梁晓晖（武汉大学公共卫生学院 / 全球健康研究中心）
　　　　鲁　新（北京大学全球卫生研究中心）

秘　书　梁晓晖（武汉大学公共卫生学院 / 全球健康研究中心）
　　　　李　锐（武汉大学公共卫生学院 / 全球健康研究中心）

人民卫生出版社

图书在版编目(CIP)数据

全球健康概论/任明辉主编. —北京:人民卫生出版社,2016

ISBN 978-7-117-22060-6

Ⅰ.①全… Ⅱ.①任… Ⅲ.①健康-卫生管理-研究-世界 Ⅳ.①R19

中国版本图书馆 CIP 数据核字(2016)第 032534 号

| 人卫智网 | www. ipmph. com | 医学教育、学术、考试、健康,购书智慧智能综合服务平台 |
| 人卫官网 | www. pmph. com | 人卫官方资讯发布平台 |

全球健康概论

主　　编:任明辉

出版发行:人民卫生出版社(中继线 010-59780011)

地　　址:北京市朝阳区潘家园南里 19 号

邮　　编:100021

E – mail:pmph @ pmph. com

购书热线:010-59787592　010-59787584　010-65264830

印　　刷:北京铭成印刷有限公司

经　　销:新华书店

开　　本:850×1168　1/16　印张:15

字　　数:465 千字

版　　次:2016 年 9 月第 1 版　2025 年 8 月第 1 版第 8 次印刷

标准书号:ISBN 978-7-117-22060-6/R·22061

定　　价:70.00 元

打击盗版举报电话:010-59787491　E -mail:WQ @ pmph. com

(凡属印装质量问题请与本社市场营销中心联系退换)

全国高等学校
全球健康学专业第一轮规划教材
编写说明

近年来，随着国际交往的日益频繁，人群健康和健康不平等问题已成为全球性挑战，"全球健康（Global Health）"的理念也应运而生。相比传统的公共卫生，全球健康更加强调通过国际合作，运用跨国界、跨部门的多种方法来解决健康问题。随着我国在全球健康实践中承担起越来越重要的角色，对全球健康学专业人才的需求持续增长。在此背景下，2012年教育部新设立全球健康学本科专业，武汉大学率先招生，旨在培养具有多学科背景知识，熟悉全球范围健康问题，能够识别和评估国内外重要健康问题并提出应对方案，在不同文化背景下能够进行现场应急处理、政策制定与评价、项目协调与管理等工作，具备团队合作精神，善于沟通协调的复合型新型人才。

为满足人才培养的需要，2013年在国家卫生和计划生育委员会领导的支持和关心下，全国高等医药教材建设研究会、人民卫生出版社开始组织全球健康学专业第一轮教材的编写工作，并于同年10月成立了"第一届全国高等学校全球健康学专业教材评审委员会"，经过会上及会后的调研和反复论证，最终确定第一轮编写9种核心课程教材，其他课程可暂与公共卫生其他专业共用教材。

本轮教材编写工作是根据教育部培养目标、卫生计生部门行业要求、社会用人需求，在全国进行科学调研的基础上，借鉴国内外医学人才培养模式和教材建设经验，充分论证本专业人才素质要求、学科体系构成、课程体系设计和教材体系规划后，科学进行的。坚持"三基、五性、三特定"和"多级论证"的教材编写原则，组织国家卫生行政管理部门和全国各大院校相关专业的专家一起编写，保证高质量出版。

本轮全球健康学专业规划教材共9种，均为国家卫生和计划生育委员会"十三五"规划教材，计划于2016年底全部出版发行。

全国高等学校全球健康学专业
第一轮规划教材目录

第一届全国高等学校全球健康学专业教材评审委员会

主编简介

任明辉

　　现任国家卫生和计划生育委员会国际合作司司长，曾担任世界卫生组织执行委员会副主席、联合国艾滋病规划署规划协调局成员、全球抗击艾滋病、结核病和疟疾基金理事会代表，以及联合国"每个妇女每个儿童"倡议战略和协调小组成员。1987 年和 2001 年之间，在原卫生部从事卫生政策和卫生改革工作，参与中国农村卫生体系研究以及中国城市医疗保险制度改革。2001 年之后，牵头负责多个多边、双边国际卫生合作委员会和卫生国际合作项目，推动中非卫生合作创新，倡导金砖国家卫生合作活动，发起中国全球卫生战略研究，以及中国全球卫生外交的研究和培训，推动中国全球卫生学科建设和人才培养。在国内外发表中国卫生政策、中国全球卫生政策和外交文章数十篇。获得西安医科大学医学学位（1987 年）、哈佛公共卫生学院公共卫生硕士（1993 年）、中国北京大学社会医学和卫生博士学位（2008 年）。2006 年获得俄罗斯联邦荣誉奖，2015 年被法国授予"国家功勋骑士勋章"。

副主编简介

汤胜蓝

　　教授,博士生导师。毕业于上海医科大学,获美国华盛顿大学公共卫生硕士和英国塞萨克斯大学哲学博士学位。曾作为高级项目官员和资深项目主管任职于 WHO 驻华代表处和 WHO 热带病研究和培训署(TDR)。2012 年起担任美国杜克大学医学院终身教授,并被聘任为杜克大学全球健康研究所副所长,昆山杜克大学全球健康研究中心主任,WHO 亚太地区卫生政策与体制观察所昆山研究基地主任。2013 年成为教育部外专局支持的复旦大学"海外名师"。2015 年起担任中国全球健康大学联盟主席。前后在上海医科大学、利物浦大学热带病医学院及杜克大学从事全球健康和卫生政策教学二十余年。主要研究领域为卫生体制改革和疾病控制战略和政策。发表近百余篇 SCI 论文,其中 5 篇发表在 *Lancet*。担任两本英文专著主编,BMC *Infectious Diseases of Poverty* 的副主编,*Social Science & Medicine*,*Health Policy and Planning*,*Global Health* 等若干英文学术杂志的编委。在 2006 ~ 2009 期间为新一轮中国医改的设计作出了重要贡献,包括执笔 WHO 对中国医改的建议书。

副主编简介

刘远立

　　教授,博士生导师。2013 年至今,担任中国医学科学院 北京协和医学院公共卫生学院院长,卫生政策与管理学教授,博士生导师。1994 ～ 2013 年,刘远立在哈佛大学从事国际卫生政策与管理的科研和教学工作,是"卫生体系学"创始人之一和博导。参与了中国卫生改革与发展的一系列重大问题的研究和政策咨询,出版过包括《构建全民健康社会》在内的 6 本中英文学术专著,在国际和国内学术期刊上发表过 100 多篇论文。是国务院深化医改领导小组专家咨询委员会委员、民政部全国养老服务业专家委员会委员、国家中医药管理局中医药改革发展专家咨询委员会委员、中国医学科学院学术委员会预防医学与公共卫生专业委员会主任委员、欧美同学会留美医学专业委员会主任委员。

前　言

全球化正对全球人口健康产生深远影响。全球气候变化、传染性疾病、非传染性疾病、老龄化，以及人类活动造成的其他全球性灾难事件，使得公共健康面临严重威胁与挑战。

全球化催生了全球健康相关学科的产生和发展。目前，全球健康学专业人才培养在国内是一个全新的领域，而高质量的教材是保证学科建设和人才培养的基础。人民卫生出版社和武汉大学全球健康中心"应时而为、顺时而动"，发起并组织编写了国内第一套国家级全球健康学科规划教材，本系列共有 9 本。

《全球健康概论》是该系列教材中的一本，也是对全套教材的高度概括。本书共 11 章，融合国外的全球健康的最新理念、实践和信息，结合中国的具体情况，概述了全球健康的基本框架和未来的发展。本书围绕全球健康这一主线，各章相对独立，又彼此融会贯通。在绪论中，编者总结国内外专家的观点，凝练出我国对全球健康的定义，明确全球健康面临的挑战，为本书和本系列教材奠定了理论基础。随后各章分别介绍全球健康的研究方法、全球健康的影响因素、全球疾病负担、传染性疾病、非传染性疾病、突发事件与全球健康、妇幼和老龄等特殊人群的全球健康问题、科学技术对全球健康影响，以及全球健康体系、全球健康发展援助与全球健康治理等全球健康的热点问题，最后以全球健康展望收尾。

本书围绕专业培养目标和知识技能要求，遵循人民卫生出版社"三基"（基础理论、基本知识、基本技能）、"五性"（思想性、科学性、先进性、启发性和适用性）、"三特定"（特定的对象、特定的要求、特定的限制）原则，力求使本教材具有基础性、科学性、发展性、规范性和时代性。此外，本书在每章设有学习目标、知识拓展和思考题，以便让学生明确学习目的，培养学习兴趣，拓展知识，提高思考能力。

本教材的使用对象以全球健康学专业、预防医学本科专业为主，可作为临床医学、卫生管理、国际关系或其他专业的学生了解全球健康的通识课教材。此外，也可以作为医疗卫生、外交等相关行业，以及卫生外事人员的参考用书。

本书的各章编委都是相关研究方向的专家，具有丰富的理论知识和实践经验。书中不少内容是他们的学术思想、实践经验和研究成果的升华。本书在编写过程中，全体编委通力合作，付出了辛勤的劳动和宝贵的时间。先后召开了四次编委会,得到国家卫生和计划生育委员会国际合作司、武汉大学公共卫生学院、武汉大学全球健康研究中心、中国疾病预防控制中心及其寄生虫病研究所、人民卫生出版社的大力支持,在此一并致谢。

由于编者水平和时间有限,本版教材难免存在缺点或不当之处,敬请各位领导、专家、同仁和师生不吝赐教,以使其不断更新和完善。

任明辉

目　录

第一章 绪论

🌐 **学习目标**

掌握 全球健康的概念与特征。

熟悉 全球健康的作用与面临的挑战。

了解 全球健康的产生与发展。

近50年的全球经济发展和一体化进程,不仅改变了人们的生活方式,也对人类的健康产生了巨大影响,如5岁以下儿童死亡率和孕产妇死亡率下降、期望寿命增加、天花的控制和消灭等,使得人类健康有了极大改善。但全球化同时也带来了新的健康挑战,疾病谱的改变,结核病、艾滋病、麻疹等传染病的复燃和扩散,使全球健康呼之欲出。从20世纪90年代,"全球健康(global health)"开始逐步取代"国际卫生(international health)"成为卫生领域占主导地位的术语之一。全球健康作为一个新型的学科,注重跨部门、跨学科共同关注和参与全球重大卫生问题,近年来更是成为关注的热点,与全球健康相关的研究课题、研究机构、学科建设、人才培养和杂志专栏在全球迅速发展。

本章首先介绍全球健康起源、发展和兴起。在总结国内、外研究的基础上,界定本书"全球健康"定义,并论述全球健康的内涵、与其他学科的关联、全球健康研究的方法及全球健康的作用和意义。最后讨论了21世纪全球健康面临的挑战和全球应对措施,以期勾画出全球健康的整体框架。

第一节 全球健康起源与发展

一、全球健康产生的背景和发展

(一)全球健康产生的背景

国家之间的经济贸易联系可以追溯到几个世纪前。近几年来,国家之间的经济贸易往来迅猛发展,且逐渐向政治、文化、社会生活等各领域扩张,这就是人们所说的全球化趋势。然而,全球化不是一个新的现象,全球化的趋势包括国家之间在政治经济上的互相依赖与联系,多边和国际机构的增加,各国文化和社会经济通过旅行和信息传播在分享和交流。这些发展趋势无不影响着各国人民的健康发展与安全以及各国的医疗卫生保健制度,例如:跨国间的旅行会使传染病扩散传播;一些货物的进、出口也会带来同样的问题;一个国家的环境恶化(如空气污染)可能会给邻国造成危害;一个国家的社会经济与环境状况将会影响到其他国家人民的健康发展和安全。另外,由于跨国医药公司的不断扩展及国际医疗旅游的出现,在一定程度上使医疗卫生服务国际化了。这些变化可能会给一部分人带来正面的影响,也会给另一部分人带来负面的影响;这些变化既可以促进全球人群的健康公平性,也可能造成各国之间和各人群之间的健康更不平等。近几十年来的全球化发展趋势已经深刻地影响着人们的健康发展和安全以及获得医疗卫生服务和产品,同时,全球化带来的一些问题也需要各国之间协同合作来应对。在这样一个大背景下,全球健康越来越引起大家的关注和研究兴趣。

(二)全球健康发展

全球健康由国际卫生衍生而出,而国际卫生最早是从热带医学演变而来。热带医学由欧洲人创立,欧洲科学家和医生在热带国家地区发现了欧洲从未见过的疾病后,开始关注与研究这些疾病。19世纪初,欧洲各国在诸多港口确定了停船检疫制度,以防止霍乱、鼠疫等烈性传染病的扩散。为了协调各国检疫制度及解决自由贸易中产生的矛盾,1851年在法国召开了第一届国际卫生大会,该会议的召开标志着国际间卫生合作的开始。国际卫生会议从1851年至1938年共召开了14届,主要内容是传染病控制,以降低对自由贸易的影响。利物浦船商阿尔弗雷德·刘易斯·琼斯(Alfred Lewis Jones)爵士于1898年出资创建了热带医学院,随后热带医学的研究便在世界流行开来。早期的热带医学内容主要包括发现、预防、诊断和治疗集中于热带地区的疾病,其领域覆盖昆虫学、寄生虫学、临床医学、流行病学以及社区卫生。

19世纪至20世纪是国际卫生合作的黄金时代,合作领域主要限于传染病的预防与控制。大致可以划分为三个阶段:第一阶段,19世纪前半叶,主要在欧洲建立了停船检疫监督体制;第二阶段,从1851年第一次国际卫生会议到第二次世界大战结束,建立了以国际卫生会议为主要机制的国际传染病控制体制;第三阶段,二战后到20世纪80年代末,建立了以世界卫生组织为核心的现代国际传染病控制体制。1948年世界卫生组织的成立标志着现代国际卫生体系的形成。20世纪中期,热带医学得到广泛发展,同时国际卫生学科也逐渐出现在人类健康研究的领域。相比热带医学,国际卫生强调在更加广泛的卫生及政策系统内对人群实施卫生干预,通过进行大规模的国际合作以达到提高发展中国家健康水平和防止传染性疾病在国与国之间传播的目的。国际卫生的研究规模和领域不断扩大,成为各国的热门学科。国际卫生体系多侧重于传染病的应对,通常以国境为界来处理卫生问题;主要依赖卫生部门的行动,非卫生部门参与较少;同时以国家为主体,非国家行为体的作用有限;世界卫生组织是无可争议的领导与协调者。

20世纪90年代,全球健康的概念悄然兴起,成为国际公共卫生领域占主导地位的流行用语。据Web of Science引文数据库统计,20世纪80年代,"国际卫生"文献数目是"全球卫生"的4倍。进入21世纪后的第一个十年,发生了戏剧性反转,"全球卫生"文献数目是"国际卫生"的3倍。文献检索发现,"全球健康"这一概念最早出现在1944年的一篇关于热带病和外国输入性疾病的文章里。在世界卫生组织成立之前,一些专家学者在1945年前后连续发表了几篇论文,讨论公共卫生的全球视野。但是,这些学者都未对全球健康做出全面完整的定义。"全球健康"弱化了"国家"这一概念,重在强调地球上所有人类的健康发展和安全。除了政府的参与之外,还包括媒体、非政府机构、基金会等多种机构的加入,更加体现了"全球化"。全球化的深化发展催生了全球健康、全球健康治理等概念。

二、全球健康实践与研究

(一)国际上全球健康的实践

全球健康实践与研究可以追溯到19世纪中叶。为了防止热带传染病的流行与传播,各国之间开始协力合作。然而,全球健康这一概念,尽管在第二次世界大战期间已经在学术论文中出现,但是对其定义及涵盖的范畴都不明确。第二次世界大战之后,以美国为首的西方国家,随着其经济水平的不断提高,通过世界卫生组织和世界银行等联合国多边系统和双边援助机构,不断加强开展全球健康相关的项目和活动。世界银行从20世纪70年代起,向中、低收入国家提供促进健康的项目贷款,在过去的半个世纪中,无论是资金数量还是项目范围均快速增长。这些项目主要是用于卫生服务、人口与计划生育和改善营养等。世界卫生组织为发展中国家提供众多的卫生服务技术帮助,同时为医疗公共卫生等领域制定规范和标准。世界卫生组织等联合国机构还在不同时期倡导和推动以促进全球健康的运动和卫生改革,包括初级卫生保健、卫生体系改革、千年发展目标,以及目前正在实施的全民健康覆盖运动,其中千年发展目标的提出深深地影响了全球健康的发展方向。

🔖 知识拓展 1-1

联合国千年宣言

2000年,联合国189个成员国签署了《联合国千年宣言》,承诺消除贫穷、饥饿、疾病、文盲、环境恶化和对妇女的歧视,力争到2015年实现8个千年发展目标。

- 目标 1：消灭极端贫穷和饥饿
- 目标 2：普及初等教育
- 目标 3：促进两性平等并赋予妇女权利
- 目标 4：降低儿童死亡率
- 目标 5：改善孕产妇健康
- 目标 6：与艾滋病、疟疾和其他疾病做斗争
- 目标 7：确保环境的可持续能力
- 目标 8：建立全球发展伙伴关系

千年发展目标之间相互关联。所有的千年发展目标都对健康有影响。反之,健康也影响所有的千年发展目标。例如,更好的健康状况使儿童能够读书,使成年人能够谋生。性别平等对实现增进健康是必不可少的。减少贫困、饥饿和环境损害对健康有积极影响,同时也取决于更好的健康状况。

在过去的一个多世纪中,从热带医学到国际卫生,再发展至全球健康,相关研究蓬勃发展。自 21 世纪以来,与全球健康相关的学术论文和书籍飞速增加(图 1-1)。除了论文总量增加之外,许多具有很大影响力的同行评议学术刊物,如英国的《柳叶刀》(The Lancet),美国的《美国医学会杂志》(JAMA)和《美国流行病学杂志》(AJE)等都纷纷开辟全球健康专辑、专栏,刊登从全球范围内征集的文稿。2002 年,世界卫生组织组织专家召开了几场关于全球卫生治理的研讨会,并将研讨会的最终研究成果汇编成册公开发行,分别为:《全球卫生治理:对其概念的梳理》(Global Health Governance:A Conceptual Review)、《全球卫生治理:历史维度的考查》(Global Health Governance:Historical Dimensions of Global Governance)、《全球卫生治理:国际法对全球公共健康的保护与促进作用》(Global Health Governance:Overview of the Role of International Law in Protecting and Promoting Global Public Health)。随后,《世界卫生组织公报》(World Health Organization Bulletin)专辟《全球卫生治理》栏目,发表了诸多全球卫生治理与国际卫生法的研究论文,成为全球健康研究的前沿研究阵地与学术交流平台。

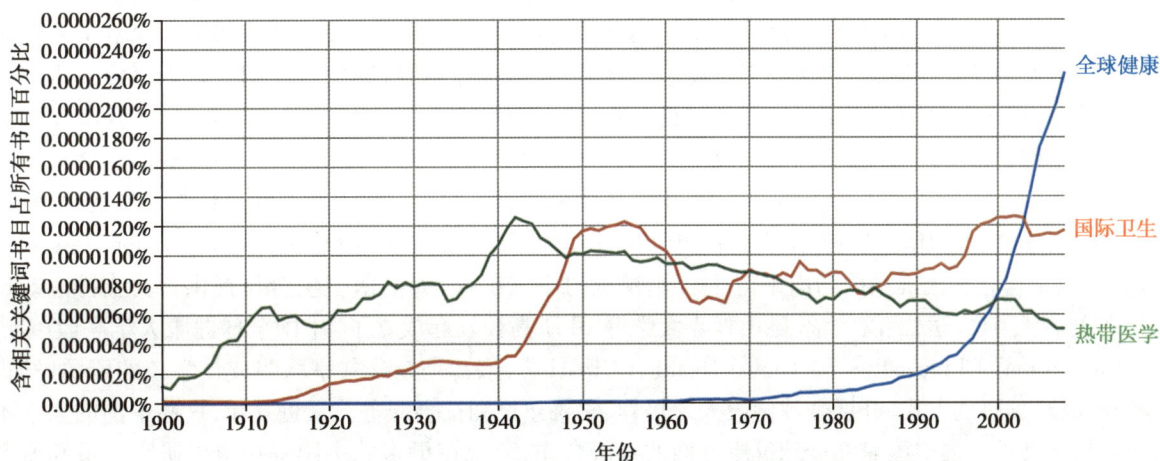

图 1-1　全球健康、国际卫生、热带医学相关书籍数量变化趋势(1900~2008 年)

2003 年随着 SARS 席卷全球带来的冲击,美国、英国、瑞士、法国等发达国家投入大量研究经费用于全球卫生的研究、培训与宣传。大量有关 SARS、全球卫生、全球健康等主题的专著得以出版,如《全球健康》《全球健康案例研究》《暴力时代的全球健康》等;大量以全球卫生、全球健康为主要研究内容的专业期刊得以创办,如《全球卫生治理》(Global Health Governance)、《全球健康杂志》(Global Health Magazine)等。近年来,《柳叶刀》杂志先后发表多篇全球健康及其治理主题的论文与研究报告,成为全球健康研究的权威引领者。最新一篇研究报告《柳叶刀-奥斯陆大学委员会关于健康的全球治理健康不公平的政治根源:通往改变的前景》重点指出,全球健康不公平的根源在于健康的政治决定因素,呼吁通过

改变全球、地区、国家等不同层面的健康的政治决定因素来促进全球健康公平的实现。

在过去几十年的全球健康实践与研究历史过程中，国际卫生伙伴关系(international health partnership)起到了至关重要的作用。这些组织在政府、私人基金会的慷慨资助下，尤其是为发展中国家的弱势人群的健康促进和改善开展与实施了大量的项目，其中全球抗击艾滋病、结核和疟疾基金(The Global Fund to Fight AIDS, Tuberculosis and Malaria)和全球疫苗免疫联盟(The Global Alliance for Vaccines and Immunization, GAVI)较为重要。此外，一些基金会与非政府组织发挥了重要作用。从具有上百年历史的美国洛克菲勒基金会(Rockefeller Foundation)和英国威康信托基金会(Wellcome Trust)，到只有十余年历史的比尔和梅琳达·盖茨基金会(Bill & Melinda Gates Foundation)，资助全球健康的倡导、实践和研究，为本国和发展中国家人民的健康作出了不可磨灭的贡献。

全球健康概念悄然兴起的另一个佐证是全球卫生教学科研机构的设立与人才培养。1999年，美国加州大学旧金山分校设立了第一所以"全球卫生"为名的教学科研机构——全球卫生研究所(Institute for Global Health)，并于2008年率先创建了全球卫生硕士专业。随后，哈佛大学、杜克大学等国际著名综合性大学不甘落后，由此拉开了全球高等院校设立全球卫生教学科研机构的序幕。截至2013年，这类机构全球已达一百多家。随着全球卫生科研机构的建立，全球卫生教学与人才培养工作如火如荼地开展起来。乔治城大学、亚利桑那州立大学、南加州大学、华盛顿大学、西北大学、康奈尔大学等，不仅为本科生提供全球卫生主修、辅修学位或课程证书，而且培养了大量全球健康专业的硕士、博士等高级专业人才。最新的一项针对美国全国能够授予医学博士的所有医学院校调查结果显示，在参加调查的133所学院中，有32所(24%)开办了正规的全球健康课程教育。

此外，英国伦敦卫生和热带医学院和利物浦热带医学院，虽然没有改动自己的机构名称，但是在过去一个多世纪主要从事针对发展中国家的疾病控制的教育培训和研究。瑞典、荷兰、德国和比利时等不少欧洲国家的主要大学，在过往几十年中，对发展中国家尤其是非洲国家的健康研究同样作出了应有的贡献。

（二）中国全球健康实践

作为一个发展中国家，中国通过一系列有效的社会公共和卫生政策的实施，极大地提高了中国人民的健康水平，是对全球健康发展的最大贡献。同时，中国力所能及地开展对其他发展中国家的卫生健康支持项目，如：派遣医疗队、援建医疗卫生设施、捐赠药品和医疗器材，为发展中国家培训医疗卫生人才等。另外，中国十分关注和支持跨国界的传染病防控。

鉴于中国目前全球健康教育和研究能力薄弱，北京大学、复旦大学、武汉大学，以及香港中文大学和台湾大学等成立了全球卫生教学科研机构，积极开展全球健康的在职培训教育和全日制学位教育项目。2011年成立的"中国南南卫生合作研究联盟(China Alliance for South-South Health Cooperation Research, CASSH)"，宗旨是积极推动中国南南卫生合作领域的研究工作，为南南卫生合作提供智力支撑。2013年北京大学、复旦大学、武汉大学、昆山杜克大学等10所高校发起成立了"中国全球健康大学联盟(Chinese Consortium of Universities for Global Health, CCUGH)"，宗旨是充分共享联盟成员学校的资源、知识和经验，以跨学科的方式，开展全球健康人才培养、学科建设和社会服务。最近几年，这些中国的大学不断地加强与其他发展中国家在全球健康方面的科研合作，表现在更多的中国医疗卫生研究人员和研究生到非洲和亚洲其他国家进行健康卫生相关的现场合作研究和国家间比较研究。而且，这样的势头在迅猛发展。近年来，中国国家卫生和计划生育委员会、商务部同英国政府国际发展部合作，为总结中国卫生发展经验和培养中国全球健康人才，实施了"全球健康支持项目"。在该项目支持下，部分中国大学和疾病预防控制中心与欧美和非洲国家合作，开展疾病控制、妇幼卫生和卫生体系方面工作，提升自身项目实施和研究能力。因历史原因，中国的全球健康实践可能走一条不同于西方国家的道路。可以肯定的是，中国在今后的若干年中，将不断在广度与深度上投入到全球健康的事业发展中去。

第二节 全球健康的基本概念

一、全球健康的概念

（一）全球健康的内涵

2005 年在美国宾夕法尼亚州费城市召开的全球卫生峰会上,签署的《费城协议》引述了美国科学院医学协会对全球健康的定义,即"超越国界的或者可能受到某些国家本身条件和遭遇影响的健康问题与重大争议,而联合行动是解决这些问题的最佳办法"。

作为倡导全球健康理念先驱者之一的艾露娜(Kickbush Ilona)认为,全球健康"代表一种新的环境、新的认知和新的国际卫生的战略方法"。她提出,全球健康聚焦健康决定因素全球的相互依存的影响,健康危险因素的转换和各国以及在全球健康领域中国际组织和许多其他部门的政策反应,其目标是"让全球所有地区的每个人都能获得其健康的公平可及性"。

柯普兰(Jeffrey P. Koplan)和他的同事提出的"全球健康"内涵得到了更多的赞同。他们认为,全球健康是"对促进世界范围内所有人健康公平性的学术、研究和实践的优先选择领域"。全球健康强调跨越国界的健康问题、决定因素及其解决途径;全球健康超越了生物医学科学,促进了学科间的合作。全球健康以国家和不同人群健康公平性为主要目标,基于人群预防的个体层次上临床保健的集合,是公共卫生向全球范围的扩大和延伸。

结合国际上对全球健康的定义,本书提出了全球健康的定义:全球健康是致力于改善全人类的健康水平,实现全球人人公平享有健康的一个兼具研究和实践的新兴交叉领域。其关注的是具有全球意义的健康问题及其决定因素,以及解决方案和全球治理,需要在国家、地区和全球层面超越国界和政府,动员并协调各方力量采取有效行动予以应对。其特点是融合人群为基础的预防医学和个体水平为对象的临床医学,运用卫生领域各学科的理论与方法,以及卫生领域学科之外的政治、外交、社会、经济等多学科的研究方法与实践经验,倡导跨学科参与和合作。

（二）全球健康含义的理解

1. 全球健康关注的健康问题　首先,要正确理解对于"全球健康"中"全球"的含义。全球健康中的"全球"更多的是指健康问题和全球健康决定因素的范围,而不仅指其具体的地理位置;因此,不应将全球健康仅仅局限到健康相关的跨越国界的问题上。

其次,要正确理解全球健康关注的"健康"问题。全球健康关注的健康问题涉及全球性的健康问题或跨越国界健康决定因素的相关问题,例如气候变化、环境因素、城市化对健康的影响及其解决途径;如根据世界卫生组织有关空气质量的数据,室内和室外空气污染威胁许多城市居民的健康,每年超过两百万人死于空气污染中的颗粒物。又如全球性脊髓灰质炎的根除,传染性疾病的全球流行,埃博拉病毒、登革热、H5N1、HIV 感染等;这些全球性的跨越国界的健康问题都是全球健康关注的健康问题。同时,全球健康关注的健康问题也包括烟草控制、营养缺乏、肥胖、损伤预防、移民健康,以及卫生人员迁徙等(知识拓展 1-2)。

知识拓展 1-2

全球健康问题举例

传染病的复燃、抗生素耐药、脊髓灰质炎的根除、痢疾、天花和小儿肺炎、年轻女性的性传播疾病、艾滋病、结核病和疟疾、寄生虫感染(例如钩虫病)、糖尿病和心脏病的增加。

在前面概念的基础上,需要理解下面这些关键的健康问题是怎样影响世界不同地方的,要理解世界是一个整体:

- 环境卫生
- 营养

- 生殖健康
- 儿童健康
- 传染病
- 非传染病
- 外伤

（参考 Richard Skolnik. Global health 101. Second Edition. Jones & Bartlett Learning Canada. 2012）

2. 健康社会决定因素及其影响　按照传统的公共卫生理论,健康的决定因素主要是细菌、病毒等生物学因素,因而解决卫生问题主要在卫生部门内部,是卫生专业人员的任务。伴随着全球化的深化及其全球健康理念的产生,人类重新思考如何界定健康的决定因素,并寻求解决和控制这些因素的途径,提出了健康社会决定因素(social determinants of health)的概念。所谓的健康社会决定因素,指的是健康不公平源自人们出生、成长、生活、工作和终老的社会环境状况,包括早年经历、教育、经济状况、就业和体面工作、住房和环境,以及预防和治疗病患的有效系统。

2009 年,世界卫生大会通过了关于针对健康问题社会决定因素采取行动以减少健康不公平的WHA62.14 号决议。按照这个决议,2011 年 10 月 19～21 日,在巴西里约热内卢召开了健康问题社会决定因素全球大会,通过了《健康问题社会决定因素里约政治宣言》,确定了五个主要行动领域,旨在通过解决社会决定因素来增进健康、减少不公平和促进发展。

根据对健康社会决定因素的认知,个体和群体的健康决定因素是许多因素综合影响的结果。世界卫生组织界定的健康社会决定因素包括三个方面:①社会和经济环境;②物理环境;③个人特征与行为。健康的社会决定因素包括非卫生领域的因素,如全球化导致的社会经济、人口流动和环境变化等。即人们健康与否,是由其生存的环境和氛围决定的,例如生活条件、生存环境、基因、收入、教育水平、生活方式以及与朋友和家人的关系等,所有这些都是影响健康的重要因素。

由于健康的社会决定因素超越卫生领域,涉及农业、教育、环境等非卫生部门,因此要应对这些非卫生领域的健康社会决定因素也必然需要整合非卫生部门的共同行动和采取多学科的方法。《健康问题社会决定因素里约政治宣言》强调,要通过全面的跨部门方法,针对影响健康和福祉的社会决定因素采取行动。由此,对健康社会决定因素的认知,不仅丰富了全球健康的内涵和外延,也为形成全球健康运用"跨学科"和采取"跨部门"的方法的理论和实践奠定了基础。

3. 全球健康的参与者　全球健康内涵中的一个突出特征是全球健康的参与者突破了卫生部门和政府的界限,倡导非卫生部门和非政府机构的广泛参与。全球健康的参与者包括传统参与者和新型参与者。全球健康传统的参与者主要是国际机构、国家行为体等。新型参与者除了传统参与者外,还包括诸多非国家行为体或称为"新兴行为体"。这些非国家行为体包括非政府组织、基金会、慈善机构、学术机构、专业协会、跨国公司,以及公私合作伙伴型的机构等。全球健康的参与者也可按国际层面、国家层面、地区层面划分。它们在全球健康实践中日益发挥了重要的作用,尤其是 20 世纪以来,越来越多的非国家行为体参与到全球公共卫生的治理活动中,在全球健康中发挥着重要的作用,成为推动全球公共卫生合作的不可或缺的力量。

全球健康参与者的日益增加主要有两个方面的原因。一方面,全球化使得穿越国界的健康风险剧增,包括新发和再发传染病的传播、与有害产品消费和不良生活方式相关疾病的全球扩散、环境污染的控制、气候变化对人类健康的影响加剧等。另一方面,基于对健康决定因素的多元性认识的深化,健康的社会决定因素越来越全球化,以及全球健康问题及其影响因素的日趋复杂和相互关联;面对日益严重的全球性健康决定因素和紧迫的公共卫生问题,尤其是艾滋病等新发传染病的暴发和流行的应对,传统参与者的国家行为体已力不从心,主要依靠卫生部门的应对方式已不能适应形势的需要,客观上要有一种超越单一机制和单一机构的方式,即新的行为主体来共同应对。

全球健康问题和挑战的应对涉及外交政策、经济贸易、科技进步与社会发展等多个方面,必须通过非卫生部门的联合行动,需要多部门和非政府组织协同努力共同应对。全球健康委员会是新兴行为体的一个典型例子(知识拓展1-3)。

📖 知识拓展1-3

全球健康委员会(Global Health Council,GBC)

全球健康委员会是1972年在美国创建的一个非营利组织。目前成员包括非政府组织、企业、学术机构、基金会、公民社会,以及关注全球健康问题的个人。该委员会界定全球健康问题并将其向公众、立法机构、国际组织和美国政府机构、学术组织和全球健康社区发布和报告。该委员会试图与各个合作伙伴和联盟共同合作,并通过政策圆桌会议、关键问题的讨论与报告、年度国际会议、交互网络、信息专递、全球健康杂志和博客等方式分享信息。例如,GBC参与了全球减贫组织,与八国集团和二十国集团等更广泛的国际社区共同合作,参加了世界卫生组织、联合国艾滋病规划署、世界银行和其他国际合作伙伴的合作活动。

在新的行为主体中,非政府组织(non-govermental organizations,NGO)是一个突出的代表。非政府组织在全球健康领域中的蓬勃兴起是全球化发展的结果,有着深刻的社会动因,是全球化背景下全球共同应对错综复杂的健康社会决定因素的必然选择。一般而言国际非政府组织没有政治约束,具有更大的灵活性;更易于与现有各种国际条约之间相互协调;并且其资金来源独立,专业人才资源丰富,在全球健康治理中具有独特的优势,更能弥补全球健康领域一些被忽视的领域。

全球健康问题和挑战的应对涉及外交政策、经济贸易、科技进步与社会发展等多个方面,必须通过非卫生部门的联合行动,需要多部门和非政府组织协同努力共同应对。非政府组织参与全球健康方面的历史悠久。早在19世纪,洛克菲勒基金会和抗结核病国际联盟等组织就曾联合起来共同抗击鼠疫等传染病和其他公共卫生问题。进入20世纪以来,越来越多的非政府组织参与全球公共卫生的治理活动,在全球卫生治理中发挥着日益重要的作用,成为推动全球公共卫生合作的不可或缺的力量。近10年,积极推动艾滋病防控,是非政府组织有效参与全球卫生治理的案例之一(知识拓展1-4)。

📖 知识拓展1-4

非政府组织参与全球抗击艾滋病

联合国艾滋病规划署指出,"与艾滋病有关的非政府组织,自艾滋病大流行以来一直处于行动的前线。全球每年参与艾滋病防治的非政府组织数以万计,以艾滋病防治为主题的专项行动或合作项目数百万个,投入艾滋病防治的资金达200多亿美元"。

目前,在艾滋病防治领域发挥重要影响力的国际非政府组织主要有国际艾滋病协会(IAS)、美国的家庭卫生国际(FHI)和比尔和梅林达·盖茨基金会等。其中盖茨基金会资助艾滋病药物的研发、IAS和FHI直接组织或参与医院救治艾滋病患者的合作项目、推进安全套发放、开展生殖健康教育等关爱行动,成为推动艾滋病防控的关键力量,为人类抗击艾滋病做出了重要贡献。

二、全球健康与其他学科的关联

(一) 全球健康的特征

1. 全球健康的核心特征　多学科特征(interdisciplinary character)是全球健康的核心特征。全球健康整合了生物医学领域以外的方法,即除了生物医学外,全球健康汲取了经济学、社会学、政治学、外交学、环境科学、人类学、法学(国际法学)、政策学和管理学以及伦理学等学科方法。全球健康之所以采用这种生物医学以外的多学科方法,是基于认识到政治、社会和经济因素是导致不良健康的重要原因。

2. 全球健康的其他特征　全球健康主要有5个方面的特征:①集体行动;②跨国界行动;③跨部门合作;④以所有人的健康为目标;⑤关注全球性健康决定因素。

(1)"集体行动":强调在处理所有卫生问题中的合作和集体行动,是全球健康至关重要的特征,这是其解决全球性健康决定因素及其问题的复杂性和多样性的特点所决定的。

（2）"跨国界"行动：全球健康涉及跨越国界的全球性危机和突出问题，而不考虑当地的或地区性的问题，即使全球性健康问题的影响是在国家的内部。通常跨国行动需要两个以上国家的参与。

（3）"跨部门"合作：改变全球健康的社会决定因素和政治决定因素涉及多个部门，因此需要跨部门合作，即超越单个卫生部门和单纯生物医学范畴，包括经济、政治、教育、文化等部门的广泛参与。

（4）"以所有人的健康为目标"：全球健康的目标是通过消除可避免的疾病、失能和死亡，改善全人类的健康，其中核心是改善低收入人群、脆弱人群、高危人群、边缘人群的健康公平性。

（5）"关注全球性健康问题及其决定因素"：重点关注全球性的健康问题及社会决定因素对全球人群健康的影响与应对措施，例如重大传染性疾病的防控、气候变化对健康的影响、不良健康行为（烟草和酒精滥用）防控等，其目的是减少健康不公平现象。

（二）全球健康与国际卫生和公共卫生的关联

"全球健康"与"国际卫生"在内涵和属性上有重叠和交叉。"国际卫生"的含义主要是"应用公共卫生的原则，应对影响中、低收入国家的问题和挑战，以及全球性的和当地的影响这些问题和挑战复杂的集合"。"全球健康"则更多关注诸多超越国界的影响健康的问题和全球性健康决定因素，强调运用医学与卫生科学以外多学科方法，以及卫生部门以外的多部门的合作，倡导全球性的共同行动。

Jeffrey P. Koplan 等对"全球健康"与"国际卫生"进行了比较（表1-1），认为这两个术语是有所区别的，"全球健康"是公共卫生和国际卫生的意识形态和实践领域的延伸和扩充，是在公共卫生和国际卫生的基础上伴随全球化的深化应运而生的新的学科门类。但这两个术语具有以下共同的特征：

- 以人群为基础和重视预防为优先选择；
- 关注贫困者、脆弱人群和服务低下人群；
- 采用多学科和跨学科方法；
- 强调健康作为公共物品和系统及结构的重要性；
- 诸多利益集团的参与。

表 1-1　全球健康和国际卫生的比较

	全球健康	国际卫生
地域范围	跨国界的直接或间接影响健康的问题	反映各国（非某一国）的健康问题，特别是中、低收入国家
合作层次	发展和实施解决措施通常需要全球合作	发展和实施解决措施通常需要双边全球合作
个人或人群	包括群体预防和临床个体保健	包括群体预防和临床个体保健
健康可及性	主要目标为国家之间和所有人群的健康公平性	帮助其他国家人群
学科范畴	跨学科和多学科特征，包括健康科学内部和以外学科	包括一些学科，但不强调多学科

（三）全球健康与其他相关学科的关联

全球健康基于改变全球健康的社会决定因素和政治决定因素的出发点，必然超越单个卫生部门和单纯卫生技术范畴，需要经济、政治、教育、文化等部门的广泛参与，需要运用生物医学、经济学、社会学、外交学、全球学、环境科学、人类学、行为科学、政治学与国际政治学、法学与国际法学、公共政策学、伦理学、管理学等多学科方法。许多学科，诸如法律、历史学、系统工程、运筹学等都与全球健康有密切的关联。

在诸多学科中，全球健康与公共卫生学、全球学、政治学、外交学、人类学、社会学的关系更为紧密。

1. 全球健康与公共卫生学　全球健康与公共卫生有一些共同的特征，如均关注人群健康和重视预防；两者有密切的联系但又有所不同。公共卫生是预防疾病、延长生命和促进一国内部或社区健康的科学，主要关注群体预防。全球健康是在公共卫生的基础上伴随全球化的兴起发展起来的学科，关注全球范围的和跨越国界的健康问题,其实施解决措施通常需要全球合作和跨学科的方法。

2. 全球健康与全球学 全球健康与全球学两者的联系最为紧密。全球健康源于全球学。全球学是有关全球化的一门新兴科学,其中包括全球化过程以及由此产生的问题。全球学是一个跨学科的科学,吸收了政治学、社会学、文化学和哲学中的成分。全球健康的诞生不仅与国际卫生有关联,也是在全球学的基础上发展而来的。全球学主要揭示全球问题的本质、趋势、激化原因,全球化加速的过程以及探究这些过程对人和生态环境带来的积极影响及克服消极影响的方法。全球健康是在全球化背景下,聚焦全球健康问题的本质、趋势,全球健康决定因素及其影响,探究全球化过程对人类健康的影响及其解决途径。

3. 全球健康与政治学及国际政治学(国际关系学) 全球健康与政治学及国际政治学有密切的关联。全球健康与后两个学科都坚持以全球的视野和框架审视、分析全球化与全球问题所造成的人类新的社会生活现实,把人类、全球作为一个独立的主体。并且,两者都强调世界的整体性、社会生活的全球性。但是国际政治学的基本向度是研究世界上的多种行为体在国际层面上发生的政治关系,在现实中这种政治关系更多地表现在国家之间。全球健康的发展和实践需要政治学和国际政治学的指引和支持。

4. 全球健康与外交学(卫生外交) 外交学是研究主权国家外交政策的制定和外交行为的实施及其规律的学科。伴随全球化进程和经济全球化的深入发展,世界各国在各领域的相互依存日益加深,使得威胁人类生存和发展的非传统安全问题有增无减。一些公共卫生问题日益严重,健康决定因素也日益呈现全球化的态势。为了应对这些问题,世界各国唯有积极开展外交和卫生外交,促进多边合作,通过政策倡导、外交谈判与协商,达成共识,协调各个方面的参与者的共同行动,才能实现维护人类健康。而外交政策对卫生的影响则至关重要。例如世界卫生组织《烟草控制框架公约》(FCTC)在巴西的有效实施,就是全球卫生外交软实力的成功范例。

5. 全球健康与人类学 人类学把人类本身作为一个研究主体和研究对象,探究人类的本质。人类学包括人类生物学和人类文化学。人类学是从生物和文化角度对人类进行全面研究的学科群,具有综合性的特点。人类学既关注人类整体性的生物与文化进化,又侧重人类进化过程中不同地区、种族的差异性。全球健康将人类健康作为研究主体,运用了人类学研究的理论与方法,关注不同国家、不同地区、不同种族、不同社会文化特征群体的健康差异性。

6. 全球健康与社会学 社会学以社会事实、社会现象、社会行为为研究主体,分析社会问题和社会关系,探寻社会发展进程与规律的学科特征和内核,是一门利用经验考察和批判分析来研究人类社会结果的科学。全球健康与社会学尤其是全球社会学都以全球、人类为研究对象,都以全球性为价值尺度,以地方—全球为基本框架,关注全球化时代的新现象、新事实、新关系、新价值,探寻应对这些新问题的理论与对策。社会学更关注全球变化的社会性,全球健康则更关注社会因素对全球健康的影响。全球健康需要依托社会学的理论框架和研究方法,研究全球性的健康决定因素及其影响。

三、全球健康的研究方法

由于全球健康多领域、多学科融合的特点,全球健康的研究方法范围十分广泛。与全球健康有交叉的学科所应用的方法,几乎都可以应用到全球健康的研究当中。比如,流行病学的研究方法就经常地被应用到全球健康的研究当中,特别是针对疾病负担、影响因素与分布的研究;经济学评价的方法可以用来分析健康干预措施的成本效益比;政策学中利益相关者和政策分析法常被用来分析和制定全球健康的相关政策;人类学参与观察的研究方法则是了解人的行为与文化对人群健康影响的重要方法。

传统上,全球健康的研究可以分为定量研究和定性研究。定量研究关注收集数字化的数据并在不同人群对数据进行一般化。定量方法强调对数据客观的测量和数字化的分析。根据不同的研究问题和实际情况的限制,比如研究预算、数据可及性等因素,定量研究设计可以千差万别。根据研究设计,定量研究可以分为实验研究(experimental study)和观察研究(observational study)。实验研究强调人为控制干预,而观察研究则仅是对干预进行观察与测量。主要的实验研究设计有随机对照试验(randomized controlled trial)、整群随机对照试验(cluster-randomized controlled trial)、自然实验(natural experiment)等。主要的观察研究设计有队列研究(cohort study)和病例对照研究(case-control study)等。

数据收集(data collection)是确定研究问题和研究设计之后一项最为重要的工作。从来源的角度,数据可以分为初级数据(primary data)和次级数据(secondary data)。初级数据又称一手数据,是研究者为了某一个特定的研究目的而主动收集的数据。初级数据是非现成或整理完成的,一般来说收集成本较高。次级数据也称二手数据,是研究者为了某一特定研究目的而从已有数据中提取出的相关数据。次级数据范围十分广泛,所有初级数据都可以被二次利用而成为次级数据。

定量研究初级数据的收集依赖结构化数据收集工具。这些结构化的工具可将研究对象不同的体验对应到预先设定的回答分类中。此类工具收集的数据易于总结、对比和一般化。主要的定量初级数据收集工具有结构化访谈(structured interview)、问卷(questionnaire)和调查(survey)。由于定量研究旨在将研究结果一般化,因此随机抽样(random sampling)在初级数据收集中尤为重要。理想情况下,研究者应当使用概率抽样(probability sampling)的方式选择研究对象。但在实际研究中,受条件所限,概率抽样很难实现,所以研究结果的一般化有时会受到限制。

相比初级数据,次级数据因其收集成本低廉、数量庞大而被广泛应用于全球健康的研究。次级数据来源广泛,主要来源有监测数据(surveillance)、普查数据(census)、登记数据(registry)、调查数据(survey)和档案数据(records)。然而由于次级数据并非为具体研究而收集,在使用次级数据进行研究时,经常需要使用多种来源的二手数据。

在完成数据收集和整理之后,就可以进行数据分析了。数据分析要根据研究问题、研究设计和数据种类而确定。全球健康研究发展很快,许多新兴的研究设计被应用到全球健康研究中,因此数据分析也变得越来越复杂。传统的数据分析方法主要是回归(regression)。然而随着电脑技术的不断发展,依靠计算机模拟(simulation)的分析方法,比如贝叶斯方法(Bayesian methods),得到越来越广泛的使用。目前全球健康研究中主要使用的定量数据分析软件有 STATA、R、SAS 等。

对比定量研究,定性研究则是关注事物的性质、过程和意义。定性方法强调探究社会经验的形成以及其被赋予的意义。根据研究问题和目的的不同,定性研究应用的主要方法有深度访谈(in-depth interview)、焦点小组(focus group)、直接观察(direct observation)、文件回顾(document review)和案例分析(case study)等。定性数据分析的主要方法有数据分类(classify)、排序(rank)、描述(describe)。通过对数据的整理从而形成不同的主题(themes)。

然而,随着全球健康的不断发展,定量定性这种传统的研究分类不再合适。越来越多的研究采用混合方法(mixed methods),既包含定性方法又包含定量方法。并且由于全球健康跨学科的特点,来自各个学科的方法被逐渐应用到全球健康的研究当中。比如,全球健康新生学科实践科学(implementation science)就融合了系统工程(system engineering)、社会营销(social marketing)、效应评估(impact evaluation)、运筹学(operational research)和质量控制(quality control)等一系列的研究方法。这些学科的融合使得全球健康可研究和解决的问题得以极大地扩展,但同时也使得全球健康的研究方法愈发复杂和难以界定。

全球健康研究的主要目的是提供高质量的证据。高质量的研究结果可以为政策的制定提供可靠的依据。比如,健康指标和评估研究所(Institute for Health Metrics and Evaluation, IHME)对于全球疾病负担的研究,为世界上很多国家提供了高质量疾病负担的估计。这为国家修改本国卫生政策以促进本国公民健康的最大化提供了有效的依据。再比如,疾病控制优先网络第 3 版(Disease Control Priority Network)通过高质量的针对各种疾病控制干预的成本效益分析研究,为国家在有限资源下如何选择最优的干预措施提供了重要的依据。其结果已被很多发达国家以及国际疫苗免疫联盟等全球卫生机构用于指导卫生政策和全球健康实践。

第三节 全球健康的作用与意义

一、全球健康与外交

外交一般定义为进行谈判与协商的艺术与实践。人们往往将外交联系到国家外交部门和外交官为国际关系间的事务进行沟通、协商和谈判,最终达成国家间的协议。国家政府外交部门或职业外交官的事务往往是一些政治、军事、经济和贸易上的"硬实力"。然而,近几十年来,国家政府间的协议中越来越多地出现比较"软性"的问题,比如环境保护、健康卫生等。全球健康外交就是在这样一种背景下,越来越被各国政府和非政府组织所重视。

文献分析发现,尽管在较长一段时间,卫生已经成为外交政策的一个组成部分,但是其重要性在整个外交政策框架中分量较轻。卫生健康领域从来没有占据外交政策理论或实践的中心,甚至算不上边缘。但是不可否认的事实是卫生领域和健康问题,在最近的十多年内,不断地显示其在国际关系中的重要性。从艾滋病、SARS、禽流感、生物性武器的危害,到2014年西非暴发的埃博拉疫情,无不说明疾病是无国界的。健康安全要求各国政府和国际社会通力合作,才能得到有效的保证。

随着全球健康外交不断地得到重视与关注,在世界卫生组织牵头下,各国协商谈判签订了一些重要的国际条约,如《烟草控制框架条约》《国际卫生条例》(International Health Regulation, IHR)。另外,越来越多的国家在其驻外使馆派设卫生官员,代表本国政府协商国际卫生相关问题和事宜。不少国家的外交部、商务部,甚至军方也开始参加国际间的卫生危机的处理和应对。以中国人民解放军第三军医大学为主的医疗队,在中国外交部和商务部的支持下赴利比亚抗击埃博拉疫情就是一个很好的典型。

为了使全球健康在国际事务中发挥更为重要的作用和功能,各国纷纷推出本国全球健康战略白皮书。英国、瑞士、巴西等国家已经在各相关部门的共同努力下,制定和发表了国家全球健康战略。英国的全球健康战略强调卫生是重要的外交政策的组成部分,要求在工业七国以及其他国际组织框架下,全面和系统地应对全球健康的挑战。该战略还阐述了健康与发展的关系,强调英国在对外援助中要充分考虑卫生安全。在该战略中,英国政府还分析和提出了对英国人民健康可能带来的危害以及如何应对。

瑞士作为一个富裕的欧洲小国,十分重视全球健康战略的制定与实施。瑞士认为,全球化进程以及若干国际间的贸易等协定已经影响国家政策的制定与执行。同时,国家政策也对国际事务产生影响。因此,有必要制定本国全球健康战略确保政策一致性和合理性。瑞士联邦政府内务部公共卫生局和外交部共同合作,制定了"瑞士卫生外交政策"(Swiss Health Foreign Policy),并于2006年10月批准。这份重要文件包含三个重要内容:①规范国际协议和合作,以及全球范围的传染病暴发和一般卫生问题的应对和处理;②明确全球健康政策的优先领域,非卫生领域部门的政策必须尊重与健康关联的人权;③确保国内与国际卫生政策的协调一致,加强国际间合作以增进全球健康状况。

巴西作为金砖国家成员之一,率先制定全球健康战略。巴西通过其与拉丁美洲国家间的合作以及非洲葡语国家的合作,分享其在艾滋病和热带病控制领域的成果和经验教训。英国外交政策高级顾问罗伯特·库伯(Robert Cooper)曾经表示,"外交政策的目的是带来和平和繁荣,而不是权利与尊荣"。20世纪50年代的外交主要为了经济和贸易,80年代的外交主要是为了环境。那么21世纪的外交,健康卫生是不可缺少的组成部分。

二、宏观经济学与全球健康

1975年,塞缪尔·普雷斯顿(Samuel Preston)在研究人均期望寿命与人均真实GDP关系的时候,发现两者之间存在某种正相关。人均期望寿命随着人均真实GDP的增长而增长,而且当人均真实GDP很低的时候,其一点点的增长可以显著地增加人均期望寿命。这一关系后来被称为普雷斯顿曲线

（Preston curve）（图 1-2）。虽然普雷斯顿曲线是经验观察得到的一种结论,但是暗示了宏观经济和健康之间的一种因果关系。

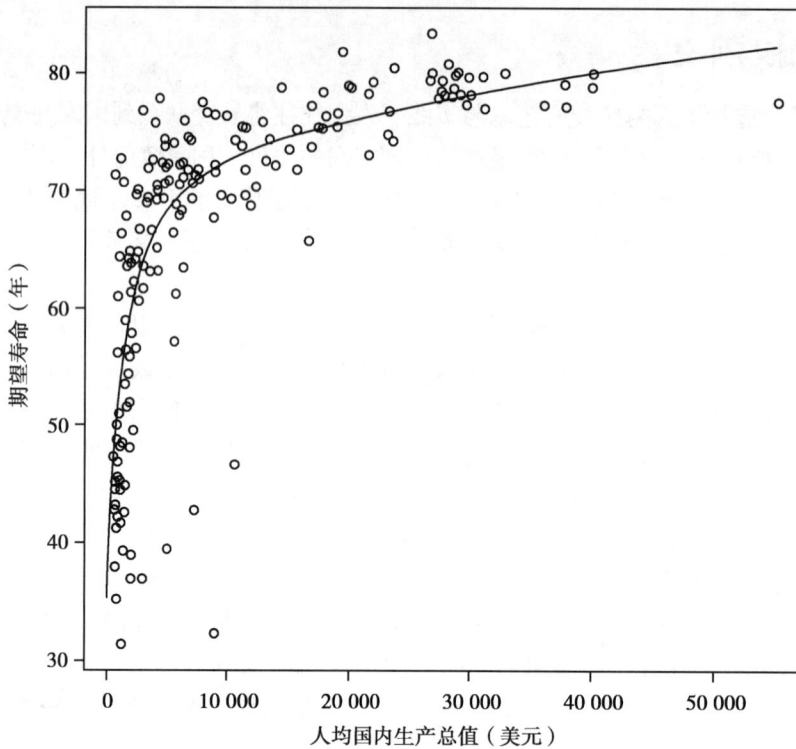

图 1-2　人均期望寿命与人均国内生产总值（购买力平价）关系

　　传统上,人们认为宏观经济发展促进健康。在这种观点下,健康更像是一种消费品。随着人们的收入水平提高,人们对健康的消费增加,而这种对健康的消费会提高人们的健康水平。同许多其他的消费行为一样,人们花钱"买"健康。然而,正如普雷斯顿曲线所暗示的,健康消费与所获得的健康并不是线性关系。对于极度贫穷的人来说,收入的一点点增加,可以帮助他们获得更多更好的食物或水,这可以极大地提高其健康水平。而对于富人来说,对健康额外的投入所带来的收益就很微弱了。这类似经济学的边际效益递减（diminishing marginal utility）原理。从国家层面讲,当一个国家变得富裕,政府就会有更多的钱投入到基础设施建设中,比如自来水设施、下水道、厕所等,这些基础设施建设不用花费很多的钱却能极大地改善人们的健康水平。边际效益递减的原理在国家层面上同样适用。

　　普雷斯顿曲线仅提示了健康与宏观经济之间的关联,那么健康有没有可能反过来促进宏观经济呢?世界银行发布的《1993 年世界发展报告》首次提出了健康投资的观念。这份报告指出,好的健康支出不是经济负担,而是对经济繁荣和个体福祉的投资。报告同时敦促政府增加对公众健康的支出,特别是要增加针对特定疾病干预的投资。2001 年,世界卫生组织宏观经济与健康委员会也发布了一份名为《宏观经济与健康:健康投资为了经济发展》的报告。这份报告再一次充分强调了健康投资的概念,并且还为健康在经济发展中所起到的作用提出了一个概念框架（图 1-3）。该框架清楚地展示了健康和经济发展相互促进的关系。2013 年,在《1993 年世界发展报告》发布 20 周年之际,25 名世界知名的经济学家和全球健康专家组成独立委员会,共同起草了《全球健康 2035:用一代人的时间实现全球趋同》。这篇刊登在《柳叶刀》杂志上的报告指出,若采用全部收入法（full income）来评估,即考虑健康对个体本身的内在价值,健康投资的回报将远远大于以前的估计。这份报告在全球健康乃至其他领域都引起了极大的反响。健康花费作为一种投资促进宏观经济发展的观念越来越深入人心。

　　虽然宏观经济发展可以提高健康的整体水平,但若没有好的政策引导,宏观经济发展可以导致或加重健康不公平。表 1-2 列出了中国 4 个省份人均 GDP 及其排名与一些人群健康指标。从表 1-2 可以很清楚地看到不同地区宏观经济发展和健康不公平之间的关联。

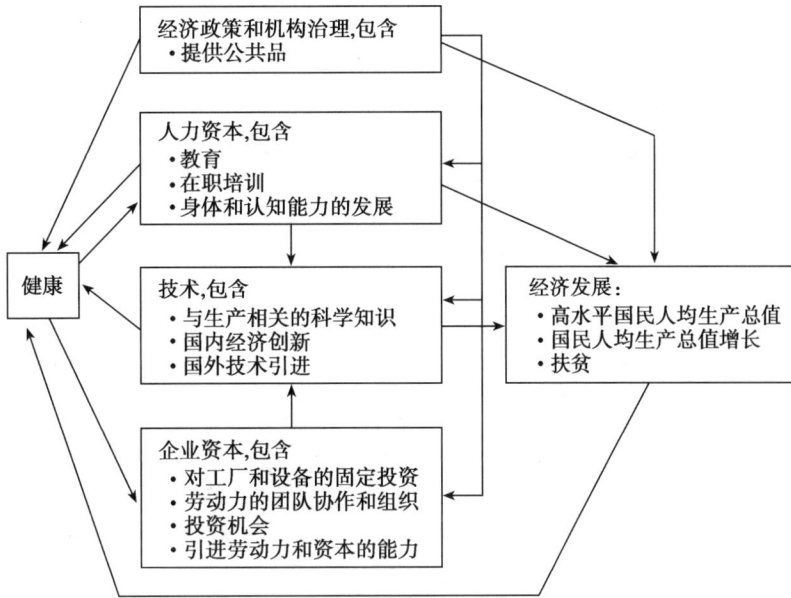

图1-3 健康作为经济发展的投入（改自世界卫生组织2001年
《宏观经济与健康：健康投资为了经济发展》报告的图表1）

表1-2 中国4个省份人均GDP及其排名与一些人群健康指标

年份：2012	人均GDP（美元）	人均GDP排名	孕产妇死亡率（/100 000）	围产儿死亡率（/1000）	预期寿命（2010年）
北京	15 051	2	6.6	4.57	80.18
山东	9094	10	10.1	4.78	76.46
青海	5895	20	36.2	8.93	69.96
贵州	3701	31	26.1	4.86	71.10

即便在同一地区，若没有政策干预，宏观经济发展也可以导致贫富人群间健康不公平加剧。相对于穷人，富人的健康会更加受益于宏观经济的发展。根据衡量贫富差距的基尼系数，英国的贫富差距从1977年到2012年增长了42%。目前英国最富的10%的家庭比最穷的10%家庭要富裕850倍。根据英国伦敦卫生观察站（London Health Observatory）2014年的最新数据，伦敦富人与穷人之间的期望寿命差距达到了惊人的25年。若政府不加以干预，这种差距恐怕还会随社会经济的发展而继续扩大。

三、全球健康与健康公平

（一）全球健康不公平的差异及其影响因素

健康的人群是经济增长和社会发展的基石，是繁荣、保障和稳定的根基。良好的健康可以提高生活质量，改善劳动力的生产能力，增强学习能力，加强家庭和社区，支持可持续的生态和环境，并有助于安全、减贫和融入社会。相反，不良健康将危及国家的经济和政治可行性，也将危害所有国家的经济和政治利益。

尽管国际组织和许多国家一直致力于通过卫生系统改革和政策的挑战，改善健康不公平，并已取得了显著的业绩，如孕产妇死亡率在过去20年中下降了47%，从1990年的400/10万下降到2010年的210/10万。但是，当前在全球范围内，健康不公平现象仍然普遍存在；在不同地区和国家之间，在各国内部的不同人群之间的健康状况（如不同收入组）仍有较大的差距。

健康状况和卫生相关的千年发展目标的指标，反映出这种健康不公平的差异。发展中国家大部分地区的孕产妇死亡率仍然很高。2005年有超过50万妇女在妊娠、分娩过程中或分娩后6周内死亡，其中99%发生在发展中国家与地区，其中撒哈拉以南非洲和南亚占86%。在撒哈拉以南非洲，妇女一生中死于可以治疗或预防的妊娠和分娩并发症的风险高达 1/22,而在发达地区仅为 1/7300。

全球儿童健康不公平的问题更为突出。表 1-3 和知识拓展 1-5 反映了全球不同地区 5 岁以下儿童死亡率的差距。

表 1-3 全球不同地区 5 岁以下儿童死亡率(‰)

	1990	2000	2006
撒哈拉以南非洲	184	167	157
南亚	120	94	84
大洋洲	85	73	66
独联体、亚洲	79	64	47
西亚	69	47	40
东南亚	77	47	35
北非	82	48	35
拉丁美洲和加勒比	55	35	27
独联体、欧洲	27	23	17

知识拓展 1-5

全球不同地区 5 岁以下儿童死亡率的差距

2006 年,全球 5 岁以下儿童年死亡人数有史以来第一次降到 1000 万以下。尽管如此,每年仍有数百万的儿童死于可预防的原因,这是令人难以接受的。全球不同地区 5 岁以下死亡率存在差异,发展中地区平均为 80‰,发达地区为 6‰。

一个出生于发展中国家的儿童在出生之后 5 年内死亡的概率是出生于工业化国家的儿童的 13 倍。1990 年到 2006 年之间,约有 27 个国家(大部分位于撒哈拉以南非洲),在降低儿童死亡数量方面没有取得任何进展。

在东南亚、拉丁美洲和加勒比,儿童的死亡率约比发达地区高出 4 倍。撒哈拉以南非洲,2006 年 5 岁以下死亡率高达 157‰;而在欧洲,1990 年为 27‰。撒哈拉以南非洲大约占据了发展中世界 5 岁以下儿童死亡人数的一半。

参考资料:UN. The Millennium Development Goals Report. 2008

(二) 全球健康的核心目标是减少健康不公平

公平(equity)是一个伦理学的概念,是社会公正的近义词。不公平涉及的不是不平等,而是认为这些不平等是不公平的、是可以避免的。公平意味着资源分配的需要而不是特权。在实践中,追求健康的公平意味着通过公平的资源分配,努力减少可避免的健康(躯体和精神健康以及社会适应性良好状态)的差异以及健康社会决定因素的差异。

根据世界卫生组织的定义,健康不公平(health inequity)是指"国家内部和国家之间各人群之间可避免的健康不平等现象",这些不公平现象既存在于社会内部,又存在于各社会之间;导致在国家内部和各国之间存在着本可避免的健康状况的差异和不公平。健康社会决定因素是造成健康不公平现象的主要因素。

改善全球健康不公平是至关重要的。世界卫生组织 2010 年的《所有政策中的卫生问题阿德莱德声明》指出,"人群健康是实现社会目标的一项关键要求。减少不平等现象和社会差异可改善所有人的健康和福祉"。全球健康的核心目标通过健康社会决定因素的控制减少健康不公平。

全球健康核心目标的实现需要全球健康伦理的考量。全球健康伦理为全球卫生系统和全球健康治理提供了伦理道德的指导原则。全球化带来对伦理的、宗教的、文化的、技术的、经济的和信息变化的冲击和变革,影响了整个社会的政策、生态、经济、教育和健康,使发展中国家的脆弱人群边缘化,使他们的健康进一步受到不利的影响。如果没有一种对正义、公正、公平伦理原则的承诺,脆弱的、贫穷人群将处于不平等的地位,其基本卫生保健的可及性难以保障。全球健康伦理准则的核心是改善公平性,尤其是确保受益和资源分配的公平性;其基本要求是确保脆弱人群受益。这一基本原则在《阿拉木图宣言》中就已确认,即,人人应享有健康。

(三) 全球健康的联合行动聚焦健康不公平

2000 年联合国提出千年发展目标后,在资金、技术援助和新的理念和政策的支持下,许多发展中国家的一些脆弱群体健康状况有了明显的改善。然而,这种改善与进展是不平衡的;在国家之间和国家内部一些健康指标仍然有较大的差异。并且,从全球来看,经济不公平及其差距的拓宽,使健康不公平的差距进一步加大。低收入国家由于经济落后,难以实施改善不公平的政策。因此,需要全球共同努力增强公平的可及性目标的实现。

世界卫生组织第六十五届世界卫生大会提出全球应针对健康问题社会决定因素采取行动,以减少健康不公平。重申国家内部和国家之间存在的健康不公平现象在政治、社会和经济上是不能接受的,也是不公正的,而且在很大程度上是可以避免的。促进健康公平对于可持续发展和改善全体人民的生活质量和福祉必不可少,而这反过来可以促进和平与安全。世界卫生组织提出,要使健康公平成为一项国家、区域和全球目标的政治意愿,并要应对当前的各种挑战。为此,将在所有部门以及各个层面针对健康问题的社会决定因素采取坚决行动。

为了改变这种不公平的状况,国际组织发起了若干个倡议和行动。2011 年 10 月巴西里约热内卢会议发布的《健康问题社会决定因素里约政治宣言》,强调“要通过全面的跨部门方法,针对影响健康和福祉的社会决定因素采取行动,实现社会公平和健康公平”,重申“政府各部门、社会各阶层以及国际社会的所有成员都必须参与这一‘一切为了公平’和‘人人享有卫生保健’的全球行动”。

此后,一系列相应的政策导向聚焦健康不公平的应对方面。2010 年,世界卫生组织和南澳大利亚州政府联合发表了关于将卫生纳入所有政策的《所有政策中的卫生问题阿德莱德声明》要求从全球、国家和地区层面均做出高度的承诺,采取“将健康融入各项公共政策”的策略;建立跨部门的合作机制,动员社会组织和居民广泛参与,改善人们的日常生活环境;要求从法律、政策和规划等各个方面采取联合行动,用一代人的时间弥合健康差距。

第四节 21 世纪全球健康面临的挑战和应对

一、人口与流行病学的变迁与挑战

21 世纪全球健康面临的挑战首先是人口方面的挑战。人口目标与全球健康以及其他发展目标紧密相关。首先,人口计划,包括医疗保健的投入,是社会发展的基础;其次,平衡的人口增长和分布能减少对环境的破坏,帮助保护珍贵资源;再次,平衡的人口增长能更好地满足可持续发展的人口对食物、水能、教育和职业的需求,提高每个人的生活标准和质量。

21 世纪全球健康发展中,人口方面的第一个挑战是世界人口数量的增长。联合国人口基金会于 2011 年 10 月 26 日发布报告称,当年 10 月 31 日全球人口将达到 70 亿。联合国报告预计,虽然全球生育率下降迅速,但仍然无法阻止今后 10 年人口的大幅增加。2025 年世界人口将增加到 81 亿,2050 年将达到 96 亿。创纪录的人口规模,折射出人类的成功,意味着人类的寿命更长,存活率变得更高。但如何面对人口增长给全球经济社会发展和全球健康带来的负担将是人类的一大挑战。并不是每个人都能分享人口增长带来的好处,如不同国家和一国内部之间人们健康状况和生活质量的巨大差异。正如联合国人口基金执行主任巴巴托德·奥索提梅辛(Babatunde Osotimehin) 指出,70 亿人口对全球来说,是一个里程碑,更是一个挑战。

在 20 世纪中叶的婴儿潮效应的影响下,人类在 20 世纪经历了人口爆炸的阶段。之后全球人口增长已经开始放缓。受全球工业化、经济一体化和科学进步的影响,人类死亡率正迅速下降。目前全球人口结构正经历巨大变化,这使得世界人口的"人口金字塔"的模型将有历史性的逆转(表 1-4、表 1-5)。

表 1-4　全球 65 岁以上人口比例(%)

	2010	2050
高收入国家	15.9	26.2
低收入国家	5.8	14.6

来源:联合国

表 1-5　近 10 年来全球各年龄段占总人口的百分比(世界银行)

年份	0~14 岁(%)	15~64 岁(%)	65 岁及以上(%)
2004	28.4	64.4	7.2
2005	28.0	64.7	7.3
2006	27.7	64.9	7.4
2007	27.4	65.2	7.4
2008	27.1	65.4	7.5
2009	26.9	65.5	7.6
2010	26.7	65.6	7.7
2011	26.5	65.7	7.7
2012	26.4	65.8	7.8
2013	26.3	65.7	7.9

其次,目前人口对全球健康最严峻的挑战是世界人口正在快速老龄化。2000 年至 2050 年期间,预计 60 岁及以上老人的绝对数量将从 6.05 亿增长到 20 亿,全世界 60 岁以上人口占总人口的比例将翻倍,从 11% 增长至 22%。

正当人们认为出生率降低和人口老龄化主要是高收入国家的问题时,发展中国家人口老龄化的迅猛发展使其遭遇了这一人口结构变化带来的更为猛烈的影响,尤其是目前有着全世界半数(4 亿)以上 60 岁以上人口的亚洲。低收入和中等收入国家目前正在经历着比欧洲和北美的发生速度高出很多的人口结构变化。在过去 10 年中,包括中国、印度尼西亚、日本、缅甸、韩国、新加坡、泰国和越南在内的亚洲国家出现的出生率下降程度已经低于欧洲国家有记录以来的总出生率;而在许多情况下,已接近或低于其人口更替所需的水平。

由于 60 岁及以上老人多且数量在不断增长,发展中国家政府正面临着寻求能有何作为来避免老年人保健在未来数十年出现灾难性崩溃。更为严峻的是,随着全世界人口寿命的延长,急剧升高的慢性病和健康减损水平将随时成为全球健康和全球卫生体系面临的重大挑战。

在全球范围内,人口结构的变化给各国政治、经济、文化和社会发展带来了一系列的挑战。一方面,人口老化会导致部分地区和国家出现劳动力短缺,疾病谱的改变,疾病负担加重,特别是在欧洲和部分亚洲国家,这无疑将给这些地区的经济发展带来冲击。另一方面,年轻人是经济发展的重要资源,同时也是社会不稳定的重要因素。在未来近 20~30 年,未来年轻人口在发展中国家,如印度和非洲将占很大比例,虽然这些未来年轻人口在劳动力方面带来积极影响,但不可避免地增加了这些地区保持社会稳定的压力。随着劳动力供求失衡以及劳动力跨境流动,也会给一些国家带来移民问题,由此而导致的文化上的冲击也在威胁着社会稳定。此外,地球的承载力日益加重。随着人口越来越多,人类可用资源越来越少,人口数量和结构的变化不可避免地带来全球食品、环境和能源的挑战。

二、流行病学变迁与挑战

流行病学方面的变迁和挑战与人口学方面的变迁密切相关。不同的国家流行病学方面的挑战有所不同,疾病流行模式的变迁取决于健康决定因素的种类以及影响。在发达国家,危害人群健康的主要是非传染性疾病;而在多数中、低收入国家,则同时面临着传染病和非传染病的双重挑战。

目前每年全球死亡人口中大约有1/4死于传染病,尤其是在非洲,60%以上的死亡与传染病相关。在一些发展中国家,不但过去已控制的传染病又卷土重来,如霍乱、鼠疫、肺结核和白喉等开始死灰复燃;并且,一些新的传染病也粉墨登场。世界卫生组织数据显示,自20世纪70年代以来,人类新发传染病有35种之多。新发传染性疾病几乎以每年增加1种的速度出现。

纵观人类历史,新的疾病的出现呈周期性特点。从公元6世纪第一次记录到流行的鼠疫,到20世纪末期,艾滋病、疯牛病、埃博拉出血热、SARS、甲型H1N1流感、耐药结核等新再发传染病先后在全球范围内广泛传播,这些传染病迅速演变成为跨越国界的全球健康危机。

传染性疾病是不发达国家和发展中国家的主要疾病和死亡原因,特别是在撒哈拉以南的非洲地区和南亚,一些"被忽视"的传染性疾病也多在撒哈拉以南的非洲地区。传染性疾病所致的疾病负担可达收入的40%。艾滋病和结核病是15~59岁人群最重要的传染病;每年,因艾滋病死亡约180万,结核病死亡约170万。不能有效控制传染病将成为千年发展目标在全球实现的主要障碍。

更应关注的是,发展中国家的新发传染病和传统传染病流行对世界其他国家的卫生安全带来了巨大的影响,如艾滋病、埃博拉和SARS的暴发与流行,严重威胁人们的身体健康和生命安全,不仅是这些高发国家的危机;可能引发传染病的全球流行,威胁到地区和全球的安全与稳定,影响全球经济发展,也是对全球健康的危机和全球必须面对的严峻挑战。传染病的全球化使得公共健康问题由单纯的国内事务演变成了全球危机。传统传染病和新再发传染病连续性的威胁成为全球健康领域"永恒的挑战"。2003年美国《新型与重现的传染病的全球威胁:重建美国国家安全与公共卫生政策的关系》报告指出,生物恐怖主义或生物武器甚至能带来战略性的威胁,传染病已取代来自敌对国直接的军事威胁而成为国际社会及各国政府面对的严峻挑战。

三、经济发展

自2008年国际金融危机之后,世界经济发展存在许多不确定因素。从大的趋势而言,世界头号经济大国美国的经济复苏在人们的预期范围之内。中国的经济增长速度趋于缓慢,欧洲大陆以及日本的经济发展目前有停滞不前的兆头,同时未发现在21世纪的前几十年有快速增长的迹象。亚洲其他经济体可能趋于中等速度的增长。非洲经济在过去十几年的增长势头总体而言不错,未来几十年的增长潜力不容小觑(图1-4)。

世界经济的发展水平和速度必然与全球健康有着至关重要的联系。总体而言,一个国家经济发展速度加快,人们的生活水平提高也会加快,政府对卫生、教育、药物健康相关领域的投入也会增加。这样势必会促进健康的发展,当然,这样一种联系也会受到各国政府及其社会因素的影响。譬如,一些发展中国家在经济腾飞的早期,以发展基础建设为重点领域,忽视社会和民生发展。这样经济的发展未必在短期带来对健康的提高。

欧洲与日本经济发展的缓慢除了对本国人民的健康发展带来诸多不利的影响之外,它们对发展中国家的健康发展援助也可能减少或至少不会增加过快,即将过去的2015年发展目标实践能取得令人可喜的成绩离不开西方国家的大力支持和援助。毋庸置疑,后千年发展目标的实施,离不开西方各国的支持。因此欧洲以及日本经济发展的停滞将会在不同程度上影响发展中国家健康事业的发展,尤其是对于那些依靠外援的低收入国家。

金砖国家在全球健康的发展中势必会发挥原来越重要的作用。中国与印度的经济发展速度虽然减缓,但是将会更加重视对本国人民的社会民生发展。同时,有迹象表明这两大发展中大国已经不断增加

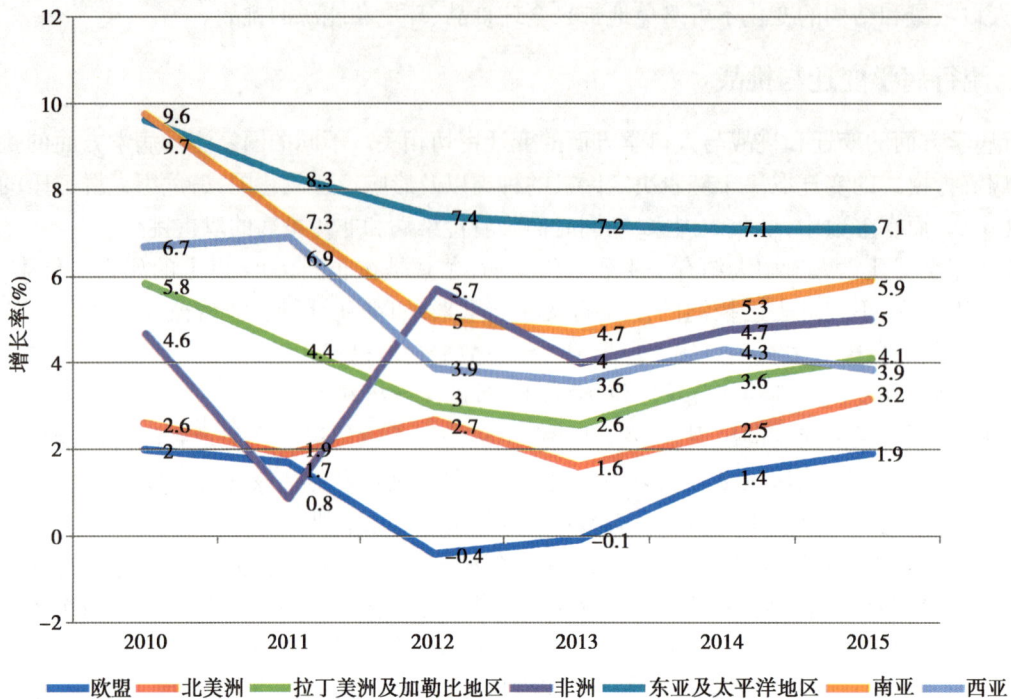

图1-4 不同地区 GDP 增长率

对外援助,尤其是医疗卫生方面的援助。巴西是金砖国家中第一个发布由其议会通过的本国全球健康政策的国家,并且已在非洲开展了不少卫生健康项目。但是受限于经济发展和政府财力,它对全球健康的影响有限。俄罗斯和南非与巴西一样经济发展前景不被看好,对全球健康的贡献在短时间不会有太大的作为。

经济发展无疑对全球健康的影响是重要的。但是,经济因素只是诸多影响健康因素之一。如果在全球范围内,国际和国内的健康相关政策和实践能够以健康为优先,强调重视弱势人群,资源合理分配,更进一步提高全球健康水平是必然可行的。古巴过去几十年的政策与实践就是一个较好的例子。古巴的情况可能不适合其他国家的国情。然而,每个国家应该都会找到在其经济水平下,有效提高国民健康的因地制宜的策略。

四、国际政治

国际与国内政治在过去的几十余年中对全球健康有着深刻的影响。对 21 世纪全球健康发展的进程将继续产生深远的影响。以联合国组织牵头的工作组在即将结束的 2015 千年发展目标实施之际,已经开始多轮的协商和讨论制订后千年发展目标。在 2015 年的下半年,联合国组织将向全球公布后千年发展目标的主要内容以及关键指标。已获得的消息显示,全球健康仍然为十余个重要发展目标之一。与 2015 千年发展目标不同的是将突出慢性非传染性疾病的防治,更加关注营养与健康的关系以及环境对健康的影响。各个国家以及各个利益相关团体都正在为各自的政治利益和使命游说和呐喊发声。

无论后千年发展目标最终包含哪些内容和指标,如何有效实施和落实这些目标都至关重要。要有效落实这些目标,资源的配备又是十分关键的。要进一步提高发展中国家人民在 21 世纪内健康水平,其国内和国际的政治意愿是非常关键的一环。就国际政治意愿而言,发展中国家,尤其是一些十分贫困的非洲和南亚国家,其卫生以及其他民生相关的政府预算相当大一部分来自西方国家的援助经费。联合国要求高收入国家拿出国内生产总值的 0.7%,作为对贫困国家的援助经费。除少数欧洲国家达到这一指标外,美国、日本、德国、法国等世界主要经济大国都离目标甚远。英国是唯一在十大经济体国家中实现这一目标的,并且英国下议院已通过相关法律,确保在英国国内其他部门政府预算削减的情况下,国际发展援助的预算稳定在 GDP 的 0.7%。当然英国保守党的许多议员及不少国民对此持不同意见。

国际援助的经费数量,尤其是分配到卫生健康领域的费用,无疑会对全球健康产生影响。但是,分配到卫生健康领域的经费,可以用于不同项目。由于受国际政治的意识形态影响,对全球健康各个方面也会带来不同的效果。譬如,西方国家比较关注发展中国家的传染病控制,因为严重的传染病会蔓延到他们自己的国家。对发展中国家传染病防控的支持容易获得国内各政治力量的支持。另外,美国的对外卫生援助经费一般不支持计划生育项目,这主要是因为美国国内保守势力反对避孕等计划生育干预措施,尽管联合国及其相关组织认为开展有效的计划生育工作对促进发展中国家妇女儿童的健康至关重要。以上事实表明,国际政治将在 21 世纪继续影响全球健康的发展。

另外,地区间的政治及发展中国家内的政治也会影响人们的健康发展。在 21 世纪前叶已经表现出一些地区间的紧张局势,局部战争给人们带来包括健康在内的多种威胁。同时,这些国家政府将有限的财力不是用于发展经济和改善民生,而是用于军事或国防,势必危害健康发展。此外,即使在和平地区与国家,政治家可能以发展经济为优先,忽视健康和其他民生问题,这也会阻碍人民健康改善。

五、城市化

(一) 城市化进程的现况和瞻望

早在 2001 年联合国人居署发表的《世界城市状况报告》中就提到:尽管城市的出现在人类历史上至少已有 5000 年,公元 1800 年末,城市人口仅占世界人口的 2%。但近 200 年来,方兴未艾的经济全球化使各国城市化的发展呈现出前所未有的发展规模和速度。20 世纪 50 年代以来,全球城市的数量和规模更是急剧增加,特别是在亚洲和非洲的发展中国家,城市化的速度尤其惊人。据联合国经济和社会事务部的最新数据,20 世纪 50 年代全球城市人口仅占全球人口的 30%。到 2014 年,54% 的世界人口居住在城市。根据预测,到 2050 年,全球城市人口比重将达到 66%(图 1-5)。全世界主要地区都在经历城市化。亚洲和非洲虽然目前城市化水平不高,但在未来几十年内将保持快速的城市化进程(图 1-6)。

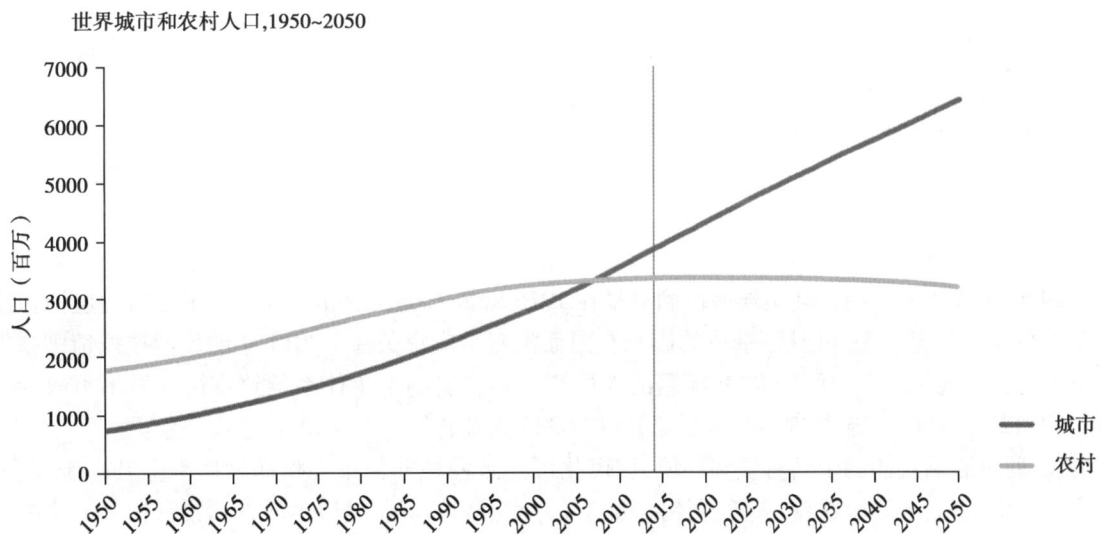

图 1-5 全球城市人口比重变化趋势(1950~2050)

(二) 城市化带来的挑战

城市化进程本来对卫生并无害处。一般而言,城市人口比农村人口的生活更好,而且他们往往有更多的机会利用社会和卫生服务,期望寿命更长。城市化能够给人类的发展提供广阔的空间,它能够有效地促进社会经济和文化的发展。然而,当城市的基础设施建设水平跟不上城市规模扩大的速度,城市将是健康风险和危害最为集中的地方。城市中的贫民窟就是一个基础设施建设跟不上城市扩张的极端例子。根据联合国人居署的定义,贫民窟是一个在不同程度上显现以下特征的地区:安全用水不足,卫生

城市及农村人口占总人口比重,1950~2050

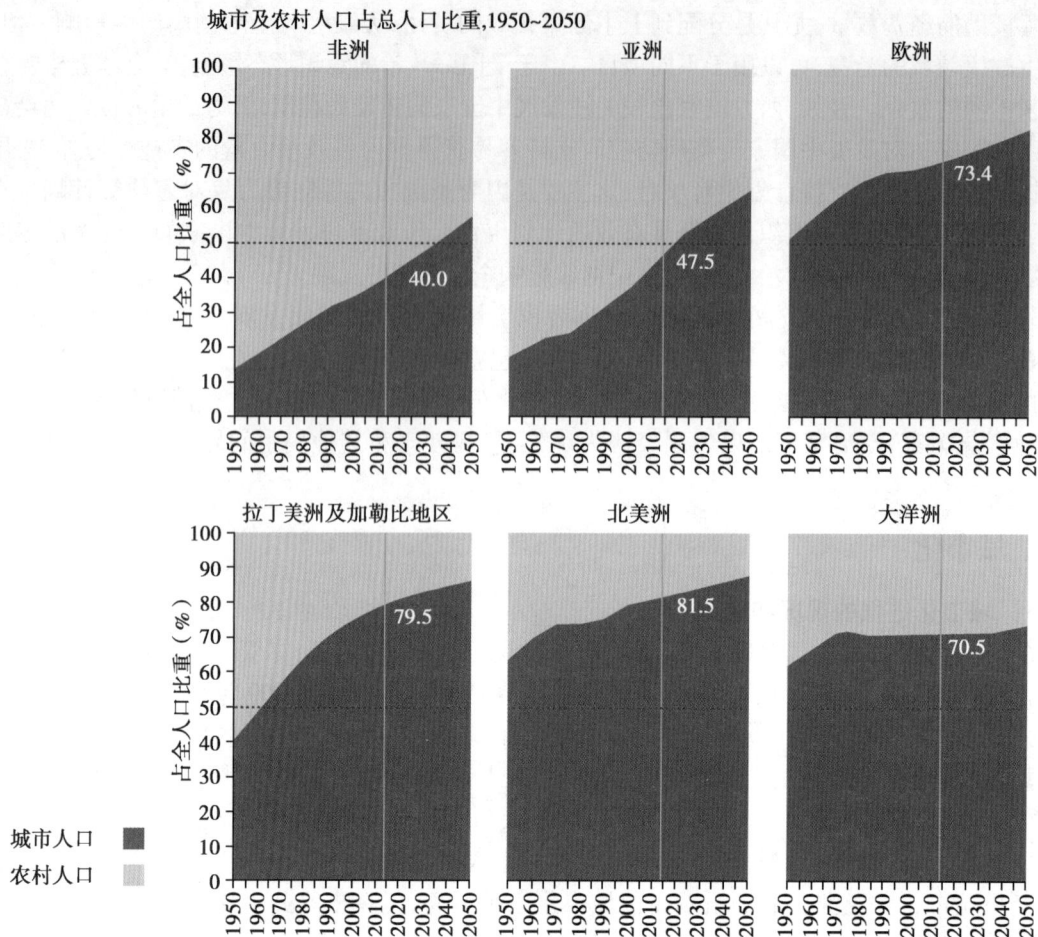

图1-6 全球主要地区城市、农村人口比重变化趋势(1950~2050)

设施和其他基础设施不足,住房建筑结构差,人口过密,居住权没有保障。从贫民窟的定义即可感知过度不合理城市化对人群健康的影响。

城市化对人群健康主要有以下几个方面的影响:

第一,城市化导致人口过密,而人口过密为传染病的流行提供了有利条件。比如艾滋病、结核病、痢疾、霍乱等传染病都更容易在城市中传播流行。体现城市化对传染病流行影响最近的例子当属埃博拉在西非的肆虐。埃博拉是2014年全球健康的关键词之一。美国《时代》杂志甚至评选埃博拉病患护理者为2014年时代风云人物。其实埃博拉病毒早在1976就被人类发现并了解。由于之前的埃博拉疫情大都发生在人口稀疏的偏远地区,造成的影响有限而没有被广泛关注。2014年的埃博拉疫情则暴发在人口稠密的城市地区。高密度的人口、频繁的人员流动和脆弱的卫生体系导致疫情一发不可收拾。截至2014年12月,疫情已导致17 942人感染,其中6388人死亡。

第二,通过影响人们的生活习惯和环境,城市化可导致慢性非传染性疾病发病率上升。研究表明,城市化与烟草使用、不健康饮食、缺乏身体活动和有害使用酒精等不健康生活方式紧密相关。这些行为危险因素可导致哮喘、心脑血管疾病、癌症、糖尿病等诸多慢性非传染性疾病。城市化还可加重环境污染进而影响人群健康。雾霾天气现已成为中国大城市的一种常态。2010年全球疾病负担研究表明,$PM_{2.5}$已成为中国健康杀手的第四位。2013年前卫生部部长陈竺发表在《柳叶刀》上的一篇文章指出,由于户外空气污染,中国每年或早死35万~50万人。由城市化导致的环境污染对人群健康的影响可见一斑。除了慢性非传染性疾病,城市化也对精神卫生提出了严峻的挑战。生活在城市中的人,特别是生活在城市底层的人,更加容易罹患精神疾病。

第三,城市化导致的暴力、道路交通事故、犯罪等各种伤害常常进一步加重对人群健康的影响。儿童道路交通伤害是城市地区的一个重大问题。在全球,道路交通伤害是15~24岁青少年的首要死亡原因,也是 10~14 岁年龄段的第二大死亡原因。此外,城市化还极大地加重了自然灾害的影响。2010 年海地发生了 7.0 级大地震,由于震中距离海地首都太子港仅有 25 公里,太子港几乎变为废墟。地震造成约 16 万人死亡,约 300 万人受到影响。

第四,除了对人群健康,城市化还对健康公平的实现提出了严峻挑战。21 世纪城市的发展伴随着贫穷负担的转移。在以往,最大限度的贫穷出现在农村地区;今天,贫穷主要集中在城市地区。根据联合国的估计约三分之一的城市居民,即近 10 亿人,生活在城市贫民窟。当大量人口积聚在城市,不良事件的后果就会被极大地扩展。在发展中国家,最佳城市管理可产生 75 岁以上的期望寿命;而如果城市管理不当,期望寿命可低至 35 岁。如何应对城市化进程对健康公平的影响给全球健康带来了新的挑战。

全球应对措施:针对城市化进程所带来的全球健康的挑战,世界卫生组织在 1996 年的世界卫生日发起了创建"健康城市"的运动。自此,在欧洲、美洲、大洋洲和亚洲已有 1200 多个城市加入这个国际性运动。2010 年世界卫生组织再次将"城市化与健康"作为世界卫生日的主题并提倡推进健康城市规划,其中包括积极投资公交系统、设计体育锻炼活动场地、实行烟草和食品安全监管,促进健康行为和安全。改善城市住房、供水和卫生等生活条件将大大降低健康风险。建设便利和方便各年龄组的包容性强的城市会有益于所有城市居民。同时,世界卫生组织在 2010 年提出了促进城市健康的三条基本原则:①通过可靠地度量健康不公平及其决定因素,发现并解决城市健康不公平,从而建设更健康的城市;②通过跨部门协作,将健康问题作为所有城市政策的核心问题之一,以此展示地方政府对城市健康的领导力;③使用有效机制,让社区积极地参与到城市政策和城市规划当中。

📡 案例 1-1

过度城市化的墨西哥城

墨西哥首都墨西哥城是世界最大、人口密度最大的城市之一。从 20 世纪 40 年代开始,墨西哥经济飞速发展,城市化水平迅速提高。到 2008 年墨西哥城市化率达到 77.2%,超过德国、意大利等许多发达国家。然而在墨西哥快速城市化的背后,却暗藏危机。

城市化曾给墨西哥城带来经济的繁荣,畸形发展的高度城市化给墨西哥城这座城市带来了贫困、就业困难、拥挤、环境污染、城市公共服务供给不足、治安问题突出等社会问题。大量无业人员只能选择在城市边缘的公共土地上私建简陋住所,形成被称为"城市之瘤"的贫民窟。墨西哥国家统计地理局的数据表明:墨西哥 1.07 亿人口中,有 5000 万没有足够的收入满足住房、交通、教育等需求,其中 1950 万人吃不饱饭。大约有 1470 万人居住在墨西哥的贫民窟,占城市总人口的 20%。政府没有能力向贫民窟提供基本的生活设施;生活在贫民窟的子女也得不到较好的教育和医疗服务;城市人口恶性膨胀导致的拥挤、交通堵塞,空气污染以及严重的治安问题更使当地政府疲于应对。

为了遏制墨西哥的过度城市化,墨西哥政府不得不采取建设"卫星城"和"城乡均等化"等措施。1980 年至今,墨西哥城四周已建成 30 多个卫星城,吸引市民到周边小城市安家。据统计,1980 年到 2000 年间,特拉瓦科、夸希马尔帕和特拉尔潘三个卫星城成为人口增长最多的地区。为了把劳动力留在农村,墨西哥政府致力于城乡均等化的一系列优惠政策。针对农村的大众医疗保险计划,向农村地区的小学和初中生提供奖学金。这些政策的实施,初见成效,1999 年至 2009 年,农村人口向墨西哥城移民的数量已出现负增长。

由此可见,城市化进行的好可以大大加快一个国家的现代化进程,但如果没有处理好经济、社会、自然和个人的协调发展,将导致经济发展停滞,生存环境污染,贫富差距加大和社会问题泛滥,陷入过度城市化的危机。

六、食品与公共卫生安全

(一) 食品安全

食品安全是指确保所有食品尽可能安全的措施,包括从生产到消费整条食品链所有政策和行动。

"民以食为天",食品安全属于公共卫生优先事项,是国家经济发展、人民生活水平和生命质量的标志,是国家所有安全的基础。据估计,在全球有 200 多种疾病通过食品传播,每年仅腹泻就夺走 180 万儿童的生命,而其中大多数疾病因食品或水受到污染所致。即使是发达国家,每年也约有 1/3 的人受食源性疾病危害。

食品和营养工业是全球最大的工业之一,占全球国内生产总值的 10%,约 4.8 万亿美元。食品危机成为安全和国际政策的突出问题。食物是人类赖以生存的物质基础。食品(包括水)的安全关系到国际民生,直接影响到全球人群的身体健康和生命安全,关系到经济发展和社会稳定。不仅食品和水的缺乏将给人类健康带来威胁,食品和水的质量也将直接影响人类健康。食品市场的自由化与全球化加强了食品的工业化生产,大规模的食品生产者、贸易商与零售商已经成为全球市场的重要参与者。同时,这种全球经济一体化格局也对全球化食品贸易的发展和食品的生产销售中的食品安全提出了新的挑战。食品生产和贸易的全球化,增加了发生涉及污染食品国际事件的可能性。过去 10 年间,各大洲均有食源性疾病严重暴发的文献记载,许多国家的疾病发生率还呈大幅度上升趋势,数百万人因此丧失生命。食品中引起疾病的生物体,可以通过全球食品链远距离传播,食源性疾病和食品污染对健康和经济的影响由于缺乏数据难以估算,但其安全性日益引起全球的关注。

(二) 药品安全

药品是指用于预防、治疗、诊断人的疾病,有目的地调节人的生理功能并规定有适应证或者功能主治、用法和用量的物质,包括中药材、中药饮片、中成药、化学原料及其制剂、抗生素、生化药品、放射性药品、血清、疫苗、血液制品和诊断药品等。

药品的安全性是指在规定的适应证、用法和用量使用情况下,对服药者生命安全的影响程度。安全性是药品的固有特性。药品安全的目的是保护人群,使其不受到劣质和不安全药品带来的危害。对质量、安全性和有效性带来损害的因素包括:有效和无效成分不合格,生产做法不佳,包装、运输和储存不当,以及产品变质。这些因素都可能给药品安全造成危害。

2007 年 12 月 12 日,美国制药巨头默克公司宣布,其一家制造工厂被发现疫苗生产过程存在杀菌漏洞,可能使疫苗受到污染。因此决定召回约 120 万剂儿童用流感疫苗,尽管这批疫苗的质量问题还不至于威胁到使用者的生命安全。

在药品安全方面,全球健康面临的一个巨大挑战是抗生素耐药问题,这一直是世界卫生组织关注的焦点。抗生素耐药不仅仅涉及感染本身,更涉及全球公共卫生安全。例如,抗结核药品的耐药性是一个重要的全球公共卫生问题,耐多药和广泛耐药结核病使结核病控制活动更趋复杂、更为艰巨;直接威胁到抗结核病治疗战略的成功实施,威胁到全球结核病控制,是全球结核病控制面临的重大挑战之一。2011 年,世界卫生组织把世界卫生日的主题定为解决抗生素耐药性及其全球蔓延问题,呼吁各国政府、各利益攸关方和国际社会共同努力对付抗生素耐药性问题。除了临床的监控,抗生素在畜牧业的应用的监控也要加强,严格限制"人药兽用",保障食品安全,防止因此而导致的抗生素耐药。

(三) 公共卫生安全

全球公共卫生安全包括传染病和非传染病的有效防控。尽管对于某些传染病已有有效的疫苗等防控措施,但在一些不发达国家和地区,这些传染病预防与控制的干预并没有覆盖所有的目标人群。例如,2013 年在中、低收入国家,艾滋病病毒检测阳性的妊娠妇女中,只有 67% 接受了预防新生儿感染的药物;2013 年全球有 200 万人新进入接受艾滋病抗病毒治疗,在需要接受治疗者中,只有 23% 的儿童和 37% 的成年人接受治疗。

全世界首要死因的非传染性疾病危险因素也是公共卫生安全中的重要组成部分,已成为 21 世纪全球健康最大杀手。非传染性疾病对联合国千年发展目标的进展带来威胁。80% 的非传染性疾病死亡发生在低收入和中等收入国家。非传染性疾病所带来的疾病负担与贫困紧密相连,使家庭陷入贫困。非传染性疾病的共同危险因素包括烟草使用、缺乏运动、有害使用酒精以及不健康饮食。在许多国家的较低收入群体中,有害饮酒和不健康饮食以及不健康生活方式对健康的危害通常更为严重。酒精是全球不良健康第三个主要危险因素,据估计,每年全球因酒精死亡的人数达330万。有60余种疾病以酒精为主要患病危险因素。酒精滥用所致死亡占据全球死因的4%。全球有600万人死于吸烟或被动吸烟。每6秒钟就有一人死亡。

全球公共卫生安全与危机不仅影响全球健康,还对全球和平与发展、政治稳定和国际安全产生影响。例如,全球一体化发展已经证明传染病的暴发对国际安全产生了威胁。特别是在非洲,传染病在某种程度上促进了失败国家的出现并因此滋生了恐怖主义,从而助长了国际生物恐怖主义活动;由于传染病暴发而导致的难民问题已成为地区的不稳定因素。正如联合国前任秘书长科菲·安南(Kofi Annan)所指出的,"艾滋病正导致社会经济危机,它反过来又威胁着政治稳定"。

在2006年的达沃斯世界经济论坛中,《全球风险报告》把流行病和自然灾难归入当前国际社会所面临的最大危险之列。国际社会已认识到艾滋病已经是一个全球安全问题,对发达国家和发展中国家构成了同样的威胁。公共卫生危机也不利于联合国维和行动。维和部队部署的大部分地区是在艾滋病高发区,因为面临感染艾滋病的风险,维和人员成为艾滋病的载体并且将疾病传播到其他地区。有研究认为,在全球关注反恐战争和核扩散的同时,艾滋病对世界造成的威胁不亚于让恐怖分子获得核武器。

七、全球环境

(一) 全球环境的定义

广义的"环境"指一切不属于遗传的因素。当考虑到健康时,环境主要指对健康能造成直接或间接影响的,存在于空气、水、土壤或卫生设施中的物理、化学或生物的因素。各种环境问题,每年能导致数万人死亡。本节所讨论的环境是全球性的大环境,比如气候变化、水文系统和淡水供应的变化等。环境变化能改变疾病模式;导致极端气候事件;引起饮用水供应不足,同时对农业和环境卫生造成影响。环境健康问题是全球疾病负担的主要危险因素。中低收入国家死亡的主要原因包括呼吸道感染、肿瘤、虫媒传染病和腹泻疾病。这些疾病都和环境紧密相关。下面从气候变化、水资源、空气污染和土壤污染四方面对全球环境危机进行剖析。

(二) 气候变化的挑战

在过去的50年里,由于人类的活动,特别是化石燃料的燃烧,大量的二氧化碳和其他温室气体被排入大气。这些温室气体将额外的热量困在了大气底层从而影响全球气候。在过去的100年里,世界的平均气温上升了大约0.75℃。而在未来的100年里,全球变暖的趋势将更加明显(图1-7)。全球气候变暖导致海平面上升、冰川消融以及降水模式改变。极端天气变得越来越频繁和强烈。

气候变化通过影响健康的社会和环境决定因素,进而对健康产生广泛的影响。2003年夏天的欧洲"热浪"就导致了超过7万例的额外死亡。此外极端高温天气导致空气中臭氧和其他污染物增多,从而加重人群特别是老年人群心脏病和呼吸系统疾病。此外高温天气还导致空气中花粉和其他过敏原的水平增高,引发哮喘,影响全球3亿哮喘患者。气候变化还导致全球自然灾害的增加。据世界卫生组织统计,自1960年以来,与天气相关的自然灾害在全球范围内增加了3倍以上。仅20世纪90年代,与天气相关的自然灾害在全球范围就造成了约60万人死亡,其中约95%发生在贫穷国家。全球变暖将导致海平面上升,世界人口的半数以上居住在离海岸60公里以内的地区。水灾可直接造成伤害和死亡,并可增加感染水源性和病媒传播疾病的风险。气候变化还可以通过改变水和蚊虫等病媒进而影响疾病的传播。全球三大传染病之一的疟疾每年造成80万人死亡,其中大部分是非洲5岁以下的儿童。随着全球变暖,疟疾的流行极有可能会随着其主要传播媒介疟蚊栖息地的扩张而加重。气候变化还可导致农作物产量下降,使全球食品供不应求,导致人群,特别是儿童营养不良比重增加。全球营养不良每年造成约350万例死亡。因此,世界卫生组织助理总干事Flavia Bustreo博士指出,"如不采取有效行动来减缓并适应气候变化对健康造成的不利影响,社会将面临一项最为严重的健康挑战"。

7.0
6.5 全球平均气温变化,1850~2100
6.0
5.5
5.0
4.5
4.0
3.5
3.0
2.5
2.0
1.5
1.0
0.5
0
-0.5
-1.0

相对1961~1990年的气温变化(℃)

1860 1880 1900 1920 1940 1960 1980 2000 2020 2040 2060 2080 2100

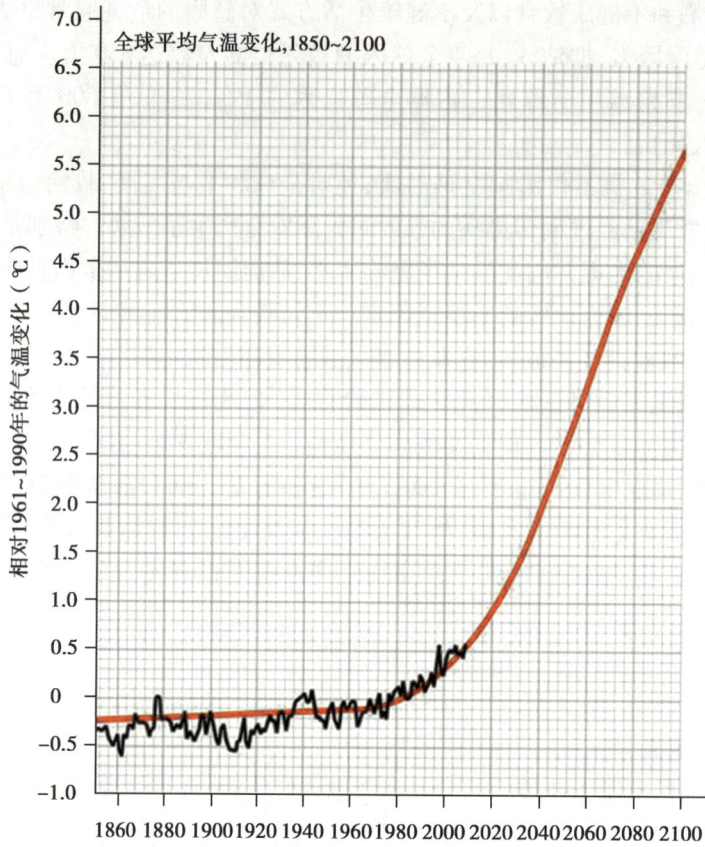

图 1-7 全球变暖趋势图

（三）水资源的挑战

水是生命的源泉,地球上的淡水是有限的。根据经济合作发展组织（OECD）的数据,从 2000 年到 2050 年,全球对水的需求量将上涨 55%（图 1-8）。而根据世界卫生组织的预测,到 2025 年全球将有一半的人口生活在缺水地区。此外由于人类的活动,水的质量受到持续的威胁。传染病、有毒化学品和放射性危害物质可以通过水影响人类健康。根据世界卫生组织的数据,近 10 亿人没有安全饮用水;每年有 200 万人因为不安全的饮用水患腹泻死亡;全球有 50 多个国家还在向世界卫生组织报告霍乱疫情;百万计的人因饮用含砷和氟化物的不安全饮用水而导致癌症和牙齿骨骼损伤;全球仍有 2.6 亿人感染血吸虫病。近年来,由于在农业中越来越多地使用工业废水,因此导致的水污染和土壤污染,引发严重

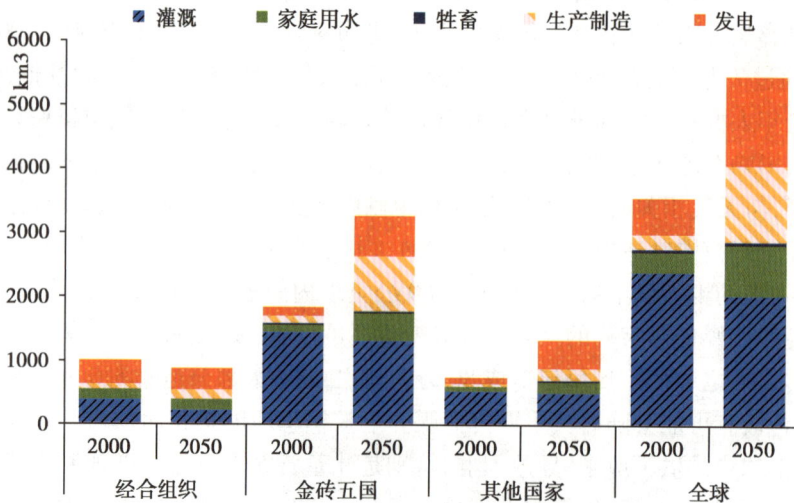

灌溉　家庭用水　牲畜　生产制造　发电

km3
6000
5000
4000
3000
2000
1000
0

2000 2050 | 2000 2050 | 2000 2050 | 2000 2050
经合组织 | 金砖五国 | 其他国家 | 全球

图 1-8 2050 年全球水需求量预测

的公共卫生隐患。因此,必须预防与水资源相关的疾病给全球健康带来的挑战。

(四) 空气污染的挑战

空气污染是世界上最大的环境健康风险。空气污染往往是交通、能源、废物管理和工业部门不可持续政策的副产品,减少空气污染可以挽救数百万生命。世界卫生组织发布的数字显示,2012 年空气污染造成约 700 万人死亡,也就是全球每 8 位死者中就有 1 位死于空气污染。除了与急性呼吸道感染和慢性阻塞性肺疾病(COPD)等呼吸道疾病有关外,新数据表明空气污染还与脑卒中和缺血性心脏病等心脑血管疾病以及癌症之间存在紧密的联系。根据 OECD 的最新预测,如果空气质量继续按现状恶化下去,到 2050 年全世界因可吸入颗粒物暴露而早死的人数将翻倍至 360 万,其中绝大多数将发生在中国和印度(图 1-9)。世界卫生组织公共卫生及健康问题的环境和社会决定因素司司长 Maria Neira 博士说:"来自空气污染的风险比我们以前所认为或理解的要大得多,特别是对心脏病和脑卒中而言。当前,没有多少风险比空气污染对全球健康的影响更大。证据表明,我们需要采取一切行动清洁我们呼吸的空气。"

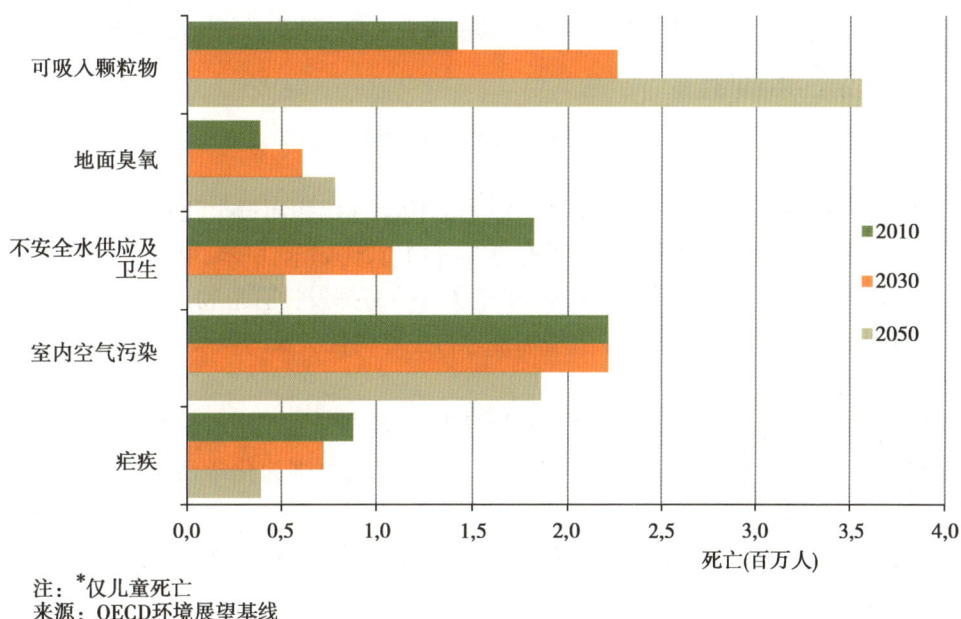

注：*仅儿童死亡
来源：OECD环境展望基线

图 1-9　全球早死环境危险因素相关死因及其数量:2010 年到 2050 年

然而,在未来短期内解决空气污染似乎并不乐观。有研究表明,如果保持现在的废气排放水平,到 2050 年,全世界的空气质量都可能下降至现在东亚的水平。根据经济合作发展组织的预测,到 2050 年,一些城市,特别是亚洲和非洲的城市,空气质量还将持续恶化(图 1-10)。比如有研究表明,到 2020 年,由于快速的经济发展,中国的电站和工业的能源消耗将加倍,道路交通将翻 3 倍。这将使中国在空气污染治理上面临极大的挑战。参考英国伦敦和美国洛杉矶治理雾霾的经验,即使中国采取强有力的措施,也可能至少需要 20～30 年的时间治理雾霾。

除了室外空气污染,室内空气污染同样严重地影响着人们的健康。由于室内环境具有封闭性和稳定性的特点,微小的污染源都可能造成严重的危害。室内空气污染最主要的污染源是燃烧固体燃料(煤炭、木炭、木柴、植物茎秆、动物粪便等)产生的有毒有害烟雾。据世界卫生组织统计,全球大约有 30 亿人仍然用明火在开放式炉灶中使用固体燃料在家进行烹饪和取暖。这些人大多家境贫寒,生活在中低收入国家。这种低效的烹饪燃料和技术会造成高度室内空气污染,产生大量对健康有害的污染物,包括可渗透到肺部深处的微小烟尘颗粒。在通风不良的住所,室内烟雾会比可接受的微小颗粒水平高出 100 倍。妇女和年幼儿童在炉边时间最长,所接触的污染也特别多。由肺炎导致的 5 岁以下儿童过早死亡中,50% 以上是因为吸入了室内空气污染带来的颗粒物。此外,每年约有 380 万人因室内空气污染

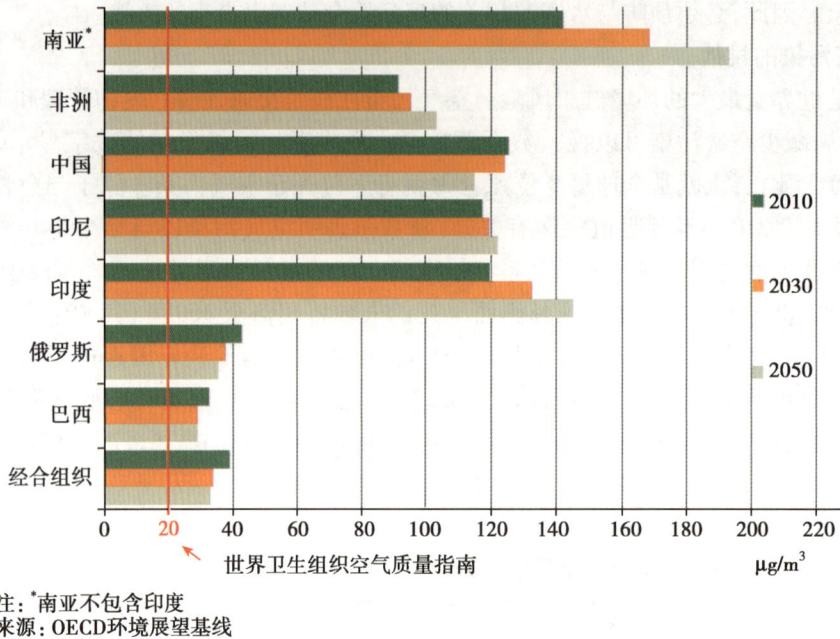

注：*南亚不包含印度
来源：OECD环境展望基线

图 1-10 世界主要城市 PM$_{10}$浓度：2010 年到 2050 年

导致的卒中、缺血性心脏病、慢性阻塞性肺病和肺癌等非传染性疾病而过早死亡。除了燃烧固态燃料，其他室内空气污染物主要来自室内装修使用的有毒有害物质，比如苯、甲苯、甲醛、多环芳烃等易挥发性有机化合物。大量流行病学研究表明，长期暴露在充满这些易挥发性有机物的环境中可显著增加人们罹患癌症的风险。比如苯的长期暴露可显著增加罹患再生障碍性贫血的风险。

（五）土壤污染的挑战

土壤污染指土壤中的有机废弃物或含毒废弃物过多，影响或超过了土壤的自净能力，从而在卫生学和流行病学上产生了有害影响。土壤污染物大致可以分四类，分别为化学污染物，如重金属（镉、汞、砷、铜、铅等）和有机污染物（滴滴涕，六六六，多环芳烃等）；物理污染物，如工厂、矿山的固体废弃物（尾矿、废石、粉煤灰）；生物污染物，如含各种病菌的城市垃圾和医疗废物；和放射性污染物，如核废料。工业和生活废物的大量排放以及农药的过度使用是土壤污染的主要来源。这些污染物可以通过多种途径进入土壤，引起土壤正常功能的变化，从而影响植物的正常生长和发育。而动物和人则可通过摄取、吸入或接触的方式受到土壤污染物的影响。

土壤污染对人群健康的危害十分广泛。首先，土壤污染导致粮食减产并降低农产品品质。国土资源部 2011 年发布的数据显示，全国每年仅因重金属污染而减产粮食有 1000 多万吨，而被重金属污染的粮食每年则多达 1200 万吨，合计经济损失至少 200 亿元，足以每年多养活 4000 多万人。其二，土壤中的有害物质，特别是重金属，通过食物链的传递和富集影响人群健康。2013 年湖南省产的大量含镉毒大米，一度引起轰动。镉是一种有害重金属，主要来自采矿、冶炼行业。人长期食用含镉大米，会对肾脏和骨骼产生严重危害。第三，土壤中的污染物可通过自然界的物质循环对地下水、地表水，甚至大气进行二次污染。

2014 年一份历时 6 年之久、耗资 10 亿元的《全国土壤污染状况调查公报》终于出炉。该报告显示我国目前土壤污染问题十分严峻。在被调查的 630 万平方公里的土地中，土地污染总超标率为 16.1%，其中轻微、轻度、中度和重度污染比例分别为 11.2%、2.3%、1.5% 和 1.1%。无机污染物，主要是重金属，以占总超标点位的 82.8% 而成为最主要的污染物类型。其中重金属镉的点位超标率更是达到了惊人的 7%。在如此严峻的形势下，若再不重视土壤污染的防治，后果将会十分严重。

除了中国，土壤污染在世界一些其他国家也是严重的公共卫生威胁。2009 年印度旁庶普邦（Panjabi）的铀中毒事件曾一度震惊世界。数百名新生儿童受到污染影响终身致残。此次铀污染的源头被认为是马尔瓦地区(Malwa region)附近一家火力电站排放的含高浓度铀的废弃烟灰。这些含铀烟灰污染了附近的土壤和地下水。人们在接触了这些被污染的土壤和水之后受到了影响。这次严重的污染事件被认为影响了马尔瓦地区的整整一代人。

（六）应对全球环境危机的措施

气候变化是一个新出现的重大公共卫生威胁,世界卫生组织制定了一项保护健康不受气候变化影响的积极的长期规划。规划强调加强卫生系统应对气候变化行动,并确保其他部门,如能源和运输部门,在决策时适当考虑健康问题。规划同时倡导低碳生活,提出采取步骤减少温室气体排放并减轻气候变化对健康的影响。

应对水资源的挑战,世界卫生组织认为享有安全的清洁饮用水和卫生设施是一项基本人权。世界卫生组织与联合国儿童基金会共同设立了一项供水和卫生设施联合监测规划。国际社会也正积极地寻求获得足量安全水的机会,提供卫生设施并提倡适当的个人卫生行为以减轻水污染。

应对空气污染的挑战,世界卫生组织绘制了预防空气污染相关疾病的策略图。其他应对空气污染的相关工作包括:发展世界卫生组织建立的全球空气质量和卫生平台,更好更多地收集与空气污染相关的疾病数据,并通过提供有关重要干预措施的指导、信息和证据,加强对各国和各城市的空气污染治理的支持。而减少室内空气污染的主要策略包括减少室内固态物质燃烧,使用清洁燃料,更新燃烧技术等。

应对土壤污染的挑战,提倡合理使用农药和化肥,减少工矿业废料排放,降低污染物对人群的危害,增加土壤容量,提高土壤净化能力。尽管有这些应对措施,要应对全球环境的挑战,还有很长的路要走。

🛜 案例 1-2

治理北京空气污染

自 2013 年以来,中国严重的雾霾天气成为全国,乃至全世界热议的话题。北京作为中国的首都不但没有幸免,反而是雾霾侵袭最严重的城市之一。面对首都严重的空气污染,政府根据北京的情况并结合国际上已有的经验,出台了一系列措施治理雾霾。

➢ 短期措施:
- 记录空气污染对大众健康的影响
- 加强机构协调共同应对空气污染
- 建立早期预警系统,制定紧急对策
- 改善城市交通,减少汽车尾气排放
- 鼓励人们选择低排放的出行方式
- 最大限度降低供暖、工业排放和建筑施工扬尘的影响

➢ 长期措施:
- 提高机构能力,控制空气污染
- 加强与环境相关的合规管理和执行力度
- 能源、交通和建筑行业的定价应考虑环境污染、交通拥堵等外部性,以鼓励人们选择更加清洁的技术和燃料
- 城市规划同环境目标相结合
- 支持全面的、可持续的交通项目
- 发展能源资源、完善车辆标准,强化执行力度

（汤胜蓝　任苒　梁晓晖　戴晓晨）

◉ **思考题**

1. 什么是全球健康？它是在什么背景下产生的？
2. 请思考全球健康有哪些特征？核心特征是什么？
3. 请比较全球健康、国际卫生和公共卫生的异同。
4. 全球健康与哪些学科有交集？这些学科的哪些研究方法能用来解决全球健康问题？
5. 学习全球健康的作用和意义是什么？

第二章　全球健康的影响因素

🌐 **学习目标**

掌握　影响全球健康影响因素的基本概念,以及全球化、社会环境、个人行为对健康的影响。

熟悉　发达国家和发展中国家内,以及种族和性别相关的健康公平问题和面临的挑战。

了解　国家政策干预对个人健康的影响,国民的健康状况影响人们对该国经济投资的可能性。

　　健康的社会决定因素表明,社会环境和物理环境因素、个人的生物特征和健康行为都会影响健康状况。本章第一节讲述全球化对个体健康状况的影响。这些因素包括国际贸易和人口跨国流动导致的传染性疾病的广泛传播,以及战争和自然灾害。全球的工业化和全球的气候变化正在给人类赖以生存的环境带来剧烈的变化,会对健康造成很大的影响。个人的社会经济状况、家庭环境、营养和生活方式也是健康的重要影响因素。无论是发达国家还是发展中国家,国家内部也面临不同的健康公平问题。健康状况的改善是一个国家、社会发展进步的直接体现,健康公平的促进则是增进人民幸福和实现社会经济可持续发展的基础和手段。本章第二节从全球健康发展的角度,主要分析国际与地区间,发达国家和发展中国家(如美国、中国和印度),以及种族和性别相关的健康公平问题以及面临的挑战。第三节重点论述健康与教育、生产力、贫穷的关系以及带给我们的启示。

第一节　健康的影响因素

　　自二战以来,当代全球化浪潮以惊人的速度在推进,其范围和强度都是史无前例的。由于人员、货物、资本、技术以及思想文化跨国越界的流动,所有国家的联系都变得更加紧密。而且,这种互动和依存关系处于变动的状态。全球化不单是经济现象,它还是政治、社会及文化过程。尤其值得关注的是,全球化的各个方面互为渗透、密不可分。全球化进程因而广泛而深刻地改变了我们星球上人类日常活动的许多重要领域。在这样的历史背景下,影响全球健康的诸多因素,如文化、行为和社会经济状况等,也在悄然发生着变化。这一节重点论述这些全球健康的影响因素。

一、全球化和健康

　　健康的社会决定因素包括人们出生、成长、生活、工作和年老时的环境。这些环境通常受全球、国家以及地区范围内资金、权利和资源分配的影响。健康的社会影响因素在很大程度上导致了居民健康状况分布的不均衡,即在一个国家内部以及国家之间居民健康状况的差异,而这些差异是可以避免的。2011年10月在巴西里约热内卢举行的世界卫生组织关于健康问题社会决定因素世界会议上,各国接受了《里约政治宣言》及其在五方面的号召:①就健康和发展采用改良管理;②鼓励参与政策制定和实施;③对健康部门深化改革,促进健康和降低健康不公方向调整;④加强全球治理和合作;⑤监测进展并增强问责。《里约政治宣言》在2012年5月于瑞士日内瓦举办的第65届世界卫生大会上被批准。这个宣言背后的原理是疾病不仅是发生在人身上由直接或间接原因引起的生物过程,比如细菌或者病毒;有时候它更是一个由广泛的社会根源带来的表现。社会环境、物理环境影响个体的身心健康及行为,这些都是健康的决定因素(图2-1)。

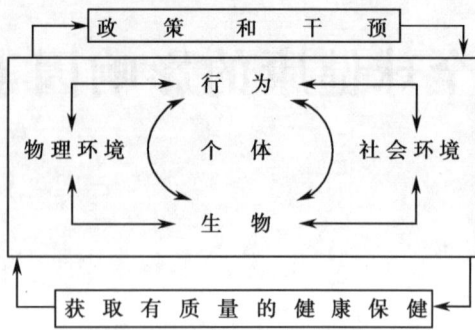

图 2-1　健康的决定因素

（一）国家贸易与人的跨国交往

全球化的经济、政治、社会及文化维度对大众健康构成了越来越严峻的挑战。食品生产、制造和销售以及旅游业的全球化，使人类和货物以更快的速度流向世界各地，使传染性疾病很容易在短短数小时之内就在国与国之间传播。一些传染性疾病会传播得更快更远，有可能扩散到地球每一个角落，并对地球上每个人构成威胁。

在全球化时代诞生的具有更强传播性和更大威胁性的传染病，如艾滋病、严重急性呼吸综合征（SARS）和禽流感等，都通过全球社会、经济、贸易活动不断跨越洲界和国境波及其他地方。人类至今仍未找到非常有效的治疗措施。在复杂多变的全球化进程中，这类传染性疾病也很有可能在短时间演变成区域内外高发性的传染病，并在世界范围内广为传播，因而会对国际公共安全构成更大的威胁。2003 年 SARS 的传播即是实例。SARS 的出现和控制为全球公共卫生干预提供了很有价值的启示和借鉴经验。

艾滋病是疾病全球化最典型的一例。自 1981 年美国发现首例艾滋病病毒感染者以来，不管其发展水平如何，世界上没有任何一个国家可以避免艾滋病的发生。国际社会、各国政府和非政府组织都做出了大量不懈的努力，艾滋病仍在全球范围内肆虐。据联合国艾滋病规划署发布的《2008 年全球艾滋病疫情报告》，全球艾滋病防治在 2007 年首次出现了"明显的重要进展"，艾滋病病毒新感染人数和死亡人数均有所下降。全球艾滋病病毒新感染人数从 1998 年的 320 万下降为 2007 年的 250 万；死亡者2007 年降为 200 万，比 2001 年减少了 20 万。但全球目前仍有 3320 万名艾滋病病毒感染者，其中 2250万名感染者分布在撒哈拉沙漠以南的众多非洲国家，亚洲有近 500 万人。

人口流动，无论是自愿或是非自愿的，对全球健康模式和健康变化都是一个潜在影响因素。灾害或者紧急情况后的非自愿人口流动，是全球健康的主要问题，尤其就疾病扩散而言，有时带来的影响比灾害本身要大得多。人口流动可能与被广泛认识的传染性疾病相关，比如霍乱；由于人口流动发生在热带地区，因此与疟疾引起的死亡也相关。灾难发生后人口流动很常见，例如洪水、火山爆发和泥石流。人口流动还可能给迁入地区带来短期或长期的医疗保健负担。

（二）天灾与人祸

由自然或人为导致的紧急情况有很多，有时两者可能同时发生。从不可预料的自然灾害，例如地震、海啸和洪水暴发，到长期可观测的结果，例如地区争端和气候变化，均会带来人口迁出及导致的健康需求。后果可能影响广泛，对很多国家和地区的大片区域产生影响。其中一个例子是 2004 年的印尼海啸，该海啸涉及三大洲，并且对东南亚和南亚地区甚至远至索马里的很多国家都有影响。

灾害和地区冲突发生之后人们紧接着的健康和福利需要各不相同。事件或冲突发生当下，可能会造成很多人受伤或死亡，伤者需要紧急救治，死者尸体需要处理。食物、水、福利和一些其他人类需求，例如对病患以及需要长期照料的人的药物供给可能也会被立刻中断。另外也会造成家庭成员分离。

武装冲突作为全球健康问题逐渐受到重视。武装冲突导致大量死亡和残疾。在世界卫生组织2004 年的全球疾病负担估计中，战争和国内冲突造成每年 18.4 万人的死亡以及 740 万伤残调整寿命年的损失。冲突的后果，例如由营养不良、饥荒、传染病等导致的失能和死亡更加重了健康保健的长期负担。近年来人们逐渐认识到武装冲突是一个主要的并持续增长的公共健康问题。冲突本身造成的死亡只是"冰山一角"。尽管由于缺乏目击者，文献中没有记录，但在冲突中以及冲突之后带来了更多严重的健康问题。这些问题包括残疾，经济和社会倒退，相关的地区贫穷和营养不良，以及至关重要的长期的心理和社会疾病。

二、环境与健康

"环境"是一个广义的概念。在这一章节中，环境是指外界微生物的、化学的和物质的环境，以及对个人及群体施加影响的过程,这些过程是个体不能直接控制的。"环境"不包括个体选择占主导的环境,例如吸烟和个人饮食习惯,也不包括由社会文化环境产生的特定的危险因素,例如暴力犯罪和社会压力。然而,由社会文化和经济环境的危害带来的健康风险,可看作"环境健康"的特征。环境可以根据多种方式分类,包括环境媒介(空气、水、土和食物),经济因素(交通、土地使用和能源生产),物理范围(本地、地区和全球),环境(家庭、工作场所和城市环境),以及疾病结果(癌症、先天异常及其他)。

工业化和气候变化对健康的影响

1. 平流层臭氧损害　大气层平流层中,即在高出海平面 20 ~ 30 千米的范围内,有一个臭氧含量较高的部分称为臭氧层。其中的臭氧呈蓝色,有特殊的臭味。臭氧在大气层中只占 1‰,这个薄薄的臭氧层,浓度低于 1/10,但能够阻止太阳光中大量的紫外线,有效地保护了地球生物的生存。工业废气、飞机排气、电冰箱等家用电器、农药施用都会分解破坏臭氧层的氟化物及卤代烃类化合物,它们消耗臭氧,使臭氧层变薄或出现臭氧空洞。臭氧层中臭氧含量的减少等于在屋顶上开了天窗,导致太阳对地球紫外线辐射增强。大量紫外线照射进来,严重损害动植物的基本结构,降低生物产量,使气候和生态环境发生变异,特别对人类健康造成重大损害。美国一个科学小组指出,北美洲上空平流层臭氧含量在最近 5 年内减少了约百万分之一,皮肤癌症患者达 50 万人,其中恶性肿瘤病例约 25 000 人,死亡约 5000 人。有人估计,如果臭氧层中臭氧层含量减少 10%,地球的紫外线辐射将增加 19% ~ 22%,皮肤癌发病率将增加 15% ~ 25%,仅美国死于皮肤癌的人将增加 150 万人,白内障患者将达到 500 万人,患呼吸道疾病的人也将增多。紫外线辐射增强,将打乱生态系统中复杂的食物链,导致一些主要生物物种灭绝。大量紫外线辐射还可能降低海洋生物的繁殖能力,扰乱昆虫的交配习惯,并能毁坏植物,特别是农作物,使地球的农作物减产 2/3,导致粮食危机。

2. 气温变化　过去 50 多年来,人类活动,尤其是燃烧矿物燃料释放了大量二氧化碳和其他温室气体,使更多的热量滞留在大气层低层并影响了全球气候。过去 100 年中,世界的气温上升了约 0.75℃。过去 25 年来,全球变暖的速度加快,每 10 年气温上升超过 0.18℃。海平面在上升,冰川在融化,降水规律在变化。极端气候事件变得更加剧烈和频繁。全球气温将出现过去 10 000 年中从未有过的巨大变化,从而给全球环境带来潜在的重大影响。

虽然全球变暖可带来一些地方性好处,例如在温和的气候中冬季死亡减少以及在某些地区提高粮食产量,但气候变化的整体健康影响很可能主要是负面的。气候变化影响健康问题的社会和环境决定因素——清洁的空气、安全的饮用水、充足的食物和有保障的住所。衡量气候变化对健康造成的影响,只能粗略估计。尽管如此,在仅考虑到一小部分可能健康影响的前提下,世界卫生组织的一次评估结论是,自 20 世纪 70 年代以来发生的轻微变暖到 2004 年每年已造成超过 14 万例额外死亡。

气候变化对老年人、体弱以及患有疾病的人群的健康影响更为严重。儿童,尤其是生活在贫穷国家的儿童,是对所产生的健康风险最脆弱的人群之一,并将在更长的时间内承受健康后果。同时,卫生基础设施薄弱地区(主要在发展中国家)在无援助的情况下严重缺乏做好准备、进行应对的能力。

(1) 超常高热:可直接造成心血管和呼吸道疾病患者死亡,尤其是在老年人中。例如,在欧洲 2003 年夏季的热浪中,记录了超过 7 万例额外死亡。高温还使臭氧和空气中加剧心血管和呼吸道疾病的其他污染物的水平上升。城市空气污染每年造成约 120 万人死亡。在超常高温中,花粉及其他气源性致敏原的水平也较高,可引起哮喘,而哮喘患者约为 3 亿人。持续的气温上升预计将使这一负担加重。

(2) 自然灾害和变化多端的降水模式:在全球,自 20 世纪 60 年代以来的气候相关自然灾害的报告数量已增加 2 倍以上。这些灾害每年造成 6 万多人死亡,主要是在发展中国家。不断上升的海平面以及越来越极端的气候事件将破坏人类的家园、医疗设施及其他必要的基础设施。世界人口有一半以上生活在距海洋 60 公里以内的地区。人们可能被迫迁移,转而使包括从精神障碍到传染病等一系列健康影响的风险升高。

更加变化多端的降水模式可能会影响淡水供应。缺少安全的水会破坏环境卫生,并加大腹泻病的风险,导致和腹泻病有关的死亡人数的增加。在极端情况下,缺水会导致干旱和饥荒。到 2090 年,气候变化可能会使受干旱影响的地区扩大,使极端干旱的频率翻一番,并使其平均期限延长 5 倍。

洪水的频率和严重程度也在上升。洪水污染淡水供应,使水源性疾病的风险加大,并为蚊虫等携带疾病的昆虫形成繁殖场所。洪水还会造成溺水和身体伤害,破坏家园并造成医疗和卫生服务供应中断。

气温升高和降水变化不定很可能会减少许多最贫穷地区的主要粮食品种生产——到 2020 年在有些非洲国家可减少多达 50%。这将使目前每年造成 350 万人死亡的营养不良和营养不足流行率上升。

(3) 感染模式:气候条件对水源性疾病和通过昆虫、蜗牛或其他冷血动物传播的疾病有很大影响。气候变化可能会延长重要病媒传播疾病的传播季节并改变其地理范围。例如,气候变化预计将使中国发生钉螺传播的血吸虫病的地区显著扩大。

疟疾受气候的影响很大。按蚊传播的疟疾每年造成近 100 万人死亡,主要是 5 岁以下的非洲儿童。作为登革热病媒的伊蚊对气候条件高度敏感。研究显示,到 2080 年气候变化可使受到登革热传播威胁的人数增加 20 亿。

案例 2-1

土地退化和荒漠化对人类健康的影响

在 20 世纪,由于农业和畜牧业生产(过度垦荒、过度牧养、森林转换)、城市化和砍伐森林,以及导致土地盐碱化的干旱和沿海潮灾等极端天气事件所形成的综合压力日益加大,促使土地退化加速。荒漠化这一形式的土地退化,使肥沃的土地变成了沙漠。在这些社会和环境进程中,世界上用于提供粮食、水和空气质量所必要的可耕地和牧场日渐减少。土地退化和荒漠化可通过复杂的途径影响人类健康。随着土地的退化以及一些地方沙漠面积不断扩大,粮食产量下降,水源枯竭,人群被迫迁移至较适宜居住的地区。荒漠化对健康的潜在影响包括:食品和水供应减少,营养不良的威胁加大;卫生条件恶劣和缺乏清洁饮用水,导致水源性和食源性疾病增多;因风蚀和其他空气污染物而形成的大气粉尘造成呼吸系统疾病;随着人口的流动,传染病四处传播。

3. 下水道和清洁饮用水　由于土地利用、森林砍伐、气候变化、人口增长及工业对淡水的大量消耗,在河流、湖泊和地下所发现的淡水的可及性日益受到威胁。此外,水的质量也因日益严重的污染而受到破坏,尤其是在城市地区和涉及集约化农业时。

全球 10 亿多人无法获得安全供水,26 亿人缺少适当的卫生设施。环境卫生恶劣,导致饮用水普遍被微生物污染。每年因与水有关的传染病而死亡的人数高达 320 万,约占所有死亡人数的 6%。因供水不足、卫生设施恶劣和不良卫生习惯所造成的疾病总负担为死亡人数 180 万和 7500 万以上的健康生命年损失。每人每天需要 20～50L 无有害化学和微生物污染的饮用水和卫生用水。已有资料显示,在安全饮用水和改善卫生条件方面的投资表明人类健康状况的改善与经济生产力有着密切对应关系。

4. 固体家庭燃料　主要是指用于家庭烹饪的燃料,如木材、农作物的秸秆等残茬、动物粪便、木炭和煤块。据估计,固体燃料产生的室内空气污染每年可在全世界范围内导致大约 350 万人过早死亡,并可诱发呼吸道和心血管疾病、白内障、新生儿畸形以及烧伤和烫伤。烹饪用炉灶的燃烧产物同样能增加室外空气污染,并额外导致每年 50 万的过早死亡。此外,妇女和儿童不仅暴露在固体燃料产生的高浓度的室内空气污染中,还经常在收集这些燃料的过程中面临种种伤害或暴力的危险。

5. 房屋质量　一般的房屋质量包括通风、排水、密集度、含尘度、防虫材料、防损伤设计、防日照、防风、保温、隔热等因素。所有这些因素都对健康有重要影响。很多 19 世纪下半叶及 20 世纪上半叶在西欧和北美发生的健康改善,都受益于房屋质量的改善。当然,这当中很难将房屋改善的相对益处与营养和卫生习惯同时发生的变化分开。

6. 工作环境　从事经济活动的人平均大约三分之一时间在工作场所度过。就业和工作条件对卫生公平产生极大影响。良好的工作环境能够提供社会保障和地位及个人发展机会,并避免身心危害。它们还可以改善社会关系和员工自尊,并产生积极的健康作用。

工作场所的健康风险,例如高温、噪声、粉尘、有害化学物质、不安全的机器和心理压力等,会导致职业病,并可加剧其他健康问题。就业条件、职业和在工作场所的职务也与健康有关。人在压力下或不稳定就业条件下工作可能会吸更多的烟,运动量减少,并会养成不健康的饮食习惯。除了一般卫生保健外,所有工人,尤其是那些从事高风险职业的人,需要卫生服务部门评估和减少职业风险暴露,并需开展医疗检测,以尽早发现与职业和工作有关的疾病和伤害。

慢性呼吸系统疾病、肌肉骨骼疾病、噪音引起的听力损失,以及皮肤问题是最常见的职业病。但只有三分之一国家有处理这些问题的卫生规划。

某些职业风险,例如受伤、噪音、致癌物质、空气中颗粒和人体工程学风险,占慢性病负担的相当大比例:占背痛病例总数的37%,听力损失病例总数的16%,慢性阻塞性肺病病例总数的13%,哮喘病例总数的11%,伤害病例总数的8%,肺癌病例总数的9%,白血病病例总数的2%,抑郁症病例总数的8%。在工作年龄组中,每年共有1220万人(大多是发展中国家居民)死于非传染性疾病。就多数国家而言,与工作有关的健康问题造成的经济损失高达国内生产总值的4%~6%,而预防职业病和与工作有关疾病的基本卫生服务成本按购买力平价计算,每名工人仅需18~60美元。

工作有关的非传染性疾病,以及职业压力引起的心血管疾病和抑郁症,造成长期疾病率和缺勤率持续增加。慢性非传染性职业病还包括工作场所空气污染和辐射造成的职业性癌症、慢性支气管炎和哮喘。尽管有这些疾病,但是大多数国家的医生和护士在与工作有关的健康领域仍未能获得适当的培训。另外,许多国家并不提供研究生的职业卫生教育。

三、个人的社会经济状况和健康

(一) 收入、财富和健康

衡量家庭经济地位的最常见的两个方式是收入和财富。收入是家庭成员在某一时间段内的税后所得工资,财富是指家庭所积累的资产,包括房屋、汽车、电视、牲畜,或其他消费品。低收入家庭一般财富积累很少,所以一旦家庭成员出现严重疾病或残疾,可调动资源极少。

(二) 工作和职业状况

家庭中至少有一个全职工作的劳动力对于脱贫至关重要。除了收入以外,工作也提供医疗保险、工伤赔偿,有时有住房、食物方面的补贴,以及子女教育等。然而并非所有工作对健康的好处都是一样的。职业技能有限的人通常会做最危险的工作,劳动赔偿少,并且工作安全保障也极低。因职业伤或生病的工人可能因为请不到足够的病假去看病或在家休息,或者仅仅因为没有办法支付医疗费用,而无法接受足够的治疗。

(三) 识字和受教育水平

正式教育和读写能力与测量健康的很多因素都相关。识字水平通常被定义为功能识字,即能明白书写文字以完成日常常规任务。教育水平通常由接受教育年数、获取的文凭、证书或者学位来衡量。识字可以让人获取健康信息,知道如何在医疗体系中寻求帮助。人们可以在报纸杂志中学习食物准备和锻炼活动的相关信息,看懂消费品中的健康和安全警告,阅读空气和水的质量报告,阅读有关疫苗的广告和征求医疗试验参与者的活动信息。

(四) 健康素养

健康素养(health literacy)是一种认知和社会的技能,这些认知和技能决定了个人如何获取、理解、利用信息,从而保持和促进良好的健康。现在认为,健康素养包括6个方面的能力。

1. 做事的能力　指应用工具和技术来熟练地处理语言的能力,从而满足每天的基本健康需求。既包括通过读、写、讲获取有关健康的信息,也包括通过读、写、讲与卫生专业人员的沟通。

2. 相互合作的能力　指通过与他人的合作,来改善和提高自身健康的过程。其中通过与卫生人员或其他的病友的合作,自我管理一些健康问题是最为重要的方法。这里包括了相互帮助的社会认知能力和处理与解决问题的决策能力。

3. 自主能力　指个体的赋权。个体的自主能力是个体自我健康决策的意识,表现为如何判断和利用日常的健康信息,从而选择健康行为以及控制与健康有关的因素。

4. 信息判断能力　指有能力鉴别健康有关信息的权威性以及信息流,从而确定这些信息的正确与否和新旧,是否有助于帮助改善和提高自己的健康水平。

5. 掌控环境的能力 指是否了解和熟悉你所处的环境,并与其友好相处来提高和改善健康。它既包括个人生活工作周围的环境,也包括到医院等特殊场所的环境。

6. 文化适应能力 每个人的认知都离不开他生活所处的文化氛围。文化适应能力是指个人在特定的文化背景下对各种语言符号以及特殊事物的理解,并作出正确和有利于健康的行为和决定。

由此可见,健康素养不只是能读懂宣传材料和能够预约门诊。增加人们获得健康信息的途径并培养他们有效利用这些信息的能力是提高健康素养的关键途径。这一概念完全突破了传统的狭义的健康教育和以行为为导向的个人咨询,它解决的是健康的环境、政治和社会决定因素。因此,必须广义地理解健康教育,它不仅影响个体生活方式决定因素,而且增加人们健康决定因素的知晓程度,同时鼓励人们通过个人和集体行动来改善这些决定因素。健康教育必须通过有效的社区行动、发展社会资本,使个人和社会受益,从而提高健康素养,而不仅是通过传统的宣传和信息发布来实现。

(五) 家庭环境

家庭环境是指家庭的物质生活条件、社会地位、家庭成员之间的关系及家庭成员的语言、行为及感情的总和,包括实物环境、语言环境、心理环境和人际环境。人是群居性、社会性、社交性的动物。任何人的成长都不是孤立的,而是各种环境的产物。很多研究表明家庭环境与人的身体健康有显著的关联性,对儿童的成长和健康至关重要。父母是儿童的第一任老师,家庭是儿童青少年社会化的起点,作为社会细胞的家庭是青少年心理素质形成的最重要的场所。在家庭中,儿童习得最初的社会生活知识和技能、道德规范、行为习惯等。家庭环境对青少年的行为问题、学习成绩、心理健康、个性创造力及家庭功能等方面具有重要影响。家庭对人的塑造力是今天人们对人格发展看法的基石,家庭环境对青少年人格特质的形成和发展的影响长远而深刻。

父母与青少年之间的沟通是与青少年的社会适应相联系的。已有研究结果表明,父母不良的教养方式对青少年心理健康水平有显著的消极影响,并认为,父母教养方式可能是影响其子女心理健康的主要因素。

家庭作为一个社会单位,在孩子成长阶段发挥着无可替代的作用,良好的家庭环境是孩子家庭教育成功的基本条件。正如马卡连柯所说:"家庭是最重要的地方,在家庭里,人初次向社会生活迈进。"人的性格表现也因受家庭环境的影响而不同。从古代孟母三迁的故事我们就可以得出这样的启发:良好的环境非常有益于孩子人格品质的形成。一位人格心理学家说过:"家庭对人的塑造力是今天我们对人格发展看法的基石。"强调人格的家庭因素,重点在于探讨家庭间的差异对人格发展的影响,而更重要的又在于探讨不同的教养方式和父母对孩子的态度、交流方式等对人格差异所构成的影响。

家庭心理环境主要是指家庭成员之间的关系,家庭活动氛围和生活方式所构成的心理系统。家庭教育中,最显著的相互作用发生在亲子之间。就孩子的成长而言,亲子关系是一种不对称的双向相互作用关系,和谐的心理环境,首先应该从父母做起。父母是孩子的老师,是孩子学习的榜样,因此,营造一个和睦的家庭,对帮助孩子性格的健康发展有着不可低估的作用。

四、政策和干预

卫生领域和其他领域的公共政策与干预将保障和促进人群健康作为其宗旨。这些政策主要包括卫生系统的相关政策,推行全民健康的公共卫生行动以及非卫生部门的可增进社会安全和促进健康的公共政策。很多这样的公共政策和干预措施不仅仅停留在国家层面,而是提升到了跨越国界的水平,例如全球努力对抗结核病、疟疾和艾滋病。

卫生系统相关政策旨在为满足人们的医疗卫生需要而采取的行动方案和行为依据。通常与健康密切相关的经济因素包括绝对贫困和相对贫困。虽然危害健康的因素随着时间不断发生变化,但不变的是,这些因素总趋向于在社会等级的底层不成比例地累积、聚集。相比贫穷的国家或社会阶层,那些富裕的、受教育程度高的、强大的国家和阶层更有能力去维持和提高他们的健康水平。多年来的事实有力地证明了这种不平衡的健康分布模式。健康水平的不平衡分布是不良的社会政策和政治,以及不合理的经济结构造成的。解决健康不公平性问题需要政府、公民社会、社区、商业和国际机构的共同参与。相关的政策不应仅由健康部门制定执行，而需要社会各个部分的参与。相关行动的准则应包括：提高日常生活条件；处理能源、金钱和资源在全球、国家及地区间的分布不均；衡量问题、评估行动、扩展知识基础，加强并推广对健康的社会决定因素的教育，提高公众对健康的社会决定因素的了解。在最基本的层面上，贫穷对于个人健康的消极影响很大，尽管如此，这也并不意味着那些在健康保健上花费巨大的富裕国家的人口都很健康。一项关于美国 1990～2010 年健康状况的调查表明，虽然美国在改善健康状况方面投资巨大并取得了实质性的进展，但目前，美国缺乏全民健康覆盖，预期寿命等一些健康状况指标低于其他高收入国家。虽然整体预期寿命缓慢增长，但相比其他高收入国家增速较低，而在一些地区，预期寿命特别是女性的预期寿命，在过去 20 年中不升反降。其他对健康的影响因素包括不良生活环境，患病后因不能负担医疗费用而延误诊疗，甚至不寻求恰当的诊疗服务，进而陷入因病致贫、因病返贫的恶性循环。2005 年，世界卫生组织提出全民健康覆盖（universal health coverage）的概念，即所有人都应获得所需要的卫生服务，且不应遭受经济损失或面对陷入贫困的风险。绝大多数成员国积极响应世界卫生组织的倡导，承诺加速本国卫生体系改革，以实现人人享有健康。围绕这一目标，则涉及一系列卫生体系加强的政策和策略，如坚定的政治承诺，合理的卫生筹资和医疗保险制度，优化的人力资源配置和分布策略，安全、有效的基本药物供给与使用规定等。在实现提供人人可负担的、高质量的卫生服务的道路上，各国也在相互交流与借鉴其卫生体系改革的经验，在实践中改进和完善，并促进以证据为基础的政策制定与发展。

优先卫生问题的公共卫生行动也是促进全民健康的重要举措之一，包括技术性政策和中、短期，甚至长期的项目规划以及疾病预防和健康促进等干预性措施等。例如，结核病是全球性公共卫生问题。近年来，随着耐药性结核病的流行，世界卫生组织称其为全球公共卫生危机。其面临的挑战包括低的病人发现率，断续或不规则治疗，较差的病人依从性和较低的治疗成功率等。为应对这些挑战，全球性结核防治策略包括社区的动员与参与，公、私立医疗机构的协同防治和（医务人员、家属或其他人）直接面试下服药（DOT）等。中国是全球罹患结核病第二大国，每年约有 100 万新发结核病患者，5.7% 的新发患者为耐多药结核。结核病防控一直是中国公共卫生的优先领域，设立了明确的中、远期项目规划和防控目标，建立了全国性结核病防治网络，并成功实施了现代的结核病防治策略（DOT），规范结核病的诊断和治疗。在过去 20 年中，中国已将结核病患病率和死亡率降低了一半，以后仍将继续实施遏制结核病战略，以大幅减少结核病。

另外，非卫生部门的公共政策与人群健康也息息相关。市场规范管理的程度以及针对市场波动提供的保护程度也从根本上影响着社会的方方面面，包括医疗保健领域。税收系统作为经济的监管架构起核心作用，这方面包括对烟酒的征税，直接或间接地影响人们的生活方式，如吸烟、酗酒。2035 全球健康报告指出，财政政策是抑制非传染性疾病和伤害的强有力措施，但目前这一干预手段并未被充分利用。政府可以通过对烟草等有害物质增加征税而显著提高财政税收，同时，政府可以减少对某些物品（例如化石燃料）的补贴，将这一部分资金重新分配，用于资助非传染性疾病的控制。国际行动应包括为制定财政政策提供技术支持，加强烟草控制的区域间协作等。同时，基础设施（如下水道设施、房屋、道路等），教育（尤其是妇女受教育的机会），促进性别平等的产业政策，水、食品和消费品安全法则、法规等，均会深刻影响甚至决定社区人群健康水平。因此，社会的多部门合作（如卫生部、教育部、财政部、人社部等）才能真正凝聚对健康的关切，改善健康的社会决定因素，实现人人享有健康的最终目标。

五、生活方式

"生活方式"是对健康提出挑战的个人及群体的行为因素。这些行为包括过量消费某种食物或者饮料；过量使用或者摄入烟、酒一类的物质；合法或者非法药物使用。这些行为在一定程度上被看作或者至少疑似为很多非传染性疾病（NCDs）和某些残疾的原因。像膳食、饮食行为、锻炼、职业和娱乐活动等，都是肥胖、糖尿病以及高血压要考虑的因素。人们越来越多地意识到，行为以及广泛的社会经济因素会受一些不可改变的个人以及地理因素（比如基因）的影响。

（一）吸烟

烟草流行是世界迄今所面临的最大公共卫生威胁之一,每年近 600 万人因此失去生命,其中有 500 多万人源于直接使用烟草,有 60 多万人属于接触二手烟雾的非吸烟者。大约每 6 秒钟就有 1 人因烟草死亡,这占到了成人死亡的十分之一。目前的使用者中多达半数最终将死于某种与烟草相关的疾病。若不加以控制,烟草相关死亡将会增加,到 2030 年时每年死亡人数将超过 800 万。其中 80% 以上都将在低收入和中等收入国家。

在世界上逾 10 亿吸烟者中,几乎有 80% 生活在烟草相关疾病和死亡负担最沉重的低收入和中等收入国家。在一些国家,贫困家庭的儿童经常被雇佣从事烟草种植,为家庭赚取收入。这些儿童特别容易罹患"烟草萎黄病",即处理湿烟叶时因皮肤吸收尼古丁所导致的疾病。烟草使用者过早死亡会使其家庭丧失收入来源,增加医疗保健费用并阻碍经济发展。

二手烟雾会导致死亡。在成人中,二手烟雾可引起严重的心血管病和呼吸道疾病,包括冠心病和肺癌。在婴儿中,二手烟雾可造成猝死。在孕妇中,可造成低出生体重。在公共场所近半数儿童经常呼吸遭受烟草烟雾污染的空气。40% 以上的儿童至少有一名家长吸烟。二手烟雾每年导致 60 万人过早死亡。2004 年,儿童在二手烟雾造成的死亡人数中占 28%。每个人都应有权呼吸到无烟雾的空气。无烟法律保护不吸烟者的健康,得到广泛认可。

案例 2-2

戒 烟 措 施

戒烟措施使 10 亿多人(占全球人口 16%)受到国家全面无烟法律的保护。37 个国家(占世界人口一半以上)在过去 2 年中至少开展了一项强有力的大众媒体禁烟宣传运动。烟草使用者需要戒烟帮助。研究表明,很少有人了解烟草使用的具体健康风险。例如,2009 年在中国进行的一项调查揭示,吸烟者中只有 38% 知道吸烟会导致冠心病,只有 27% 知道会导致脑卒中。在了解烟草危害的吸烟者中,多数都希望戒烟。咨询和药物治疗可使试图戒烟者的成功机会增加不止一倍。只有 21 个国家(占世界人口的 15%)向本国吸烟者提供全面戒烟服务,为其报销全部或部分戒烟费用。四分之一的低收入国家未提供任何戒烟帮助。

（二）酗酒

酒精是多个世纪以来在多种文化中得到广泛使用的具有产生依赖特性的精神活性物质。有害使用酒精可在社会中造成沉重的疾病、社会和经济负担。酒精从多个方面给个人和社会带来影响,这取决于饮酒量、饮酒方式以及在极少情况下出现的饮酒品质。2012 年,酒精消费造成约 330 万例死亡,或者占全球死亡总数的 5.9%。酒精消费在生命相对较早的时期就会导致死亡和残疾。在 20～39 岁这一年龄组,所有死亡者中约有 25% 是因酒精造成的。

酒精消费是造成 200 多种疾病和损伤病症的一个因素。饮酒还与精神和行为障碍等健康问题的发生危险相关,包括酒精依赖、肝硬化、一些癌症和心血管病等主要非传染性疾病以及由暴力和交通事故及碰撞引起的损伤。有害使用酒精还对其他人造成伤害,比如家庭成员、朋友、同事和陌生人。此外,有害使用酒精给整个社会带来巨大健康、社会和经济负担。

由酒精消费引起的疾病负担在很大程度上源于无意及有意损伤,包括因交通事故、暴力和自杀造成的损伤。与酒精相关的致命损伤往往发生在相对较为年轻的年龄组。最新研究表明有害饮酒与结核病等传染病发病率以及艾滋病病毒/艾滋病病程之间有一定的关联。孕妇使用酒精可能会造成胎儿酒精综合征以及早产并发症。

（三）锻炼

快速的城市化、机械化和机动化的交通方式在全球范围内带来生活方式的变化。在过去 20 年到 30 年的 5 个高收入国家,成年人业余时间的身体活动,包括所参与的体育活动有所增加。但研究者同时也发现在工作时间内,身体活动有所下降。一项针对美国数据的综合分析表明,和工作相关的身体活动带来的能量消耗,相比 50 年前,现在每天减少了至少 418J(100cal)。另外,过去 40 年在美国、瑞士和加拿大步行或骑车的比例也有所下降。在日本,成年人中每天步行 10 000 级台阶的比例从 2000 年到 2007 年下降了 5%。

有力证据显示身体活动不足会给健康状况带来很多风险因素,包括主要的非传染性疾病例如冠心病、2 型糖尿病、乳腺癌和直肠癌以及预期寿命降低。由于世界人口的大多数身体活动不足,这成为一个主要的健康问题。据相关研究估计,在世界范围内,身体活动不足占冠心病疾病负担的 6%,2 型糖尿病的 7%,乳腺癌的 10%,直肠癌的 10%。2008 年活动不足占过早死亡的 9%。换句话说,相当于世界 5700 万过早死亡人口中,530 万是由身体活动不足造成的。即使身体活动不足不能被完全消除,如果身体活动不足率降低 10% 或 25%,至少可以避免 53.3 万或 130 万人的死亡。

加大宣传体育锻炼是卫生机构的首要任务。社区范围内的信息宣传方式和大众传媒宣传,以及针对社区的简要体育锻炼信息是值得推广的。个人行为和社会支持效果会比较显著,包括介绍社区和工作场所体育锻炼的社会支持,以及以学校为基础的囊括体育教育、课堂活动、课后锻炼和动态交通的策略。良好的环境和政策包括创建以及提升居民利用运动场所的条件,可以通过信息外展工作、社区范围和街道范围的城市设计和土地使用、动态交通政策和时间以及社区范围的政策和规划。综上所述,不同年龄、不同社会团体、国家以及社区人口通过多种渠道提高身体的锻炼。

六、营养与健康

(一) 食品安全保障

2011 ~ 2013 年间,全球估计共有 8.42 亿人口长期遭受饥饿,无法获得充足的食物以维持健康的生活,这部分人口占世界总人口八分之一以上。这一数字与 2010 ~ 2012 年间的 8.68 亿相比已有所减少。自 1990 ~ 1992 年以来,缺乏食物的人口总数已下降了 17%。

从整体上而言,发展中国家已在实现有关饥饿的千年发展目标方面取得巨大进展。如果过去 21 年里的年均下降速度能够维持至 2015 年,那么食物不足发生率将降至非常接近这一目标的水平。要想实现这一目标,就必须立刻加大力度,采取更多行动。

尽管已经取得总体进展,但各区域间仍存在巨大差异。撒哈拉以南非洲仍是食物不足发生率最高的区域,近几年进展不大。西亚毫无进展,而南亚和北非进展缓慢。东亚、东南亚及拉丁美洲多数国家的食物不足人口估计数和发生率两项均呈大幅下降。

粮食安全是一种复杂状态。食物不足和营养不足可以同时并存。但在一些国家,营养不足发生率远远高于食物不足发生率。在这些国家,营养加强型干预措施对于改善粮食安全中的营养一项起着至关重要的作用。要想取得改善,必须在农业、健康、卫生、供水和教育方面采取一系列粮食安全及营养加强型干预措施。

经济增长有助于提高收入,减轻贫困,提高粮食安全,但经济增长速度的提高并不能保证惠及所有人,不一定能够保证为所有人创造更多、更好的就业机会,除非政策能够明确将贫困人口作为目标人群,特别是农村贫困人口。在贫困国家,要想减轻饥饿和贫困,唯一的途径就是实现持续且惠及大众的增长。

(二) 营养不良

尽管营养不良很少被当作直接的死因,但超过一半的儿童期死亡与营养不良有关。对许多儿童来说,无法获得食物并不是营养不良的唯一原因。喂养方法不佳或感染疾病,或者两者兼而有之,也可造成营养不良。感染疾病对营养状况带来了损害,特别是频繁发生或持续发生的腹泻病、肺炎、麻疹和疟疾。喂养方法不佳造成了营养不良,例如不充分母乳喂养、给予错误的食物,以及无法保证儿童可以得到充足的食物。

微量营养素缺乏,包括维生素 A 缺乏、缺铁及贫血、缺碘、缺锌、多种微量元素缺乏。儿童维生素 A 缺乏主要导致严重视觉损伤和失明,明显加重其他疾病病情、增加死亡的风险。铁缺乏是全球最为常见且普遍存在的营养问题,是发展中国家和发达国家共同存在的公共卫生问题。碘缺乏是全球主要公共卫生问题,在幼儿和孕妇中尤为严重。碘缺乏威胁着国家的社会和经济发展。碘缺乏的主要危害是智力发育障碍,是全球后天性认知损害的主要原因,因此全球将消除碘缺乏作为公共卫生工作的主要任务。补锌对儿童生长迟缓和某些儿科疾病(比如腹泻等)有良好的改善效果。因此缺锌也是一个公共卫生问题,在发展中国家尤为突出。然而,现在还没有全球锌状况的文献报道。老年人也存在缺锌风险,但最易受影响的是婴幼儿和儿童少年,孕妇和泌乳期妇女也容易缺锌。在世界一些地区的特定人群中经常会出现多种微量营养素缺乏,例如铁、维生素 A 和碘缺乏,而多种微量元素缺乏往往会导致严重的健康损害。当消费者摄入的食物质量较差时,并且/或者有较高的营养需求时,例如快速生长、微生物感染和寄生虫,特别是膳食质量差的人群,缺乏动物性食物,所以可利用的铁和锌、钙、维生素 A、维生素 B_2、维生素 B_6 以及维生素 B_{12} 的摄入量都较低。缺乏一种微量元素可能会影响另外一种微量元素的吸收;反过来讲,如果出现多种微量元素缺乏,改善人体单一微量元素或多种微量元素的摄入量,干预效果会更好。

第二节　健康与公平

健康是每个人的基本权利,它既有其生物属性,也有其社会属性。根据世界卫生组织的定义,健康不仅是没有疾病或虚弱,而是身体、心理和社会适应处于良好的状态。

公平是伦理学的概念,是对待他人、分配资源时能做到公正、平等。健康公平性则是指"所有社会成员均有机会获得尽可能高的健康水平,不以个人的社会地位或其他社会因素而改变"。因此,减少和消除社会决定因素相关的健康差异是健康公平研究的核心范畴。

在过去的 50 年间,世界各国,特别是一些贫穷国家在促进人民健康方面取得了长足进展,如人均期望寿命的增长,母婴和儿童死亡率的下降等。然而,无论是发达国家与发展中国家之间,还是各国内不同社会经济阶层之间,或是不同种族和性别间,人群健康状况都存在着明显差异。例如全球 99% 的孕产妇死亡出现在发展中国家;在墨西哥,从婴儿到成年的生命各阶段,最高死亡率均出现在最不发达地区。健康不公平已在全球范围内引起高度关注。

早在 1978 年,世界卫生组织在阿拉木图宣言中就提出了通过改善和加强健康相关的公共服务和社会政策,以实现"2000 年人人享有健康"的目标。2000 年联合国制定的"千年发展目标",也涵盖了核心的"健康社会决定因素",各国政府对此做出了庄严承诺。如果这些目标实现,将极大促进全球人口健康,缩小健康差距。2011 年 10 月,世界卫生组织总干事陈冯富珍在巴西政府举办的"健康问题社会决定因素世界大会"上,呼吁国际社会、各国政府、非政府组织、市民社会和私人组织共同努力,多部门合作,致力解决社会因素相关的健康问题,提高全人类的健康和健康公平。

健康状况的改善是一个国家、社会发展进步的直接体现,健康公平的促进则是增进人民幸福和实现社会经济可持续发展的基础和手段。本节从全球健康发展的角度,主要分析了国际与地区间,发达国家和发展中国家内(如美国、中国和印度),以及种族和性别相关的健康公平问题和面临的挑战。

一、国际与地区的健康不公平

过去 20 多年,全球人类健康状况得到了显著改善。全球人均期望寿命从 1990 年的 64 岁增长到了 2012 年的 70 岁。促进孕产妇和儿童健康是 2000 年联合国千年峰会时国际社会通过的千年发展目标之一。自 1990 年以来,世界各地的孕产妇死亡率下降了 45%。全球范围内,新生儿和 5 岁以下儿童死亡率也普遍呈下降的趋势。

然而,健康的促进也呈现出极大的国家和地区差异。以人均期望寿命为例,2012 年非洲地区的人均期望寿命仅为 58 岁,与全球平均水平相差 12 岁,与欧洲、美洲和西太平洋地区平均水平(76 岁)相差 18 岁(图 2-2)。2013 年,28.9 万名妇女在妊娠和分娩期间及分娩后死亡。几乎所有孕产妇死亡都发生在发展中国家,其中超过半数发生在撒哈拉以南非洲,近三分之一发生在南亚(图 2-3)。孕产妇健康又与新生儿和儿童健康密切相关。撒哈拉以南非洲地区 5 岁以下儿童死亡的概率是发达地区的 15 倍以上。一半左右的 5 岁以下儿童死亡主要出现在 5 个国家:印度、尼日利亚、巴基斯坦、刚果民主共和国和中国。其中印度(21%)和尼日利亚(13%)两国占了全球 5 岁以下儿童死亡总数的三分之一以上(图 2-4)。

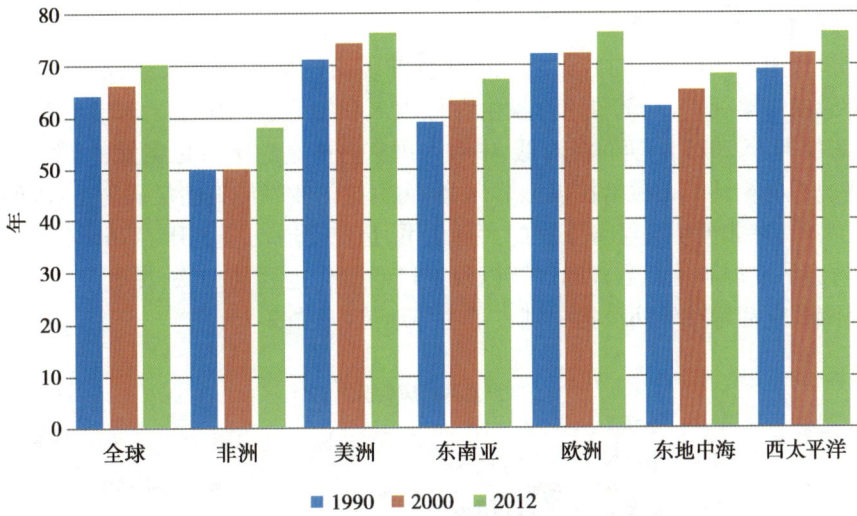

图2-2　世界卫生组织各区域出生时期望寿命

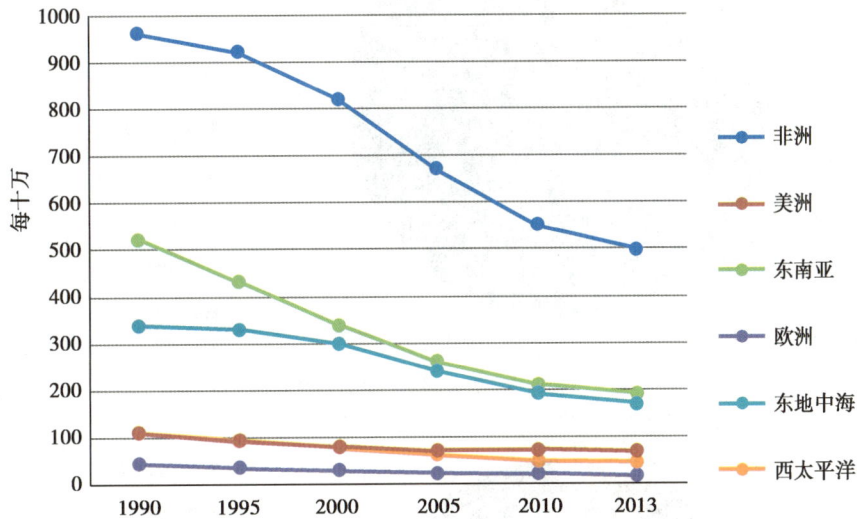

图2-3　1990～2013年各地区孕产妇死亡率趋势

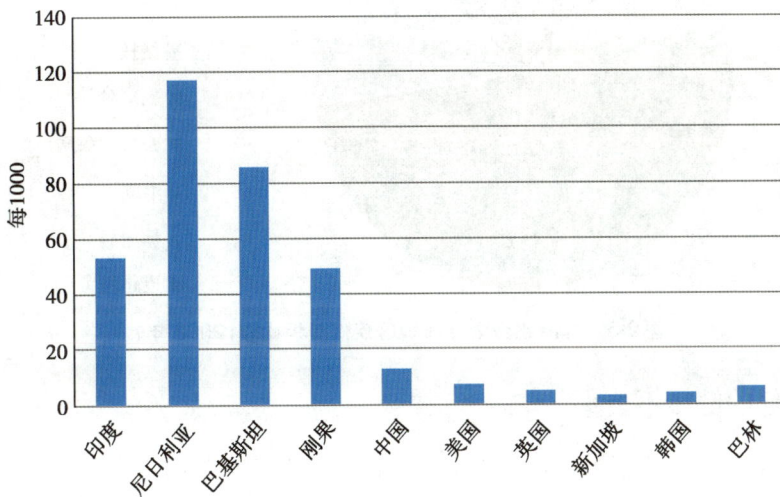

图2-4　各国5岁以下儿童死亡率(2013年)

各国的死亡和疾病负担在过去的 20 多年间也发生了重大转变。根据《全球疾病负担：产生证据，引导政策》报告，1990 年以来，发展中国家传染性疾病大幅下降，慢性非传染性疾病却不断增长，造成巨大的疾病和社会经济负担。2012 年，约四分之三的慢性非传染性疾病死亡人数（2800 万人）和 82% 的因非传染性疾病导致的过早死亡（1600 万例）发生在低收入和中等收入国家。若慢性非传染性疾病不能得到有效控制，2011 年至 2025 年期间将对低、中收入国家造成高达 7 万亿美元的累积经济损失。各地区间疾病流行情况不尽相同。在撒哈拉以南非洲，疾病负担仍然以传染性疾病为主，例如艾滋病、肺炎、腹泻和疟疾等。另外，在非洲快速经济发展的大环境下，道路交通伤害上升了 76%（图 2-5）。在东亚与太平洋地区，随着经济发展和生活方式的改变以及人口老龄化进程的加快，慢性非传染性疾病，例如心脑血管疾病、糖尿病、癌症等在疾病负担中则占了主导地位（见图 2-5）。

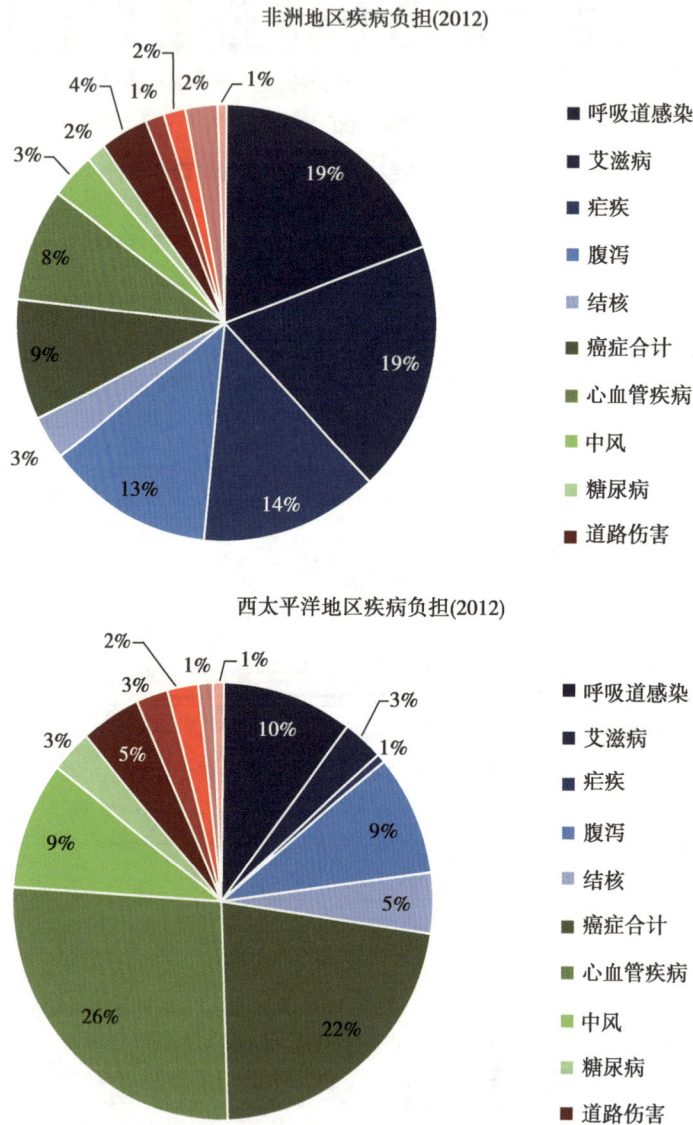

图 2-5　非洲和西太平洋地区疾病负担比较（2012 年）

二、国家内部的健康不公平

无论是发达国家还是发展中国家，国家内部都面临不同的健康公平问题。

（一）美国

美国是全球第一经济大国，消除社会因素导致的健康差异是其公共卫生领域的长期战略。大量的研究和政策报告都揭示了美国社会种族、性别及其他不同社会经济人群间的健康公平问题，且近 20 年不同人群间的健康差异并未得到显著改善。

以婴儿死亡率为例,2006 年美国婴儿死亡率为 6.68‰,较其他发达国家高,且呈现显著的种族间差异。非西班牙裔黑人婴儿死亡率最高,是非西班牙裔白人婴儿死亡率的 2.4 倍。美洲印第安人/阿拉斯加土著人和波多黎各人的婴儿死亡率也较非西班牙裔白人婴儿死亡率分别高 48% 和 44%(图 2-6)。种族间婴儿死亡率的差异可能部分反映了母亲社会人口特征的差异和一些行为危险因素,如青春期妊娠、未婚、受教育程度较低、吸烟和卫生服务利用不足等。心脏病和脑卒中分别位居美国疾病死亡率排行榜的第一和第三。男性冠心病死亡率远高于女性。自感健康状况在不同收入人群中也存在极大差异:最低收入人群中 32% 的人报告自我健康状况较差,而这一比例在最高收入人群中仅为 4%。

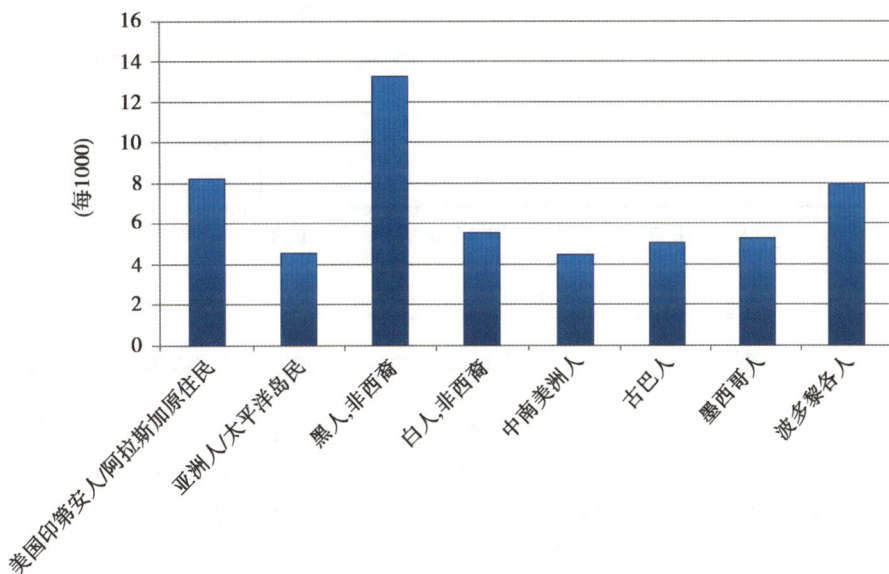

图 2-6　2006 年美国婴儿死亡率(按母亲种族分类)

在美国,慢性非传染性疾病是最主要的疾病负担,其发病率也呈现社会经济因素相关的显著差异。2008 年,糖尿病发病率在低收入人群中为 11.2%,在高收入人群中为 5.4%。同样,在受过高中以上教育人群中的糖尿病发病率(6.2%)也远低于未受过高中教育的人(15.1%)。另外,美国约有 100 万成人和青少年感染艾滋病病毒,每年有 5 万~6 万新增病例。非洲裔美国人仅占总人口的 12%,却占新感染艾滋病病毒总数的近一半。

(二) 中国

中国的经济发展令世界瞩目。社会经济发展的不平衡也伴随着日益增加的健康公平问题,主要体现为经济发达与落后地区间的健康差异,城乡居民健康差异和不同社会经济人群间的健康差异等。把中国各省、市、自治区按人均国内生产总值(GDP)进行排序,在经济发展较落后的地区,通常伴有更多的农村人口,其人均期望寿命则呈较低趋势。2010 年,上海(最富裕地区)的人均 GDP 是贵州(最贫困地区)的 5.6 倍,两地人均期望寿命差距为 9 岁(图 2-7)。

中国的儿童健康指标也呈现明显的差异。2000 年以来,全国婴儿死亡率和 5 岁以下儿童死亡率下降趋缓。2011 年,平均农村地区婴儿死亡率(14.7/1000 活产数)和 5 岁以下儿童死亡率(19.1/1000 活产数)仍大约是城市地区的 3 倍。另外,农村儿童发育迟缓的发生率和低出生体重儿比例也为城市地区的 3~4 倍。贫困农村地区儿童健康指标与城市相比,差距则更大。

中国正面临传染性疾病和慢性非传染性疾病的流行,贫困人群往往承受着沉重的双重负担。根据2010 年全国结核病流行病学调查,71.3% 的结核病患者是农村居民。82.7% 的患者家庭人均年收入低于当地平均收入水平,农村患者的家庭收入仅为当地平均收入水平的一半。51.2% 的肺结核患者还是家庭经济收入的主要来源。此外,农村低收入人群的慢性病患病率为 23%,高于农村地区的平均水平(17%)。因病致贫、因病返贫的现象依然存在。

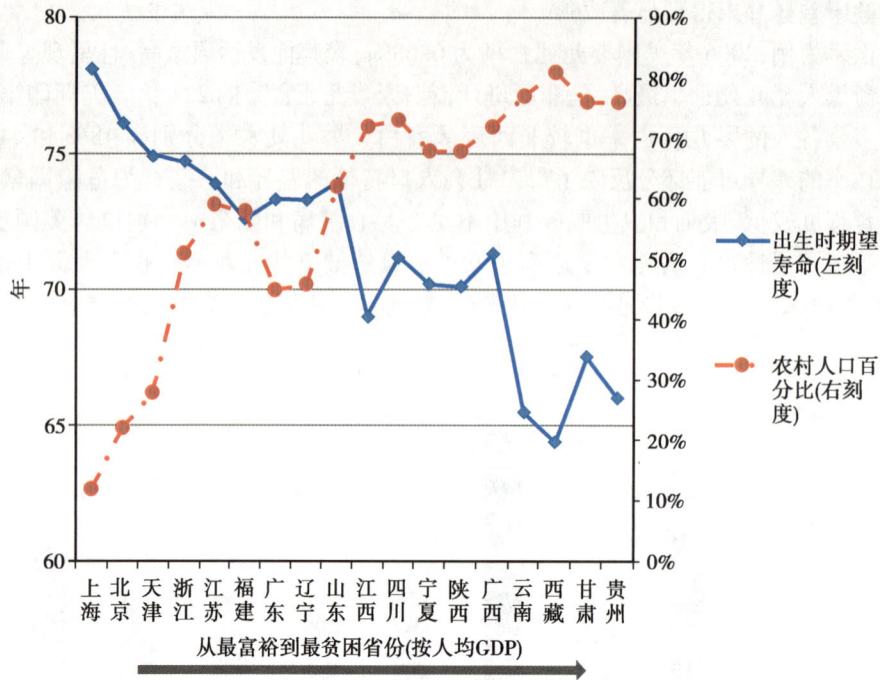

图 2-7　2010 年最富裕与最贫困省份（按人均 GDP 排序）出生时期望寿命及农村人口比例比较

　　社会人口学的转变又造成了新的健康弱势群体。2010 年,中国流动人口数量达 2.2 亿人,其中 1.5 亿人来自农村,以年轻劳动力为主。与当地居民相比,流动人口的疾病谱仍以传染性和感染性疾病为主,主要包括急性呼吸道疾病、肠道传染病、寄生虫病、性病和结核病。尽管目前流动人口中慢性病患病率较低,但相关行为危险因素的流行水平较高,且对流动人口慢性病的管理和控制不足,这都造成了未来在该人群中慢性病高发的潜在危险。另外,大量研究也表明,留守儿童和空巢老人的健康指标与非流动家庭中的同人群相比较差,且心理疾病的患病率也较高。

　　（三）印度

　　印度是人口大国。过去的二三十年,印度在促进人群健康方面取得了显著成效,但也呈现巨大的城乡、性别和其他社会经济因素相关的健康差异。印度全国家庭健康调查数据显示,1976 ~ 2008 年间,印度城乡婴儿死亡率和 5 岁以下儿童死亡率几乎以相同的速度在下降,但直至 2008 年农村婴儿（58‰）和 5 岁以下儿童死亡率（76‰）仍分别是城市的 1.6 倍和 1.7 倍。分别分析男童和女童的死亡率发现, 1999 ~ 2005 年期间女婴后期新生儿死亡率和女童死亡率分别较男婴和男童高 21% 和 53%。这主要与其文化有关,疏于对女孩的健康照顾,以致女婴和女童的死亡率更高。从家庭经济状况角度分析,根据标化的消费指数评分,将印度家庭分为低、中、高三组。1981 ~ 2005 年间,虽然婴儿死亡率和 5 岁以下儿童死亡率在所有经济组均呈下降趋势,但一直以来低经济组人群中的婴儿和 5 岁以下儿童死亡率均远高于高经济组（图 2-8）。

　　印度面临传染性疾病和慢性非传染性疾病的双重负担。印度是全球结核和耐药结核病最重负担国。根据印度调查,2004 ~ 2005 年最低收入组人群中的结核病流行率为 5.1‰。然而随着收入增加,其流行率递减,在最高收入组中结核病的流行率为 2.3‰。随着生活方式和环境的改变,慢性病也在印度疾病谱中占主导地位。有研究使用了 2007 年全球老年和成人健康调查数据,比较了印度标准化测量和自我报告的慢性病的流行率。其结果发现标化测量的慢性病流行率（5.2% ~ 19.1%）远高于自我报告的慢性病流行率（3.1% ~ 9.4%）。不同社会经济组间比较,则发现高社会经济组人群自我报告的慢性病流行率高于低社会经济组,但标准化测量的慢性病流行率在不同社会经济组间并没有显著差异。对于低社会经济组和贫困人群而言,慢性病通常发现、诊断较晚,以致更严重的疾病后果和沉重的社会经济负担。

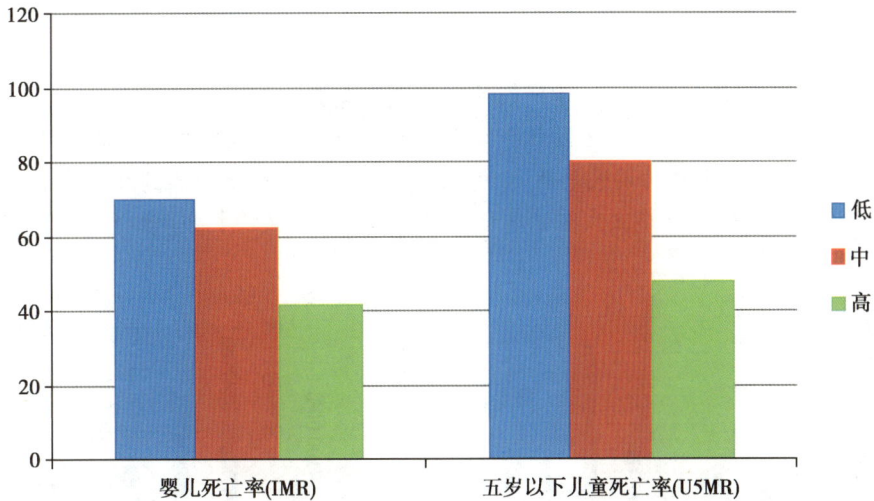

图2-8　印度1995～2005年婴儿和5岁以下儿童死亡率（按不同生活标准指数）

三、种族的健康不公平

健康不公平也表现在种族或民族之间显著的健康差异。种族、民族间的健康差异通常与其他社会决定因素密切相关，如人们出生、成长、生活和工作的环境以及文化习俗、宗教信仰等对健康的影响。例如，澳大利亚土著男子的平均期望寿命比其他澳大利亚男性少17岁。在印度，不同的社会群组间，如穆斯林社区与其他印度的种族或部落间，儿童健康状况存在较大差异。1999～2005年，印度土著部落1～4岁儿童死亡率约是穆斯林社区的2倍，但调整其他社会经济和文化因素后，这样的差异不再具有显著性。

消除种族、民族间的健康差异是全球公共卫生的优先领域，但近10年其成效并不显著。2001～2002年，美国2～18岁儿童、青年肥胖率为11.5%，其中非西班牙裔白人儿童、青年肥胖流行率低于10%，而非西班牙裔黑人和墨西哥裔则为15%左右。至2009～2010年，美国儿童、青年肥胖率在各群组中都略有上升，但种族间的差异并没改变。2006年，越南63%的少数民族妇女选择在家分娩，约是非少数民族妇女的5倍。随着社会经济转型，这一差距不但未缩小，反而日益增加。2010～2011年，在家分娩的越南少数民族妇女是非少数民族妇女的19倍。

四、性别的健康不公平

性别（gender）被用于描述男性和女性在社会中扮演的角色和其社会特征。根据世界卫生组织的定义，性别公平系指在男女之间分配资源、利益和责任方面的公平性和公正性。这一概念承认男性和女性有不同的需求和权利，认识两性之间存在的不平衡，且克服社会、文化等因素来处理这些差异，包括性别相关的健康公平问题。性别产生的健康不公平既包括女性因较少获得和控制资源以及缺少决策权而导致的健康缺失，也分析男性因其社会角色而面临的健康风险和问题。

"消失的女性"由诺贝尔经济学奖得主阿玛蒂亚·森（Amartya Sen）提出，指的是由于对女孩的忽视与偏见而导致的女性人口严重短缺，目前该问题已经在亚洲，如印度和中国以及非洲部分地区出现。中国存在性别选择性流产行为，目前已出现了全球最严重的性别比例失衡。2014年，中国出生人口性别比为100：115，即每出生100个女孩，相应有115个男孩出生，而正常的出生性别比一般为100：102～106。有研究报告发现，2000年以来中国女婴和5岁以下女童死亡率分别为27‰和31‰，均较男婴（20‰）和男童死亡率（25‰）高。在撒哈拉以南的一些非洲地区，由于贫穷、暴力和缺乏权力，不安全性行为是妇女感染艾滋病病毒的主要因素。2012年，南非艾滋病患病率为17.9%，其中女性患病率是男性的2倍。另一方面，男性因职业暴露或其他社会活动，也面临疾病的风险。例如，男性结核病的患病率常较女性高。

📡 **案例2-3**

孕产妇死亡率国家差异

孕产妇死亡率是衡量一个国家和地区社会经济发展水平的一项重要指标。斯里兰卡是位于亚洲南部的岛国。2013年,斯里兰卡人均国民总收入为9470美元,不及美国的五分之一和俄罗斯的一半,也低于巴西和南非(图1)。根据世界卫生组织统计数据,2013年斯里兰卡孕产妇死亡率与美国相当,远低于印度、南非和巴西(图2)。

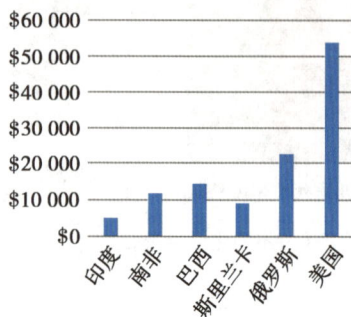

图1 人均国民总收入

图2 孕产妇死亡率

数据来源:世界卫生组织

第三节　社会发展与全球健康

正如诺贝尔奖获得者阿玛蒂亚(Amartye Sen)所说,健康(与教育一样)是使人类生活体现价值的基本潜能之一。联合国前秘书长科菲·安南在2000年为筹备联合国千年峰会进行的一项全球民意调查中,良好的健康排在全人类希望的首位。从个人和家庭角度来说,健康能为个人未来的发展和经济保障提供能力。健康是劳动生产力的基础,是在校学习的能力的基础,也是智力、体力和情感发育能力的基础。从经济角度来说,健康和教育是人类资本的两大基石,也是个人经济生产力的基础。正如各个家庭的经济福利一样,良好的居民健康是对整个社会扶贫、经济增长和长远经济发展的关键投入。有着严重疾病负担的社会往往会遇到各种经济发展的障碍。相反,经济史上一些巨大的腾飞,诸如工业革命时期英国的突飞猛进,20世纪早期美国南部的腾飞,20世纪早期日本的快速发展,20世纪50年代和60年代开始的南欧和东亚的强劲发展,所有这些都是以公民健康作为后盾的。这一节重点论述健康与教育、生产力、贫穷的关系以及带给我们的启发。

一、健康与教育

(一)健康与教育的关系

健康和教育在三个方面相互联系。首先,两者之间存在代际联系:父母的健康与受教育程度会影响他们孩子的健康与受教育程度。其次,营养不良和疾病会影响孩子的智力发育和在学校的表现。最后,教育可以促进疾病的预防。

艾滋病的例子能够充分体现一代人的疾病是如何影响下一代的受教育程度以及他们未来的收入水平。比如,母亲是艾滋病患者,在母亲患病期间,她的孩子往往因为要照顾母亲而辍学;当母亲由于艾滋病死亡,她的孩子更有可能因为得不到合理的喂养而导致营养不良或患上疾病;最终,这些孩子能够上学或能在学校有出色表现的机会相对会很低。

营养不良和疾病可以从以下三个方面限制人接受教育以及在学校的表现。首先,生病或者营养不良的儿童往往会推迟上学。其次,营养不良和疾病会导致学生不能保证在校时间,从而影响个人在学校的表现。最后,营养不良和疾病可能会影响孩子的智力发育。所有这些因素最终都会限制孩子在学校学习的能力,降低他们的竞争力,从而减少他们未来的收入。

（二）教育对健康的影响

教育和健康行为知识的普及是影响健康的重要因素。比如,母亲的受教育程度可以预测孩子的健康。很多研究表明,母亲的受教育程度越高,她的孩子接受疫苗接种的可能性也越大(图 2-9),孩子的患病可能性越低,孩子越有可能健康成长。

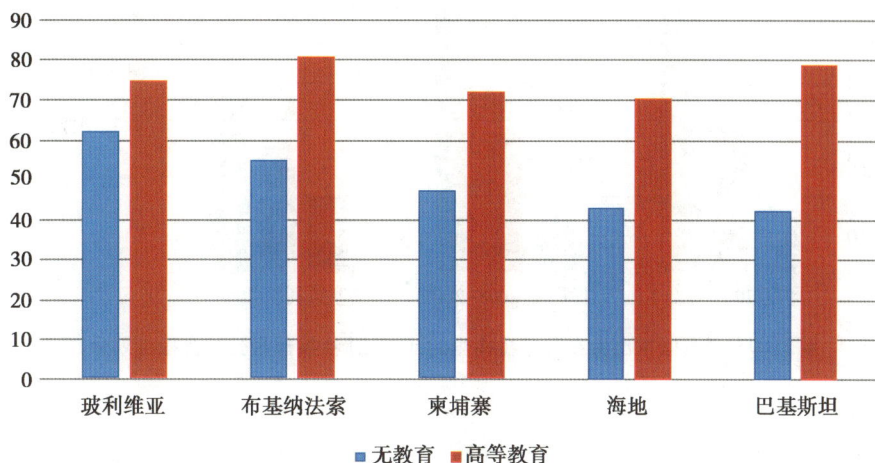

图 2-9　2006 年部分国家 1 岁儿童中接受麻疹疫苗的百分比（按母亲受教育程度划分）

菲律宾的一项研究表明,即使在没有干净水源的地区,接受过高等教育的母亲也能够更好地使她们的孩子保持健康。另一个针对很多发展中国家进行的研究表明,母亲受教育程度每升高 10%,平均每 1000 个活产婴儿中会少 4.1 个婴儿死亡。除此之外,教育还能影响人们使用医疗服务的程度;同时,更好的教育可以避免人们做出有害于健康的行为。

研究表明,母亲的受教育程度对孩子的生存有重要影响。一位母亲每增加一年的在校学习时间,她的孩子在 5 岁以下死亡的可能性就会降低 7%～9%。另外,相比于没有接受过任何教育的母亲,那些接受过至少 7 年教育的母亲的孩子 5 岁以下死亡率要低约 60%。

最近一项系统研究分析了在 1970 年至 2009 年间,全世界 175 个国家中,妇女接受教育的程度对 5 岁以下的儿童死亡率的影响。该研究同时也将母亲的受教育程度对孩子死亡率的影响以及经济发展程度对孩子死亡率的影响进行了对比。研究发现,母亲受教育程度越高,5 岁以下儿童死亡率越低;经济发展程度越高,5 岁以下儿童死亡率越低。母亲的受教育程度对于孩子死亡率的影响高于经济发展程度对于孩子死亡率的影响。

（三）读写能力与受教育水平

读写能力与正规教育均与健康密切相关。读写能力通常指能够理解文字并完成日常生活所需的能力,而正规教育水平则通常以受教育的年限、学位证书、证明或者取得的学位来衡量。

读写能力使人们有可能获取健康信息并定位健康系统。有阅读能力的人可以通过报纸杂志学习烹饪或锻炼技巧,理解消费品上的健康安全警告,获取空气及水质量报告的信息,阅读免疫筛查活动宣传海报,按照药瓶或是医生的处方单服药,理解雇主和政府提供的健康福利的含义,懂得如何申请援助及补贴,通过健康手册来判断自己的健康状况,按照路标找到医院,或者是通过网络和图书馆来阅读其他的有关信息。没有阅读能力的人在完成上述的健康相关活动时都会遇到很大的困难。比如因为担心自己因文盲而被嘲笑,在出现健康问题时,他们会拖延就医。如果他们没有记住药物的剂量和服用时间,也没办法通过阅读医生的处方来得到这些信息。此外,他们也无法阅读药剂师给的安全信息。

女性的读写能力和受教育水平对于家庭和儿童健康来说尤为重要。有阅读能力并且受过几年正规教育的女性可以自己学习一些提高家庭健康水平,以及如何降低孩子营养不良,生病或是死亡的风险的方法。相对来说,受教育程度更高的女性也更容易获得医疗服务。因此,受教育程度更高的女性更可能在医疗机构内生产（图2-10），在生产过程中遇到并发症时，母亲和孩子存活的可能性都会更高。此外，这些孩子也可以得到更好的预防和治疗服务（图2-11）。

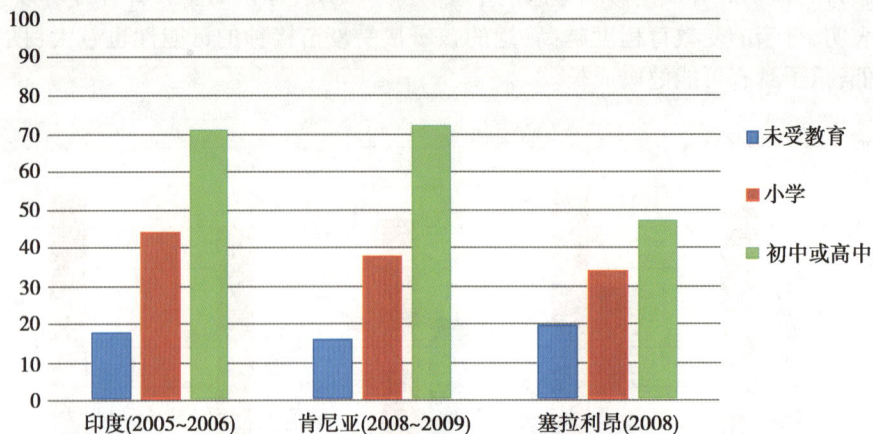

图2-10　部分国家出生在医疗机构里的儿童比例（按母亲受教育程度划分）

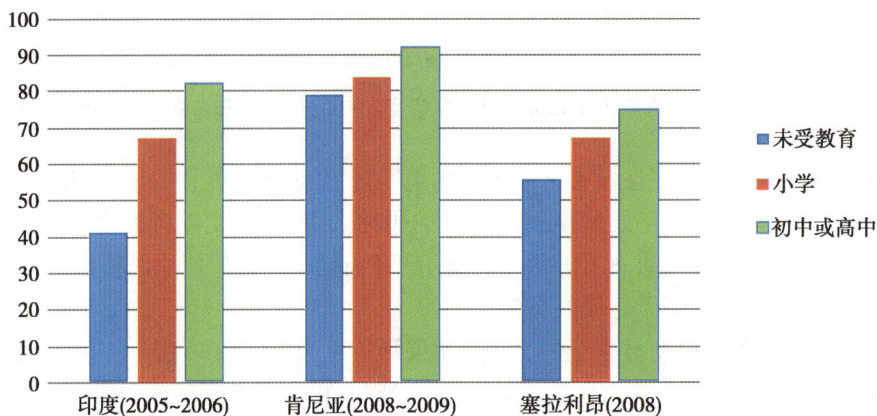

图2-11　部分国家5岁以下儿童接种麻疹疫苗的比例（按母亲受教育程度划分）

尽管教育带来的经济和健康益处早已被证明，但在世界上的大多数地区，上过小学和中学的女孩远少于男孩，有阅读能力的女性也少于男性。目前，有一部分健康干预项目就是帮助女孩上学并完成7年的基础教育；另一些则是帮助成年女性学习读书识字并为她们提供阅读培训课。通识教育无论是对女性自身、她们的家庭还是社区的健康都大有益处。

二、健康与生产力

（一）健康和生产力的关系

健康除了与教育有紧密的联系以外，还对劳动生产力和收入有重要影响。

第一，良好的健康状况可以增加寿命，寿命越长，一个人的收入就越多。疾病减少健康期望寿命的年限，由于过早死亡和长期残疾而缩短的生命对社会造成的经济损失每年达数百亿美元，这在低收入国家国民收入中占相当大的比例。仅仅是艾滋病大流行就使非洲每年总经济增长减慢若干百分点，因为人们正值年富力强、投身工作的时候就疾病缠身或者过早死亡。

第二，研究发现，健康的劳动者比不健康的劳动者的生产力要更高。一个在印度尼西亚进行的针对采橡胶工人的研究发现，很多采橡胶工人被十二指肠钩虫感染而患贫血。当这些工人接受治疗后，他们的贫血症状减轻，同时生产力也提高了20%。

第三，很多人生病时不能上班，收入因缺工而下降。

第四，健康状况影响父母对子女的投资。一个社会如果婴儿死亡率和5岁以下儿童死亡率偏高，它就会导致较高的生殖率,以补偿儿童的经常死亡。反过来,大量儿童降低了贫困家庭对每个儿童的健康和教育的投资能力,从而影响其生产力。

此外,健康状况下降也与失业或不充分就业有关。相比于同龄有工作的人,失业但有能力找到新工作的人更容易患身体或精神疾病。而失业成年人的自杀率也高于有工作的人。

(二) 生产力对健康的影响

劳动者所从事的工作与其生产力密切相关,某些特定工作会威胁工作者的健康。比如,缺乏职业技能的人通常只能从事最危险的工作,获得很少的报酬,而且几乎没有工作保障。受伤或生病的工人也无法得到相应的治疗,因为他们不能承受看医生或是在家康复带来的时间损失,也无法支付医疗服务的费用。体力劳动者的死亡率比非体力劳动者高,更比专业人士的死亡率高出许多。从事体力劳动的人比非体力劳动者更易因为意外伤害而死亡,其中有些是由于工作造成的;此外他们相对更容易患心脏疾病、脑卒中、肺部疾病、肠胃疾病或是癌症等疾病。

三、健康与贫穷

全世界大约有 14 亿(约占总人口 1/5)人,生活在国际贫穷标准线(1.25 美元每人每天)之下(图 2-12)。大部分贫困的家庭是在一小块地上靠种地养活全家人的农民。其他的则是城市贫民,他们通常住在缺乏生活设施的临时居所里。贫困影响了家庭住所的种类(可能是不稳定、不通风的,或者使用了有害的建筑材料)、家庭的拥挤程度(使得结核等传染病更易传播)以及学校、健康设施、公共交通设施和清洁的水资源的可及性。

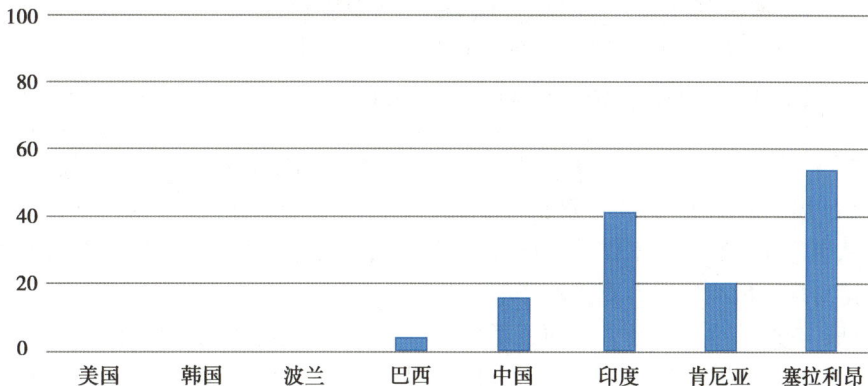

图 2-12　2000~2009 年部分国家每日人均收入低于国际贫困线(1.25 美元每天)的人口占比

贫穷通常与不健康的生活环境密切相关。许多贫穷的社区没有安全的饮用水,或者是没有足够的水资源来保持卫生,因此大大增加了感染传染病的风险。在某些地方,木材的减少使得家庭缺乏足够的燃料来烧水或煮熟食物。没有电供应冰箱也使得他们无法安全地储存食物。在农村地区,基础通信设施(例如电话和收音机)和交通设施的缺乏使得人们无法获得健康教育或健康保健。此外,贫困的家庭也没有经济能力来预防疾病,比如购买经杀虫剂处理的蚊帐来预防疟疾,因为他们必须把所有收入都用于当下的生存需要,包括食物、住房、服装以及紧急医疗护理。

此外,个人或家庭的医疗费用过高会导致贫穷。当贫穷国家的人生病时,他们往往需要自己支付各种治疗和药物的费用,而这笔费用往往占据他们收入的大部分。另外,疾病会使人们减少工作时间,导致收入下降。与此同时,疾病还带来了间接的花费,比如交通费用和医疗服务者的服务费用。

对于贫困的家庭来说,疾病带来的经济上的负担可能是毁灭性的打击。一项在孟加拉国进行的研究显示,一个孟加拉国人若得了肺结核,他相当于失去了 4 个月的收入。在印度的研究表明高昂的住院治疗费用是导致人们贫困的重要原因。在同年住院接受治疗的印度人中,有接近 25% 的人因为住院产生的费用和失去的收入而降低到了印度官方的贫困线以下。此外,有超过 40% 的人因为住院而借钱或变卖家产来支付费用。

在 2000 年世界银行发表的关于贫困人群调查的报告中,强调了保持健康对贫困人群的重要性。另外,这份报告也表明不佳的健康状况常常导致贫困和经济上的脆弱性,而这也是贫困问题的根本原因。事实上,在很多国家存在一些特定的没有足够健康保障的人群,他们很有可能因为疾病的花费而变得贫穷或破产。

贫困影响着每个年龄段的人。根据图 2-13,来自相对贫困家庭的儿童的生存机会比富裕家庭低。资源缺乏的家庭在做出医疗保健决定时,不得不慎重衡量随之而来的各项花费。包括来往医疗保健部门的交通费,患者以及照顾者的饮食费(许多国家的医院只向患者提供食物)、诊疗费、药物和绷带等物资的费用以及患者和照顾者因此损失的工资。当贫困家庭的人想要寻求医疗救助时,他们可能会受到不专业的护理,因为他们只能在资金缺乏、设施匮乏、人手不足的小诊所里接受治疗。那些主要服务于贫困人群的医院几乎没有受过专业训练的工作人员,也缺乏提供更高级的护理所需的后勤支持和技术。

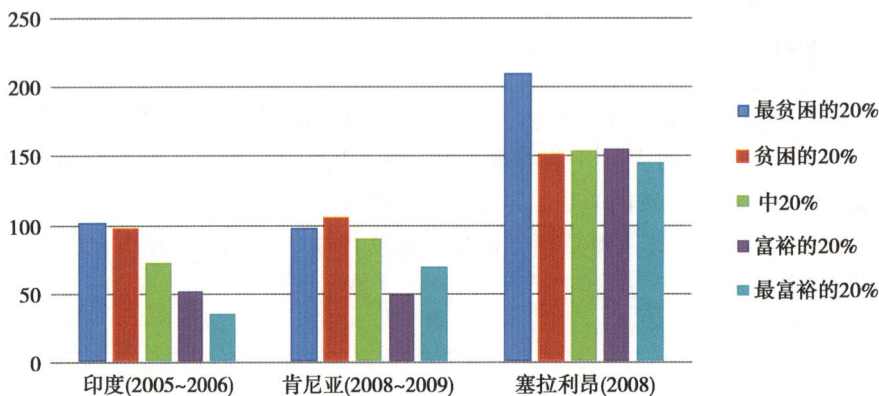

图 2-13　部分国家每 1000 名新生儿中 5 岁以下儿童死亡率(财富五分位数)

对较富裕的人而言,在生病时得到高质量的医疗护理要容易得多。他们负担得起最好的诊断测试和治疗;同时,他们也有足够的资源来寻求相对舒适的治疗环境。除此之外,因为富裕的人可以得到更好的营养条件,从事危险度较低的工作,而且可以得到及时的治疗,他们的总体健康状况优于贫困的人。因此,收入和财富对提高健康状况有直接的影响。

在了解了健康与教育、生产力及贫穷的关系后,值得关注的是健康与发展在个人、社区和社会的层面上的关系。个人健康是否能带来更多的个人财富并且促进社区和社会层面的经济发展? 还是,这种影响应该是相反的:社会层面上的经济发展能带来个人、社区和社会的更好的健康发展? 我们在思考了这些问题后发现健康和社会发展的影响是相互的。

毫无疑问,更高的健康水平在社会层面上能促进经济的发展。首先,当一个国家需要花钱解决健康问题时,这部分钱就不能用在其他方面了。比如,一个需要花费大量资金治疗疟疾的国家,其投入在治疗其他疾病上的资金就会减少,更不用说投资在学校、交通等其他本可以刺激经济增长的方面上了。

另外,对于低收入国家的经济发展,当地或国外的投资是重要的组成部分。然而,那些有严重传染病负担的国家会极大地降低其对投资者的吸引力。事实上,在一个关于疟疾对经济发展影响的研究中,人们发现,疟疾的高流行每年会降低 1% 的经济增长。

很多由经济学家进行的研究证明了健康对经济发展的重要性。研究表明,出生预期寿命和经济发展速率有关。比如一个预期寿命为 77 岁的国家会比一个预期寿命为 49 岁的国家每年经济发展快1.6%。另一项研究表明,在非洲,较低水平的健康状况是导致国家经济发展速度慢的重要原因。此外还有一系列的研究表明,营养状况以及相关的健康指标的改善,是英国和欧洲劳动生产力提高和经济快速发展的重要原因。

另一方面,高水平的经济发展能够促进个人和社会的健康发展。一项关于在不同的社区收入对于健康的影响的研究表明,更高的收入与更长的预期寿命以及更佳的健康联系在一起。然而,最近的分析表明,虽然收入增加对于一个国家来说与更佳的健康指标联系在一起,但是收入单独对健康指标的影响并没有像之前想象的那么重要。相反,这些分析表明更佳的健康指标很大一部分来源于教育的进步、科技的进步,包括新疫苗或新药物的研制成功,一些简单但有效的能拯救生命的措施,比如给有痢疾的孩子进行口服补液。

在这种情况下,值得深思的是:在个人、社区和社会层面上,经济增长对改善健康指标是有效或者必须的吗? 从长远来看,收入的增加能够促进健康。然而,在大多数的情况设定下,要想达到许多国家为自己设定的健康目标,或者是千年发展计划为他们设定的健康目标,收入的增加是远远不够快的。因此,那些中低收入国家应该做的是,即使面对有限的收入,也需要实施可以加速完成健康目标的公共措施。这种方法已经被小部分国家采纳,即使他们的人均收入水平较低,他们依旧在完成自己的健康目标过程中取得了相当大的成功。

（吴蓓　龙倩　李锐）

👁 思考题

1. 全球化如何对健康造成影响? 请举例说明。
2. 个人社会经济地位对健康有影响吗? 为什么?
3. 本章中涉及哪些健康行为? 这些健康行为如何对人的健康造成影响?
4. 什么是健康公平及其意义?
5. 健康不公平主要体现在哪些方面? 请举例说明。
6. 一个国家的健康状况如何影响人们对该国经济投资的可能性?

第三章 全球疾病负担

🌐 **学习目标**

掌握 疾病负担、发病率、患病率及伤残调整寿命年的概念。

熟悉 中、低、高收入国家的主要死因。

了解 影响全球疾病负担的主要因素。

全球疾病负担(global burden of disease,GBD)研究是利用死亡率、患病率及伤残调整寿命年等指标,对全球范围内影响健康的主要疾病、伤害和相关危险因素所导致的死亡和伤残进行的综合性健康评价。通过对人群健康状况及生存质量的动态监测与评价,分析不同国家或地区、不同人群以及不同病种的疾病负担指标,确定影响健康的主要病种、高危人群和高发地区、主要健康危险因素及其变化趋势,从而为各国政府及国际社会制定卫生政策、分配卫生资源提供决策依据。

本章第一节首先介绍了衡量疾病负担的重要性及疾病负担的定义和分类,并描述了衡量疾病负担的几个主要的指标——死亡率、预期寿命、致病率及伤残调整寿命年;第二节介绍了过去 20 年全球疾病负担研究的进展及发现的问题和未来全球疾病负担面临的挑战;相对于环境、气候、科学技术等较传统的影响疾病负担的因素,第三节介绍了经济、政治及社会因素、医疗服务体系等宏观因素对全球疾病负担的影响。

第一节 全球疾病负担的衡量

一、人类健康的重要性及测量疾病负担的必要性

在当前全球化的趋势下,世界各国人们的健康状况是密切相关、彼此影响的。首先,疾病的传播和流行是不分国界的,如艾滋病的全球流行、一个结核病人平均每年可以感染 15 个人,以及全球流感疫情的流行。因此个体的健康日益依赖于其他人的健康。其次,世界范围内健康存在不平等的问题,许多贫穷国家的儿童由于营养不良或可防治的疾病而生病或死亡,许多成年人死于缺医少药,这在富裕国家通常是不多见的。日本人的平均寿命是 83 岁,海地只有 61 岁。再次,健康和经济及社会发展有着必然联系,严重营养不良的儿童不能在学校充分发挥潜能获取知识,成年后对家庭、社区及国家的贡献也远不及健康儿童;患艾滋病、结核、疟疾等疾患的成人不能够很好地工作,导致他们及其家庭陷入贫困。最后,人类的健康状况整体来说可以影响全球安全及社会的自由发展。艾滋病导致农村地区劳动力减少。霍乱和传染性非典型性肺炎(SARS)的暴发会影响人们的正常经济活动:1991 年秘鲁暴发的霍乱导致了 10 亿美元的经济损失;2003 年亚洲的 SARS 流行导致了 180 亿美元的经济损失。

因此,需要了解影响全球健康的重大问题,并采取全球的战略去应对。除本书第二章描述的全球健康的影响因素外,如何测量人类的健康状况,了解过去几十年全球健康状况的变化趋势,显得尤为重要。全球健康领域的工作人员多年来一直在努力寻找可以用来比较不同国家疾病状况的指标,可以考虑到发病率、患病率及不同的年龄、性别、地区的差别,并做不同地区和不同国家疾病所造成负担的比较。这类指标所测量的即是"疾病负担(the burden of disease)"。对疾病负担的测量可以使研究人员和卫生政策制定者从以下方面有所收益:

1. 跟踪全球、一个国家或者一个地区疾病负担的动态变化并对已有的干预措施进行初步的评价，测定医疗卫生干预措施的有效性；

2. 对不同地区、不同对象（性别、年龄）和不同病种进行疾病负担分布的分析，可以帮助确定不同地区的主要病种、重点人群和高发人群及高发地区，为确定防治重点及研究重点提供重要依据；

3. 可进行成本效益分析，研究不同病种、不同干预措施降低疾病负担所需的成本，以求采用最佳干预措施来防治重点疾病，使有限的资源发挥更大效果。

二、疾病负担的定义和分类

疾病负担是疾病、伤残和过早死亡对整个社会经济及健康的压力，它包括疾病的流行病学负担和疾病的经济负担。

研究疾病的流行病学负担，可利用很多指标，如：疾病的发病率和患病率、死亡率、门诊和住院率、药品利用情况、健康调整期望寿命（health-adjusted life expectancy，HALE）、伤残调整寿命年（disability-adjusted life year，DALY）、与健康有关的生存质量（health-related quality of life，HR-QoL）、潜在减寿年数（potential years of life lost，PYLL）等效用指标。疾病经济负担包括：医疗保健直接支付的费用和疾病给社会经济产生的损失。疾病经济负担反映疾病给社会的负担，反过来如果能减少和消除这些疾病，则会对社会减少经济损失，这块减少的或节省的疾病经济负担就是获得的效益。

在过去 20 年间，全球健康的整体情况经历了快速的转型，人口快速增长、期望寿命增加、人口老龄化，许多国家在控制儿童死亡率方面也取得了明显成效。因此，疾病负担已经从早死（premature mortality）逐渐转为伤残（disability）。死亡和伤残的主要原因也从儿童的传染性疾病，转变为成人的非传染性疾病。虽然全球健康的整体情况在不断改善，但国家和地区差异仍然存在：在撒哈拉地区，传染性疾病、孕产妇疾病、新生儿疾病和营养不良的问题依旧很突出，而在亚太地区慢性非传染性疾病正成为导致健康损失的主要原因，这归因于不良饮食习惯、高血压、空气污染、吸烟、饮酒等。

三、衡量全球疾病负担的方法

由于传染性疾病、营养不良、慢性病、精神健康状况及伤害而导致的疾病负担在各国家之间及每个国家不同地区之间均有一定的差别。随着用于全球健康的资源日益增多，对世界不同国家地区的卫生需求进行量化也变得越发重要，在此基础上可以确定主要的疾病危险因素、对新的公共卫生干预项目的效果进行评估，以及监控整个人群的健康状况的变化。因此，对影响人群及组成人群的个体的健康问题进行量化，是制定政策以及优先给予经费支持的依据。

衡量全球疾病负担的方法是用来衡量在某一特定的时间点由于疾病、伤害及年龄、性别、地域等危险因素导致的健康损失的相对程度的系统的科学的方法。其中死亡率、发病率和伤残调整寿命年为应用较多的衡量全球疾病负担的指标。全球疾病负担的方法不但可以提供早死和伤残的病因，还可以估计不同危险因素导致的疾病负担的比例。

（一）死亡率（mortality）

死亡率是用来衡量一部分人口中、一定规模的人口大小、每单位时间的死亡数目。死亡率通常以每年每一千人为单位来表示。死亡率有别于发病，发病率是指一定规模的人口在一定时间内罹患该病新增加例数。患病率是指一定时间一定规模人群中某病新旧病例总和。通常"粗死亡率"（crude death rate，CDR）是指一国或一地区在一定时期（通常为一年）内死亡人数与同期平均人口数的比值，一般按每千人平均计算。

死亡率还可按性别、年龄、死亡原因分别计算，称为特殊死亡率。按性别计算的称为性别死亡率，按年龄组计算的称年龄别死亡率。性别死亡率和年龄别死亡率同总死亡率一样，也是用千分率表示。通常在老年人口比例较大的人群的死亡率高于儿童比例大的人群，因此使用年龄调整死亡率（age-adjusted mortality）来比较两个或多个有不同年龄结构的人群的死亡率。计算年龄组死亡率在分析人口死亡状况时有重要意义。不同年龄不同性别死亡率各自有一定的变化规律，在婴儿和儿童时期死亡率较高，男性高于女性,中青年时死亡率较低,在 8~15 岁达最低点,以后渐次增高,直至全部死亡。各年龄组死亡率分布呈 V 字形。死亡原因别死亡率一般按 10 万分比表示,即每 10 万人中某种死亡原因的死亡频率。计算新生儿疾病死亡率(不满 1 个月死亡)时,常用新生儿死亡人数同每万出生人数之比。计算孕产妇死亡率时常用孕产妇死亡人数同万名活产数之比。

确定一个人的死亡时间很简单,但是衡量人群水平的死亡率则要考虑许多因素。人口年龄、营养水平、饮食和居住场所、获取干净的饮用水、医疗水平、传染病程度、暴力犯罪程度、冲突、医生数量、气候等因素均可以影响死亡率。首先,在世界许多国家没有一个完善可靠的用于人口统计的登记系统。在那些大多数出生和死亡都发生在家中而非医院的地区,政府部门很少记录出生和死亡的数据。同样,死亡率较高的弱势人群则更少有机会被精确地记录他们的生命事件。因此,尽管高收入国家有较精确的死亡率统计数字,低收入国家的死亡率则通常通过有限的数据进行估计。此外,另一个需要考虑的因素是确定每一个死亡个体的死亡原因。一个死于结核的艾滋病感染者应归因于艾滋病死亡还是结核病死亡呢? 一个死于肺炎的癌症晚期病人应算死于癌症还是传染性疾病? 这些确定死因的决定直接影响到人群死亡率常见原因的判定。流行病学家通常用标准化的估计方法和最大限度地利用可及的数据来合理、精确地估算世界不同地区、不同年龄组和性别的人群每年的死亡率和死因。

(二) 预期寿命(life expectancy)

另外一个用于测定死亡率及生存时间的方法是估算预期寿命,又称平均预期寿命。一定年龄段人的平均预期寿命表示此年龄段尚存者预期尚能存活年数,此年数受以后各年龄组死亡率的综合影响。出生时的期望寿命(life expectancy at birth)简称平均寿命,是反映人群健康状况的综合指标。期望寿命是评价居民健康状况、社会经济发展和人群生存质量的重要指标,它不受人口年龄构成的影响,不同国家、不同地区人群的平均寿命可以直接比较,对一个地区的人口学特征、期望寿命及其影响因素进行分析,可以为制定相应的卫生政策和疾病防控计划提供理论依据。

但是,期望寿命只综合了有关死亡的信息,未包含疾病和伤残的情况,更未反映疾病和伤残结果的严重性。因此,许多研究引入了另外一个概念,即"健康调整期望寿命"(health-adjusted life expectancy,HALE)。健康调整期望寿命是指人们能够维持良好的日常生活活动而没有伤残的年限。健康调整期望寿命和普通期望寿命的差别在于:普通期望寿命以死亡为终点,而健康期望寿命以丧失日常生活能力为终点,它不仅能客观反映人群的生活质量,也有助于卫生政策和卫生体系的制定和正常运作。2000年,世界卫生组织推荐用"健康期望寿命"来反映居民健康综合情况。

(三) 致病率(morbidity)

致病率是指有疾病或病患的状态,不论是轻度病患如感冒或重度病患。描述人群中某种疾病的致病率通常用两个术语,即发病率(incidence)和患病率(prevalence)。

发病率是指一定时期内,一定人群中,某病新病例出现的频率。其分子是一定期间内的新发病人数,分母是可能发生该病的人群。发病率通常用于研究传染性疾病、急性疾病和疾病暴发,常用于探讨发病因素,提出病因假说,评价防治措施效果。

患病率是指某特定时间内总人口中,曾患有某病(新旧病例之和)所占的比例。患病率取决于发病率和病程两个因素。常用于研究病程长的慢性病的发生与流行情况,如糖尿病、哮喘及精神分裂症等,可为医疗设施规划、估计床位周转、卫生设施及人力需要量、医疗质量评价、医疗费的投入等提供科学依据。

公共卫生的目的之一是降低人群的发病率、患病率和伤残率。例如,随着新的疫苗和预防措施的出现,某种疾病的发病率会下降,若某种疗法可以治愈某种疾病则患病率则通常会下降。然而,在某些情况下,公共卫生工作的成功实施也会导致患病率升高。如一种新的诊断手段可以使更多人被确诊为患某种疾病,或新的治疗手段虽然不能治愈某种疾病,但是可以使人们得病后大大延长寿命。研究人员在测定一个人群的疾病负担时,必须明确疾病的定义(疾病特征)及所研究的目标人群,特别是对人群的健康状况变化进行随访观察时要防止外来患病人口的流入造成的影响。此外,在比较年龄结构不同的两个人群的发病率或患病率时可以利用年龄标准化的形式进行调整。

知识拓展 3-1

全球健康领域常用的健康指标及其定义

婴儿死亡率(infant mortality rate,IMR):是指婴儿出生后不满周岁死亡人数同出生人数的比率,一般以年度为计算单位,以千分比表示。

平均期望寿命(life expectancy at birth):以当前的死亡率趋势估算的新生儿预期存活年数。

孕产妇死亡率(maternal mortality ratio,MMR):指妇女由妊娠和分娩的并发症而导致的死亡比率,一般以年度为计算单位,以十万分比表示。

新生儿死亡率(neonatal mortality rate):不满28天的新生儿死亡数同出生人数的比率,一般以年度为计算单位,以千分比表示。

5岁以下儿童死亡率(under-5 mortality rate):新生儿在5岁前的死亡概率,一般以千分比表示。

(四) 伤残调整寿命年

疾病可给人类健康带来包括早死和残疾(暂时性失能与永久性失能)两方面的危害,这些危害的结果均可减少人类的健康寿命。定量计算某个地区每种疾病对健康寿命所造成的损失,可以科学地指明该地区危害健康严重的疾病和主要卫生问题,并对发病、残疾和死亡进行综合分析。

全球健康领域经常运用的衡量健康状况的指标是伤残调整寿命年(disability adjusted life year,DALY)。简言之,伤残调整寿命年是用来测量因某种疾病或伤害而引起的健康损失的指标,指从发病到死亡所损失的全部健康寿命年,为早亡所致生命年损失(years of life lost,YLLs)和伤残所致生命年损失(years of lived with disability,YLDs)之和。伤残调整寿命年的计算主要依赖于疾病的年龄别发病率、死亡率、平均发病年龄及持续时间等数据,是生命数量和生命质量以时间为单位的综合度量。

全球健康是从宏观的高度和群体的角度来认识疾病和健康状况的分布及其机制,从而研究制订防治对策及评价其效果。伤残调整寿命年的出现是疾病经济负担研究的划时代变化,在1980年以前,伤残调整寿命年的概念还没有提出,疾病负担的评价指标主要是发病率、死亡率等传统指标。随着医学模式的转变,传统的指标越来越不适应现代医学模式的要求,1988年,为了量化失去健康生命的全部损失,哈佛大学和世界卫生组织的专家进行了伤残调整寿命年的研究,并成功地应用于全球疾病负担的分析。世界银行1993年广泛使用了全球疾病负担的概念,并应用伤残调整寿命年为单位,这是对全球不同人群、多种疾病造成的早死和伤残进行综合评价的研究。伤残调整寿命年不但考虑到了疾病造成的死亡和失能所引起的负担,同时也考虑了年龄和时间的因素,在学术上发展了评价全球疾病负担的方法学,是目前最具代表性的疾病经济负担评价和测量指标之一。

虽然伤残调整寿命年在2010年前的疾病负担研究中广泛使用,但是目前国内外学术界仍然存在许多争议。首先,计算伤残调整寿命年时使用了标准期望寿命年来增加研究结果的可比性,但其忽略了全球经济社会发展的不平衡,使疾病负担的衡量不可避免地出现偏倚;其次,伤残调整寿命年的计算是基于发病率、死亡率及平均病程等群体数据,没有考虑到个体随疾病进展而产生的疾病负担或健康寿命损失,因此可以诠释为一种横断面的研究;再次,伤残调整寿命年的测算局限于病人群体的层面,虽然考虑了疾病造成的病人的心理和社会功能的损失,但是并没有考虑到疾病或伤残造成的家庭结构及功能的影响;此外,目前全球疾病负担研究中面临着因一些国家或地区数据缺失,特别是非洲和东南亚国家,WHO或相关机构使用估计的数据来计算伤残调整寿命年,使得疾病负担研究结果不够全面并存在一定误差。因此,在衡量疾病负担时,应根据时间、地区及具体疾病情况辩证地选取具体的指标。

知识拓展 3-2

计算全球疾病负担的方法学

全球疾病负担的计算使用来源于世界各地的大量数据。首先,研究人员根据人口统计、普查或入户调查的资料估算儿童及成人的死亡率。由早死导致的寿命损失年来自于有医疗记录的动态人口登记或死因推断数据,而伤残损失的寿命年则来自于门诊和病房记载的数据,如癌症病人的登记或对听觉、视觉和肺功能的测试结果。一旦估算好了死亡损失的寿命年和伤残损失的寿命年,研究人员即可以计算伤残调整寿命年。最后,再估算由不同的危险因素导致的死亡损失的寿命年数和伤残损失的寿命年数以及不同危险因素的作用。

第二节 全球疾病负担转型及研究进展

一、过去 20 年全球疾病负担研究的进展及发现的问题

在美国健康计量与评估研究所(Institute for Health Metrics and Evaluation,IHME)与世界银行共同发布的《全球疾病负担 2010》报告中详细列举了在 1990~2010 年间导致儿童死亡率的疾病(如下呼吸道感染、腹泻、早产儿并发症及营养不良等)排名呈下降趋势,而非传染性疾病(如缺血性心脏病、脑卒中等)排名出现不同程度的上升趋势。在此期间,艾滋病和疟疾对伤残调整寿命年的贡献分别增长了353% 和 18%。图 3-1 为 1990~2010 年间全球导致伤残调整寿命年的前 25 种原因排名和变化。研究表明,导致伤残调整寿命年主要因素变化的原因有:人口老龄化、慢性非传染性疾病增加、致命因素转为伤残因素主导及疾病危险因素的变化。

(一) 全球人口死亡率下降、期望寿命增加

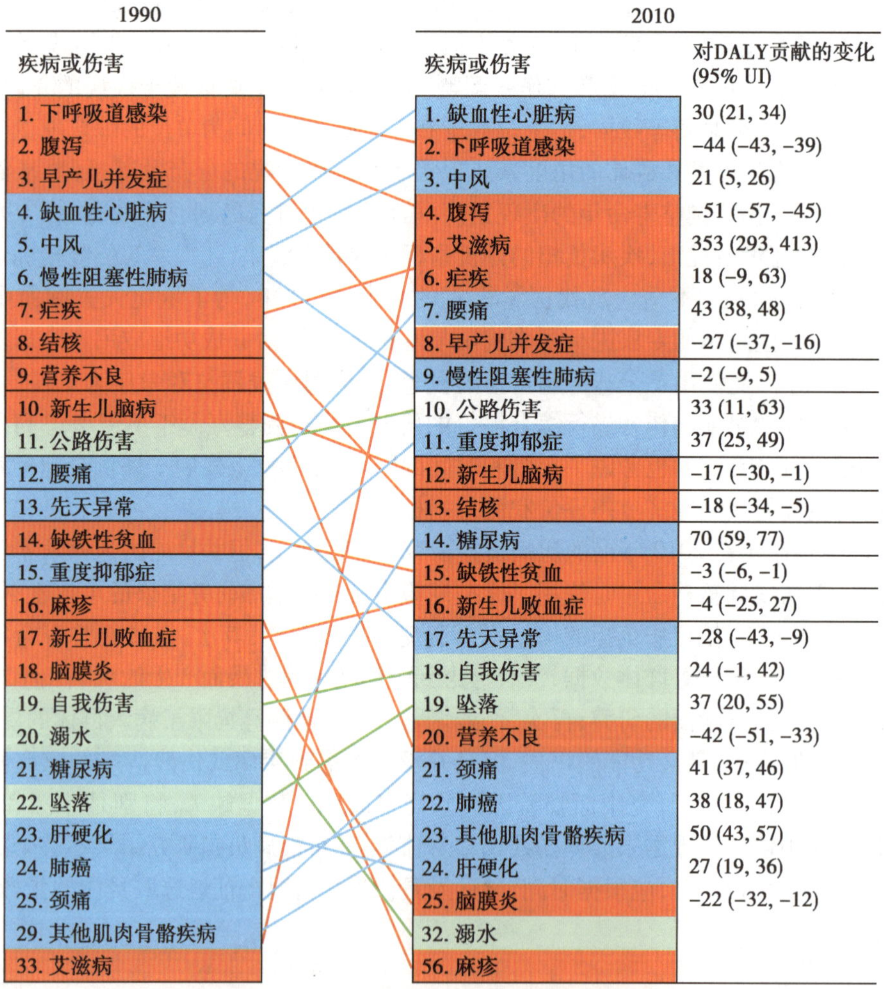

1990	2010	
疾病或伤害	疾病或伤害	对DALY贡献的变化(95% UI)
1. 下呼吸道感染	1. 缺血性心脏病	30 (21, 34)
2. 腹泻	2. 下呼吸道感染	−44 (−43, −39)
3. 早产儿并发症	3. 中风	21 (5, 26)
4. 缺血性心脏病	4. 腹泻	−51 (−57, −45)
5. 中风	5. 艾滋病	353 (293, 413)
6. 慢性阻塞性肺病	6. 疟疾	18 (−9, 63)
7. 疟疾	7. 腰痛	43 (38, 48)
8. 结核	8. 早产儿并发症	−27 (−37, −16)
9. 营养不良	9. 慢性阻塞性肺病	−2 (−9, 5)
10. 新生儿脑病	10. 公路伤害	33 (11, 63)
11. 公路伤害	11. 重度抑郁症	37 (25, 49)
12. 腰痛	12. 新生儿脑病	−17 (−30, −1)
13. 先天异常	13. 结核	−18 (−34, −5)
14. 缺铁性贫血	14. 糖尿病	70 (59, 77)
15. 重度抑郁症	15. 缺铁性贫血	−3 (−6, −1)
16. 麻疹	16. 新生儿败血症	−4 (−25, 27)
17. 新生儿败血症	17. 先天异常	−28 (−43, −9)
18. 脑膜炎	18. 自我伤害	24 (−1, 42)
19. 自我伤害	19. 坠落	37 (20, 55)
20. 溺水	20. 营养不良	−42 (−51, −33)
21. 糖尿病	21. 颈痛	41 (37, 46)
22. 坠落	22. 肺癌	38 (18, 47)
23. 肝硬化	23. 其他肌肉骨骼疾病	50 (43, 57)
24. 肺癌	24. 肝硬化	27 (19, 36)
25. 颈痛	25. 脑膜炎	−22 (−32, −12)
29. 其他肌肉骨骼疾病	32. 溺水	
33. 艾滋病	56. 麻疹	

图 3-1 全球导致伤残调整寿命年的前 25 种原因排名和变化(1990~2010)
(红色部分代表传染病、新生儿疾病、营养不良疾病和孕产妇疾病,蓝色部分代表慢性非传染性疾病,绿色部分代表伤害)

在 1993 年前的 40 年时间内,人类健康方面已经取得了巨大进展。天花已经被根除,免疫接种已经使每年由麻疹和脊髓灰质炎导致的死亡数量大大降低。1993 年由世界银行组织撰写的《世界发展报告》,阐明前几十年来人类健康方面的进步归因于卫生体系、经济发展、教育及健康服务的普及。

从 1990 到 2011 年,全世界 5 岁以下儿童的死亡数量已经从 1200 万下降至 690 万,5 岁以下儿童的死亡率已由 8.7% 下降至 5.1%。在 1990~2010 年间,全世界每年产妇的死亡率从 0.4% 下降至 0.21%。在 20 世纪的后半期,某些国家的期望寿命(中国和墨西哥)增长率是同期其他发达国家的 2 倍。总体来说,过去 20 年女性较男性健康状况改善得较明显,在许多中低收入国家女性的预期寿命已经接近日本。

整体来说,全球平均死亡年龄从 1970 年至今增加了 20 年,亚洲、拉丁美洲和中东地区的平均死亡年龄增加则超过 30 年,而非洲撒哈拉地区的平均死亡年龄则由于艾滋病流行、孕产妇死亡以及儿童死亡率升高等原因较其他地区改善较小。此外,不同年龄、性别组死亡率的比较也可以衡量全球人口学变化趋势。图 3-2 显示了 1970~2010 年所有年龄组人群的死亡率的变化:0~9 岁人群死亡率下降了 60%;15 岁以上女性死亡率较男性死亡率下降较快,特别是 15~54 岁年龄段的男女死亡率下降差别更大,这很可能是由于男性中伤害、吸烟和饮酒的原因所致。

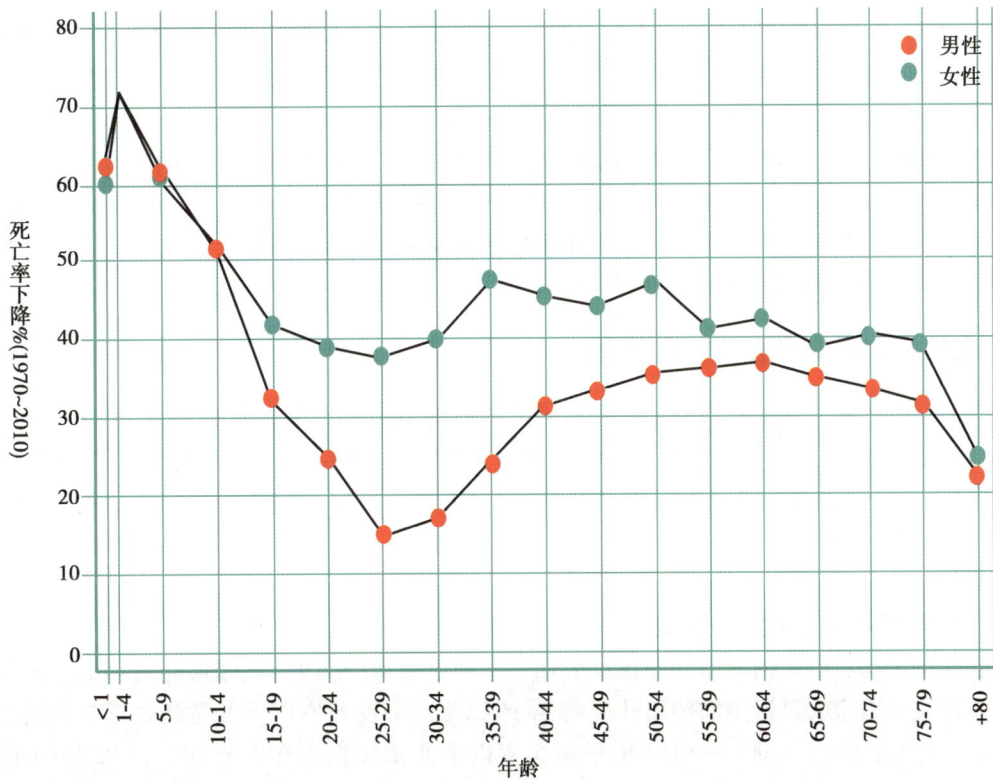

图 3-2 全球年龄别死亡率下降趋势(1970~2010)
(注:高值代表死亡率下降快,低值代表死亡率下降慢)

(二) 死亡主要原因由传染性疾病变为慢性非传染性疾病

由于人均期望寿命延长及人口老龄化的原因,近年来人群的主要死因发生了明显变化。自 1990 年,全球死于慢性非传染性疾病(如缺血性心脏病和糖尿病)的人数增加了 30%,因而增加了健康寿命损失年和伤残调整寿命年。2010 年,全球范围内慢性非传染性疾病导致了 54% 的伤残调整寿命年,而传染性疾病、孕产妇疾病、新生儿疾病和营养不良导致 35% 的伤残调整寿命年,伤害则占 11%。慢性非传染性疾病导致的伤残调整寿命年,在澳大利亚、日本以及较富有的西欧和北美国家比例达 80% 以上,中国也是如此。

(三) 中高收入国家的伤残率增加

世界上许多国家在减低早期死亡方面取得明显效果,这些国家的所有年龄组死亡率均较过去下降,但存活时间延长并不代表人们比过去更健康,不同年龄段的人均经历不同程度、不同类别的伤残,如青少年中的精神和行为健康问题、中年的肌肉骨骼异常等,此类问题对整个卫生体系的影响十分巨大。

1990 年至 2010 年间,除东欧、非洲撒哈拉南部及加勒比海外的其他地区伤残所致生命年损失占伤残调整寿命年的比率都有所增加,特别是中东、北非、部分拉丁美洲及亚洲地区。精神和行为障碍如抑郁、焦虑及滥用药物是全球伤残的主要动因,导致了 20 ~ 29 岁人群 4000 万年的伤残所致生命年损失。其次是肌肉骨骼异常(背痛和颈痛),45 ~ 49 岁及 50 ~ 54 岁人群所受的影响最大,导致每个年龄组 3000 万年的伤残所致生命年损失。

(四) 全球疾病危险因素发生变化

对疾病危险因素的研究可以为政策制定者或慈善机构提供预防策略以达到改善健康的目的。1990 ~ 2010 年间,导致儿童传染性疾病的危险因素下降,如儿童体重过轻和母乳喂养不足分别下降了 61% 和 57%。体重过轻是通常用来衡量儿童营养不良的标准,在 1990 年是导致伤残调整寿命年的首要危险因素,而到了 2010 年则位居第 8 位。在 1990 年至 2010 年间,室内空气污染造成儿童下呼吸道感染所导致的伤残调整寿命年下降了 37%。相比之下,铁缺乏引起的早死和残疾仅导致 7% 的伤残调整寿命年的下降。随着导致儿童传染性疾病的危险因素下降,许多导致慢性非传染性疾病的危险因素开始增加。

在 2010 年,导致伤残调整寿命年首位的危险因素是饮食危险,包括:高盐饮食,缺乏水果、坚果及全麦食品等,不良饮食习惯会导致心血管疾病、癌症和糖尿病。第二位影响伤残调整寿命年的因素是高血压,在 1990 ~ 2010 年间对伤残调整寿命年的贡献增加了 27%,是心血管疾病和循环疾病的主要危险因素。第三位影响伤残调整寿命年的因素是吸烟,对伤残调整寿命年的贡献增加了 3%。饮酒作为心血管和循环系统疾病、肝硬化、癌症和伤害的危险因素在 1990 ~ 2010 年间对伤残调整寿命年的贡献增加了 32%。体质指数(body mass index, BMI)也是导致伤残调整寿命年的另外一个重要危险因素,通常是用来衡量超重和肥胖的指标,1990 ~ 2010 年间对伤残调整寿命年的贡献增加了 82%。高体质指数是导致心血管疾病、循环疾病和糖尿病的主要危险因素。

二、未来全球疾病负担面临的挑战

在过去 20 年间,随着全球经济的增长及世界范围内的卫生资源的普及和共享,全球疾病负担已经得到了明显改善。然而,在许多中、低收入国家,贫穷、缺少教育机会、不明智的公共卫生决策等已经阻止了近 10 亿人充分享用现有的卫生资源,因此更加大了发达国家和发展中国家疾病负担的差距。同时,中低收入国家的健康体系也面临巨大的问题,如资金不足、资金分配不当及国家医疗费用的急剧增加等也是亟待解决的问题。

(一) 弱势群体所面临的卫生挑战

中低收入国家弱势群体的健康问题在过去几十年和未来 20 年均是全球疾病负担面临的最大的问题。研究表明这些国家的可避免的传染性疾病、孕产妇死亡率及 5 岁以下儿童死亡率在农村地区较城市地区高,穷人高于富人。2001 ~ 2010 年平均 5 岁以下儿童死亡率在农村地区为 92‰,小的城市为 73‰,大城市为 56‰。在中低收入国家,农村出生长大的孩子占儿童死亡比例的大多数。有研究表明,超过 70% 的最贫穷的人居住在中等收入国家而非低收入国家,因此降低可避免的死亡率应侧重于中等收入国家的低收入群体和低收入国家的人群。

(二) 人口学变化及疾病负担的转型所带来的问题

人口学的变化使中低收入国家的疾病负担由传染性疾病转型为慢性非传染性疾病。随着期望寿命的增加,老龄人口的比例也相应增加,因此这部分人群的死亡率和慢性病的比例也增多。此外,在中低收入国家,特别是有着传染性疾病和慢性病双重负担的国家,由于儿童死亡率逐年降低,这些国家的青少年比例超过了 1/3,这个人群若能够得到及时的疾病监测和合理的健康预防措施,如接种人乳头状瘤病毒(human papilloma virus, HPV)疫苗和进行慢性病危险因素教育,那么就可以避免或延迟一些疾病的发生。中低收入国家中年轻人公路交通意外的死亡率呈日益增加的趋势,是年轻人的主要死因。在非洲撒哈拉地区,行人出车祸的比率十分高,尤其是那些缺少基本医疗保障的穷人。

(三) 家庭和社会的医疗支出增加

随着中低收入国家国内生产总值的增长,家庭和社会的医疗支出也不可避免地增加,这源自新的科学技术的采纳、人口老龄化、从传染性疾病到慢性病的转型及不必要的医疗设施和治疗的使用。近20年间已经出现了中低收入国家的人群因支付医疗费用而贫困化的趋势。约有1.5亿人每年因医药费而陷入极度贫困状态,即用超过40%非食物的支出支付医药费用,约1/4的家庭依靠借钱或卖东西来支付医药费用。

(四) 医疗费用和资金投入的问题

全球化的发展趋势、中低收入国家经济的快速增长及高效医疗科技和较完善的健康体系的运用使我们面临前所未有的机遇,来缩小甚至消灭国家之间由传染性疾病死亡率、孕产妇和儿童死亡率及慢性病所造成的疾病负担的差异。研究预测,中等收入国家若医疗费用平均每年增加460亿美元,则死亡人数会在20年后减低5800万;低收入国家若医疗费用平均每年增加250亿美元,则死亡人数会在20年后减低4500万。中低收入国家医疗费用的增加源于国内生产总值的增长、医疗费用占国内生产总值比例的增加及外来的援助(如世界银行贷款)。因此,国家内政府各职能部门的统筹规划以及国际卫生援助项目的规划和资源分配,在缓解全球疾病负担方面将起到决定性的作用。

第三节 全球疾病负担的影响因素

人类在过去50年健康水平得到了显著提高,期望寿命延长,这归因于经济的发展和人均收入的提高、公共卫生的日趋完善、洁净的水资源、宣传教育的普及、营养状况的改善及科学技术的创新和使用。但是,健康状况的改善在各地区发展还很不平衡,存在较大差异。特别是中低收入国家,数亿人因可以预防的因素而不断地死亡、致残,营养状况和健康状况改善较为缓慢。此外,在撒哈拉以南的非洲地区,艾滋病的广泛流行导致健康及营养状况的下降及预期寿命的降低。因此,影响全球疾病负担的因素极其复杂,除了人口增长、人口老龄化及移民等人口学因素外,还应考虑对全球疾病负担影响较大的几个方面:环境和气候因素、现代科学技术、经济因素、政治及社会因素、医疗服务体系等。其中,环境和气候因素、现代科学技术的影响将在其他章分别详细介绍。

一、经济发展对全球疾病负担的影响

(一) 健康和经济的关系

健康和经济在以下方面是密切相关的:

第一,健康是重要的人力资本,有了健康的身体才能够积累更多的知识、具备更高的认知能力,从而提高生产力,增加个人收入;

第二,医疗费用对个人特别是低收入群体的影响是十分大的,因为大额需要个人支付的费用会严重影响他们的财务状况并使他们陷入贫困的境地;

第三,保持健康的状态可以延长预期寿命和退休年龄,刺激经济增长,最终提高整个国家的国内生产总值;

最后,个人收入同良好的教育、好的居住环境、干净的饮水和食物、安全的工作环境及必要的医疗服务也密切相关。

经济的发展可以影响健康水平,同时健康水平也可以对经济发展造成影响,并且经济发展水平和健康水平呈现正相关,这已经是全世界研究经济与健康学者的共识。来自于世界银行的数据可以看出,世界经济的发展从20世纪90年代至今呈现出一种上升的趋势,与此同时,全球健康经历了快速的转变。自1990年至2011年,低收入国家的国内生产总值增加了3.9%,中低收入国家增加了4.6%,高收入国家增长了2.1%。在健康方面的投资获得的回报是十分显著的,一个国家整体的健康水平会直接影响国内生产总值。在中低收入国家,从2000年到2011年每年预期寿命的增加相当于国内生产总值每年增加1.8%,约11%的经济增长归因于死亡率的下降。

知识拓展 3-3

不同收入水平国家的界定标准

一些文献和书籍采用"发达国家"和"发展中国家"的概念来描述国家的经济发展水平,但目前在全球健康领域多采用"中、低、高收入"来划分。世界银行根据人均国民总收入将不同国家划分为不同的收入组:

- 995 美元或以下——低收入
- 996～3945 美元——低中收入
- 3946～12 195 美元——高中收入
- 12 196 美元或以上——高收入

(二) 不同经济收入水平国家疾病负担的差别

近 20 年来,人口老龄化、非传染性疾病的增长、导致伤残和死亡原因的转变以及疾病危险因素的改变等引起的全球疾病负担的变化同经济的发展有着密切的关系。经济发展对于疾病负担的影响十分显著,一个国家的经济发展水平直接影响儿童死亡率、传染性疾病及慢性病等带来的疾病负担,不同经济发展水平的地区呈现不同的趋势。

表 3-1 和表 3-2 显示了 2001 年在中低收入国家和高收入国家导致死亡和伤残调整寿命年损失的 10 种原因。在中低收入国家,由慢性非传染性疾病导致的死亡占 54%,传染性疾病导致的死亡为 36%,伤害导致的死亡占 10%;缺血性心脏病和脑血管疾病为前两种导致死亡的疾病,其次为下呼吸道感染(以儿童肺炎居多)和艾滋病,第五位是同新生儿死亡相关的围产期疾患,公路交通事故为中低收入国家的第十位死因。在高收入国家慢性非传染性疾病导致的死亡占 87%,伤害导致的死亡占 7.5%,传染性疾病导致的死亡仅占 5.7%;头三位死因为心脏病、脑卒中和肺部疾病,第四位为下呼吸道感染(多为老年人肺炎导致),第五位是慢性阻塞性疾病,第六位是直肠和结肠癌。

单看伤残调整寿命年,在中低收入国家,传染性疾病和伤害的贡献较非传染性疾病贡献较大;腹泻、疟疾和围产期疾患对伤残调整寿命年的贡献比对死亡率贡献大。最值得注意的是单相抑郁虽然不是中低收入国家的前 10 位死因,但成为导致伤残调整寿命年的前 10 位原因。这说明精神疾患在许多国家虽然不是导致死亡的主要原因,但作为导致伤残的主要原因影响了伤残调整寿命年。而在高收入国家,虽然导致死亡和伤残调整寿命年的疾病排名同中低收入国家相似,但单相抑郁和阿尔茨海默病上升为导致伤残调整健康年的主要原因。

表 3-1 2001 年不同收入国家导致死亡的 10 种原因

中低收入国家		高收入国家	
原因	死亡数所占比例(%)	原因	死亡数所占比例(%)
缺血性心脏病	11.8	缺血性心脏病	17.3
脑血管疾病	9.5	脑血管疾病	9.9
下呼吸道感染	7.0	气管、支气管炎及肺癌	5.8
艾滋病	5.3	下呼吸道感染	4.4
围产期疾患	5.1	慢性阻塞性肺病	3.8
慢性阻塞性肺病	4.9	结肠、直肠	3.3
腹泻	3.7	阿尔茨海默病和痴呆	2.6
结核	3.3	糖尿病	2.6
疟疾	2.5	乳腺癌	2.0
公路交通事故	2.2	胃癌	1.9

表 3-2　2001 年不同收入国家导致伤残调整寿命年的 10 种原因

中低收入国家		高收入国家	
原因	伤残调整健康年所占比例 （%）	原因	伤残调整健康年所占比例 （%）
围产期疾患	6.4	缺血性心脏病	8.3
下呼吸道感染	6.0	脑血管疾病	6.3
缺血性心脏病	5.2	单相抑郁	5.6
艾滋病	5.1	阿尔茨海默病和痴呆	5.0
脑血管疾病	4.5	气管、支气管炎及肺癌	3.6
腹泻	4.2	成人失聪	3.6
单相抑郁	3.1	慢性阻塞性肺病	3.5
疟疾	2.9	糖尿病	2.8
结核	2.6	酒精滥用	2.8
慢性阻塞性肺病	2.4	骨关节炎	2.5

目前,由于人口老龄化、不良生活习惯及健康知识缺乏等原因而导致的日益加重的慢性非传染病负担已是影响全球公众健康的一个主要因素。疾病负担的快速变化使得低收入和中等收入国家的贫困人口面临无法获得健康服务和因医疗费用更深地陷入贫困的高度风险。心血管病、糖尿病、精神病以及癌症同属非传染慢性病,这些曾被认为只属于发达国家的慢性病,正在向中低收入国家转移,使这些国家要应对传染性疾病和非传染性疾病带来的双重经济负担。

（三）减低因经济而造成的疾病负担差异的途径

国家内和国家之间人们的健康状况和获得卫生服务方面存在较大的差异。通常富人较穷人、城市较农村居民有更好的健康状况和能获得更好的卫生服务。但是,高收入并非获得好的健康状况的必要条件。例如,中国、古巴、哥斯达黎加及斯里兰卡等国家虽然为低收入国家,在健康方面的财政投入也很不充足,但是人们仍然可以保持较好的健康状况。这主要归因于几个方面:①关注营养、健康和教育投入,特别是针对低收入群体;②改善人们的卫生习惯及注重卫生知识的宣传教育;③选择低投入、高收益的卫生服务项目如儿童免疫接种和控制结核等。

因此,尽管许多中低收入国家尚缺乏足够的资源建立完善的医疗机构及培训专业的医疗人力,但整合国内和国际的资源、建立较完善有效的卫生体系是最终解决传染性疾病、孕产妇及新生儿等疾病、慢性非传染病及伤害的有效措施。一个完善的卫生体系应包括多种元素:提供医疗服务、医护人员、药品、信息系统、政府部门决策及必要的财政支出等。而整合这些元素,除需经济上的必要投入外,还需要必要的动机和技能,因此对中低收入国家来说仍然是一个极大的挑战。

二、政治及社会因素对全球疾病负担的影响

（一）政治稳定性的基本概念

政治稳定性虽早在古希腊时代就被提出,但直至第二次世界大战之后才成为政治学界研究的热点之一。塞缪尔·P·亨廷顿（Samuel P. Huntington）是研究政治稳定性的代表人物,在其所著的《变化社会中的政治秩序》中,他提出评价政治稳定性的两个主要指标:秩序和持续性。秩序指在某一政治体系内,不存在暴力和分裂;而持续性指该政治体系的核心不发生根本性的改变。由于政治稳定性的特殊性,对其的研究和分析主要基于政治不稳定的相关指标和情况进行分析。

政治不稳定的具体体现可以是:①失败国家,即一个国家不具有一个可以满足基本条件和正常履行责任的主权政府;②政策的不稳定;③武装冲突,包括恐怖袭击、战争以及武装分子针对平民的

袭击。

（二）政治稳定性同疾病负担的关系

从广义上来说,政治不稳定都会使一国的卫生系统失灵从而导致疾病负担加重。在卫生系统失灵的情况下,流行病的防控无法开展,造成大量的早死和非完全健康状态的产生,如2014年暴发在西非地区的埃博拉疫情,就是其典型代表(详见传染性疾病与全球负担)。

知识拓展 3-4

塞 拉 利 昂

塞拉利昂位于西非,有600万人口,面积相当于两个海南省,属热带季风气候。2003年前,该国一直处于内战状态,极端贫困,每年每人投入在卫生上的花费不足100美元。首都弗里敦有100万人口,但没有排污管道,也没有红绿灯,全国唯一一条等级公路是中国援建的。

塞拉利昂的疾病监控网极不完善,疑似病例无法确诊并报告,相关信息也无法传播到全国,预防措施和公共卫生活动都无法展开。

塞拉利昂是前英国殖民地,语言上的便利导致该国医务人员大量移民欧美,所以目前塞拉利昂仅有100多名医生和不到2000名护士,且大量医生与护士因埃博拉而罢工。整个国家没有一所正常运转的传染病医院,连基本的防护设备如手套和护目镜都不具备。

然而,由政治不稳定所导致的武装冲突(恐怖袭击、战争和武装分子针对平民的袭击)则对疾病负担有着更直接的影响。例如,在武装冲突期间由武器所致外伤进而造成的死亡会大幅上升,同样,武装冲突所导致的残疾也不容小觑。武装冲突会提高以下与传染病相关的风险:①疫苗接种覆盖率下降;②大规模的人口迁徙;③拥挤的难民营;④暴露于危险环境因素下的可能性升高(例如受污染的水源);⑤公共卫生宣传减少;⑥医疗保健服务可及性下降。例如:在波黑战争期间,儿童的免疫接种工作受到了极大的影响。相比于战前95%的疫苗接种率,在1994年,仅不足35%的儿童接种了疫苗。同样的情况也发生在巴基斯坦。

知识拓展 3-5

脊髓灰质炎在巴基斯坦

由于塔利班组织禁止疫苗接种和持续对医疗人员的武装袭击,自2012年起,在巴基斯坦的联邦直辖部落地区接种脊髓灰质炎疫苗的活动就停止了。该地区成为脊髓灰质炎的高发地区,2014年巴基斯坦的大部分脊髓灰质炎病例都来自该地区和与该地区相邻的省份。

2014年6月,巴基斯坦政府在北瓦济里斯坦部落区(联邦直辖部落地区的一部分)开展针对塔利班的军事行动,导致大约100万人流离失所。有明显的证据显示,正是来自北瓦济里的未曾接种过疫苗的难民导致脊髓灰质炎在巴基斯坦传播。从2014年6月至2014年11月29日,共有186例脊髓灰质炎病例被确诊,占到当年总病例数的70%。

同样,在武装冲突期间及以后,感染艾滋病病毒和其他性传播疾病的风险大大提高。通常来说,军队或其他武装组织中性传播疾病的患病率就高出其他人群。而在武装冲突时,军队(有时也包括维和部队)会利用手中的权力从当地的性服务提供者处获取服务,这进一步增加了艾滋病和其他性传播疾病传播的可能性。另外,由于战乱大部分难民都被剥夺了正常的收入来源,这也让他们更有可能变成性服务者,更容易遭受性虐待和暴力。

此外,武装冲突对于残疾的影响十分明显。因武装冲突致残的不仅仅是参与冲突的武装分子,也包括无辜的平民。津巴布韦的一项调查结果显示,在冲突范围内有13%的肢体残疾与武装冲突有关。在埃塞俄比亚,约30万参与内战的武装分子有不同程度的残疾,占了这个整体的三分之一。同时有近4万埃塞俄比亚平民因遗留的地雷等原因丧失了手臂或腿。在柬埔寨,大约有36 000人因不慎引爆内战中遗留下的地雷而致残,每236人中就有1人。

三、卫生体系对全球疾病负担的影响

世界卫生组织定义卫生体系(health systems)为:参与旨在改善健康的健康行动的所有个体、机构和资源。卫生体系在缓解全球疾病负担方面的意义在于以下方面:卫生体系是对人群提供医疗服务的载体;个体的健康同卫生体系的有效性关系密切;许多国家投入大量资金用于卫生体系,但在有效性和效能方面存在很大差异;许多国家个人的医疗支出占家庭收入相当大的比重;人口老龄化等全球趋势对卫生体系方面的投入要求增加;对于一个国家来说,以可能的最低投入来获取最好的国民健康是十分重要的;开发和维持兼具有效性和效能的卫生体系是每个国家的目标,对那些经济和人力资源有限的国家更是一个挑战。

世界卫生组织在2000年关于卫生体系的报告中建议,每个卫生体系均应设定三大目标,即好的健康、对人群的期望做出反应和财务分配的公平性。同时报告强调每个卫生体系应具备四种功能:提供健康服务、筹款用于健康相关事务、支付健康服务所需费用和治理规范健康体系。因此,卫生体系应起到以下作用:

1. 提供包括预防、诊断、治疗及康复等多方位的医疗服务;

2. 通过保险体制保护病人及家庭免受疾病和残疾所造成的经济损失;

3. 通过对卫生体系的监管、政策的制定、健康促进及发挥卫生体系的公共卫生职能(监测、公共卫生实验室和食品药品监督等)改善整个人群的健康。

世界卫生组织根据卫生体系的各个组成部分以及各自在卫生体系中起的作用制定了如下框架,见图3-3。在此框架中,好的卫生服务(包括服务提供系统、卫生人力资源、信息系统、医疗产品、疫苗及科技等)在人们需要的时候提供有效的健康干预;有效的卫生筹资体系可以筹集足够的资金来资助取得共识的卫生项目,并保护个人免受因医疗服务而造成的经济负担;领导和治理以公开、参与和负责任的态度对卫生体系进行管理和规划,使资金的投入得到最大限度的健康回报。

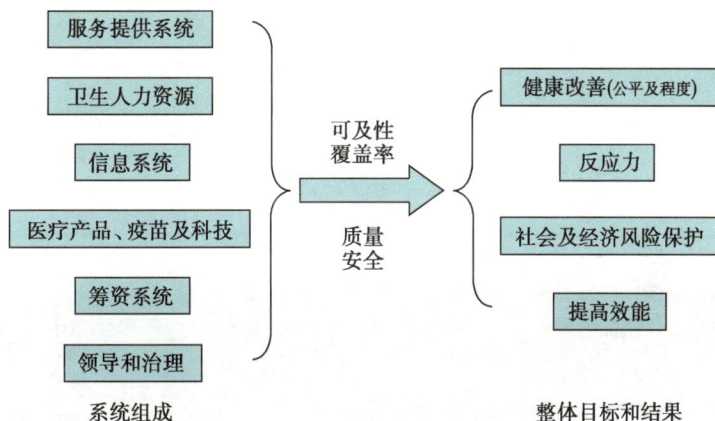

图3-3 世界卫生组织的卫生体系框架

世界卫生组织的卫生体系的框架表明,若国家整合卫生服务、筹资体系及领导和治理等各项资源,关注卫生体系的质量、安全和卫生服务的普及,则可以保证国民根据个人的需求平等地使用卫生服务以改善健康,并保证他们免受疾病所带来的经济危机。因此,一个合理的符合国情的卫生体系,对于改善国民健康,减低疾病负担有着十分深远的影响。卫生体系的详细阐述见第九章。

(刘远立 苏小游 田格媛)

👁 思考题

1. 随着一个国家的经济发展,疾病负担可能会发生哪些变化?
2. 在我国,哪些人群健康状况最差? 对疾病负担造成什么样的影响?
3. 使用伤残调整寿命年衡量疾病负担有哪些优势和不足?

第四章 传染性疾病与全球健康

🌐 **学习目标**

掌握 传染性疾病的全球疾病负担现状与趋势。

熟悉 主要传染性疾病的疾病负担与干预策略。

了解 全球控制传染性疾病的政策的作用。

各种传染性疾病每年令数百万人丧生，特别是给发展中国家带来了沉重的疾病负担。这些疾病导致社会动荡、政治骚乱和经济衰退，威胁着一些国家、地区乃至全球的安全。2000年以来，传染性非典型性肺炎（SARS）、禽流感和埃博拉病毒病疫情等，预示着传染病和新发传染病的全球化合作更为重要。最近30多年来，由于全球人口流动的加剧、生态环境遭到破坏、病原抗药性的出现等，过去已经控制的霍乱、鼠疫等疾病开始重新出现或扩大传播范围。艾滋病、军团病、禽（猪）流感、SARS、埃博拉病毒病等新的传染病不断出现甚至肆虐全球。

2003年突如其来的SARS给中国和全球人民的健康、经济增长和社会秩序带来的威胁和危害至今仍历历在目。2014年西非突发埃博拉病毒病疫情，又让远隔万里的亚洲忧心忡忡。中国派出了援非防疫医疗队，远赴西非国家抗击埃博拉病毒病疫情。正如威廉姆·麦可尼（William McNeill）在《瘟疫与人》中警告的那样，"才智、知识和组织都无法改变人们在面对寄生性生物入侵时的脆弱无助，自从人类出现，传染性疾病便随之出现，什么时候人类还存在，传染病就存在。传染病过去是，而且以后也一定会是影响人类历史的一个最基础的决定因素"。

第一节 传染性疾病的全球疾病负担现状与趋势

正如第二章所述，全球疾病负担的测量对制定全球卫生政策、资源分配等起着重要的作用。同时，传染性疾病的疾病负担在全球的结构性变化，推动着各国传染病政策、法律等的实施，成为传染性疾病控制成效的一个重要指标。

一、传染性疾病负担变化趋势

《柳叶刀》（*The Lancet*）于2012年12月发布了2010年全球疾病负担（global burden of diseases，GBD）特别报告。该报告既包含全球187个国家、21个地区、20个年龄组、291种疾病和伤害、1100多种结局和67个危险因素的数据，也包含1990~2010年趋势估计的数据，从人群所面临的疾病、危险因素、伤残及伤害等方面，提供可比较的最新数据，从而在全球及国家层面上重新确立疾病防治的优先领域。总体而言，在非洲，艾滋病、疟疾、儿童传染病、营养不良、围产期感染等病症依旧是穷人无法摆脱的痛苦，传染病占所有早逝成因的近四分之三。

（一）死亡人数

衡量人群健康的死亡率在近20年中变化较大。如2010年，全球共死亡5277.0万人，而1990年全球死亡4651.1万人。传染病、母婴疾病和营养性疾病从1990年占总死亡的34.1%下降到2010年占总死亡的24.9%。非传染性疾病从1990年的2656.0万人，上升到2010年的3454.0万人，占全球总死亡人数的近2/3（表4-1）。就年龄别和性别专指死亡率而言，传染病、母婴疾病和营养性疾病下降52.7%，非传染性疾病下降 32.1%,伤害下降 16.3%。

2010 年全球人口的前十大死因依次为:缺血性心脏病、卒中、慢性阻塞性肺疾病、下呼吸道感染、肺癌、艾滋病、腹泻、交通伤害、糖尿病和结核病,传染病占了三席。从 1990 年至 2010 年,全球死因排序的前四个死因没有发生改变,分别是缺血性心脏病、卒中、下呼吸道感染和慢性阻塞性肺疾病等慢性病。同期,全球传染病、母婴疾病和营养性疾病导致的死亡人数下降了 17.0%,而非传染病的死亡人数上升了 30.0%、伤害的死亡人数上升了 24.0%(见表 4-1)。

表 4-1　1990~2010 年全球死亡人数变化情况

	死亡人数(千人)			
	传染病、母婴疾病及营养性疾病	非传染病	伤害	合计
1990 年*	15 859	26 560	4092	46 511
2010 年	13 156	34 540	5073	52 770
变化率	-17.0%	30.0%	24.0%	13.5%

* 按 2010 年全球人口数和年龄结构校正结果

传染病导致的死亡总体呈下降趋势:腹泻的死因排序从 1990 年的第 5 位降至 2010 年的第 7 位,死亡人数由 24.9 万下降至 14.5 万,降低 41.9%;结核病从第 6 位降至第 10 位,死亡人数由 14.7 万下降至 12.0 万,降低 18.7%;疟疾从第 9 位降至第 11 位,但死亡人数由 9.8 万上升至 11.7 万,增长 19.9%;麻疹由第 19 位降至 62 位,死亡人数由 6.3 万下降至 1.3 万,降低 80.1%。艾滋病由 1990 年的第 35 位跃升到 2010 年的第 6 位,死亡人数由 29.8 万上升至 146.5 万,增长 390.4%。尽管 20 年来被忽视热带病(neglected tropical diseases)中的血吸虫病、登革热、囊虫病和美洲锥虫病等死亡人数出现较明显的上升,但被忽视热带病的总死亡人数仍由 1990 年的 2.3 万下降至 2010 年的 1.5 万,下降了 35.2%。

(二) 伤残调整寿命年(disability adjusted life year,DALY)

近 30 年传染病的 DALY 变化较大。2010 年全球疾病负担排前十位的疾病依次为:缺血性心脏病、下呼吸道感染、卒中、腹泻、艾滋病、腰痛、疟疾、早产并发症、慢性阻塞性肺疾病和交通伤害。1990~2010 年,全球传染病、母婴疾病和营养性疾病导致的死亡人数下降了 26.5%,而非传染病的死亡人数上升了 25.0%、伤害的死亡人数上升了 13.4%(表 4-2)。

表 4-2　1990~2010 年全球疾病负担变化情况

	DALYs(1000 人年)			
	传染病、母婴疾病和营养性疾病	非传染病	伤害	合计
1990 年*	1 181 610	1 075 297	245 694	2 502 601
2010 年	868 024	1 343 696	278 665	2 490 385
变化率	-26.5%	25.0%	13.4%	-0.5%

* 按 2010 年全球人口数和年龄结构校正结果(Murray C J et al. 2013)

因此,传染病的疾病负担总体呈下降趋势。其中,腹泻的全球疾病负担排序从 1990 年的第 2 位降至 2010 年的第 4 位,DALYs 由 18.4 万人年下降至 9.0 万人年,降低 51.2%;结核病从第 8 位降至第 13 位,DALYs 由 6.1 万人年下降至 4.9 万人年,降低 19.4%;麻疹由第 16 位降至 56 位,DALYs 由 5.3 万人年下降至 1.0 万人年,降低 80.2%。疟疾的 2010 年排序为第 7 位,与 20 年前保持不变,但 DALYs 由 6.9 万人年上升至 8.3 万人年,增长 19.6%。艾滋病的疾病负担不降反升,由 1990 年的第 33 位跃升到 2010 年的第 5 位,DALYs 由 1.8 万人年上升至 8.2 万人年,增长 350.1%。

被忽视热带病的疾病负担 1990 年的 3.5 万人年下降至 2010 年的 2.6 万人年,下降 24.9%。其中 DALYs 下降幅度较大的病种包括:非洲锥虫病下降 72.5%,利什曼病(即黑热病)下降 43.6%,肠道线虫病(蛔虫、鞭虫、钩虫等)下降 42.5%,狂犬病下降 54.8%,食源性吸虫病下降 21.7%;与死亡人数上升相反,囊虫病和美洲锥虫病的 DALYs 分别下降了 2.1% 和 6.5%。血吸虫病和登革热的 DALYs 依旧呈上升趋势,增长率分别为 55.7% 和 15.9%,淋巴丝虫病也上涨了 17.2%。

二、社会经济发展与传染性疾病负担

社会经济是人类生存和健康的基本条件。社会经济的发展包含了社会进步、经济发展、教育普及、物质生活丰富、文化水平提高、卫生服务完善等内容,是维护与促进人群健康的根本保证。近 50 年来全球人群健康状况的普遍提高,主要得益于全球社会经济的持续发展。当前各国和各地区之间健康状况的明显差距,主要是由各地社会经济发展不平衡造成的。

(一)社会经济因素

2010 年全球疾病负担报告的 67 个疾病危险因素中,有 10 种与传染病及感染性疾病负担密切相关。其中,安全饮用水和卫生设施与全人口肠道传染病流行率密切相关,2010 年与 1990 年比较,全球由两者导致的死亡人数分别下降了 59.7% 和 50.9%,DALYs 分别下降了 63.3% 和 58.6%。母乳喂养、低体重、维生素 A 缺乏、锌缺乏、大气颗粒物污染、室内燃煤空气污染和二手烟 8 个因素与 5 岁以下儿童的肠道和呼吸道传染病发病率密切相关;2010 年与 1990 年相比,除大气颗粒物污染导致的死亡人数上升了 10.8% 以外,其他因素所致的死亡均呈现 20.1% ~ 65.7% 的下降,而 8 个因素所致的 DALYs 均下降了 6.8% ~ 64.4%。10 年间传染病死亡人数和 DALYs 的下降显然与全球社会经济发展和联合国千年发展目标的实施密不可分(表 4-3)。

表 4-3　1990 ~ 2010 年传染病的主要危险因素与疾病负担变化情况

危险因素	相关感染性疾病	主要威胁人群	死亡人数(人)			DALYs(1000 人年)		
			1990 年	2010 年	变幅(%)	1990 年	2010 年	变幅(%)
非安全饮用水	肠道传染病	全人口	288 007	116 126	-59.7	21 172	7775	-63.3
无卫生设施	肠道传染病	全人口	496 986	244 106	-50.9	36 050	14 927	-58.6
大气颗粒物污染	下呼吸道感染	<5 岁	2 910 161	3 223 540	10.8	81 699	76 163	-6.8
室内燃煤空气污染	下呼吸道感染	<5 岁	4 579 715	3 546 399	-22.6	175 909	110 962	-36.9
非纯母乳喂养	肠道传染病、上下呼吸道感染、中耳炎	0 ~ 5 个月	1 117 908	475 888	-57.4	96 330	41 108	-57.3
中止母乳喂养	肠道传染病	6 ~ 23 个月	157 117	68 929	-56.1	13 931	6429	-53.9
儿童低体重	肠道传染病、麻疹、上下呼吸道感染、中耳炎	<5 岁	2 263 952	860 117	-62.0	197 741	77 316	-60.9
维生素 A 缺乏	肠道传染病、麻疹	6 个月 ~ 5 岁	349 354	119 762	-65.7	30 288	10 770	-64.4
锌缺乏	肠道传染病、下呼吸道感染	1 ~ 4 岁	275 590	97 330	-64.7	24 375	9136	-62.5
二手烟	上下呼吸道感染、中耳炎	<5 岁	753 510	601 938	-20.1	38 026	19 931	-47.6

世界银行已经证实,全世界已经比 2015 年最终期限提前 5 年实现了千年发展目标关于贫困的具体目标。在发展中地区,依靠每日低于 1.25 美元维生的人口比例从 1990 年的 47% 降至 2010 年的 22%。2010 年生活在极端贫困环境下的人数比 1990 年减少约 7 亿。各个发展中地区的极端贫困率都已下降,中国起着带头作用。在中国,极端贫困率自 1990 年的 60% 降至 2005 年的 16%,2010 年又下降到 12%。尽管从全球范围来讲取得了骄人的成绩,但仍有 12 亿人生活在极端贫困中。在撒哈拉以南非洲,有近一半的人依靠每日低于 1.25 美元维生。这也是唯一一个极端贫困人口稳步增长的地区,从 1990 年的 2.9 亿增加到了 2010 年的 4.14 亿,占全世界贫困人口的三分之一以上。

1990 年以来,国际卫生政策更加关注千年发展目标的实现,强调各种主要传染病之间的全球关联性,着力解决艾滋病、结核病、疟疾和妇幼健康等问题。因此,在提高艾滋病、结核病和疟疾等卫生服务可及性方面,已经取得重大进展。1995 年以来,全球中低收入国家有 250 万~2000 万人免于这些传染病死亡。将传染病的预防与治疗与现有妇幼卫生保健策略进行整合之后,全球孕产妇死亡率降低了47%,即从 1990 年的 4‰降低至 2010 年的 2.1‰。5 岁以下儿童死亡率也下降了 41‰,即从 1990 年的87‰下降至 2011 年的 51‰。中国一直致力于实现各项千年发展目标。通过 30 年的经济改革和社会发展,中国人均期望寿命达到 74.8 岁,孕产妇死亡率下降至 0.26‰,婴儿死亡率下降至 12‰。

世界卫生组织发布的《2011 年世界卫生统计》报告显示,糖尿病、心脏病和癌症等慢性病的风险因素流行程度有所上升,而许多国家依然在为千年发展目标中降低传染病引起的妇女儿童死亡而奋斗。因此,越来越多的国家正面临着双重疾病负担,迫切要求建设能够全方位同时应对两方面健康威胁的卫生系统。

母乳喂养是为婴儿提供健康成长和发育所需营养的理想方式。WHO 建议纯母乳喂养直到 6 个月。继续母乳喂养至 2 岁或更长时间,同时要补充其他适当的食物。

(二) 传染病对社会经济的影响

在强调社会经济发展对人群健康水平提高的基础性作用的同时,也应该认识到人群健康状况对社会经济发展的反作用。纵观人类数千年的文明史,传染病一直与人类社会的发展相伴随,并对人类历史进程产生了深远影响。在人类的狩猎与采集时代,传染病是周期性地调节人口增长的主要影响因素。天花、鼠疫、霍乱、疟疾、伤寒、麻疹等传染病都给人类造成过深重灾难,除了人口的大量死亡、土地荒芜和商业停止,还造成社会政局的动荡甚至颠覆。例如,鼠疫(又称黑死病)原发于喜马拉雅山南麓,13~15 世纪随西征的骑兵由亚洲传播到欧洲,所致的黑死病彻底改变了整个欧洲乃至世界的历史。黑死病毫无偏倚地把死亡带到每个人面前,留下了大量的荒芜土地,直接导致了农奴阶层的瓦解。人们由于黑死病的侵袭改变了许多卫生习惯,欧洲的下水排污系统得到了彻底的改善,火葬开始成为最重要的丧葬方式。黑死病彻底动摇了宗教桎梏,人文主义的思想开始复苏,文艺复兴的萌芽开始孕育。2014 年的埃博拉病毒病疫情已在西非造成灾难性的人道主义后果:除病毒本身导致 6000 多人死亡外,还有更多的人因为脆弱的医疗体系崩溃而丧生。在埃博拉病毒病疫情暴发前,几内亚、利比里亚和塞拉利昂的经济充满活力并持续增长。现在三国的经济非常脆弱且停滞不前。根据世界银行的最新预测,2015 年塞拉利昂和几内亚的经济甚至将出现负增长。

三、科技发展与传染性疾病负担变化趋势

现代医疗卫生事业经历了三次卫生革命:第一次卫生革命以防治传染病、寄生虫病和地方病为主要目标,第二次卫生革命以慢性非传染性疾病为主攻目标,第三次卫生革命以提高生命质量,促进全人类健康长寿和实现人人健康为奋斗目标。20 世纪 50 年代以来,随着生物医学技术的飞速发展,世界各国的死因谱和疾病谱都发生了或正在发生巨大的转变,抗生素和疫苗的广泛应用使过去严重威胁人类健康的伤寒、天花等急性传染病得到有效控制或被消灭。1980 年发展至今,已经有 155 种生物科技药品或疫苗被美国食品药品监督管理局批准上市,用来治疗糖尿病、心脏病、癌症、艾滋病等疾病。

📠 知识拓展 4-1

三次卫生革命

历史上,医疗卫生事业发展经历了三次不同目标和任务演变的卫生革命,不同国家、不同时期面临的任务、重点和目标有所不同。

第一次卫生革命以防治传染病、寄生虫病和地方病为主要目标,采取抗生素、免疫接种、消毒、杀虫、灭鼠等社会卫生措施,使传染病发病率和死亡率大幅度下降。

第二次卫生革命以慢性非传染性疾病为主攻目标,通过发展早期诊断技术、提高治疗效果、加强疾病和健康危险因素监测、改变不良的行为生活方式、合理营养和体育锻炼等措施,努力降低慢性非传染性疾病的发病率和死亡率。

第三次卫生革命以提高生命质量,促进全人类健康长寿和实现人人健康为奋斗目标,通过进一步树

立健康新观念和大卫生观念、加强健康促进和健康教育、坚持可持续发展策略、保护环境、发展自我保健、家庭保健及社区保健等综合性措施,有可能实现上述目标。

疫苗是人类对抗各种疾病尤其是传染性疾病的有力武器。它不但保护了个体免受传染病病原体的侵袭,而且在群体中也限制了病原微生物的传播。可以说,疫苗的发明与使用,是人类文明的伟大成就之一。自多年前牛痘疫苗的发明到今天数十种疫苗的广泛应用,就是一个人类认识并掌握使用生物科学技术的过程。天花疫苗的广泛使用使得人类在历史上首次得以根除这种危害严重的传染病。乙型肝炎病毒疫苗在中国新生儿中的广泛应用,使得中国 14 岁以下的青少年乙型肝炎的发病率降低到 1% 以下,明显低于成人组。1990 年全球有 63.1 万人死于麻疹,当时在全球最主要的死因中排在第 19 位。由于麻疹疫苗的全球应用,2010 年只有 12.5 万人死于麻疹,在死因排名中跌至第 62 位。随着生命科学基础理论的发展,尤其是免疫学、病毒学、传染病学和基因工程技术的不断发展,现代疫苗学研究日新月异。新兴疫苗已经不仅仅局限于疾病的预防,而且拓展到了疾病的治疗;从传染性疾病,已扩展到肿瘤等非传染性疾病。除抗体药物外,新兴疫苗已经成为生物技术领域另一个被全世界所关注和看好的热点领域,其研究和产业化正在深入地改变着现代生物医药产业的版图。

2005 年起,新一代基因测序技术走上历史舞台,将单个细菌全基因组序列测定所需的时间从 1 年缩短到几天甚至几小时,测序成本也大幅度降低。微生物全基因组测序和纳米技术等现代技术在预防医学领域的应用,必将对传染病防治产生深远影响。但是许多新的传染性疾病,如艾滋病、SARS 等,伴随着社会生活方式的改变成为波及全球威胁人类健康的杀手。此外,以根治为目标的一些传染性疾病主要发生在一些发展中国家,由于战争、政治动荡、经济危机,以及缺乏基础设施建设和训练有素的专业人员等等因素,疫苗的运送不畅。人力、疫苗、设备和疾病诊断等大量的投入让人望而却步。社会动员和参与、全球健康合作似乎是消灭和消除传染病的最终主导力量。

四、全球气候变化与传染病

全球气候变化问题已成为各国政府、社会公众以及科学界共同关心的重大问题。联合国政府间气候变化专门委员会(IPCC)第四次评估报告显示:20 世纪全球气温平均上升 0.6℃,北半球中、高纬度地区降水量增加 5%~10%,热带、亚热带地区降水量却减少 3%,全球极端气候事件的频率和强度不断增加。该委员会预测,如果不控制温室气体的排放,到 21 世纪末,全球平均气温在 1999 年的基线上将再上升 1.1~6.4℃。多种气候预测模型显示,未来 100 年全球气温将升高 1.4~5.8℃,全球特别是北半球中高纬度地区的降水量将增加。气候变化特别是降水变化会影响到物种的丰富度、存活率、产卵日期、繁殖成功率、生长速度和行为等。有研究显示,76% 的传染媒介生物或病原体的种群分布会受气候影响,有 40% 的传染病在全球变暖条件下传播得更快。伴随气候变暖,一些虫媒传染病将殃及世界 40%~50% 人口的健康。世界卫生组织呼吁人们关注传染病,指出人类正处于一场传染性疾病全球危机的边缘,没有一个国家可以躲避这场危机。

气候变化对人类健康的影响主要表现为传染病发病率增加、传染病分布范围扩大、人群对疾病易感性增强。气候变化的直接结果是极端气温、强降雨量和气候相关的自然灾害直接导致死亡、伤害和疾病。极端气候导致的干旱和洪水会加重食源性、水源性传播疾病的风险,洪涝灾害可引起某些虫媒病以及水传播疾病,持续的高温热浪天气会导致一些虫媒传染病,如疟疾、登革热等的流行(案例 4-1)。对于气候变化,如厄尔尼诺-南方涛动(ENSO)现象,是一种周期性的气候事件,某些虫媒传染病的传播模式与此现象有关。厄尔尼诺现象影响了亚太地区登革热的暴发,在南美洲、亚洲和非洲,疟疾传播对源于厄尔尼诺的气候变化很敏感。

📡 **案例** 4-1

全球气候变化对疟疾、登革热传播的影响

全球气候变化(global climate changes)将影响虫媒传染病的传播,主要表现在改变虫媒的地区分布,增加虫媒繁殖速度与侵袭力和缩短病原体的外潜伏期。受气候变化影响较大的虫媒传染病有疟疾、血吸虫病、登革热等。

1. 疟疾 疟疾是全球流行最严重的虫媒传染病。气候因素(如温度和湿度)直接影响疟疾的传播。由于疟原虫一般在16℃以下难以存活,所以疟疾分布有地区性。温度可直接影响疟原虫的生长和蚊虫的生命周期。充沛的雨量有利于蚊虫的滋生,适宜的气候条件可加强蚊虫的侵袭力。1987年,疟疾在卢旺达大流行,主要是由于气温(尤其是最低气温)升高和连续下雨。模型预测到2100年,受疟疾影响的比例将可能由现在的45%增至60%,即每年将新增病例5000万~8000万。

2. 登革热 每年全球有25万~50万登革热病例,病死率高达40%~50%。目前,登革热主要分布在一些热带地区,但随着全球趋暖,登革热分布范围可能扩大(传播登革热病毒的蚊虫易被霜冻和持续低温天气杀死)。气温、降水是影响登革热传播的重要因素。当气温升高时,病毒在蚊虫体内的潜伏期缩短,蚊虫叮咬人群的频率加快,蚊虫分布区域也可能扩大。模型预测结果显示,到2080年现在已出现登革热病例的地区患病人数将比1990~2000年期间增加40%。世界卫生组织数据显示,1970年前只有9个国家暴发严重的登革热疫情,现在增加到100多个;过去50年登革热病例数量增长了30倍,估计全球每年有5000万到1亿人感染。亚太地区的情况尤为严重,占世界发病总数的70%。

气候变化的间接影响表现为热带的边界会扩大到亚热带,温带部分地区会变成亚热带。热带是细菌性传染病、寄生虫病、病毒性传染病最主要的发源地。温带地区的变暖,造成这些疾病的扩散,适宜媒介动物生长繁殖环境时空范围扩大,从而使细菌和病毒的生长繁殖时空范围扩大。如由于气候变暖导致的海水温度升高,使得副溶血性弧菌已扩散到了阿拉斯加州;气候变化延长了钉螺、血吸虫生长发育季节,导致我国钉螺和血吸虫病流行区向北迁移扩散,并在2050年有明显的扩大,预测血吸虫病例将增加500万人;疟疾只分布在冬季最低气温16℃以上的区域,而由于气候变暖,疟疾将向拉丁美洲、非洲、亚洲以及中东等高纬度地区扩散;气候变化导致一些传染病媒介向高海拔扩散现象,登革热以前只在海拔1000m以下的地区发生,而现在哥伦比亚海拔超过2000m的地区发现了登革热和黄热病的媒介昆虫。此外,气候变化通过海平面升高引起的人口迁移导致传染病和心理疾病的增加,通过影响空气质量导致呼吸道传染病增多,通过影响社会、经济和人口导致更广范围的公共卫生问题。

第二节 传染性疾病的主要负担

传染性疾病(infectious diseases)是由各种病原体引起的能在人与人、动物与动物或人与动物之间相互传播的一类疾病。根据各类传染病的疾病负担,现就疾病负担高、对发展中国家危害较大的几种疾病的主要流行特征、疾病负担、全球防控工作进展分述如下。

一、艾滋病

艾滋病又称获得性免疫缺陷综合征(acquired immunodeficiency syndrome,AIDS),是由人类免疫缺陷病毒(human immunodeficiency virus,HIV)引起的一种危害严重的慢性传染病。

人类免疫缺陷病毒有HIV-1和HIV-2两型。两型病毒的核苷酸序列相差超过40%。HIV-1的毒性与传染性均高于HIV-2。HIV-1依病毒演化分析分为M(major)组、N(non-M,non-O)组及O(outlier)组。其中的M组病毒已遍布世界,造成全球性流行病毒。N组和O组则相当少见,多见于中西非,美国和欧洲有少数案例,亚洲尚未发现。HIV-2主要局限于西部非洲,且毒力较弱,引起的艾滋病特点是病程长、症状轻。

艾滋病是一种新发传染病,是全球最重要的公共卫生问题之一。1981年美国发现并报道了首宗艾滋病病例,随后艾滋病在全球迅速蔓延,对人类健康、社会经济发展、社会稳定构成严重威胁。艾滋病主要通过血液、性接触和母婴传播感染,病毒主要侵犯和破坏辅助性T淋巴细胞,造成人体细胞免疫严重缺陷,最后并发各种严重的机会性感染和肿瘤,导致死亡。目前针对艾滋病感染,目前通常采用高效抗反转录病毒治疗(high active anti-retroviral therapy,HAART)。切断传播途径是目前控制艾滋病流行的最有效措施。

（一）全球流行趋势

自美国1981年报道第一例艾滋病患者以来,艾滋病迅速在全球传播和流行。目前已遍及全球210多个国家和地区。在艾滋病流行的早期,以欧洲和北美洲的感染为主,其中70%的病例为男性同性恋者。随着疫情的进一步扩散,目前全球90%的艾滋病患者和感染者生活在发展中国家,以静脉吸毒和异性性行为为主要传播途径。非洲是艾滋病流行的重灾区,约占全球艾滋病感染人数的2/3,尤其以撒哈拉以南非洲最为严重。亚洲和拉丁美洲也是艾滋病的高流行地区,这些国家的艾滋病感染者以静脉吸毒和男性同性恋为主。20世纪80年代的美国、欧洲和澳大利亚处于艾滋病的快速增长期。20世纪90年代开始出现增长减缓势头,到了1994~1995年进入稳定期。自1996年后由于采用了高效抗病毒疗法,艾滋病死亡率急剧下降。

全球范围内,2005年是自艾滋病被发现以来新增感染者人数最多的一年。在新增的490万感染者中,有超过一半人的年龄为15~24岁;有310万人死于艾滋病,其中57万是15岁以下儿童。近10年来,艾滋病的发展势头得到明显控制。根据联合国艾滋病规划署和世界卫生组织2013年数据,目前有3530万艾滋病病毒感染者和患者,全球共有230万名新感染者,包括成人和儿童,与2001年相比减少了33%。其中,新感染的儿童人数已减少到26万人,与2001年相比下降了52%。另外,艾滋病相关死亡率与2005年高峰期相比已经下跌了30%。艾滋病防治工作正在朝着千年发展目标所确定的"改变或扭转艾滋病流行趋势"的目标加速前进。

近10年来,中国艾滋病疫情的传播途径已经发生重大改变,从2003年以前的以血液传播为主,到现在的以性传播为绝对主要途径。截至2013年9月30日,全国共报告现存活艾滋病病毒感染者和患者约43.4万例。新发现感染者和患者约7.0万例,其中经性传播比例占89.9%。随着传播方式的改变,艾滋病疫情已由高危人群向一般人群扩散。当前艾滋病病毒感染群体更加分散,已不再集中于吸毒人员等高危人群。由于传播方式更加隐秘,感染涉及的人群范围更广、更分散,落实防治措施、减少新增感染的难度加大了。

（二）防治措施

艾滋病的传染源是艾滋病病毒携带者和患者。感染者的血液和体液中均含有艾滋病病毒,其主要传播途径有三种:①性传播,不安全性行为是主要传播方式,可以通过同性及异性性接触传播,因此,艾滋病是重要的性传播疾病之一;②血液传播,输入带有艾滋病病毒的血液或血液制品,包括接受器官或骨髓移植、人工授精及使用受艾滋病病毒污染的注射器和针头;③垂直传播,包括经胎盘、产道或经哺乳等方式传播,其中胎儿经胎盘感染最多。

迄今为止,尚无理想的预防艾滋病的疫苗。世界卫生组织和许多国家都已采取预防艾滋病感染的综合措施,包括:①开展全民预防控制艾滋病的宣传教育,普及知识,增强自我保护和防病意识,消除对感染者和患者的社会歧视;②严厉打击卖淫、嫖娼、贩毒、吸毒行为,倡导自尊、自重、自爱、自强,遵守性道德是预防经性传播途径感染艾滋病的基础;③建立艾滋病病毒感染的检测系统,及时掌握疫情,在高危人群中推广使用安全套措施;④坚决取缔地下采血交易,确保输血和血液用品的安全性,对献血者、献器官者和献精液者必须进行严格的艾滋病病毒抗体检测;⑤对艾滋病病毒感染的孕妇提供抗病毒治疗以阻断母婴传播,艾滋病病毒抗体阳性的女性应避免怀孕或避免哺乳;⑥禁止共用注射器、注射针、牙刷及剃须刀等;⑦及时规范治疗性病;⑧医疗单位对患者使用的物品或医疗器械应严格消毒等;⑨对静脉吸毒者提供清洁注射器,美沙酮替代维持。

艾滋病病毒感染者从感染初期算起,要经过数年甚至十几年或更长的潜伏期后才会发展成艾滋病病人。艾滋病病人因免疫功能低下会合并多种感染,如带状疱疹、口腔真菌感染、肺结核、特殊病原微生物引起的肠炎、肺炎、脑炎等,后期常常发生恶性肿瘤,尚无特效治疗方法可以治愈艾滋病。目前的证据显示,抗反转录病毒治疗(ART)是防治艾滋病的最有效办法,它通过联合使用至少3种抗反转录病毒药物,最大限度地抑制艾滋病病毒,特别是在疾病早期,有效减少各种机会性感染的发生,大幅降低感染者的死亡率。抗病毒治疗不能根除艾滋病病毒,但是能够使患者生命得到显著延长,并且可以减少艾滋病传播。许多国家已经采取措施,扩大抗病毒治疗的覆盖面。根据联合国艾滋病规划署和世界卫生组织2013 年数据,全球目前仍然有3530 万艾滋病病毒感染者和病人,可以获得抗病毒治疗的人数超过1000万,到 2012 年底,中低收入国家中约有 970 万人接受了抗病毒治疗。艾滋病规划署执行主任西迪贝(Michael Sidibe)表示,到 2015 年,全球范围内将实现 1500 万人接受艾滋病抗病毒治疗的目标。

（三）疾病负担变化趋势

艾滋病是一种全球性疾病。由于具有惊人的蔓延速度和高致死性,疾病负担极高,在高流行国家和地区艾滋病负担占总疾病负担的 16%。自艾滋病流行以来,已造成全球累计 7000 多万人感染,其中3600 万人死于艾滋病,目前仍存活的艾滋病病毒感染者和患者约 3530 万,绝大多数都在不发达国家,其中新增感染者为 270 万,另有 170 万人死于与艾滋病有关的疾病。此外,还有 680 万感染者无法及时得到医治,所以艾滋病防治形势依然严峻。中国于 2003 年实行"四免一关怀"政策以来,已经有超过 30万艾滋病病毒感染者和患者接受抗病毒治疗。死亡率下降超过 64%,达到发展中国家水平。目前艾滋病防治的最主要问题是资金短缺,迫切需要进一步的巨大投入。联合国艾滋病规划署表示,全球发展捐助资金一直徘徊在 2008 年的水平。2012 年,全球用于艾滋病防治的资金估计为 189 亿美元。还需要加大投入,到 2015 年估计每年需要 240 亿美元。

知识拓展 4-2

全球艾滋病防治工作的主要进展

1. 1981 年首例艾滋病感染者在美国确诊。
2. 1987 年世界卫生组织(WHO)启动全球艾滋病防治计划。
3. 1988 年全球卫生部长在关于艾滋病预防高峰会议上提出,将每年的 12 月 1 日定为世界艾滋病日。
4. 1995 年鸡尾酒疗法的发明与广泛应用延缓了大多数感染者的发病时间,使死亡率开始大幅下降。
5. 1996 年高效抗病毒治疗在全世界推广。
6. 2000 年联合国千年发展目标,其中关于艾滋病:到 2015 年遏制并开始扭转艾滋病的蔓延;到2010 年向所有需要者普遍提供艾滋病治疗。
7. 2002 年,联合国设立了全球抗击艾滋病、结核病和疟疾基金,旨在为抗击世界上最具灾难性的三大疾病增加大量资源,并将这些资源送往最需要援助的地区。
8. 2003 年中国政府实施"四免一关怀"政策。
9. 2012 年国务院办公厅发布《中国遏制与防治艾滋病"十二五"行动计划》。

二、结核病

结核病(tuberculosis,TB)是人类历史上的古老疾病。在历史上,结核病流行十分猖獗,死亡率很高,被称为"白色瘟疫"。直到 1882 年的 3 月 24 日德国医生罗伯特·科赫(Robert Koch)发现了结核病的病原菌为结核分枝杆菌(*Mycobacterium tuberculosis*,*MTB* 或者 *M. TB*),人类对结核病的认识才取得革命性的飞跃。因此,1995 年世界卫生组织将每年 3 月 24 日定为世界防治结核病日(World Tuberculosis Day)。

结核病是由结核分枝杆菌感染引起的慢性传染病。结核分枝杆菌是引起人类结核病的主要病原体,其他的分枝杆菌,如非洲分枝杆菌(*Mycobacterium africanum*)、卡氏分枝杆菌(*Mycobacterium canetti*)、田鼠分枝杆菌(*Mycobacterium microti*)亦可引起结核病,但通常不会引起人类结核病。牛分枝杆菌(*Mycobacterium bovis*)除引起牛结核外,少数也可以引起人类结核病。结核分枝杆菌可经呼吸道、消化道等途径侵入宿主,肺部是最常见的侵入部位。活动性结核病患者中 80%～85% 为肺结核。

结核病按照病变部位可分为肺结核和肺外结核,按照年龄可分为成人结核病和儿童结核病。肺结核患者咳嗽、咳痰、打喷嚏、大声说话时,会把带有结核分枝杆菌的飞沫播散到空气中,传染他人。按照治疗管理的需要,肺结核分为初治痰涂片阳性(涂阳)肺结核、复治涂阳肺结核和痰涂片阴性(涂阴)肺结核等;按照对抗结核药物敏感性结果分为药物敏感肺结核和耐药肺结核等。

(一) 病例管理

世界卫生组织推荐的结核病治疗管理方式为直接督导短程化疗(directly observed treatment, short-course, DOTS),即在治疗期间由医务人员或志愿者面视下督导肺结核患者服药。对初治结核病患者推荐的治疗方案为 6 个月的一线抗结核药物的联合用药,包括前 2 个月的异烟肼(isoniazid, H)、利福平(rifampicin, R)、吡嗪酰胺(pyrazinamide, Z)和乙胺丁醇(ethambutol, E)联合用药,以及后 4 个月的异烟肼、利福平联合用药。对复治结核病患者推荐的治疗方案为 8 个月的一线抗结核药物的联合用药,包括前 2 个月的异烟肼、利福平、吡嗪酰胺和乙胺丁醇和链霉素联合用药,以及后 6 个月的异烟肼、利福平、乙胺丁醇联合用药。根据药物剂量的不同,结核病患者可选择每日服药或隔日服药。

耐多药结核病(MDR-TB)患者是指结核病患者感染的结核分枝杆菌体外药物敏感性试验(drug susceptibility testing, DST)证实同时对异烟肼、利福平耐药;广泛耐药肺结核病(XDR-TB)患者是指不仅同时对异烟肼、利福平耐药,而且对任何喹诺酮类抗菌药物耐药,以及对 3 种二线注射类药物(卷曲霉素、卡那霉素和阿米卡星)中的至少 1 种耐药。以下 5 类肺结核患者是耐多药的高危险人群,应当优先提供外药物敏感性试验:慢性排菌患者和复治失败患者,与耐多药患者密切接触的涂阳肺结核患者,初治失败患者,复发和返回的患者,治疗 3 个月末痰涂片仍阳性的初治涂阳患者。

对于确诊的耐多药结核病患者,推荐使用至少 4 种有效的抗结核药物进行 18 ~ 24 个月的治疗。

(二) 全球流行趋势及疾病负担变化

全球大约有三分之一的人口已经感染了结核分枝杆菌,每年发生约 1% 人口的新感染。大部分结核分枝杆菌感染并不导致结核病,90% ~ 95% 的感染没有任何临床症状,称之为潜伏感染。5% ~ 10%的潜伏感染患者在感染多年后会发展为活动性结核病患者。2012 年全球约有 860 万人发展为活动性结核病患者,130 万人(包括 32 万例艾滋病病毒阳性患者)死于结核病。2002 年以来全球结核病发病率持续下降,2005 年以来结核病患者的绝对数量持续下降,提前实现了到 2015 年"扭转结核病流行趋势"的千年发展目标。在全球范围内,结核病的死亡率已经下降到了 1990 年的 45%,其中中国取得的成绩尤为突出,2010 年提前 5 年实现结核病千年发展目标(到 2015 年,在 1990 年的基础上患病率下降一半)的巨大成绩。1990 ~ 2010 年间,全国涂阳肺结核患病率(传染性最强的结核病患病率),20 年间下降了 65%,死亡率下降到了 1990 年的 80%。虽然大多数结核病患者和结核病死亡发生在男性,但女性的疾病负担也很高。2012 年全球约有 290 万女性结核病患者,其中 41 万名妇女(包括 16 万艾滋病病毒阳性妇女)死于结核病。此外,2012 年全球约有 53 万儿童结核病患者,其中约有 7.4 万艾滋病病毒阳性儿童死于结核病。

结核病遍布世界各个角落,从未在任何国家被消除,但是大多数结核病患者在发展中国家,主要集中在 22 个结核病高负担国家。2012 年,全球 58% 的结核病患者出现在亚洲,27% 出现在非洲;按照结核病患者数量排序,半数以上的病例在 6 个亚洲结核病高负担国家:印度、中国、印度尼西亚、孟加拉国、巴基斯坦、菲律宾。非洲的新发结核病登记率和死亡率在全球最高。在撒哈拉以南非洲和某些发达国家,由于使用免疫抑制药物、滥用毒品和艾滋病等因素,结核病患者数量有上升趋势。

在全球范围内,耐多药结核病和结核分枝杆菌与艾滋病病毒双重感染的负担也日益增加。估计初治结核病患者中有 3.6% 为耐多药结核病,以前接受过治疗的结核病患者中有 20.2%,尤其以东欧和中亚的比例为最高。2012 年估计有 45 万新发的耐多药结核病患者,一半以上的患者出现在印度、中国和俄罗斯联邦。在耐多药结核病患者中,估计约 9.6% 为广泛耐药肺结核病。2012 年全球 860 万结核病患者中约有 110 万为艾滋病病毒阳性(占 13%),估计艾滋病病毒阳性的新发结核病患者中 75% 出现在非洲。

(三) 全球控制行动

2006 年世界卫生组织在广泛认证与讨论的基础上,推动实施遏制结核病策略,其中包括全球消除结核病的愿景、总体目标、具体目标和策略组成等内容。

1. 愿景　一个没有结核病的世界。

2. 总体目标　到2015年大幅度降低全球结核病负担,实现联合国千年发展目标以及遏止结核病全球伙伴关系目标。

3. 目的　使所有结核病患者普遍获得高质量的患者关怀,减少由结核病给人类带来的痛苦和社会经济负担,保护脆弱人群远离结核病、结核分枝杆菌与艾滋病病毒双重感染及耐多药结核病,支持开发新手段和新方法,并使之及时、有效地应用,在结核病预防、治疗和控制方面保护和促进人权。

4. 具体目标　到2015年使结核发病率停止上升趋势并逐步下降,与1990年的基线相比降低50%的结核病患病率和死亡率;到2050年消除作为公共卫生问题的结核病。

5. 遏制结核病策略

(1) 追求高质量的直接督导短程化疗(DOTS)策略扩展和提升。政府承诺体现在增长的、持续的资金投入,采用质量保证的细菌学方法发现患者,采用督导下的、为患者提供支持的标准化治疗,建立有效的药物供应和管理系统,建立监控和评价系统并对效果进行评估。

(2) 应对结核分枝杆菌与艾滋病病毒双重感染、耐多药结核病和其他挑战。开展结核病和艾滋病防治合作活动,预防和控制耐多药结核病,关注羁押人群、难民以及其他高危人群和场所。

(3) 为卫生系统的加强做出贡献。积极参与到对卫生系统范围内的政策、人力资源、财务管理、服务提供和信息系统进行完善的努力当中,分享包括肺部健康实用措施在内的加强系统的革新经验,吸纳其他领域的革新经验。

(4) 结合所有的卫生服务提供者。采取公立-公立、公立-私立合作的措施,遵循结核病关怀的国际标准。

(5) 动员结核病患者和社区的力量。倡导、沟通和社会动员,促进社区在结核病关怀方面的参与,保障患者享受结核病关怀。

(6) 促进科学研究。开展基于规划的实施性研究,研发新型诊断方法、药物和疫苗。

知识拓展 4-3

全球结核病的行动进展（1993~2010）

1993年,世界卫生组织宣布全球结核病进入紧急状态,并号召各国政府和非政府组织行动起来,应对结核病危机。

1994年,世界卫生组织提出了有效控制结核病的框架,把直接督导短程化疗(DOTS)策略作为现代结核病控制策略。

1995年,确定每年的3月24日为世界防治结核病日。世界卫生组织提出在全球推行现代结核病控制策略。

1998年,世界卫生组织提出遏止结核病全球伙伴合作。

2000年3月24日,在荷兰阿姆斯特丹召开22个结核病高负担国家部长级会议,通过《阿姆斯特丹宣言》。

2001年10月22日,在美国华盛顿举行部长级会议,号召各国及合作伙伴将采取特别行动,并提出4个未来的目标:

(1) 50天(2001年底):完成制订各国国家规划,启动全球抗击艾滋病、结核病和疟疾基金;

(2) 50周(2002年底):结核病发现率达35%,建立结核病控制机构间协调委员会,全球结核病药物基金提供每年治疗100万患者的药物;

(3) 50个月(2005年底):结核病发现率达70%,结核病治愈率达85%,开发耐多药结核病和结核分枝杆菌与艾滋病病毒双重感染的有效措施,制订2006~2010年全球计划;

(4) 50年(2050年底):消除作为全球公共卫生问题的结核病。

三、疟疾

疟疾(malaria)是疟原虫经按蚊传播寄生在人体所引起的寄生虫病,典型的临床表现为周期性发冷、发热、出汗和肝脾肿大、贫血。重症疟疾的症状凶险,常导致死亡。全球疟疾的疾病负担集中在非洲地区,且已有80%以上地区的患者出现对疟疾治疗药氯喹的抗药性。为此,2010年,世界卫生组织将每年4月25日定为世界疟疾日。

疟疾的发生和流行须具备传染源、传播媒介和易感人群三个基本环节,三个环节又受自然因素(如地形、温度、湿度、雨量等)和社会因素(如社会政治状况、经济水平、文化教育、人群活动等)的影响和制约。流行因素的相互影响、相互作用加快或减慢传播速度,构成不同的流行形式。

(一)全球流行趋势与疾病负担变化

疟疾是影响全球健康的重要传染病。根据最新的全球疟疾报告显示,每年约有2亿人感染疟疾,约60万人死于疟疾,30多亿人的健康受到疟疾威胁,特别是在非洲,有78%的5岁以下儿童的死亡是由于感染疟疾造成的。

在全球各方的努力下,疟疾传播在全球范围内得到遏制。世界卫生组织2014年全球疟疾报告显示,2013年全球疟疾发病率较2000年下降了47%;同时疟疾的人群带虫率显著下降,表明人群感染状况有较大改善。在撒哈拉以南的非洲,2～10岁儿童的疟疾平均发病率从2000年的26%降至2013年的14%,降幅达48%。有55个国家将在2015年实现疟疾发病率降低75%的目标。

(二)全球消除疟疾行动进展

鉴于全球抗疟行动已取得显著进展,一些国家已有效地降低了疟疾的发病率、死亡率,缩小了流行范围,并具备了从控制走向消除的条件。为此世界卫生组织2007年发布了《消除疟疾指南》,支持和鼓励具备条件的国家努力消除疟疾。根据该指南,当一个国家的发热病人血检阳性率低于5%时,即可进入消除前阶段;风险人群年发病率低于1/1000时,即可进入消除阶段;连续3年无当地感染病例,即为实现消除疟疾目标。

至今,阿塞拜疆和斯里兰卡2个国家在2013年实现本地疟疾传播病例零报告。阿根廷、亚美尼亚、埃及、格鲁吉亚、伊拉克、吉尔吉斯斯坦、摩洛哥、阿曼、巴拉圭、土库曼斯坦、乌兹别克斯坦11个国家保持疟疾病例零报告。阿尔及利亚、佛得角、哥斯达黎加和萨尔瓦多4个国家本地疟疾病例报告少于10例。但是,实现更广泛的消除疟疾还要面临诸多挑战。全球抗疟经费依然缺口很大,抗疟的干预措施覆盖不均,尚未完全覆盖所有的风险区域;在一些地区出现的疟原虫耐药性、按蚊杀虫剂抗性等问题。

在我国,要实现消除疟疾同样面临着诸多困难和挑战:一是局部地区疟疾疫情仍然比较严重;二是我国绝大多数的中低度流行区的基层防治能力比较薄弱;三是消除疟疾在我国是一项全新的工作,没有成熟经验可资借鉴;四是当今国际交往频繁,外出经商、旅游、务工的流动人口日益增多,境外输入性疟疾病例明显增多,周边国家疟疾疫情较严重,随时存在因输入性传染源导致本地传播的潜在威胁,给我国消除疟疾工作带来更大的压力;五是围绕消除疟疾工作仍有一些关键技术难题有待进一步解决。

四、埃博拉病毒病

埃博拉病毒病(Ebola virus disease)首次发现于1976年,几乎同时在苏丹南部(现在的南苏丹)和扎伊尔(现刚果金)埃博拉河流域暴发,后命名为埃博拉病毒。在这两个独立的暴发中,在苏丹命名为苏丹型埃博拉病毒,在刚果金命名为扎伊尔型埃博拉病毒。自首次暴发以来,已经出现过25次大型暴发。2014年西非的暴发是有史以来最大的一次。

(一)概述

埃博拉病毒病是指由埃博拉病毒引起的以发热和出血为特征的综合征。但实际上,埃博拉病毒感染者中有出血体征的不足20%。因此,世界卫生组织推荐这种疾病为埃博拉病毒病(Ebola virus disease,EVD)。埃博拉病毒包括5个类型:Zaire ebolavirus(扎伊尔),Sudan ebolavirus(苏丹),Taï Forest ebolavirus,Bundibugyo ebolavirus,Reston ebolavirus。其中前4种均局限在非洲,均可引起人和灵长类的出血热。Reston 型则发现于菲律宾,随着菲律宾猴子的输入在美国和意大利也分离出过这种病毒,但尚未发现其对人具有致病性。此外,在中国和缅甸发现果蝠携带有 Reston 的抗体。埃博拉病毒病的致死率目前是所有传染病中最高的,可达90%。2014 年 3 月,埃博拉病毒病疫情在西非国家几内亚暴发,并迅速跨越国境向利比里亚、塞拉利昂等国蔓延。截至 2014 年 12 月已造成 2 万余人感染、9000 多人死亡,世界卫生组织将其定性为"国际突发公共卫生事件"。

埃博拉病毒病没有特效药,死亡率极高,预防控制措施在控制暴发过程中显得尤为重要,落实"早发现、早报告、早诊断、早隔离、早治疗"非常重要。埃博拉病毒病主要通过接触传播,特别是直接接触到病人的呕吐物、血液、粪便等。因此,最容易在患者家庭、医院内传播。由于埃博拉病毒病主要发生于非洲落后国家,当地特殊的习俗(比如传统的葬礼)通常是引起病毒扩散的另外一个重要原因。针对这些情况,让普通百姓认识埃博拉病毒病并积极参与到疾病的防控中来非常关键。埃博拉病毒感染常见症状为腹泻、呕吐、出血等,经常导致患者严重的脱水,及时的补液(如口服生理盐水)能够显著提高患者的生存率。

(二) 全球流行趋势与疾病负担

埃博拉病毒的自然宿主虽然尚未定性,但果蝠能够自然携带病毒且没有症状表明很可能是自然宿主。3 种已被发现携带埃博拉的果蝠均栖息于树林树枝上,随着近年森林的退化,这些果蝠的栖息地越来越少,加上人类不断在森林中探索,暴露的机会越来越多。这一现象可以从越来越频繁的暴发中看出。

在 2014 年暴发中,埃博拉病毒病在城市的传播造成数万居民感染,表明埃博拉的发现已经不再局限在偏远山区或林区。截至 2014 年年底,以往暴发共造成 22 593 人感染,9495 人死亡。其中,几内亚、利比里亚、塞拉利昂西非三国累计报告病例 20 381 例(占全部病例90.2%),死亡 7989 人(占全部死亡人数 84.1%)。几内亚报告 2730 例,死亡 1739 人;利比里亚报告 8018 例,死亡 3423 人;塞拉利昂报告9633 例,死亡 2827 人。

(三) 全球防控行动

2014 年前的历次暴发绝大多数局限在单个国家,且空间上没有必然联系。在多次的应急处置过程中,世界卫生组织、美国疾病预防控制中心、无国界组织等参与较多。2014 年的暴发成为"国际关注的突发公共卫生事件"后,多个国家开展了人道援助,捐赠物资,派医务工作者参与援非抗疫工作。在药物和疫苗研发中增大了投入力度,已经有疫苗开始进行临床试验。在未来,国际组织和研究机构需在隐性感染、药物、疫苗的研究方面加大力度,为应对埃博拉病毒病暴发提供保障。

中国在 2104 年埃博拉病毒病疫情暴发后的第一时间,向疫区国家提供物资和现汇援助,成为第一个向疫区国家提供紧急人道主义援助的国家。中国已先后提供 4 轮总价值 7.5 亿元人民币的紧急援助,是累计向非洲提供援助批次最多和医疗物资最多的国家之一。中国源源不断向非洲运送的粮食、救护车、移动实验室等都是疫区国家最急缺的,中国一次又一次派出的防疫专家和医护人员都是疫区人民最需要的。中国政府在提供紧急人道主义援助的同时,积极推进中非医疗卫生领域全面、长期合作,规划设计、因国施援,帮助非洲国家提高疫情防控和处置能力,进一步建立健全公共卫生安全体系。

五、流行性感冒

流行性感冒(influenza,简称流感)是一种传染性强、传播速度快、急性呼吸道感染的传染性疾病。流感病毒有甲、乙、丙三型。主要通过空气中的飞沫、人与人之间的接触或与碗筷、用具等被污染物品的接触传播。典型的临床症状是发病急、高热、全身疼痛、显著乏力和轻度呼吸道症状如咳嗽、咽炎等,严重时会引起的严重的并发症和死亡。在流行病学上最显著的特点为:突然暴发,迅速蔓延,波及面广,具有一定的季节性。

人群对流感病毒普遍易感,流感病毒三个型别之间无交叉免疫,感染后免疫维持时间不长。抗体于感染后 1 周出现,2~3 周达高峰,1~2 个月后开始下降,1 年左右降至最低水平。一些抵抗力低的老年人感染流感后往往使病情加重,甚至导致死亡。流感的人群分布特征主要受人群免疫力及接触机会两因素的影响。

传染源主要是患者和隐性感染者,流感的潜伏期为 1～7 天,自潜伏期末到发病的急性期都有传染性。一般来讲,病初 2～3 日传染性最强,体温正常后很少带毒,但个别病人排毒时间可长达病后 7 天。在发病 1～5 天内,病毒主要存在于病人鼻咽部分泌物中,借咳嗽、打喷嚏进行传播。

禽流感(avian influenza,AI)是禽流行性感冒的简称,是一种由 A 型流感病毒引起的,可导致禽类从呼吸系统表现到严重全身败血症等多种症状的烈性传染病。由于存在种属屏障和受体特异性,禽流感病毒通常只感染禽,一旦禽流感病毒基因发生了适应性突变(重组或重配),具备与人类呼吸道上皮细胞受体结合的能力后,病毒即具备了感染人的能力,从而感染人导致发病、死亡。正是因为禽流感病毒具有易变异和潜在流感大流行威胁等生物学特性和公共卫生学意义,在过去数十年间,以 H5N1 为代表的禽流感病毒受到了极大的关注。

(一)防治措施

1. 流感　人感染流感病毒之后潜伏期大多为 1～3 天。起病急、潜伏期短、高热、全身症状较重,但是呼吸道症状并不严重,同时会继发细菌性上呼吸道感染、细菌性肺炎等症状。对于部分感染者和婴儿、儿童、怀孕女性、65 岁以上老年人、有基础性疾病的患者,流感会造成肺炎、急性呼吸窘迫综合征等严重的症状,严重者甚至死亡。

(1)治疗:很多流感病毒的感染者在没有医疗治疗的情况下可在 2 周之内自愈。流感没有特效的治疗药物,建议患者休息,进行针对治疗,降温、止咳,防治呼吸道细菌的继发感染,防治基础性疾病的病情加重,抗病毒药物金刚烷胺对甲型流感有一定的疗效,神经氨酸酶抑制剂达菲对流感有一定的疗效。

(2)疫苗接种:流感疫苗是预防流感、降低流感相关住院和死亡、降低流感疾病负担的最经济有效的手段。目前,通用的流感疫苗包含三种病毒成分,分别为两种甲型(甲 1 型和甲 3 型)及一种乙型流感病毒。考虑到流感病毒的变异,每年的流感疫苗所含的病毒株会有所不同,世界卫生组织根据分布在全球 83 个国家、112 个流感监测中心所监测到的结果,推荐代表当年的流行株。由于下一年的流行株与上一年可能不同,所以流感疫苗应每年接种,尤其在儿童、怀孕女性、65 岁以上老年人、有基础性疾病的人群中应该加强接种流感疫苗。

2. 人禽流感　禽流感被国际兽医局列为甲类传染病,我国农业部将其列为甲类监测传染病。人感染高致病性禽流感被我国卫生部门列为乙类法定传染病。防控人禽流感,是通过监控和研究禽流感病毒本身及其对人的威胁,将禽流感对人的健康危害和影响降至最低。

在出现人感染禽流感病例后,政府及相关部门通常会采取禽类扑杀和关闭活禽市场等严格的防控措施。由于人们对禽流感存在恐惧心理,将严重影响禽类相关消费和交易活动,从而造成较大的社会影响和经济损失。更值得关注的是,一旦禽流感病毒在不断感染人的过程中通过适应性突变具备了有效的人与人之间传播的能力,将导致流感大流行的发生(案例 4-2)。

📡 案例 4-2

禽流感流行回顾

1. 动物禽流感疫情　1878 年,禽流感首发于意大利,当时称为鸡瘟。1900 年,首次发现其病原体,认为是一种滤过性病毒,称为真性鸡瘟病毒(fowl plague virus,FPV)。1955 年经血清学证实,属 A 型流感病毒。同年在苏格兰的鸡中首次发现了 H5N1 禽流感病毒。此后,禽流感病毒一直在世界各地家禽中普遍存在,并造成了不同程度的影响。

自 2003 年起,多个国家和地区先后发生 H5N1 动物禽流感疫情。最初主要集中在东南亚地区,逐渐扩散至欧亚大陆。2004 年 1 月,中国广西隆安县丁当镇确认中国内地首起 H5N1 高致病性动物禽流感疫情。随后,青海、新疆、西藏、辽宁、湖北、湖南等地相继暴发了多起 H5N1 动物禽流感疫情。报道最常见的是鸡、鸭、鹅等家禽,以及野禽和野鸟,还包括虎、豹、马和猫等哺乳类动物。候鸟在禽流感病毒全球播散中发挥了重要作用。

2. 人禽流感疫情　1997 年中国香港地区养禽场和鲜活市场暴发了 H5N1 禽流感动物疫情。同年 5

月,从香港1名3岁男童病例标本中分离到1株甲型流感病毒,8月确诊为全球首例由A(H5N1)禽流感病毒引起的人间病例,截至12月底,香港共确诊了18例人感染禽流感H5N1病例,其中死亡6例。这是全球首起确证的H5N1病毒感染人的疫情,且导致了高达33%的病死率,引起国际社会的高度关注。

2003年12月,越南报告了该国首例人禽流感病例。2003~2004年,伴随不断出现的H5N1动物禽流感疫情,其他东南亚地区又陆续报道了多个人感染禽流感病例。自2005年起,报道人感染禽流感H5N1病例的国家和地区逐渐增多。2005年中期,人间和禽间的疫情逐步从中亚地区扩展到欧洲、非洲和中东。截至2013年4月26日,已有阿塞拜疆等15个国家确诊了628例,其中374例死亡,病死率60%。还有H7N7、H7N3、H7N2、H9N2等其他亚型禽流感病毒也会偶尔跨越种属屏障感染人类,所造成的影响远不如H5N1。

2013年,中国华东地区出现H7N9亚型,是继H5N1亚型后引起国际关注的另一种禽流感病毒。同年3~6月,上海等10个省(市)出现131例人间病例,其中37例死亡。

(二) 全球流行的趋势和疾病负担

流感病毒在人群密集的地区容易实现传播,再加上人群对流感病毒普遍易感,很容易造成流感的流行并且引起大量的疾病负担。

1. 大流行期间的疾病负担　20世纪以来,已先后发生4次全球性的流感大流行,造成了较严重的社会影响(表4-4)。除西班牙大流感持续时间较长之外,其余的流感大流行持续时间一般都是10周左右。亚洲流感和香港流感的大流行都起源于中国内地,发生在冬季。2009年的墨西哥流感大流行发生在春节。流感的大流行会导致医院的门诊、住院和死亡病例在短时间之内大量地增加。

表4-4　20世纪全球流感大流行事件及危害

流行时间	流感名称	毒株	死亡人数	备注
1889~1890年	俄罗斯流感	可能为甲型流感病毒(H2N2)	100万以上	
1918~1920年	西班牙流感	甲型流感病毒(H1N1)	2000万以上	西班牙大流行
1957~1958年	亚洲流感	甲型流感病毒(H2N2)	100万~150万	亚洲流感大流行
1968~1969年	香港流感	甲型流感病毒(H3N2)	75万~100万	香港流感大流行
2009年4月~2010年8月	H1N1型流感	甲型流感病毒(H1N1)	18 500	墨西哥流感大流行

2. 季节性流感的疾病负担　据2002年世界卫生组织公布的数据,估计全球每年流感病例达6亿~12亿。流感在全球每年造成25万~50万人死亡,其中,导致全球13.7万5岁以下的儿童死亡,占肺炎导致5岁以下死亡儿童的10.1%。同时导致全球900万5岁以下的儿童住院,其中有20万5岁以下的儿童会发生急性下呼吸道感染。

流感病毒的活动与温度有关,低温条件下流感病毒活动更加活跃,使用超出基线的"超额死亡"或者"超额患病"等指标来评估流感季节性流行的影响。

不同的地区和时间,不同亚型的流感病毒引起的死亡不同,这主要与地区之间医疗水平和流感的亚型有关。在温带地区的美国,流感流行期间人群归因流感的年均死亡率为2.4/10万,流感导致的死亡例数约占全美死亡总数的1%;法国由H1N1的季节性流感所引起的超额死亡率为2.7/10万,由H3N2的季节性流感所引起的超额死亡率为19.0/10万,其中65岁以上老人超额死亡率为105/10万。由此可见,在季节性流行期间,H3N2引起的超额死亡率高于H1N1引起的超额死亡率,H3N2季节性流感对65岁以上的老人的威胁较大。

全球流感在热带、亚热带地区如我国香港特别行政区、新加坡、非洲引起的超额死亡在11.1/10万到168/10万之间,引起的超额住院率在66/10万到266/10万之间,其中65岁以上人群的超额死亡率和超额住院率都高于其他人群。

3. 高危人群疾病负担　尽管流感的患病和死亡会出现在各个年龄组,但在高危人群中,如儿童、65

岁以上老年人、患有慢性基础性疾病的人群中,由流感造成并发症、住院和死亡的风险比健康的青少年和成年人要更高一些,如艾滋病患者流感的死亡率、住院率、超额死亡率都是一般人群的 150 倍以上,同时也是一般 65 岁人群的 2 倍以上。

(三) 全球防控规划

由世界卫生组织负责制定的全球流感规划,主要为成员国提供战略指导、技术支持并协调基本活动,使各国的卫生系统能够做好准备,抵御季节性、人畜共患型和大流行性流感对人群和个人的威胁。

全球流感规划的目标是:①监测和追踪流感疫情;②获得并转让有关各种形式流感的知识和技术指导;③指导并支持各国制定和加强流感控制规划;④查明疾病的知识差距,并促进研究以弥补这些差距;⑤提高疫苗和抗病毒药品的可及性;⑥提供全球健康领导与合作,预防并控制流感。

在全球流感规划下,已开展了以下工作:一是在 2009 年 H1N1 流感大流行期间,全球流感规划提供每周最新简报,对大流行进行监测。二是在全球流感规划的支持下,专家们每年召开两次会议,确定季节性流感疫苗的成分。疫苗成分的选择以全球流感监测网络收集的信息为基础。三是全球流感规划为国家流感实验室提供定期培训课程。四是全球流感规划与合作伙伴共同开发在家庭中改善患者病例管理项目。五是全球流感规划通过诸如能力建设活动和模拟演练等方式为各国制定国家流感大流行防范计划提供支持。

(四) 全球监测与应对

为应对流感对全球的威胁,在世界卫生组织和美国疾控中心的倡导下,全球从 1952 年开始建立以实验室诊断为基础的全球流感监测和应对系统(GISRS)。目前,该系统有 138 个流感监测中心,6 个世界卫生组织合作中心,来自全球的不同国家、地区通力合作,通过不断加强对流感病毒变异、流行、预警工作,及早应对流感病毒造成的流感大流行和季节性流感,减低流感对人群健康的威胁和对社会经济发展的影响。

世界卫生组织致力于加强国家和区域的流感诊断能力,包括抗病毒药物易感性监测、疾病监测、疫情应对,并扩大疫苗在高危人群中的覆盖面。主要工作机制是世界卫生组织及其伙伴对流感进行全球性监测,每半年为北半球和南半球建议一种季节性流感疫苗组合,并支持会员国为制定预防和控制战略做出的努力。

六、被忽视的热带病

世界卫生组织将主要在贫困地区尤其是热带地区炎热潮湿气候环境下流行的传染病归纳为被忽视热带病(neglected tropical diseases,NTD),这些大多是由蚊子、黑蝇、白蛉、采采蝇、猎蝽和家蝇等,或者由昆虫以及蜗牛传播的寄生虫病,有些疾病传播源是污水和虫卵孳生的土壤。在世界其他地区,随着生活和卫生条件的改善,这些疾病已逐渐消失,大约90%的流行都发生在人均每天生活水平不足 1.25 美元的地区。疾病与贫穷形成了恶性循环,贫困导致了这些疾病的发生,而疾病造成的经济和社会负担又加剧了贫穷。2012 年,世界卫生组织首次发布了《全球被忽视的热带病报告》,将 17 种(类)传染性疾病归为被忽视的热带病(表4-5)。

(一) 全球范围的疫情与疾病负担

近 10 年来,通过各方努力,全球范围内被忽视热带病的防治已取得长足的进步。多种有效药物和其他干预措施已用于治疗或预防多种被忽视的热带病。随着大规模公私伙伴关系的建立,需要者获得了药物等有效的干预措施。针对部分被忽视的热带病,全球已设立了目标以及实现这些目标的期限,并为一些影响公共卫生的疾病制订了根除或消灭的目标。

全球有 10 多亿人感染了一种或多种被忽视热带病,占世界人口的六分之一。这些疾病主要集中在非洲和拉丁美洲的低收入国家,而且在国家卫生规划中未获重视。在这些国家的广大地区可能同时流行多至 5 ~ 7 种疾病。除了影响 10 亿多人口的土源性蠕虫病之外,目前最常见的 6 种疾病分别为血吸虫病、淋巴丝虫病、致盲性沙眼、盘尾丝虫病、美洲锥虫病和利什曼病。

表 4-5　世界卫生组织关注的 17 种(类)被忽视的热带病

疾病名称	病原体	传播媒介	人感染方式
登革热	登革病毒	埃及伊蚊、白纹伊蚊等	经昆虫叮咬
狂犬病	狂犬病病毒	无	动物咬伤
恰加斯病(美洲锥虫病)	枯氏锥虫(原虫)	锥蝽	经昆虫叮咬
非洲锥虫病(昏睡病)	冈比亚锥虫和罗的西亚锥虫(原虫)	采采蝇(舌蝇)	经昆虫叮咬
利什曼病	杜氏利什曼原虫等	白蛉	经昆虫叮咬
绦虫病和囊尾蚴病	猪带绦虫的幼虫囊尾蚴	无	经口误食虫卵及自体内感染
麦地那龙线虫病(几内亚龙线虫病)	麦地那龙线虫	剑水蚤	疫水中含有感染期幼虫的剑水蚤经口误食
棘球蚴病	细粒棘球绦虫的幼虫棘球蚴	无	经口误食虫卵
食源性吸虫病	华支睾吸虫、后睾吸虫、片形吸虫和并殖吸虫等	淡水螺	经口生食或半生食含有感染期幼虫的食物
淋巴丝虫病	班氏丝虫、马来丝虫、帝汶丝虫	按蚊、库蚊	经昆虫叮咬
盘尾丝虫病(河盲症)	盘尾丝虫	蚋	经昆虫叮咬
血吸虫病	日本血吸虫、埃及血吸虫、曼氏血吸虫	钉螺、水泡螺、双脐螺等	疫水中感染期幼虫经皮肤侵入
土源性蠕虫病	蛔虫、钩虫、鞭虫	无	经口误食/经皮肤钻入
布鲁里溃疡(溃疡分枝杆菌感染)	溃疡分枝杆菌	无	接触
麻风(汉森病)	麻风分枝杆菌	无	接触和吸入
沙眼	沙眼衣原体	无	接触
雅司病(地方性密螺旋体病)	密螺旋体	无	接触

(二) 全球控制被忽视热带病规划

近年来,人畜共患的被忽视热带病引起广泛关注。这不仅是一个医学问题,而且是一个重大的社会问题;这不仅是一个地区或一个国家的问题,而且是全人类要共同面对的问题。为此,世界卫生组织制定并修改了《国际卫生条例》,世界动物卫生组织(OIE)出版了《国际动物卫生法典》,让人畜共患病的防控工作做到有法可依。联合国粮农组织(FAO)、世界动物卫生组织、世界卫生组织联合开发了动物与人畜共患病全球预警系统(GLEWS)平台,对引起感染动物疾病和人畜共患病(家养陆生和水生动物、野生动物)的危险因素进行早期预警监测、疾病通报和探测等工作。同时,为了降低食源性疾病负担,世界卫生组织成立了食品安全和人畜共患病司,以加强卫生安全,确保成员国的可持续发展。国际野生动物保护协会(WCS)2004 年在纽约召开会议,提出"同一世界、同一健康"(One World-One Health)的概念,意指人类健康与生态系统健康紧密联系,并发布了《曼哈顿原则》。2008 年,世界卫生组织、世界动物卫生组织、联合国粮农组织、联合国际儿童基金会(UNICEF)、联合国流感协调署(UNISC)、世界银行等国际组织制定了加强"人类-动物-生态系统"相互间的传播减少新发和再发传染性疾病风险的战略合作框架。

2003 ～ 2012 年期间,全球 17 种被忽视热带病的防治工作取得了突破性的进展。历史性标志是2012 年世界卫生组织发布的《2020 年全球被忽视热带病防治战略》,即"加快消除被忽视热带病对全球的影响:行动路线图"(简称路线图),以及与全球合作伙伴联合签署的《抗击被忽视热带病伦敦宣言》。

路线图是世界卫生组织为指导全球抗击被忽视的热带病相关行动而推出的一项新策略和推进计划,通过综合运用5大公共卫生策略,即预防性化疗、强化病例管理、病媒控制、提供安全饮用水等基本卫生条件与设施,强化兽医公共卫生等,在2020年以前至少控制或消除10种被忽视的热带病,包括美洲锥虫病、非洲锥虫病、利什曼病、绦虫病和囊尾蚴病、麦地那龙线虫病、淋巴丝虫病、盘尾丝虫病、血吸虫病、沙眼、雅司病。在路线图中,世界卫生组织为每种被忽视热带病的控制、消除或消灭,设立了一个明确的评价指标和时间表,对相关指标做了具体定义(表4-6)。目前最大的挑战在于经费投入。世界卫生组织分析,要实现2015~2020年路线图确定的目标,需要全球每年投资29亿美元。2013年,第66届世界卫生大会呼吁成员国努力征服被忽视的热带病。

表4-6 世界卫生组织对被忽视热带病控制、消除或消灭的评价指标含义

概念	定义
消灭或根除	全球范围内某传染病的感染将永远减少为零,且无再引入的风险,某病原体或者在地球上被灭绝或者被保存于实验室等限定环境
消除或阻断传播	在某一特定地理区域(通常是指国家)某病发病率减少为零但需继续采取措施预防新感染发生的可能
控制	使某疾病的发病率、患病率、感染率或死亡率等病情指标减少至一定的范围内,作为一个公共卫生问题被消除,是针对某病的操作性控制目标

第三节 全球控制传染性疾病的政策与行动

在全球化的时代,人类共同面临着生态与环境、人类可持续发展和全球竞赛规则三大问题的挑战。食品、货物、人口在全球范围内快速流动使得疾病极易播散,全球化的时代也就是全球传染的时代。面对传染病等公共卫生威胁,任何国家已无法独善其身。2003年肆虐30多个国家的SARS、已蔓延全球的艾滋病、多次出现的禽流感、危机四伏的中东呼吸综合征(MERS)以及2014年肆虐西非的埃博拉疫情等揭示,全球在公共卫生安全领域的相互依赖日渐加深。任何一个国家,无论多么强大、富有或者先进,都无法单独发现和应对所有公共卫生威胁。健康、环境等决定人类可持续发展的全球性问题不能依靠某个国家的单边行动来解决,必须在全球层面上寻求解决方案。

全球卫生治理(global health governance)为当今世界解决国际和跨国卫生事件或传染病问题的有效途径和机制,通过具有约束力的国际规则制度,解决全球性突发卫生公共事件或传染病防控等问题,以维持正常的国际政治经济秩序。在不同时期,全球控制传染性疾病的政策或国际行动表现不同的形式,如"同一健康(One Heath)"策略、全球疫情预警和反应网络、全球抗击耐药病原体合作行动、全球抗击艾滋病、结核病和疟疾基金项目等。

一、"同一健康"与相应政策、行动

"同一健康"(One Heath)概念是近年来在全球卫生治理大背景下发展起来的多学科、多部门合作战略与工作机制。长期以来,人类医学和动物医学一直是两个独立的实践领域。进入21世纪,新发人畜共患病、食品安全、细菌耐药性等公共卫生问题使人类健康面临着严峻挑战。2008年,联合国粮农组织、世界动物卫生组织和世界卫生组织与联合国儿童基金会、世界银行等联合提出了"同一世界、同一健康"(One world-One health)的战略合作框架,旨在"人-畜-环境"等多界面应对流感等新发和再发人畜传染病的流行风险。"同一健康"是旨在改善人类、动物和环境健康的一个跨学科协作和交流的全球拓展战略,通过促进公共卫生、临床医学、动物医学和环境卫生研究者之间的交流与合作,更好地应对和解决新发传染病及环境变化等重要问题,最终实现人、动物和环境和谐相处,共同健康的目的。

2010年,联合国和世界银行建议将"同一健康"作为国家和地区组织机构应急准备和能力建设的一项重要工作机制,以应对禽流感等瘟疫的大流行。2011年,第一届同一健康国际大会在澳大利亚墨尔本举行,深入理解"人-畜-环境"健康相互依存关系,讨论"同一健康"工作机制的益处。同年联合国粮农组织、世界动物卫生组织和世界卫生组织在墨西哥城发布三方合作概念书,决定以狂犬病、流感和抗生素耐药三大卫生问题为核心,在全球展开"同一健康"行动。

二、全球新发传染病合作网络机制

世界卫生组织于2000年创建和领导全球疫情预警和反应网络(Global Outbreak Alert and Response Network,GOARN),其目标是抵御疫情的国际传播,确保适宜技术援助迅速到达受影响的国家,支持长期的应急准备和能力建设。该机制是将现有机构和网络联系到一起的技术合作机制,提供了具有技术专长和技能的机构联系框架,以便集中人力和技术资源,快速鉴别、确认和应对国际上重要的疾病暴发,使国际社会始终警惕疾病暴发的威胁并准备做出反应。世界卫生组织使用该网络资源,协调国际疾病暴发应对工作,并为该网络提供秘书处服务。此外,还为网络的结构、业务和通信制定了规则,以改进网络伙伴间的协调。

全球疫情预警和反应网络汇集了来自联合国成员国科技机构、医学和监测行动、区域技术网络、实验室网络,联合国组织(例如,联合国儿童基金会、联合国难民事务高级专员办事处)、红十字会(红十字国际委员会、红十字会与红新月会国际联合会和国家协会),以及国际人道主义非政府组织(例如,无国界医生组织、国际援救委员会等)的技术和业务资源。该网络向有能力对国际疫情警报和反应做出贡献的技术机构、网络和组织开放。全球已有150多个机构加入该网络。目前,中国疾病预防控制中心和广东省疾病预防控制中心参与了该网络。

自2000年成立以来,在世界卫生组织制定的国际疫情预警和反应指导原则指导下,该网络对100多起全球范围内的疫情做出了响应,派出550多人次的专家协助65个国家进行了实地调查。这些疫情包括禽流感、病毒出血热、脑膜炎球菌病、SRAS、黄热病、自然灾害、鼠疫、霍乱、登革热、麻疹、癌症等。

三、全球抗击耐药病原体合作行动机制

医学上,把能够控制细菌和病毒等微生物感染的药物,统称为抗生素(或抗菌素)。抗生素耐药性指微生物对原本有效的抗生素产生耐药性,当微生物发生突变或获得耐药基因时,就产生了耐药性。药物使用不当很容易造成抗生素耐药性。2014年世界卫生组织发布的《抗生素耐药:全球监测报告》首次全面审视了全球的抗生素耐药情况,该报告公布了全球114个国家抗菌药物耐药和抗生素耐药的监测报告数据,还涉及其他感染的耐药信息,包括艾滋病、疟疾、结核病和流感。该报告强调抗生素耐药是一个全球性的挑战,而不是一个区域性现象;不仅发生在贫穷国家或发展中国家,而是发生在全球所有的国家。

出现耐药性是每种药物迟早发生的自然生物过程,人类一些做法、行为和政策失误大大加速了这一自然过程,导致全球目前部分药物出现耐药性危机。国际社会若不紧急采取纠正和预防行动,世界将进入"后抗生素时代",许多常见感染将不再有药可医,死亡人数将再次增加。

为应对这一挑战,世界卫生组织在2001年发布了《遏制抗微生物药物耐药性的全球战略》,提出了一个延缓耐药菌的出现和减少耐药菌扩散的综合干预框架,主要措施包括:①控制传染病流行,减少其疾病负担;②完善获取合格抗菌药物的途径;③改善抗菌药物的使用;④加强卫生系统及其监测能力;⑤加强规章制度和立法;⑥鼓励开发合适的新药和疫苗。应该全球一盘棋,共同行动,大力提倡合理用药,及时监测和分析耐药菌及其耐药谱,改善卫生条件预防传染病发生,广泛宣传有关耐药性知识,做到预防在先。该战略强调以人为本,参与对象包括病人、医师、药剂师、兽医、消费者,以及医院、公共卫生、农业、专业社团和制药产业等决策者,在个体、社区、国家和国际等多个层面上要求各方联合采取遏制耐药性的干预行动(表4-7)。

表 4-7 遏制抗微生物药物耐药性利益相关者的责任与行动

参与者	职责与行动
病人	1. 只有当医生开出处方时才使用抗生素； 2. 即使感觉有所好转，也要服完处方的所有药物； 3. 决不与其他人分享抗生素或使用以前剩下的处方药
医生和药剂师	1. 加强预防和控制感染； 2. 只有当确实需要时才开出处方和发放抗生素； 3. 处方和分发的抗生素必须适用于治疗的疾病
决策者	1. 加强对耐药性的跟踪和实验室能力； 2. 管制和促进药物的适当使用
决策者和制药业	1. 推动创新以及新工具的研究和开发； 2. 促进所有利益有关方之间的合作和信息共享

四、全球抗击艾滋病、结核和疟疾基金项目

为抗击艾滋病、结核病和疟疾三种给人类带来严重灾难的疾病，在联合国前任秘书长科菲·安南（Kofi Annan）的倡导下，全球抗击艾滋病、结核和疟疾基金（以下简称"全球基金"）于 2002 年创立，旨在通过筹集和合理配置资源，从资金、技术和地域覆盖等方面加强受援国家抗击三大灾难性疾病的能力。

全球基金是由各国政府、企业、财团、私人等捐款形成的筹资机制，依靠各国国家协调委员会（Country Coordination Mechanism，CCM）的伙伴机构组织实施项目。作为一个具有筹资职能的非营利性、非政府组织，全球基金积极推动政府、民间社会、个人和感染社区之间的合作，代表了国际卫生融资的新途径。国家自主权和基于效果的资金支持是这一创新合作的必备条件，即各国根据实际需求的迫切程度申请和实施项目，全球基金对取得可验证效果的地区提供资金援助。所有全球基金赠款都有一个透明的绩效框架，而且作为每次定期拨款申请的一部分，需要根据这个框架来报告它们的服务交付成果。每笔赠款每隔三年还都要就绩效和影响力接受全面审查。到 2011 年年底，全球基金赠款中的 628 笔已经完成了这一全面审查流程。

十余年前，全球每年约有 600 万人死于艾滋病、结核病和疟疾，人们难以获得关键性干预措施，病例数有增无减。如今，中低收入国家的公共部门和以社区为主导的卫生项目已经对这三种疾病发起了史无前例的抗击。全球基金已成为抗击艾滋病、结核病和疟疾全球行动的主要国际资金来源，提供 21% 艾滋病项目、82% 结核病项目和 50% 疟疾项目的国际资金。2002~2011 年间，全球基金在 151 个国家和地区实施了 1000 多个项目，批准项目资金 229 亿美元，其中艾滋病 124 亿美元、结核病 38 亿美元、疟疾 65 亿美元；已拨付资金达到 157 亿美元，其中撒哈拉以南非洲 55%、亚洲 23%、拉丁美洲和加勒比海地区 8%、东欧和中亚地区 6%、中东和北非地区 6%。2002~2012 年，至少挽救了 870 万条生命，2006~2010 年间平均每月挽救生命数更是超过 10 万人。仅 2012 年就为 360 万人提供了艾滋病治疗、为 930 万人提供了结核病治疗、分发了 2.7 亿顶防虫蚊帐，分别较 2010 年底提高了 20%、21% 和 73%。

全球基金已制定了 2012~2016 年战略，其目标是以更富有战略意义的方式投入资金，增强影响力，从而最大限度地获得成效。全球基金与合作伙伴携手合作，正在实施一种全新的资金援助模式，将通过增强与申请者及捐助者的对话，促成更富有战略意义的投资决策，以及提供更加灵活和更可预测的资金援助。这将有助于确保在合适的国家为合适的干预和合适的人群提供资金援助。

五、中国在全球传染病防治中的角色与作用

当今世界，和平发展与国际合作是国际关系的主旋律。与政治、经济和军事方面的合作相比，传染病预防控制的国际合作具有特殊性。一方面，每个国家都会受惠于其他国家成功的传染病控制经验，反之也会受到其他国家传染病失控的威胁。如中国消除淋巴丝虫病为推动淋巴丝虫病消除全球规划做出

了示范作用(案例4-3)。另一方面,对于发达国家而言,与发展中国家开展国际合作,能使疾病防线前移、有利于维护本国居民的健康,开展卫生外交、彰显援助国的软实力。

案例 4-3

中国消除淋巴丝虫病在全球的典范作用

我国曾是全球淋巴丝虫病流行最严重的国家之一,遍及我国中部和南部的16个省(区市)的864个县、市。共有淋巴丝虫感染者3099.4万,其中2559.4万为有传染作用的微丝蚴血症者,540万有淋巴系统急性炎症等临床表现,受威胁人口3.3亿。

历经半个多世纪的努力,我国消除淋巴丝虫病于2007年获得世界卫生组织的认证,成为全球第一个消除淋巴丝虫病的发展中国家。我国消除淋巴丝虫病的成就和经验,受到国际上的高度评价和重视,对于全球贯彻实施的第50届世界卫生大会通过的"消除作为一个公共卫生问题的淋巴丝虫病的决议",具有现实指导意义和典范作用。特别是我国实施的阻断淋巴丝虫病传播的策略和技术措施已被世界卫生组织认同,并向其他发展中国家推介。

作为新兴经济大国,国际社会要求中国在各领域内承担更大国际责任的呼声日益高涨,特别是在当前发达国家经济低迷,难以提供全球治理公共产品的背景下。然而,中国依然是人均国内生产总值排名落后的发展中国家,在全球卫生治理中处于"治理者"和"治理对象"、"贡献者"和"接受者"的双重地位。作为"接受者",在遵守国际规范或接受国际组织提供的援助方面,中国已从"门外汉"变成了"优等生",尤其是2003年以后世界卫生组织见证了一个更加透明、更具合作性的中国。作为全球卫生治理"贡献者",中国比较侧重于通过传统的双边形式开展国际合作,如2006年与2009年两届中非合作论坛上中国政府作出的援助承诺,包括援建60所医院、30所疟疾控制中心、价值8亿元人民币的抗疟药物等,都是以这种形式提供的。双边合作方式最突出的一个优点就是卫生合作对政治关系的促进作用立竿见影。作为负责任的大国,中国应是全球卫生治理的积极参与者。通过世界卫生组织参与全球公共事务,是可行且能够大有作为的途径之一。

一些专家建议,中国应注意加强3个方面的全球健康影响力,即中国治理经验的国际影响力、中国对全球卫生治理议程的影响力以及中国对世界卫生组织本身的影响力。在加大对国际组织"智力输入与人才储备"力度的同时,积极地把握国际规则制定的新动向、新趋势,加强多边外交。2014年中国援助非洲抗击埃博拉疫情,采取了双边和多边援助结合的方式,不但直接对塞拉利昂等疫区国提供紧急现汇、粮食和物资援助,派遣检测、医疗和公共卫生人员,还通过向联合国、世界卫生组织和非盟等提供现汇援助、派遣专家等方式,携手国际社会共同应对埃博拉病毒病疫情。

(一) 中非合作

中国对非洲的医疗援助始于20世纪60年代首次向阿尔及利亚派驻医疗队。据2010年《中国与非洲的经贸合作》白皮书统计,截至2009年底,中国在非洲援建了54所医院,设立了30个疟疾防治中心,向35个非洲国家提供了价值约2亿元人民币的抗疟药品。自1963年起,中国持续向非洲派遣医疗队,共向46个非洲国家派出1.8万人次援外医疗队员,累计治疗患者2亿多人次,并为非洲培训了数万名医疗技术人员。2000年以来,在中非合作论坛框架下中国政府进一步加大了对非洲医疗领域的援助力度,在援建30所医院、30个疟疾防治中心的同时,培养和培训了大量医护人员。2013年8月,中国和48个非洲国家的卫生部长,以及非盟、世界卫生组织、联合国艾滋病规划署、联合国人口基金、联合国儿童基金会、世界银行、全球抗击艾滋病、结核病和疟疾基金、全球疫苗免疫联盟的近400名代表,在北京召开了以"新形势下中非卫生合作的重点领域"为主题的首届中非部长级卫生合作发展会议,并通过了《北京宣言》,决定采取一系列措施推动中非传染病防控等卫生领域合作,深化共同发展。《北京宣言》提出,共同开发卫生人力资源、推动中非职业技术培训合作;推动建立中非医疗卫生联合研究实验室;支持非洲国家卫生政策和项目;支持传染病和非传染病防控合作、支持免疫体系建设;开展血吸虫、疟疾、艾滋病领域的公共卫生合作项目;捐赠全科模块化箱房诊所;支持中非医药企业合作、鼓励技术转让;加强全球卫生事务中的协调和合作。中国随时准备着分享中非在卫生发展中取得的经验,并与非洲伙伴一起努力,确保中非合作战略与当地优先事项和最紧迫的卫生发展需求相匹配。

📚 知识拓展4-4

中非合作论坛

根据部分非洲国家的建议,中国政府于2000年10月提出召开"中非合作论坛—北京2000年部长级会议"的倡议。这一倡议得到非洲国家的热烈响应和广泛支持。

中非合作论坛是中国和非洲国家在南南合作范畴内的集体对话机制。2000年10月在北京举办的第一次部长级会议、2003年埃塞俄比亚的亚的斯亚贝巴第二次会议、2006年举世瞩目的北京峰会暨第三次会议、2009年埃及沙姆沙伊赫的第四次会议,以及2012年北京第五次部长级会议。每隔三年举办一届的论坛会议已成为中非合作与发展的一个重要舞台和强有力的推手,使得中非关系在十年里取得了快速和全方位的发展。

如今,自2009年起,中国已超越美国连续5年成为非洲第一大贸易伙伴国。2013年中非贸易额达2100多亿美元,是1960年贸易额的2000多倍。非洲是中国第三大海外投资市场和第二大海外工程承包市场。截至2013年底,中国在非洲直接投资的存量已达到250亿美元,在非投资的中国企业超过了2500家。中非之间人员的往来愈发频繁。截至2013年底,中国共为非洲国家培训5.4万名各类人员,派遣技术人员、青年志愿者、农业专家36万多人次。中非合作在31个非洲国家设立了37所孔子学院和10间孔子课堂。目前,中国在非洲42国还派驻有43支援外医疗队,队员近千名。

(二) 中亚合作

与欧美发达地区相比,亚洲人口密度大、卫生状况差、饮食习惯多元,极易导致人畜共患传染病的发生和流行,双边或多边联合应对跨境传染病已成为亚太区域经贸合作的一项重要内容。

在区域经济合作的框架下,2005年以来边境地区的传染病防控是大湄公河次区域(GMS)卫生领域合作的重点。中国于2005年至2007年相继实施了中缅、中老、中越边境地区艾滋病防控合作试点项目、中缅边境部分地区疟疾联防联控试点项目、中越边境地区流动人口结核病控制合作项目等。特别是在艾滋病防控合作方面,实现了所有与中国接壤的区域国家边境重点地区的跨境防控合作。中国在既有合作框架下,促成与该区域国家间更加稳定、可持续的长效卫生合作机制。2005年,在中国的倡议下,大湄公河次区域经济合作第二次领导人会议签署了《关于大湄公河次区域跨境动物疫病防控合作的谅解备忘录》。为此,2012年中国政府正式启动实施了老挝、缅甸跨境动物疫病防控监测站建设项目,与周边国家的接壤地区建立了常规传染病防控及疫情交换、人才培养方面的合作机制,提升了边境地区卫生人员能力,为遏制传染病跨境传播发挥了重要作用。中国政府不断加大对地区跨境传染病联防联控项目的资金投入,努力将项目扩大到更多地区,从而促进边境地区的安全稳定和繁荣发展。

为推动亚太经合组织(APEC)成员在新发传染病防控方面的合作,2006年4月APEC成员经济体的新发传染病高级主管官员和技术专家,以及世界卫生组织、联合国艾滋病规划署、国际劳工组织(ILO)、亚洲开发银行(ADB)等有关国际组织的专家在北京召开了"APEC新发传染病研讨会",主要讨论地区面临的新发传染病挑战、新发传染病对经济社会影响、新发传染病防控战略、禽流感和流感大流行准备、艾滋病防控等议题。

除了结合区域经贸合作开展跨境传染病防治研究外,中国科学家与各相关方通过各种专业技术网络与亚洲乃至全球的同行开展交流与合作。2005年,中国疾病预防控制中心参加了由加拿大国际发展研究中心资助成立的亚洲新发突发传染病研究合作组织(原名亚洲禽流感研究合作组织),以及合作防治寄生虫病的亚洲血吸虫病与其他人畜共患病地区网络(RNAS+)等等。这些网络及相应的行动将在"一带一路"外交战略实施中,发挥更大的作用。

(周晓农 贾铁武 李新昕 田利光 张少森 张顺先 吕山 王晓春 王黎霞 汪宁)

👁 思考题

1. 全球传染病疾病负担的发展趋势与影响因素是什么？
2. 抗击艾滋病、结核和疟疾的全球性控制行动意义何在？
3. 从全球健康视角简述中国积极参与抗击西非埃博拉病毒病国际行动的作用。
4. 为什么说全球卫生治理是解决跨国传染病问题的有效途径和机制？
5. 2013 年签署的《北京宣言》的作用与意义是什么？

第五章　非传染性疾病与全球健康

🌐 **学习目标**

掌握　全球非传染性疾病的主要特点、流行现况及其影响。

熟悉　全球非传染性疾病的主要危险因素。

了解　全球、地区和重点国家应对非传染性疾病的策略及措施。

慢性非传染性疾病(chronic non-communicable diseases, NCDs)，以下简称"非传染性疾病"，是全球面临的最主要健康挑战之一。目前尚未形成统一的非传染性疾病的概念和定义，世界卫生组织关注的非传染性疾病主要是心脑血管疾病、肿瘤、慢性阻塞性肺疾病和糖尿病。这类疾病的成因复杂，主要危险因素包括烟草使用、不健康饮食、运动不足和有害使用酒精等。由于精神疾病、伤害的防控与其他非传染性疾病有所不同，本章未过多地涉及。

本章首先介绍非传染性疾病的全球疾病负担现况、历史演变及未来发展趋势，然后阐述引起非传染性疾病的主要危险因素，最后探讨该类疾病的防控策略，并介绍已在全球、地区及国家层面采取的策略措施。

第一节　非传染性疾病负担的现状与趋势

一、非传染性疾病的全球疾病负担现状

据世界卫生组织估计，2012年全球共3800万人因非传染性疾病死亡，占总死亡人数的68%。心脑血管疾病是导致死亡的最主要非传染性疾病，共导致1750万例死亡；其次依次为肿瘤、慢性阻塞性肺疾病和糖尿病，这4种疾病解释了82%的非传染性疾病死亡数(图5-1)。中国统计数据显示，2013年非传染性疾病导致的死亡占全部死亡数的比例已经达80%以上。2010年，全球因伤害所致的死亡数达507万。抑郁是最常见的精神疾患之一，由之带来的伤残调整寿命年在所有疾病中，排到第4位；而在年轻人(年龄在15~29岁)中，自杀是第二大死亡原因，其中75%发生在中低收入国家。

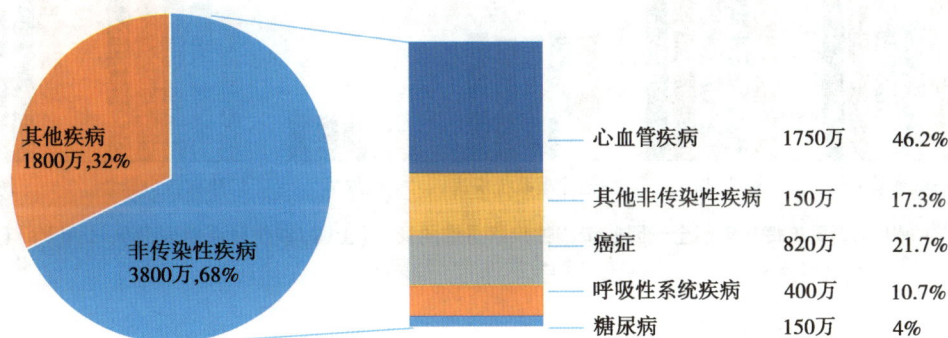

图5-1　2012年全球疾病死亡构成及非传染性疾病的种类构成

从年龄角度来看，非传染性疾病的患病率和死亡率随年龄的增长呈现上升的趋势，主要威胁60岁

以上的老年人群。但中低收入国家的非传染性疾病死者较为年轻,其中 29% 的非传染性疾病死者在 60 岁以下,而高收入国家此年龄段的死亡数所占比例则为 13%。从性别角度来看,男性在各年龄阶段的死亡率都高于女性。

从区域角度来看,将近 80% 的非传染性疾病死亡发生在中低收入国家。这一数字改变了人们之前对该区域疾病负担的认知。长期以来,人们认为这些国家的疾病负担主要来自于传染性疾病及孕期、围产期导致的死亡。发病率和死亡率数据表明,在中低收入国家非传染性疾病的影响巨大并且影响力正在不断增加。在高收入国家,非传染性疾病导致的死亡数占总死亡人数的比例要高于中低收入国家,原因是在高收入国家,因传染性疾病、孕期及围产期导致的死亡所占比例较小。但是,在绝对数字上,中低收入国家的死亡要高于高收入国家。超过 80% 的心脑血管疾病和糖尿病患者以及几乎 90% 的慢性阻塞性肺疾病的死者发生在中低收入国家,超过三分之二的癌症死者来自中低收入国家。

二、非传染性疾病负担的历史演变

在过去几十年里,人口老龄化、快速城市化以及不健康生活方式的全球化等原因使得非传染性疾病的挑战越来越严峻。近 30 年来,因非传染性疾病导致的死亡人数从 1990 年的 2656 万上升到 2010 年的 3454 万,增幅达 30%。从 DALYs 方面来看,心脑血管疾病、肿瘤、糖尿病及精神和行为异常丧失的 DALYs 分别增加了 22.6%、27.3%、69.0% 和 37.6%(图 5-2)。

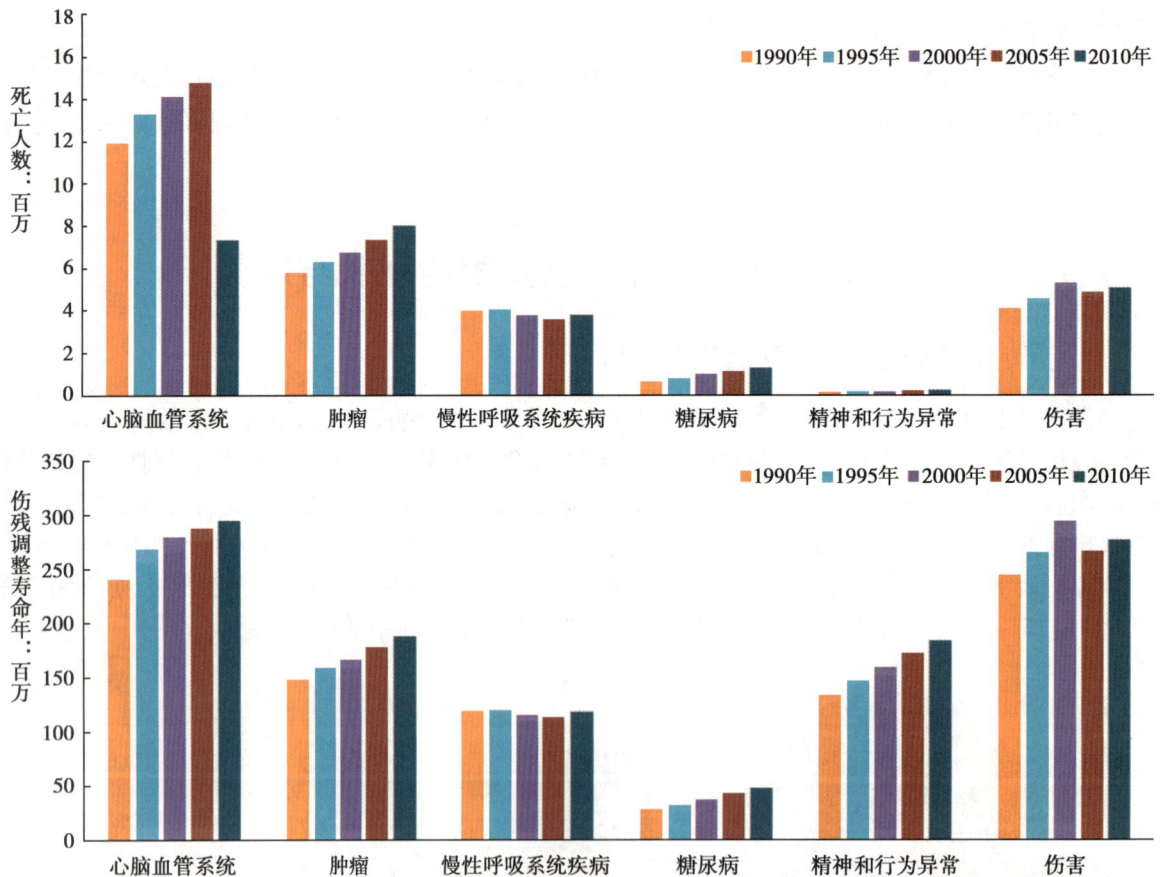

图 5-2　1990～2010 年每 5 年间全球因非传染性疾病导致的死亡(上图)和伤残调整寿命年(DALYs)(下图)的分病种变化趋势

三、非传染性疾病负担的发展趋势

目前,非传染性疾病负担已成为全球疾病负担的最主要组成部分。全球范围内,除了撒哈拉以南非洲地区,非传染性疾病负担已超过传染性疾病。在非洲,非传染性疾病的患病率也在快速增长,预计到

2030 年也将像其他地区一样,超过传染病、孕产妇疾病、围产期疾病等,成为最常见的致死原因。

预计未来几十年非传染性疾病的负担将持续增加。从绝对数量来看,其主要发生在中低收入国家。道路交通伤害死亡人数预计也将由 2002 年的 120 万增加至 2030 年的 210 万,主要是与中低收入国家由于经济的增长而增加的机动车导致的死亡事故有关。据世界银行预测(图 5-3),中国 40 岁以上人群患 5 种常见慢性病的人数将由 2010 年的 7956 万,增长至 2020 年的 1 亿 3670 万及 2030 年的 1 亿 8126 万,在未来短短 20 年将翻番甚至有可能增长 3 倍。届时,糖尿病将成为患病率最高的疾病,而肺癌的发病人数将增长 5 倍。

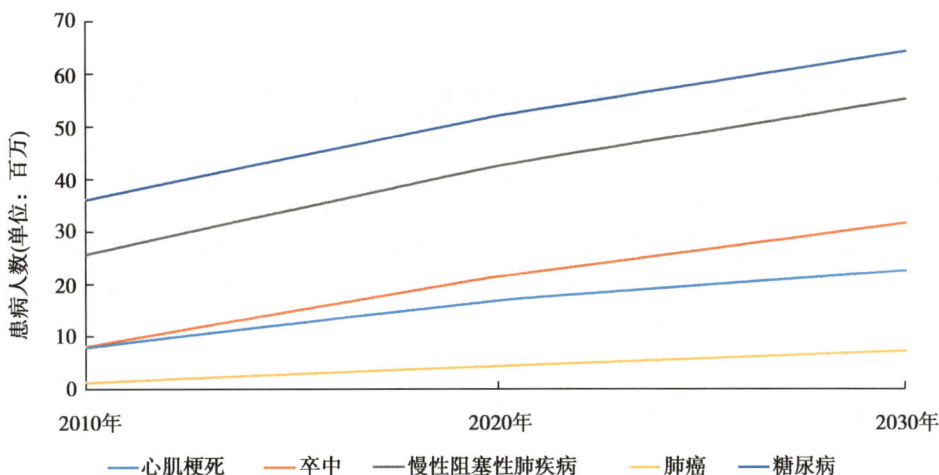

图 5-3　2010~2030 年中国 40 岁以上人群主要非传染性疾病患病人数的发展趋势预测
(改编自世界银行报告)

四、非传染性疾病的影响

非传染性疾病影响深远,不仅损害患者及其家庭成员的身心健康,增加直接和间接医疗成本和卫生保健系统的负担,而且降低劳动者生产力,最终影响人类经济和社会的可持续发展。

(一) 对患病个体、家庭的健康及经济的影响

非传染性疾病最直接的影响是对患病个体健康的影响。这些疾病需要长时间的治疗,而且经常会导致残疾,这些都会给家庭带来更为沉重的健康与经济负担。该类疾病对社会地位较低的人群影响巨大。非传染性疾病和贫困会形成恶性循环,贫困使人们暴露于非传染性疾病危险因素;反过来,疾病又会成为导致家庭走向贫困的重要驱动因素。在罹患非传染性疾病后,脆弱人群和社会弱势群体会比社会地位较高的人更加严重并且更快死亡。与一般人群相比,精神障碍患者陷于无家可归或被不当监禁的情况要常见得多,加剧了其边缘化和脆弱性。在较贫困国家,大部分医疗费用须由患者自掏腰包支付,因此非传染性疾病的医疗费用会对家庭预算带来巨大压力,尤其是低收入家庭。据《世界卫生报告 2010》显示,每年估计有 1 亿人口因不得不直接支付医疗服务费用而陷入贫困,在大多数中低收入国家患者自掏腰包支付的比例占总医疗花费的 50%。

(二) 对卫生保健系统的影响

非传染性疾病给卫生保健系统带来的负担很重,目前对该类疾病相关的卫生保健需求明显增加,并且预计日后还会加剧。这些影响包括住院时间延长、对更有效治疗措施的需求、对社区康复训练的需求等。目前的卫生保健系统大多数面临以医治急性疾病为主,专业医疗人员匮乏,医疗资源不足和分布不均,不能为人数众多的非传染性疾病患者提供持续有效的预防与治疗等困难,这些困难都亟待改革,同时需要大力加强以预防为主的公共卫生策略来应对。

(三) 对社会经济发展的影响

该类疾病对个体及家庭健康的影响及给卫生保健系统带来的负担,势必将由国家承担,进而可能影响国家的宏观经济。经济数据分析表明,非传染性疾病患病率每上升 10%,便会导致年均经济增长降

低 0.5%。从 2005 至 2015 年,中国和印度因心脏病、卒中及糖尿病带来的经济损失达 5580 亿美元和 2370 亿美元,分别占该国国内生产总值的 0.93% 和 1.5%。预计到 2025 年,中国的成人因超重和肥胖带来的直接和间接经济损失将超过国内生产总值的 9%。2009 年 7 月,达沃斯世界经济论坛《2009 年全球风险报告》显示,在影响全球经济的众多因素中,因慢性病造成的疾病风险和经济负担高达 1 万亿美元,超过其他绝大多数的风险,甚至高于全球金融危机所造成的影响。

非传染性疾病引起的社会经济冲击正在影响联合国千年发展目标和最新的可持续发展目标的进程,急需全球各国和各界力量协同努力,来应对非传染性疾病所带来的挑战,降低疾病的影响和促进全球人民健康。

第二节　非传染性疾病的主要危险因素

一、概述

非传染性疾病由个体(含生活方式、遗传因素等)、家庭、社会、环境以及政治等多种因素决定。宏观因素如工业化、城市化、信息化、全球化、人口老龄化、经济发展和环境改变等毋庸置疑对非传染性疾病的发生和发展有深远的影响。大量的研究证明许多非传染性疾病都可通过减少以下主要危险因素得到预防:可改变的行为危险因素,如不健康饮食、运动不足、烟草使用和饮酒等以及代谢性/生理性危险因素,如高血压、血脂异常、高血糖和超重与肥胖等,这些危险因素给全球带来沉重的疾病负担(图 5-4)。

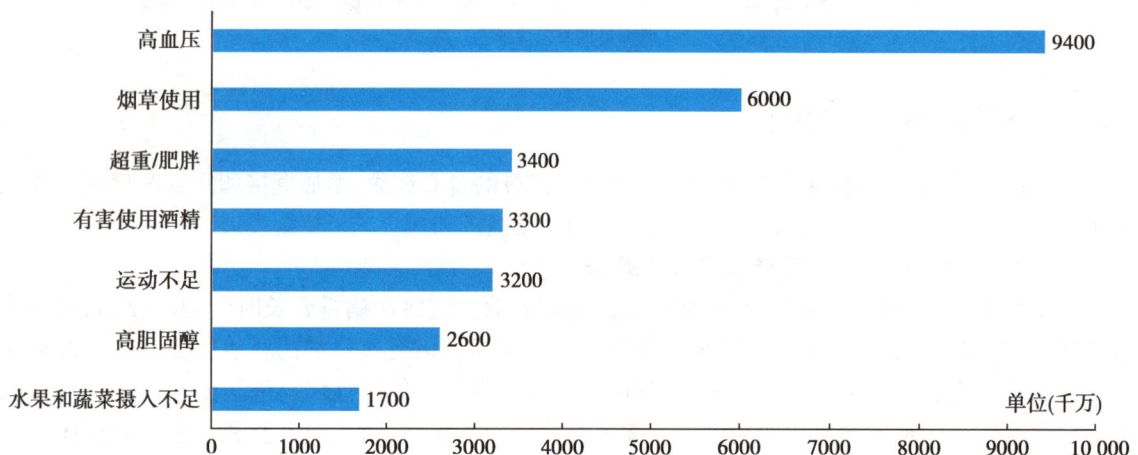

图 5-4　非传染性疾病的危险因素造成的死亡数

注:图中高血压、超重/肥胖和运动不足的数据来自于 2010 年,烟草使用的数据来自于 2011 年,有害使用酒精的数据来自于 2012 年,高胆固醇的数据来自于 2009 年,水果和蔬菜摄入不足的数据来自于 2003 年

二、可改变的行为危险因素

(一)烟草使用

烟草中的尼古丁极易使人上瘾。长期暴露于高浓度的尼古丁会使人体对其产生依赖,导致戒烟者出现不适症状。因此,烟草使用习惯一旦养成,很难戒除。烟草使用是肿瘤、心血管疾病以及呼吸系统疾病等非传染性疾病的重要危险因素。女性在妊娠期使用烟草会造成很多不良后果,包括流产、早产和婴儿低出生体重等,而这些状况能够增加成年期间肥胖和心血管疾病等非传染性疾病的发病风险。二手烟暴露也会对人体健康产生极大危害。研究表明,婴儿暴露于二手烟会增加婴儿猝死综合征的风险。二手烟对成人的危害主要表现为增加心血管疾病和肺炎、肺癌等呼吸道疾病的发病风险,同时增加总死亡率。

据估计,全世界每年约有 500 万人死于烟草使用,占全球 30 岁以上成年人死亡数的 12% ,即平均 6 秒钟就有一人因烟草使用死亡。此外,全世界每年有 60 万人死于二手烟。20 世纪全世界有 1 亿人死于烟草使用。世界卫生组织估计,如不采取有力行动,2030 年前全世界每年将有超过 800 万人死于烟草使用。

目前全世界 15 岁以上人口中,烟草使用人数的比例仍达 22% ,而其中 80% 以上在中低收入国家。世界范围内,男性烟草使用者多于女性烟草使用者,这种情况在低收入国家尤为显著。男性烟草使用比例从撒哈拉以南地区的 29% 到东亚和太平洋地区的 63% 不等,而女性烟草使用者则从东亚、太平洋地区、中东以及北美的 5% 到拉丁美洲和加勒比海地区的 24% 不等。案例 5-1 介绍了泰国自 20 世纪 70 年代以来开展的控烟运动及其取得的成果,值得全球其他国家,特别是中低收入国家学习和借鉴。

案例 5-1

泰国控烟行动

背景与问题

二战后泰国的吸烟率非常高,平均每人每年消费约 1000 支香烟。为了控制吸烟给泰国带来的疾病负担,从 20 世纪 70 年代始,在著名控烟倡导者 Prakit Vateesatokit 等人的倡导下,泰国进行了长期的控烟行动。

过程与行动

20 世纪 70 年代,泰国医学会通过印发健康警示、反对在电影院和公共汽车内吸烟、进行全国吸烟率调查等行动,开始了早期的控烟活动。

1986 年,泰国控烟运动项目在"民间医生基金会"的资助下成立。

1989 年及 1990 年泰国国家烟草控制委员会及卫生部控烟办公室相继成立。1990 年烟草广告在泰国受到全面禁止。

1992 年,顶着烟草行业的压力,国家立法议会正式通过了《控制烟草制品法》和《非吸烟者健康保护法》,非吸烟者的权利开始受到重视。1993 年,在控烟倡导者的成功游说下,政府开始将烟草的税收设立为专项基金用以支持卫生政策。同年,烟草税收由 55% 增至 60% 。

1997 年至 2004 年,香烟包装上健康危害标识面积由 25% 增至 50% ,见图 5-5。

2000 年,电视节目被禁止出现吸烟画面。2001 年,在多年的努力下,用酒精和烟草专门税支持的健康促进法案最终生效;该法案确定将 2% 的税收作为健康促进专项基金,成立健康促进基金会,以实施烟草控制和健康促进项目。2005 年,烟草控制研究和知识管理中心成立,为进一步的控烟行动提供证据支持。

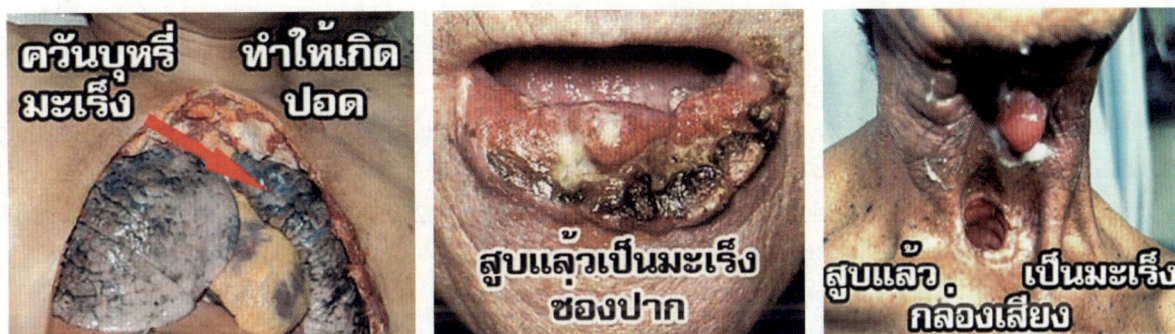

图 5-5　2007～2008 年泰国香烟盒包装上的健康警示图片及标语(来源:2008 年泰国烟草控制国家概况)
注:标语从左至右依次为:吸烟导致肺癌,口腔癌及喉癌

成果

通过政府和非政府组织的努力,泰国的控烟运动取得巨大成绩。调查结果显示,泰国的吸烟率持续下降:从 1991 年到 2007 年,成年人整体吸烟率由 32% 下降至 21% 。其中,男性吸烟率由 59% 下降至

42%，女性则由5%下降至2%。烟草税收由1993年的55%增至2007年的80%，烟草税收的增加能够保证健康促进项目的顺利实施。

经验及启示

通过泰国40多年的控烟运动，我们既可以从中总结成功经验，也可以从曲折的过程中得到启示：

- 与立法及监督部门密切配合，以取得相关控烟法律的颁布和实施，以及烟草税收的征收；
- 政府与非政府组织共同参与，并设立相应的专门工作机构；
- 充分理解控烟过程中各方参与者的利益及文化，综合多种措施抑制烟草消费行为（健康教育、香烟包装、无烟区域等）。

（二）不健康饮食

不健康饮食是心脑血管疾病、癌症、糖尿病等一系列非传染性疾病以及其他与肥胖相关健康问题的主要危险因素。健康饮食的具体建议包括：达到能量平衡和健康的体重；限制来自总脂肪的能量摄入并使脂肪摄入从饱和脂肪转向不饱和脂肪以及逐步消除反式脂肪酸；限制摄入游离糖；更多地食用水果、蔬菜、豆类、全谷食物和坚果；和限制钠的摄入等。

成年人将摄入的脂肪总量减至总能量的30%以下有助于防止体重不当增加。另外，将饱和脂肪摄入量减至总能量的10%以下，反式脂肪降至总能量的1%以下，并且用植物油中的不饱和脂肪代替这些脂肪，可以降低患非传染性疾病的风险。

成人和儿童游离糖摄入量不宜超过总能量的10%，如能将其降至总能量的5%以下，会有额外的健康益处。食用游离糖会加剧龋齿的风险，从含有大量游离糖的食物和饮料中摄取多余热量还会导致体重不当增加，可能会导致超重和肥胖。

水果和蔬菜是健康饮食的重要组成部分，其摄入量过少是十大死亡高危因素之一。据估计，2010年全球范围内有670万人因摄入水果和蔬菜不足而死亡。世界卫生组织/联合国粮食与农业组织建议每天至少摄入400g水果和蔬菜以预防心脏病、癌症、糖尿病和肥胖等慢性病。当前水果和蔬菜摄入量水平在世界各地差异很大，较不发达国家中少于100g/d，在西欧则约为450g/d。

高盐饮食是国际公认的高血压主要危险因素之一，62%的卒中和49%的冠心病由高血压发展而来。全球人均食盐摄入水平为9~12g/d。如果全球盐消费量降至每日低于5g的建议水平，每年可以避免250万例死亡。20世纪末，一些发达国家逐渐意识到高盐饮食对健康的不利影响，并逐渐在国家层面采取相应的减盐行动。其中，以英国的盐与健康共识行动组织（Consensus Action on Salt and Health，CASH），开展较早、影响较为广泛。详见案例5-2。

📡 案例5-2

英国减盐行动

目标与行动

1996年，22位食盐、血压、公共卫生方面的专家成立了CASH，该组织的行动目标为：改变政府政策，提高公众意识，影响食品产业。1999年，卫生部签署文件，英国政府开始参与减盐行动。同时CASH与新成立的英国食品标准局共同实施全英国的减盐策略与行动。2003年，英国开始正式实施对食品产业和公共卫生方面多领域、多层次的综合性减盐行动（图5-6）。

成果

英国的减盐行动是迄今为止所有国家级减盐行动中较为成功的案例。2011年，英国人均食盐摄入量由2000年的9.5g/d降低至8.1g/d。整个英国食品行业的食盐添加量减少了30%。在经济效益方面，平均每年500万减盐投入，估计可节约150亿医疗卫生支出。

以英国为范例，美国、澳大利亚、加拿大等国均已开展减盐行动。英国减盐行动也推动了国际性非政府组织——世界盐与健康运动（World Action on Salt and Health，WASH）的产生。该组织成立于2005年，致力于以CASH为模范在各个国家开展减盐运动，现有来自80个国家的375名成员，具有国际影

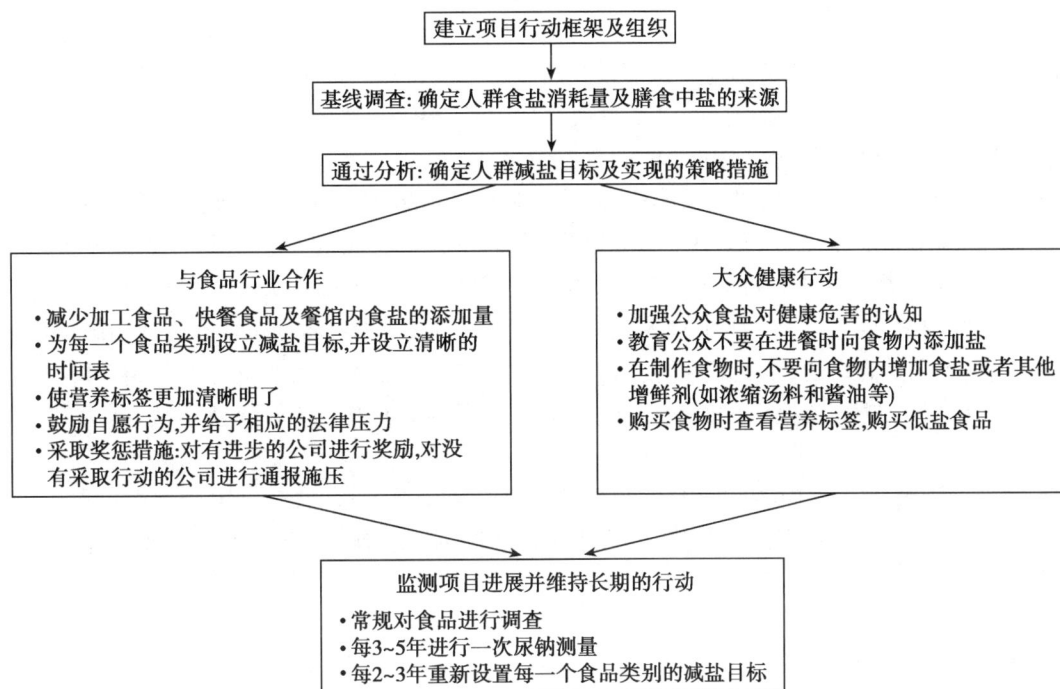

图 5-6　英国减盐行动框架

响力。

经验与启示

英国减盐行动的经验和启示主要包括：

- 建立明确、有步骤、带有自发性质的行动(减盐)目标；
- 多领域多层次的综合性干预(与食品行业合作,广泛而有力的媒体宣传等)；
- 建立完善、合理的监测评估系统。

（三）运动不足

运动是指由骨骼肌肉产生的需要消耗能量的任何身体动作。世界卫生组织建议,年龄在 18 岁及以上的人每周至少从事 150 分钟的中等强度有氧身体活动。研究表明,经常和适当的运动能改善肌肉和心肺功能;改善骨骼和功能性健康;降低高血压、冠心病、卒中、糖尿病、乳腺癌和结肠癌以及抑郁症等非传染性疾病的风险;降低跌倒以及髋部或脊椎骨折的风险;对能量平衡和体重的控制具有极其重要的作用。

运动不足是全球第三大死亡风险因素,造成约 6% 的死亡,仅次于高血压(13%)和烟草使用(9%),其风险水平与高血糖(6%)相同。每年约有 320 万人因运动不足而死亡,而其中 260 万人来自于低收入和中等收入国家。运动不足每年还造成超过 67 万例过早死亡(死亡年龄为 60 岁以下)。此外,运动不足是 21% ～25% 的乳腺癌和结肠癌,约 27% 的糖尿病,以及约 30% 的缺血性心脏病的主要病因。

运动不足在全世界范围内已成流行态势。2008 年,全世界约有 31% 的 15 岁以上青少年和成年人运动不足(男性 28% ,女性 34%)。在高收入国家,41% 的男性和 48% 的女性运动不足;而在低收入国家,18% 的男性和 21% 的女性运动不足。一般来说,国内生产总值较高或上升,运动水平往往较低或下降。运动下降的部分原因是空闲时身体活动不足,并在工作场所和家中久坐不动。此外,较多使用被动的交通方式也导致运动不足。

（四）有害使用酒精

有害使用酒精是指对饮酒者本人、饮酒者周围的人和整个社会造成损害健康和社会后果的饮酒行为,以及使有害健康后果风险增加的饮酒模式。酒精消费对疾病和伤害造成的影响主要取决于两个单独但彼此相关的因素:饮酒量和饮酒方式,与酒的种类(如白酒、米酒、啤酒、葡萄酒等)关系不大。过量饮酒(指饮用60g及以上纯酒精)是有害饮酒模式的一个主要特点。过量饮酒对人体造成伤害的机制主要有3种:①对器官和组织的毒性作用;②醉酒或酒精中毒,损害身体的协调能力以及人的意识、认知和感知,影响个体行为;③酒精依赖,影响个体的自控能力。

有害使用酒精可在社会中造成沉重的疾病、社会和经济负担,它是致病、致残、致死的主要危险因素之一。2012年,全世界约有330万人死于有害使用酒精,占死亡总数的5.9%,超过了艾滋病(2.8%)、结核(1.7%)以及暴力(0.9%)等因素的总和。有害使用酒精是全球第六大死亡危险因素,全球疾病负担的第三大风险因素,西太区和美洲的最大风险因素,欧洲的第二大风险因素。有害使用酒精可导致超过200种疾病,特别是高血压、心脏病、酒精依赖、肝硬化、肿瘤等非传染性疾病。此外,有害使用酒精还与若干传染病(如艾滋病、结核病和性传播疾病等)、无意和有意伤害(如交通事故、暴力和自杀等)有关。

能有效减少酒精相关危害的措施包括:对酒精收税以减少有害饮酒;允许更少的销售点出售酒精,从而降低可得性;提高对买酒者的年龄限制;采用有效的酒后驾驶制裁措施;以及开展教育宣传运动等措施。

三、代谢性/生理性危险因素

烟草使用、不健康饮食、运动不足和有害使用酒精等可改变的行为危险因素可导致人体代谢和生理方面的许多变化,增加非传染性疾病的风险。在这些变化里面,危害最大、研究最多的包括:高血压、血脂异常、高血糖以及超重/肥胖。

(一)高血压

血压水平和心脑血管疾病、肾病等非传染性疾病之间有密切的关系,血压越高,患病风险越大。据估计,舒张压每增加10mmHg或收缩压每增加20mmHg,心血管疾病的发病风险将会翻倍。在全球范围内,高血压分别导致了45%和51%的心脏病和卒中死亡。

2012年,全球约1/3的成年人患高血压,患者人数从1980年的6亿增加到2008年的10亿。此外,中低收入国家中未被诊断及治疗的高血压患者人数远超高收入国家。中国高血压的发病率呈上升趋势,据估计,2012年中国15岁以上人群中高血压患病率为24%,约2.66亿人。此外,一项对10 525名40岁以上非高血压成人平均8.2年的随访调查显示,28.9%的男性和26.9%的女性会发展为高血压,即高血压的年发病率约为3%。

血压随着年龄的增加而增加,但是生活方式因素也能引起高血压或加重高血压,这些因素包括超重或肥胖、钠摄入过多以及大量饮酒等。然而高血压也是可预防的,通过减少钠的摄入、增加运动、保持理想体重以及摄入更多水果和蔬菜等方式降低血压能改进健康状况。

(二)血脂异常

血脂是血浆中的胆固醇、甘油三酯和类脂等的总称。与临床密切相关的血脂主要是胆固醇和甘油三酯。血脂异常的直接诱因除了遗传等因素外,和高血压一样,也直接与生活方式如饮食不当尤其是饱和性脂肪酸摄入过多以及缺乏运动有关。

作为缺血性心脏病和卒中的危险因素,无论是在发达国家还是在发展中国家,胆固醇过高都是疾病负担的一个主要因素。全球范围内,1/3的缺血性心脏病与高胆固醇有关。据估计,高胆固醇每年导致约260万人死亡(占总数的4.5%)和约3000万DALYs损失(占总损失的2%)。据报道,在40岁以上成年男性中,胆固醇水平每降低10%,5年内心脏病的发病率会降低50%。在爱尔兰,全民平均胆固醇水平每降低4.6%,心脏病死亡率就降低30%;而芬兰国民胆固醇水平降低直接导致缺血性心脏病死亡率降低50%。

胆固醇过高患者比例与各地区收入水平正相关。2008 年,全世界 39% 的成年人(男性 37%,女性 40%)胆固醇过高。其中,高收入地区如欧洲胆固醇过高人数比例最高,达 54%;美洲地区其次,达 48%;而低收入地区如非洲和东南亚地区最低,分别为 22.6% 和 29.0%。从患者绝对数量来看,中低收入国家患者数远高于高收入国家。

(三) 高血糖

这里讨论的"高血糖"是指糖耐量受损(IGT)和空腹血糖受损(IFG),它是指人体血糖值介于正常与糖尿病血糖值之间过渡阶段的一种中间状态。IGT 和 IFG 是糖尿病的重要风险因子。据估计,约 70% 的 IGT 和 IFG 患者最终发展成为糖尿病患者。此外,IGT 和 IFG 也是心脑血管疾病的重要风险因子。对于 IGT 和 IFG 患者来说,通过减轻体重以及改变生活方式,疾病的发展可以得到避免或者延缓。

2007 年,全世界有超过 3 亿 IGT 患者,而其中 80% 生活在发展中国家。按照目前趋势,到 2025 年,IGT 患者人数将达到 4.18 亿,约占成人总数的 8%;而其中最大的增长将来自非洲、地中海东部以及中东地区。中国成人糖尿病的患病率增长迅速,从 1980 年的 1% 快速增长至 2007 年的 9.7%,此外还有 1.48 亿人,即 15.5% 的人处于糖尿病前期。

(四) 超重/肥胖

超重和肥胖的根本原因是热量摄入与消耗之间的不平衡,即能量摄入过多和缺乏运动所致,在很大程度上是可以预防和控制的。超重和肥胖是全球引起死亡的第六大危险因素。每年至少有 340 万成人死于超重或肥胖。另外,44% 的糖尿病负担、23% 的缺血性心脏病负担以及 7%~41% 的某些癌症负担可归因于超重和肥胖。儿童期肥胖会增加成年期肥胖、过早死亡和残疾出现的概率。此外,肥胖儿童还会导致呼吸困难、骨折风险升高、高血压、心脑血管疾病的早期征兆、胰岛素抵抗等。

超重和肥胖问题曾被视为仅限于高收入国家,但如今在低收入和中等收入国家,尤其是城市环境中,其发生率呈急剧上升的趋势。2008 年,全球 20 岁及以上的成人中有超过 14 亿人超重;其中 2 亿男性和超过 3 亿的女性为肥胖。超重和肥胖在儿童中也已成为流行病。2011 年,全世界约有 4000 多万 5 岁以下儿童超重,其中 3000 多万生活在中低收入国家。如果目前的态势得不到有效控制,据估计,2030 年全世界将有 21.6 亿人超重,11.2 亿人肥胖。

虽然超重或肥胖问题在发达国家更为普遍,但在中国由于人口基数大且该病发生率急剧增长,肥胖在中国已成为严重的公共卫生问题。2002 年的全国营养与健康状况调查显示,中国 14.7%(约 1.84 亿)的人口超重,2.6%(约 3100 万)肥胖;而世界卫生组织的数据显示,2010 年中国 15 岁以上人群中,约 38.5% 超重或者肥胖(45% 男性和 32% 女性),这意味着目前全球约五分之一的超重或肥胖人口来自中国。与此同时,超重或肥胖在中国 15 岁以下的青少年中也已处于暴发流行的边缘,发生率已从 1982 年的 15% 增长到 2004 年的 27%。据估计,中国 2003 年用于超重或肥胖的医疗费用达到了 27.4 亿美元,相当于中国 4 大慢性病防治费用的 25.5%,或者医疗总费用的 3.7%;如果目前的态势得不到有效控制,这一费用将很快达到 48 亿美元。可以说,肥胖已成为 21 世纪中国面临的最严峻的公共卫生挑战之一。

除了以上讲述的可改变危险因素及生理性/代谢性危险因素,紧张及心理健康状态也是许多非传染性疾病的重要危险因素,例如从事紧张工作的人群高血压及其他心脑血管疾病的发生率明显升高。更主要的是,长期的边缘化、贫穷、家庭暴力和虐待以及工作量大和压力等因素更会导致抑郁等精神和行为异常的发生。许多高危因素,例如社会经济地位低下、饮酒和压力,都是精神疾患和其他非传染性疾病共有的,而且两者经常互相影响;例如,有证据显示,抑郁症使人易患心肌梗死和糖尿病,而这两者也会提高发生抑郁症的可能性。

非传染性疾病具有多种因素共同致病(多因一果),一种危险因素引起多种疾病(一因多果),相互关联及一体多病等特点。比如烟草使用、不健康饮食、运动不足以及有害使用酒精和其他因素均能导致心血管疾病的发生;同时烟草使用也可导致心血管疾病、多种癌症以及慢性呼吸道疾病等诸多疾病的发生。因此,非传染性疾病预防与控制复杂而艰巨。这将在下一节中详细讨论。

第三节　非传染性疾病的特点及防控策略与行动

非传染性疾病特点鲜明,但预防与控制的策略复杂多样。这一节在阐明这类疾病的特点基础上,探讨主要的防控策略,并介绍全球性、区域性和国家级层面的现有策略与行动,并以案例的形式呈现典型的全球防控非传染性疾病或其危险因素的比较成功的例子。

一、非传染性疾病的特点和防控的主要策略

非传染性疾病的主要特点有:

- 一般不具备传染性;
- 不是由单一因素引起的,病因复杂,危险因素多样,受到环境、人口、社会经济、文化传统、社区、家庭和个体生活方式与遗传等多方面因素的影响;
- 潜伏期及病程较长,一旦发病,治愈率低或终生无法治愈;
- 常导致身体功能丧失或残疾;
- 在很大程度上是可以预防的;
- 需要长期乃至终身的预防、治疗和保健;
- 多种患病危险因素和不同的非传染性疾病往往在同一个个体身上同时出现。

因此,非传染性疾病是一组发病率、致残率和死亡率高,严重危害人类健康和耗费社会资源的疾病;同时非常重要的,也是可预防、可控制的疾病。如何降低非传染性疾病的负担,促进全球人民健康是摆在我们面前的挑战。预防与控制非传染性疾病主要涉及两大方面:一是如何管理已经患病的人;二是如何最大限度地预防没有患病的人得病。

(一) 治疗与管理非传染性疾病患者

对于非传染性疾病患者的治疗与管理主要依靠现有的医疗体系来开展,目前面临诸多问题与障碍。主要包括:①现有体系是在防治传染性疾病和急性疾病的基础上建立的,并不适应目前慢性非传染性疾病需要长期乃至终身保健管理的需求;②医疗资源匮乏且分布不均,尤其是初级和二级医疗机构和医务人员的技术水平较低,力量薄弱,依靠现有的专业医疗人员很难完成管理人数巨大的非传染性疾病患者的重任;③经济与财务方面的阻碍,如医疗保险缺失或覆盖不足,人员与设备配置和防控投入的资金不足等;④各级医疗机构缺乏联动机制,所提供的服务未能整合协同为患者服务;⑤以治疗为主,缺乏预防性的服务;⑥患病者本身对于疾病特点和如何控制与管理疾病的认识不足等。

有鉴于此,为患者提供有效的治疗、控制与管理策略与措施,需要对现行的医疗体系进行改革,这种改革,可以体现在如下几个"转变"。目前,这些方面的变革在许多国家只能说是刚刚起步,特别是在中低收入国家,开展非传染性疾病防控的挑战很大。

- 从重视传染性疾病向传染性与非传染性疾病并重的转变;
- 从单纯依靠专业医疗人员向加强对于社区卫生服务工作者、家庭成员和患者本身的健康教育与健康促进的转变;
- 从以医院、医生为中心的医疗模式向以患者为中心的医疗模式的转变;
- 从单纯依靠医疗向宣传、保健与医疗并重的转变;
- 从传统的付费模式(自费和各种保险)向政府、企业、社会、家庭和个人等多方以多种形式投入的转变。

(二) 预防非传染性疾病的两大策略

在不忽视对于已患病者的治疗与管理的同时,预防未患病者得病,保持健康是更长久和有效的策略。预防非传染性疾病又分为两大策略,即针对易感的、有明确危险因素的高危人群的策略,和针对全人群的预防与控制危险因素和促进健康的策略。通常认为两种策略都需要,不能只靠一条腿走路。近年来国际组织和专家共识提出了许多针对中低收入国家的具有较高成本效果比的防控措施,这些措施

既包括全人群策略又包括高危人群策略,表 5-1 是世界卫生组织所倡导的干预措施。

表 5-1　世界卫生组织提出的针对非传染性疾病成本-效益最佳干预措施

类型	干　预　措　施
针对风险因素的人群干预措施	吸烟:增加税率;设置无烟室内办公区和公共区域;提供健康信息和烟草警告信息;禁止烟草广告,加大禁烟广告宣传
	不当的酒精使用:增加酒精饮料的税率;全面限制或禁止酒类营销;限制零售酒精的可获得性(限制酒类零售)
	不健康的饮食和缺乏运动:通过大众宣传运动降低盐类摄入,降低食品的含盐量;用不饱和脂肪代替反式脂肪;提高公众对饮食和运动的认知
在基本医疗中针对个体的干预措施	癌症:通过接种乙肝疫苗预防肝癌;通过筛查预防宫颈癌;治疗癌前病变
	心血管疾病和糖尿病:对于有心脏病、卒中的患者或未来 10 年患心血管疾病风险高(>30%)的人采用多个药物的组合疗法;为急性心脏病患者提供药物阿司匹林

(三) 预防与控制非传染性疾病的宏观与微观两个层面

防控非传染性疾病必须预防与控制其主要危险因素,促进健康生活方式,如控烟限酒、合理饮食、适当运动及维持健康体重等,并且为高危人群提供定期的筛查、监测,以及适宜患者按时合理服用药物的技术方法。这些措施的有效性已经得到大量科学研究的证实,但如何才能在全球范围内持续有效地推广仍是有待解决的难题。我们既需要关注健康的社会经济与环境决定因素如贫困、教育和环境,又需要促进个体、家庭、学校、单位和社区健康生活方式的建立与维持。既不能把非传染性疾病的发生与蔓延只归因于个体的责任,又不能只注重宏观因素的调控,如增加烟草税收、改善环境污染等措施。在现有的社会经济和政治文化以及环境因素的制约下,如何发挥宏观和个体等各种措施的优势,以有限的资源与投入达到最大的收效,是值得政府部门和各界探索的主题。

世界卫生组织所倡导的健康促进需要个人与家庭、社区、政府一起采取措施,鼓励健康行为,发挥健康潜能,创造有利于健康的多维环境。知识拓展 5-1 介绍了 1986 年首届全球健康促进大会通过的著名的《渥太华宣言》,其明确指出了健康促进的五大主要活动领域。

📚 知识拓展 5-1

《渥太华宣言》中健康促进的五大主要活动领域

1. 制定促进健康的公共政策　健康促进的政策由多样而互补的各方面综合而成,包括立法、财政措施、税收和组织改变等。这种联合行动的目的是保证更安全健康的商品供应、更健康的公共服务、更清洁愉悦的生活环境。

2. 创造支持性环境　健康促进在于创造一种安全、舒适、满意、愉悦的生活和工作条件。创造支持性环境需强调:社会环境与自然环境彼此保护,而保护世界自然资源更是全球的责任。

3. 加强社区行动　健康促进工作是通过具体和有效的社区行动,包括确立优先问题、作出决策、设计策略及其执行,以达到更健康的目标。

4. 发展个人技能　健康促进通过提供健康信息,教育人们如何有效地维护自身健康、创造健康环境并做出有利于健康的选择,以支持个人和社会的发展。

5. 调整卫生服务方向　健康促进在卫生服务中的责任是要求个人、社区组织、卫生专业人员、卫生服务机构和政府共同承担。

(四) 全社会和全政府的防控原则

非传染性疾病的防控需要全政府各部门和全社会各界的协同配合,共同努力,才能够卓有成效。政府需要发挥主导作用。除了卫生和财政部门,还需要规划与立法、外交、教育、农业、交通、工业信息等其他许多相关部门的认同与投入。同时需要社会各界包括公共卫生与医疗界、学术界、工业与企业界、媒体、非政府组织和大众等的协同作用。这里简要介绍了某全球食品零售公司近年来参与非传染性疾病防治的案例(详见知识拓展 5-2)。

📖 知识拓展 5-2

食品公司参与非传染性疾病防治

2010 年 3 月,某食品零售公司对外公布了 11 项全球目标和承诺,该举措的目的在于通过改变产品配方、市场策略及信息传递,从而鼓励消费者获取更多健康信息及健康食物。这些举措和承诺的制定参考了世界卫生组织、联合国粮农组织、美国医学研究所等组织的技术报告。比如,在这 11 项目标和承诺中包括:至 2015 年在该公司提供的全球核心品牌食物中将钠降低 25%,饱和脂肪降低 15%,将核心品牌饮料中的糖分降低 25%。这些企业及私有组织的参与积极地推动了非传染性疾病的防控,未来还需要更多的从农业到零售商、从公共到私有组织的多方力量共同参与到非传染性疾病的防控之中。

(五) 非专业人员和创新在非传染性疾病防控方面的作用

由于非传染性疾病的特点,在其预防与控制中,如何发挥个人、家庭、同伴和社区非专业卫生服务人员等的作用非常重要。近年来,遵循转移和分担数量有限的专业人员任务的原则,各地尤其是中低收入国家开展了一些培训志愿的或有偿的社区非专业卫生服务人员的项目,以提高他们防控非传染病性疾病的能力,在社区开展健康促进和管理高危患者的工作。患者的自我管理及同伴教育与支持,也是值得提倡的一些策略。随着科技的发展,技术创新正在改变着疾病防控形势。移动技术在许多不发达国家得到广泛使用,为利用电子健康技术来防控非传染性疾病提供了特殊机遇(详见第八章)。这些都是采用创新的方法来应对健康挑战的例子,我们也相信今后会有更多的创新策略涌现。

二、联合国和世界卫生组织的非传染性疾病防控策略

(一) 联合国预防和控制非传染性疾病高级别会议

为应对非传染性疾病日益严峻的防控形势,联合国于 2011 年 9 月召开了联合国大会预防和控制非传染性疾病高级别会议。2011 年的会议讨论了非传染性疾病预防和控制问题,及由此带来的在发展和其他方面的挑战以及社会经济的影响,特别是对发展中国家的影响。高级别会议及会议宣言在至少三方面为国际社会采取防控行动提出了指导意见和具体要求:①承认非传染性疾病给全球带来的负担和威胁是 21 世纪发展的主要挑战之一;②确认各国政府在应对非传染性疾病挑战方面起着首要作用,指出应当加强政府的应对能力;并强调"全社会-全政府"应对非传染性疾病的理念;③确认预防工作是全球防控非传染性疾病对策的基石,呼吁会员国和其他利益攸关方在地方、国家、区域和全球各级统一行动,协调一致,在发展合作中更优先重视非传染性疾病,充分应对非传染性疾病带来的发展挑战和其他挑战。

这是联合国有史以来第二次针对健康问题的高级别会议,第一次是 2000 年召开的艾滋病高级别会议。与艾滋病会议所取得的卓越成效相比,目前有一些专家学者认为此次高级别大会并没有取得预想的成果。今后如何调动各国各方政治、经济与社会力量,把非传染性疾病的防控举措落到实处,是仍待解决的难题。

(二) 世界卫生组织防控非传染性疾病全球战略

世界卫生组织于 2000 年通过了《预防和控制非传染性疾病全球战略》,旨在应对非传染性疾病对全球特别是中低收入国家造成的日益沉重的负担。该战略提出了减少过早死亡和改善生活质量的目标,提出了为实现该战略而应当采取的三项行动目标,即阐述非传染性疾病流行状况和原因;通过健康促进和初级预防措施减少主要风险因素;加强对患病人群的卫生保健服务。为了支持全球战略的落实,世界卫生组织在随后十多年间制定了若干指导性文件。

2008 年 5 月,世界卫生组织通过了《2008~2013 年预防和控制非传染性疾病全球战略行动计划》。

该行动计划于 2013 年到期,为了继续推动非传染性疾病不再成为人类福祉和社会经济发展的障碍,世界卫生大会于 2013 年通过了《2013~2020 年预防控制非传染性疾病全球行动计划草案》。该行动计划的重点是心血管疾病、癌症、慢性呼吸系统疾病和糖尿病 4 类发病率和死亡率最高的非传染性疾病,设定了这 4 类疾病过早死亡风险降低 25% 等九大自愿性全球目标,详见知识拓展 5-3。

📚 知识拓展 5-3

2025 年全球非传染性疾病九大自愿性全球目标

目标 1　心血管疾病、癌症、糖尿病或慢性呼吸系统疾病所致过早死亡率相对降低 25%。

目标 2　根据本国国情,有害使用酒精现象相对减少至少 10%。

目标 3　身体活动不足流行率相对减少 10%。

目标 4　人群平均食盐摄入量/钠摄入量相对减少 30%。

目标 5　15 岁以上人群目前烟草使用流行率相对减少 30%。

目标 6　根据本国情况,血压升高患病率相对减少 25%,或遏制血压升高患病率。

目标 7　遏制糖尿病和肥胖的上升趋势。

目标 8　至少 50% 的符合条件者接受预防心脏病发作和脑卒中的药物治疗及咨询(包括控制血糖)。

目标 9　在 80% 的公立和私营医疗卫生机构提供经济可负担的、治疗主要非传染性疾病所需的基本技术和基本药物,包括非专利药物。

三、其他非传染性疾病国际组织的介绍

十年前,专门针对非传染性疾病的国际组织还不多见。近年来,由于预防与控制非传染性疾病的急迫需求,一些组织相继涌现。下面介绍其中的几个例子。

（一）　全球慢性病合作联盟（Global Alliance for Chronic Disease,GACD）

该联盟成立于 2009 年 11 月,致力于在全球范围内减少慢性疾病的发生、伤残与早亡,协调和支持慢性疾病的预防和治疗,其战略性项目工作重点是促进各成员机构间的科研合作,搭建提升公众健康意识的平台和全球知识共享的平台。其由世界上最大的生物医药领域公立研究机构组成,从最初 6 家到现在的 10 余家,包括中国医学科学院、美国国立卫生研究院等。据估计,联盟成员目前管理着全球生物医药领域 80% 以上的公立研究经费,是全球首个专门促进在中低收入国家开展慢性病研究的计划,已开展了两轮资助。

（二）　慢性非传染性疾病联盟（The NCD Alliance）

该联盟是预防和控制非传染性疾病的全球组织,创立于 2010 年 5 月,与超过 170 个国家和地区开展广泛的合作。联盟通过宣传和推广,强调非传染性疾病是造成贫穷和阻碍经济发展的重要因素,并协助各国政府制定相关政策。当前,联盟呼吁各国采取的切实措施有:贯彻执行世界卫生组织的非传染性疾病全球行动计划和全球食品、运动和健康策略;制定国家法规,以有效减少饱和脂肪酸、反式脂肪、盐和精制糖的摄入;通过贸易和财政措施,鼓励蔬菜、水果和非加工食物的生产、配送和销售;制定和实施减少儿童肥胖的国家策略;呼吁各国制定鼓励步行、骑车、绿色出行和运动的政策。

（三）　青年专业人士慢性病网络（Young Professionals Chronic Disease Network,YP-CDN）

该网络是一个由青年领袖倡导并自愿发起、组织的多元化青年人社区,致力于通过行动来改变非传染性疾病所致的社会不公。网络鼓励跨国、跨学科的青年卫生领袖共同交流合作,促进非传染性疾病研究的开展和政策的制定。目前,网络汇集了来自 85 个国家的两千多名成员。2013 年创建了一项名为"无慢性非传染性疾病（NCDFREE）"的全球性社会运动。通过分享鼓舞人心的抗击非传染性疾病故事,转变当地社会对疾病的认识,促进当地政府采取合适而有效的公共卫生政策。

其他主要非传染性疾病分病种相关国际组织还有世界心脏病联盟（World Heart Federation,WHF）、国际糖尿病联盟（International Diabetes Federation,IDF）以及国际癌症研究机构（International Agency for Cancer Research,IACR）等（知识拓展 5-4）。

📖 知识拓展 5-4

其他全球慢性病防治相关组织简介

世界心脏病联盟成立于 1978 年,总部位于瑞士日内瓦。由 100 多个国家的 198 个心脏病学会和心脏病基金会组成。旨在广泛开展宣传教育活动,鼓励政策制定者、医疗服务提供者和患者采取积极行动,降低心血管疾病负担。

国际糖尿病联盟成立于 1950 年,在 170 个国家和地区覆盖了超过 230 个糖尿病组织。致力于提高糖尿病患者的生活质量,促进全球糖尿病关护、预防与治疗,分享研究与防控成果。

国际癌症研究机构隶属于世界卫生组织,成立于 1965 年,总部位于法国里昂。其宗旨在于促进癌症的国际合作,同时向中低收入国家提供实施和开展癌症防治项目的研究证据支持。

四、国家级策略与行动

全球许多国家开展了预防与控制慢性病方面的策略与行动。这里选取美国、中国和肯尼亚简要介绍,并总结经典的芬兰北卡莱利亚地区防控心血管疾病的案例和以越南为例介绍伤害防控的策略与行动。

(一) 美国

美国的慢性病防控开展历史比较悠久,举措众多。作为全球最发达的国家之一,美国走在防治非传染性疾病学术研究的最前列,美国各类医学专门机构发布的非传染性疾病防治指南具有广泛的世界影响力。部分最新指南列举在表 5-2 中。

表 5-2　美国发布的非传染性疾病防治指南

发布年份	单　　位	名　　称
2004	美国国立卫生研究院	国家胆固醇教育计划专家委员会成人高胆固醇血症检测、评估及治疗第三次报告
2012	美国癌症协会	癌症预防的营养与运动指南
2013	美国国立卫生研究院	高血压预防、检测、评估与治疗全国联合委员会第八次报告
2014	美国糖尿病协会	糖尿病诊疗指南
2014	美国心脏协会/美国卒中协会	卒中一级预防指南

美国防控非传染性疾病的实践行动也具有很好的借鉴意义。其中,纽约市堪称大城市慢性病防控的典范。自迈克尔·鲁本斯·布隆伯格(Michael Rubens Bloomberg)于 2002 年担任市长以来,纽约市制定和实施了多项积极的防控政策,并取得了显著的成效(表 5-3)。

表 5-3　纽约市非传染性疾病防控措施与成果

项目	措　　施	成　　果
禁烟	连续三次提高烟草消费税,税率高居全美各城市首位。2002 年通过了《无烟空气法》,法案要求工作场所、餐厅和酒吧全面禁烟	成人吸烟率从 2002 年的 22% 下降到 2010 年的 14%
减盐	市卫生局领导的减盐行动要求 5 年内包装食品和餐馆餐饮的含盐量降低 25%,从而使人群的盐摄入量减少 20%	截至 2011 年,28 家制造商、超市和餐馆达到了减盐动议的要求
餐厅热量标示	2006 年,纽约市通过了法令,要求所有餐厅必须张贴菜单的热量标示	法令于 2008 年生效后,15% 的消费者称使用了餐厅的热量标示来计算饭菜的热量值,这部分消费者每顿午餐的平均热量值比忽视热量标示的消费者减少了近 418J(100cal)

项目	措施	成果
限制反式脂肪	纽约市 2006 年通过了新法规,严格限制食品中反式脂肪的含量	2006 年,2.46 万家餐厅出售的食品中,每份菜所含反式脂肪不得超过 0.5g;2008 年 7 月起全面停售含反式脂肪的食品
减少含糖饮料消费	通过各类媒体平台发起了不食含糖饮料的健康宣传活动	从 2007 年到 2009 年,每天消费至少一瓶含糖饮料的成人比例从 36% 减少到 32%;青少年每天消费至少一瓶含糖饮料的比例从 2005 年的 28% 减少到 2009 年的 22%
纽约城市公共健康空间设计导则	纽约城市公共健康空间设计导则包括健康城市设计、健康建筑设计两个部分,推行的具体措施主要包括:增加公共交通可达性、改良停车场设计;设计适宜人行的街道;设计鼓励使用自行车出行的自行车系统等	城市规划和建筑设计完成了从原有以效率为主的设计思路到尽可能以"健康设计"为导向的转变,纽约市正逐步向"健康城市"迈进

（二）中国

中国非传染性疾病的防控历史最早可追溯到 20 世纪 50 年代末,当时的医务工作者提出了"让高血压低头"的口号,部分医院组织和鼓励内科年轻医护人员去工厂、下地段,为就近居民提供高血压防治服务。该时期也开始了癌症的防治工作,以及全国性的营养调查及高血压调查。

20 世纪 70 年代,以癌症为重点的死因回顾分析,基本查清了癌症的流行情况并建立了全国范围的防治网,之后又分别在 1990 年和 2006 年开展了两次全国死因调查。20 世纪 80 年代制定了《全国肿瘤防治规划纲要(1986～2010 年)》。1986 年由中日友好医院、大庆市第一人民医院、美国疾病控制中心启动了"中国大庆糖尿病预防研究",以大庆市糖尿病人群健康教育和行为干预为主要内容的干预,被誉为世界糖尿病研究历史上具有里程碑意义的事件。

1992～2000 年开展的国家"八五""九五"攻关课题针对在脑卒中高发城市北京、上海、长沙的约 30 万人群开展社区综合性预防研究,证明了在人群中开展经常性的健康教育和健康促进活动,同时实施积极控制高血压为主的干预措施,可明显降低脑卒中的发病率。1994 年原卫生部在疾病预防与控制局设立慢性非传染性疾病控制处,为运用公共卫生政策解决慢性病问题奠定了组织基础。之后,2002 年中国疾病预防控制中心成立,内设慢性非传染性疾病预防控制中心。

1998 年,原卫生部明确提出了积极促进非传染性疾病防治工作的六个转变,即从专家行为向政府行为转变、从以科研临床治疗为主向以预防为主转变、从高层向基层转变、从以城市为主向城乡并举转变、从专业行动向群众运动转变和从卫生部门向全社会转变。随着慢性病防治实践的深入,中国进一步归纳出慢性病防治的 3.3.3 策略,即面向 3 个人群(一般人群、高危人群、患病人群),关注 3 个环节(控制危险因素、早诊早治、规范性治疗),以及运用 3 种手段(健康促进、健康管理、疾病管理)。

自 1998 起,中国开始组织专家开发适用于中国人群的慢性病防治指南。1999 年,第一版《中国高血压防治指南》发布。2005 年和 2010 年两次修订。2003 年《中国糖尿病防治指南》发布。在此基础上,2007 年和 2010 年分别更新了《中国 2 型糖尿病防治指南》。《中国脑血管病防治指南》首次发布于 2003 年,2007 年和 2010 年进行了两次修订。

2004 年,针对中国癌症不断增长的高发病率、高死亡率,原卫生部颁布了《中国癌症预防与控制规划纲要(2004—2010)》,对癌症的预防和控制提出了明确的规划和要求,要真正达到癌症控制,预防重于治疗。

2007 年原卫生部疾病预防控制局等多部门联合公布了《全民健康生活方式行动倡议书》,倡导全民追求健康,强化健康意识,改变不良生活习惯,并将每年的 9 月 1 日作为全民健康生活方式日(知识拓展 5-5)。

知识拓展 5-5

中国国家慢性病综合防控示范区建设项目

为了遏制慢性病的快速流行,减少和避免慢性病造成的严重健康和经济损失,原卫生部、中国疾病预防控制中心于 2010 年启动了全国慢性病综合防控示范区建设项目。

国家慢性病综合防控示范区建设工作自 2010 年启动以来,已有 140 个县(市、区)(东部 65 个、中部 29 个、西部 46 个)达到了国家慢性病综合防控示范区的考核要求,被国家卫生和计划生育委员会命名为"国家慢性病综合防控示范区",覆盖了全国 30 个省、直辖市。

慢性病综合防控示范区建设极大地推动了政府主导、全社会参与、多部门联合行动来营造综合防控慢性病的社会氛围和防控机制;示范区工作通过开展健康教育和健康促进、高危人群发现和干预、疾病规范化管理等措施减轻慢性病负担,加强慢性病监测与评估,推动全社会慢性病防控的示范和带动效应。

2009 年,为降低脑卒中的发病率和死亡率,加快推动脑卒中的筛查与防控,原卫生部启动"脑卒中筛查与防治工程",组织专家起草了《缺血性脑卒中筛查及防治指导规范》。2011 年起"脑卒中筛查与防治工程"开展六省市试点工作,2012 年扩大到 16 个省市,完成 144 万例 40 岁以上人群中的脑卒中高危人群筛查和干预任务,从 2013 起在全国范围内展开。

2010 年,原卫生部启动了"国家慢性病综合防控示范区建设项目",逐步在全国范围内通过示范区的带动作用推动非传染性疾病综合防控的工作(知识拓展 5-6)。

知识拓展 5-6

全民健康生活方式行动

该行动是 2007 年由原卫生部和中国疾病预防控制中心共同发起的传播健康知识和促进居民健康行为形成的品牌项目。该项目以"和谐我生活,健康中国人"为主题,以倡导"健康一二一"(每日一万步,吃动两平衡,健康一辈子)为切入点,以"我行动我健康我快乐"为口号,倡导和传播健康生活方式理念,推广技术措施和支持工具,开展各种全民参与活动。

截至 2012 年底,全国 31 个省、自治区、直辖市(省区市)和新疆生产建设兵团的 1870 个县区开展了该行动,覆盖全国县区数的 62.6%。该行动对提高居民健康生活方式知识和意识有一定效果,但居民的健康行为能力与健康的生活方式仍存在差距。为响应全球慢性病防控行动计划和落实中国慢性病防治工作规划,有效预防慢性病,仍需继续倡导健康生活方式,推进全民健康生活方式行动。

2010 年和 2012 年国家心血管病中心和国家癌症中心分别挂牌成立。国家心血管病中心和国家癌症中心在心血管疾病和癌症的普查登记、年报编写、防治规划制订、防治指南编制、防治网络构建、高危人群监测、规范化治疗以及新药研发等方面发挥着重要作用。2012 年原卫生部提出"健康中国 2020"战略研究,其中针对非传染性疾病的建议有:重点慢性病防控行动计划、伤害监测和干预行动计划、全民健康生活方式行动计划以及减少烟草危害行动计划等。

为响应 2011 年联合国大会非传染性疾病高级别会议精神,2012 年 5 月原卫生部等 15 个部委联合印发了《中国慢性病防治工作规划(2012—2015 年)》,旨在积极做好慢性病预防控制工作。工作规划提出了到 2015 年应实现的具体目标,包括:人均每日食盐摄入量下降到 9g 以下;慢性病防控核心信息人群知晓率达 50% 以上,35 岁以上成人血压和血糖知晓率分别达到 70% 和 50% 等。2012 年世界银行针对中国发布的《创建健康和谐生活 遏制中国慢性病流行》的报告,既体现了中国现阶段慢性病的健康威胁,也强化了政府及多部门协作在应对慢性病威胁中的责任。

近年来,中国非传染性疾病防治的突出变化是预防为主的观念深入人心,从中央政府到地方各级政府,从社会各界到普通大众,非传染性疾病得到了重视,健康知识广泛传播,对健康生活方式的追求蔚然成风。全民健康生活方式和国家慢性病综合防控示范区建设等项目初步取得了成效。具有中国特色的"初级卫生保健体系"和"爱国卫生运动"是受世界公共卫生学界瞩目的创举,值得继承和发扬,以及其他国家学习和借鉴。但当前中国非传染性疾病的负担仍然巨大,防控任务十分艰巨,任重道远。

(三)肯尼亚

肯尼亚的非传染性疾病流行情况不容乐观。据统计,2010 年肯尼亚因非传染性疾病而死亡的病例占总死因的 21.6% ,伤残调整寿命年损失占总损失的 24.4% 。与大多数非洲国家情况类似,肯尼亚经济发展滞后,医疗基础设施薄弱,卫生保健资源有限,开展非传染性疾病的防治工作困难重重。

在撒哈拉以南非洲,艾滋病感染率高居世界首位,如何利用有限的卫生资源在应对艾滋病等传染性疾病的同时,还兼顾非传染病的防控,是困扰包括肯尼亚在内非洲各国的卫生难题。近几年来,肯尼亚在非传染性疾病防控方面取得了一定的创新性进展,其中具有代表性的是通过现有较为成熟的艾滋病防控系统,从事非传染病的部分防控工作。尽管肯尼亚关于非传染性疾病防控的文献资料较少,但是该国及其他国家的专家学者对高血压、肥胖、心血管疾病及卫生保健系统的研究,为该国非传染性疾病防控的实践奠定了基础。

(四)芬兰北卡莱利亚防控心血管疾病

二战以后,以心血管疾病为代表的非传染性疾病逐渐成为工业国家的重要公共卫生问题。芬兰的情况尤为严重。20 世纪 60 年代,芬兰的冠心病死亡率居全球第一,尤其是北卡莱利亚省(北卡)发病率最高,受影响最大。大量中年男性因冠心病死亡。1971 年,不堪重负的北卡政府向国家请求紧急援助,希望降低该地区心血管疾病负担。为了降低全国非传染性疾病的上升趋势,芬兰政府回应了请求,与专家及世界卫生组织一道启动了北卡莱利亚计划。北卡计划是在心血管疾病领域的全球第一个基于社区的干预项目(Community-based Health Intervention)。该计划分为主要目标、中间目标、全国目标共 3 个层次,主要目标是通过该干预项目的实施,改变当地居民的健康状况,同时积累相应的知识和经验以推广至芬兰全国。整个项目共持续 25 年(1972 ~ 1997 年),主要采取了如下行动(表5-4):

表5-4 芬兰北卡莱利亚计划行动时间表

时间	主要行动
1972 年	北卡省的基线调查,并选取参照区域(Kuopio 省)确定干预及监测方案
1972 ~ 1977 年	综合性的社区心血管系统疾病干预项目:通过媒体启动会、动员社区内部的多方组织、医疗卫生机构、工作人员及大众的广泛参与
1977 ~ 1982 年	将该项目融入社区的组织结构,并引入其他创新元素(如,青少年干预计划)启动全国计划(通过电视节目及卫生政策的宣传等)
1982 ~ 1987 年	进一步在全国范围内将干预目标从单纯的心脑血管疾病扩大为所有慢性病,结合健康促进的观念开展慢性病预防行动(与世界卫生组织等相关组织合作进行)
1987 ~ 1992 年	在北卡及全国范围内继续进行计划行动,但是重点放在通过低脂饮食加强心脑血管疾病的预防(与食品生产商进行密切合作)
1992 ~ 1997 年	在北卡及全国范围内继续计划的进行,以取得更大的进展

北卡计划是卓有成效的。吸烟、血脂异常、高血压等主要的疾病危险因素逐年降低,并且在项目结束后仍然有降低的趋势。人们生活方式及饮食习惯也产生了巨大改变,人们食用面包不再涂黄油,使用植物油烹饪,推崇低盐饮食等。作为最主要的观察指标,35 ~ 64 岁男性人群的冠心病年龄调整死亡率下降了 85% ,从 1970 年每 10 万人 700 的死亡率,比当时全国水平(每 10 万人 500)高出 40% ,稳步下降

到 2005 年的每 10 万人 100 的死亡率,与当时全国该人群的死亡率持平。另外,全人群的全因死亡率、男性其他心血管疾病和吸烟相关癌症的死亡率也显著降低。

北卡计划为世界卫生组织、其他非政府组织,以及各国政府对抗慢性非传染性疾病提供了极好的范例。其成功主要启示如下:

- 在项目启动及实施阶段需要建立循证的计划、实施及评估体系;
- 项目的执行及评估目标既要考虑到医学、流行病学的因素(死亡率、危险因素指标的建立),又要考虑到社会行为学因素(大众、媒体、食品生产厂商等的参与);
- 充分理解社区特征,提高社区诊断,协调相关的政府及非政府组织通力合作。

(五) 越南跨部门合作有效降低交通事故伤害

在全球范围内,意外伤害和道路安全同样也是一个重要的致死和致残因素,但是大部分意外伤害是可以预防的。譬如使用安全带、安装儿童汽车座椅、使用头盔、饮酒之后使用代驾服务等都可以很有效地防止交通事故的发生。目前全球健康的一个重要目标就是鼓励民众使用安全的工具和保护措施,从而减少可预防的伤害发生。这些措施可以有选择性地在中低收入国家进行推广,同时在推广的过程中要注意与本地情况相结合进行本土化,以及多部门的共同协作等。

道路交通伤害是越南主要的死亡和致残原因。2009 年越南道路交通事故共造成了 14 000 人死亡和 14 万人受伤。根据 2001 年的数据,在越南有大概 60% 的交通事故死者是摩托车司机和乘客。使用摩托车头盔是公认的有效降低交通事故伤害的干预措施。自 1995 年,越南出台了一些佩戴摩托车头盔的相关规定,但是低处罚力度和有限的覆盖范围使这些规定形同虚设。

1997 年,越南政府成立了国家交通安全委员会。此委员会创立了一个多部门协作机制,由来自 15 个部门和机构的代表组成,其中包括交通、警力、卫生以及教育等部门。委员会作为一个咨询部门,专门向总理提供所有交通安全提议。此委员会的职责还包括促进国际合作,建立与双边或多边的国际机构、非政府组织、私有公司的合作伙伴关系,优化国际援助,帮助实现道路安全的目标。后来越南的 63 个省都纷纷效仿此模式,建立了省级交通安全委员会。

2007 年 6 月,越南通过了一项可极大增强头盔法效力的法规。规定要求从 2007 年 12 月开始,所有摩托车司机和乘客无论何时何地都要佩戴头盔。2008 年 12 月,法规实施后一年的报告显示,与上一年同期相比,该法规挽救了 1557 条生命并阻止了 2495 起严重伤害。越南强制性头盔法的成功实施归功于跨部门的协作,这也为其他深受道路交通安全影响的国家提供了一个跨部门协作提高道路交通安全的范例。

在全球范围内,尤其是中低收入国家,非传染性疾病负担巨大,近年来不断上升,并预计将继续增加,是全球健康面临的主要挑战之一。这类疾病的成因复杂,主要的可改变的生活方式危险因素包括烟草使用、不健康饮食、运动不足和有害使用酒精等。常见的生理性/代谢性因素包括高血压、血脂异常、高血糖和超重/肥胖等。这些因素影响多个非传染性疾病的发生和发展。非传染性疾病的预防与控制需要针对这些危险因素开展高危人群策略与全人群策略并重的措施;调动全社会和政府各个部门的协同努力;预防为主,防控兼顾;个人、社区和人群与环境改变等多种策略并重;并建立在对现有的以治疗急性疾病为主的卫生保健体系的改革和研究采纳创新的有效的措施的基础上。同时要加强对初级医疗和非专业医疗人员如社区卫生服务工作者的培训和分担慢性防控任务的责任,开展自我管理、同伴教育等。近年来在世界卫生组织和多国政府的推动下,慢性病防控已经取得了一定的成效。但今后数十年里,慢性病防控的任务仍然十分艰巨,也必将是促进全球健康的最主要工作和推动力之一。

(李锐 徐小林 陈杰 徐则枢 尤莉莉 阎丽静)

👁 思考题

1. 为什么近年来全球非传染性疾病的流行趋势不断上升,在中低收入国家尤其如此?

2. 非传染性疾病对中低收入国家的经济发展影响是否比对高收入国家更大？为什么？

3. 全球非传染性疾病的主要特点是什么？这些特点对预防和控制非传染性疾病的指导意义有哪些？

4. 如何充分发挥政府与社会各界在防控非传染性疾病方面的作用？

5. 请选取一个中低收入国家并了解分析其在不同时期采取的非传染性疾病防控策略和措施。

第六章　突发事件与全球健康

🌐 **学习目标**

掌握　突发事件的概念、特点及影响因素。

熟悉　《国际卫生条例》的核心目标及应对能力要求。

了解　全球突发事件的应对策略、原则及措施。

近年来,全球各种重大突发事件时有发生,如 2003 年传染性非典型肺炎(SARS)、2004 年印度洋海啸、2009 年甲型 H1N1 流感大流行以及 2014 年西非埃博拉病毒病疫情等,对区域乃至全球公共卫生安全造成了严重威胁,常需要国际社会的共同应对。如何构建高效的全球突发事件应对体系及运行机制,以应对全球所面临的日益增加的突发事件,成为各国高度重视并重点解决的问题。

本章旨在阐述突发事件的概念、特征、发生的驱动因素、对全球健康的影响,分析全球公共卫生应对所面临的诸多挑战,介绍《国际卫生条例》《突发事件应急响应框架》等相关内容,并概述参与国际卫生应急行动的主要原则以及相应技术准备,为了解并参与全球卫生应急行动提供参考。

第一节　公共卫生突发事件特征与影响

一、突发事件相关概念

(一) 国际组织等关于突发事件的概念

1. 突发事件含义　突发事件是中国特有的一个名词,通常情况下其是指影响到社会局部甚至社会整体的大事件,而不是个人生活中的小事件。广义的突发事件泛指一切突然发生的危害人民生命财产安全、直接给社会造成严重后果和影响的事件。

国外并没有一个特定的与"突发事件"对应的英文词语,不同国家、组织常有着各自不同的含义与解释,较为相近的英文用词主要有:

(1) "emergency events",是指对健康、生命、财产或者环境等造成危害,需要及时采取紧急干预措施以预防发生更坏情形或得到有效控制。

(2) "public emergency",一种特别的、迫在眉睫的危机或危险局势,影响全体公民,并对整个社会的正常生活构成威胁。

(3) "emergency",一种突然发生的、紧急的、意想不到的情形或事件,需要立即采取救援行动以保护受影响人群生命及财产安全。

(4) "crisis events",是指一种紧急事件或者紧急状态,其发生严重影响社会的正常运作,对生命、财产、环境等造成威胁、损害,超出了政府和社会常态的管理能力,要求政府和社会采取特殊的措施加以应对。

(5) "disaster",指不可预测的意外事件所造成的灾难,社会或社区遭到严重破坏,造成广泛的人员、物质、经济或环境损失、破坏,超出受灾地区的自救能力。

国外这些词语与中国的"突发事件"定义有着相似的概念,基本涵盖了我们对突发事件的认识及各种含义。

2. 国际关注的突发公共卫生事件　《国际卫生条例(2005)》中关于"国际关注的突发公共卫生事件"(a public health emergency of international concern)的定义包括:①通过疾病在国际传播构成对其他国家的公共卫生危害;②可能需要采取协调一致的国际应对措施。其中"公共卫生危害"是指具有损及人群健康可能性的事件,特别是可在国际传播或构成严重和直接危险(害)的事件,如新亚型病毒引起的人流感、野毒株引起的脊髓灰质炎、严重急性呼吸综合征以及天花。该定义使得《国际卫生条例(2005)》中"疾病"的含义不仅包含了传染病威胁,也包括那些由意外和蓄意释放病原菌或化学、核放射性物质造成的威胁,从而将《国际卫生条例(2005)》所关注的范围拓宽,以更广泛地保护全球公共卫生安全。

根据《国际卫生条例(2005)》,国际关注的突发公共卫生事件系指按特殊程序确定的不寻常公共卫生事件,即通过疾病的国际传播构成对其他国家公共卫生风险,以及有可能需要采取协调一致的国际应对措施。其依据的标准包括:①事件公共卫生影响的严重性;②事件性质的不寻常或意外;③事件有可能在国际间传播;和(或)④事件有可能引致限制旅行或贸易的危险。

(二) 中国突发事件相关定义

1. 突发事件　2007 年 8 月 30 日中华人民共和国全国人大常委会发布了《中华人民共和国突发事件应对法》。该法将突发事件定义为:突发事件是指突然发生,造成或者可能造成严重社会危害,需要采取应急处置措施予以应对的自然灾害、事故灾难、公共卫生事件和社会安全事件。

从突发事件的概念及实际发生情况而言,突发事件主要包括自然灾害、事故灾难、公共卫生事件以及社会安全事件。其中:

(1) 自然灾害主要包括水旱灾害,气象灾害,地震灾害,地质灾害,海洋灾害,生物灾害和森林草原火灾等;

(2) 事故灾难主要包括工矿商贸等企业的各类安全事故,交通运输事故,公共设施和设备事故,环境污染和生态破坏事件等;

(3) 公共卫生事件主要包括传染病疫情,群体性不明原因疾病,食品安全和职业危害,动物疫情,以及其他严重影响公众健康和生命安全的事件;

(4) 社会安全事件主要包括恐怖袭击事件,经济安全事件和涉外突发事件等。

各类突发公共事件按照其性质、严重程度、可控性和影响范围等因素,一般分为四级:Ⅰ级(特别重大)、Ⅱ级(重大)、Ⅲ级(较大)和Ⅳ级(一般)。

2. 突发公共卫生事件　2003 年 7 月,中国国务院颁布的《突发公共卫生事件应急条例》中将突发公共卫生事件定义为:突然发生,造成或者可能造成社会公众健康严重损害的重大传染病疫情、群体性不明原因疾病、重大食物和职业中毒以及其他严重影响公众健康的事件。其中:

(1) "重大传染病疫情"为"某种传染病在短时间内发生、波及范围广泛,出现大量的病人或死亡病例,其发病率远远超过常年的发病率水平的情况";

(2) "群体性不明原因疾病"是指一定时间内(通常是指 2 周内),在某个相对集中的区域(如同一个医疗机构、自然村、社区、建筑工地、学校等集体单位)内同时或者相继出现 3 例及以上相同临床表现,经县级及以上医院组织专家会诊,不能诊断或解释病因,有重症病例或死亡病例发生的疾病。群体性不明原因疾病具有临床表现相似性、发病人群聚集性、流行病学关联性、健康损害严重性的特点;

(3) 重大食物中毒和职业中毒事件是指由于食品污染和职业危害,而造成的人数众多或者伤亡较重的中毒事件。

二、突发事件特征

(一) 不确定性

不确定性是指突发事件发生的具体时间、地点、人群、规模、事件性质等具有不确定性。同时由于可能对某种类型的突发事件如未知传染病流行特点缺乏认识了解,所获取的关于事件的相关信息有限,因此也存在着事件应对决策结果的不确定性;以及应对措施所产生的社会反应的不确定性等。

（二）公共性

公共性是指在突发事件发生区域内或影响范围内,所有人员都有可能受到突发事件的威胁或损害。如发生传染性疾病暴发时,所有易感人群均有发病风险,并且还有可能通过人群流动或媒介引起远距离跨境、跨地区传播,2009 年发生的甲型 H1N1 流感大流行、2014 年发生在西非的埃博拉病毒病暴发疫情不但对疫情起源国家的居民健康造成威胁,还危害到其他区域、国家的民众健康;而发生大规模的化学品泄漏或核泄漏则可能会危害到发生区域一定范围内的人类、动物等的生命健康。

（三）严重性

所谓严重性,是指事件的发生可能在短时间内造成人群大量发病和死亡,给公共卫生和医疗体系带来巨大压力,加大了应对和处置突发事件的难度,有时甚至会对社会经济、社会安全甚至国家安全产生严重影响。如 2004 年印度洋海啸共造成将近 30 万人遇难;截至 2015 年 3 月中旬,发生在西非的埃博拉病毒病疫情已导致超过 1 万人死亡。

（四）紧迫性

由于突发事件发生突然,对民众生命健康以及财产安全带来严重威胁,必须采取紧急的应急措施,将事件危害控制在最低程度,最大限度降低事件的影响。相比其他突发事件来看,突发公共卫生事件尤其是重大传染病疫情往往存在跨境、跨地区播散的可能,如不及时、正确应对则可能导致区域内群众因错误信息、谣言等引起恐慌、恐惧、焦虑、认知或行为改变,甚至可能导致社会危机或政治动荡,影响社会稳定。

（五）复杂性

复杂性是指突发事件的种类繁多,形成原因复杂。如地震、海啸、洪涝灾害等自然灾害类突发事件发生后常易发生传染病流行等衍生、次生灾害,也可能会发生化学品泄漏等突发事件,因此在事件的应对过程中,必须首先进行全面的风险评估,充分考虑事件所造成的各种危害,在复杂的灾情面前采取正确决策及具体应对。而在某些传染病突发事件,尤其是动物源性疾病的处理中,常需要农业、林业等多部门联合开展或社会的广泛参与。

三、突发事件与全球卫生安全

（一）全球卫生安全重要性

公共卫生安全是指为了减少突发公共卫生事件的影响而采取的一系列预防性和反应性活动。而全球公共卫生安全是指为尽可能减少公共卫生事件对全球或区域公众健康的影响而采取的预见性和反应性行动,其受多种因素的影响,如贫困、战争和冲突、气候变化、自然灾害和人为灾难等。全球公共卫生安全问题已成为人类面临的重大的全球性挑战,被公认为当今世界非传统安全议题的重要组成部分,对维护经济发展、社会秩序稳定乃至国家或区域安全等有重要作用及影响。

全球公共卫生安全的特点之一是具有跨国性,突发事件的发生地点、区域、范围常常难以预测判断,很多时候会超出一般意义上的行政地理概念,呈现跨地区甚至跨国性影响,现在世界上一个地区发生的事件只需要几小时就可能成为另一个地区的突发公共卫生事件,如传染病的传播无国界,某地发生的传染病由于全球化、交通便利性等在较短的时间可以迅速传播到遥远的国家或地区,而海啸等自然灾害常常可能会对数个国家或地区造成严重危害;之二是具有不确定性,突发公共卫生事件尤其是传染病类事件的发生和造成的危害后果往往难以预料,如 2014 年发生在西非的埃博拉病毒病疫情最初发生在几内亚的一个村庄内,由于未能早期发现并及时控制疫情发展,以至于随后演变为波及全球数个国家的"国际关注的突发公共卫生事件",造成上万人死亡,远超出最初基于历史经验对疫情发展的判断和预期;之三是具有转化性,突发事件的影响如传染病大流行、核泄漏事件的影响往往超越卫生领域,易造成人们恐慌而演变为社会经济和政治问题;之四是具有协作性,全球突发公共卫生事件的应对需要全球、区域以及国家间的通力合作。

（二）全球公共卫生安全面临着各种突发事件的威胁

全球日益面临着自然灾害、新发传染病、抗生素耐药性流行、化学或核放射意外事件、突发环境事件等突发事件的威胁。仅在 2001～2010 年间,全球平均每年发生超过 700 起突发事件,2.7 亿人口受到影响,超过 13 万人死亡。一些重大突发公共卫生事件如 2004 年印度洋海啸、2003 年的严重急性呼吸综合征(SARS)、2009 年甲型 H1N1 流感大流行以及 2014 年发生的西非埃博拉病毒病疫情造成大量人员伤亡,严重影响区域、国家的经济发展甚至国际卫生安全秩序,需要国际社会的共同协助、应对。

1.（新发）传染病暴发流行　发展中国家仍然面临着各种传染病的暴发、流行,由于其发现和应对传染病的能力不足,很有可能导致一些局部发生的疾病向全球其他区域或国家快速传播、扩散,尤其是近年来不断发生的新发传染病常造成区域或全球范围内流行。如 2003 年首先暴发于中国的 SARS 是21 世纪人类首先遭遇的新发传染病,SARS 在短短 5 个月内传播到全球 32 个国家,造成 8098 人感染和774 人死亡,病死率达 11% 左右,引起国际社会普遍恐惧和焦虑,对国内和国际的公共卫生安全和经济产生重大影响,其快速传播暴露了中国及国际社会防控能力的脆弱性。而 2014～2015 年西非国家埃博拉疫情的持续肆虐,不仅严重威胁西非国家人民的生命和健康安全,而且已对世界各国公共卫生安全构成现实威胁,成为国际社会在非传统安全领域面临的共同挑战。

2. 生物恐怖威胁　人类社会一直面临着生物恐怖的威胁。近年来,发生在美国的"炭疽病事件"、日本沙林毒气袭击等生物恐怖袭击对现实国际安全构成了严重威胁,造成了巨大的经济损失和影响。科学技术尤其是医药领域科技水平的不断提高,如分子生物学、大规模发酵技术、毒素生产及储存技术等快速发展,增加了发生生物恐怖的潜在风险及危害;此外,目前的分子生物学技术通过基因改造使生物战剂的毒力更强、更加容易生产,并可对抗生素产生抗药性,使原本有效的预防、检测以及治疗措施失去作用。更有甚者是目前人类已经具备人工制造出新的微生物、毒素的技术,一旦这些技术被恐怖分子掌握、利用,将会对人类健康带来严重威胁。

3. 有毒化学废物的大规模倾倒、泄漏　近年来,化学品尤其是剧毒品泄漏事件不断发生,严重影响人类居住环境及健康。如 2006 年,发生在科特迪瓦阿比让市的 500 余吨化学废物事件导致 85 000 人患病,69 人住院,其中 8 人死亡,事件产生了严重的社会、卫生、经济及政治后果,最终引发科特迪瓦骚乱,导致政府下台。

4. 气候异常导致的突发事件以及频繁的自然灾害的危害　近年来,全球各地极端气候事件不断发生,如 2003 年席卷欧洲的热浪夺走了 35 000 人的生命;全球气候变暖导致疟疾、登革热等媒介传播疾病高发,仅 2014 年中国就报告 46 000 多例登革热病例,超出既往有疫情报告以来报告病例数的总和。此外,近年来地震、海啸、洪涝灾害等自然灾害不断发生,严重威胁人们的生命健康,并可能带来传染病流行、急性营养不良、人口流离失所、急性精神疾病及慢性病的恶化等间接影响。

5. 大型活动导致的突发公共卫生事件　全球每年均有无数的大型活动举行,而且随着经济快速发展,大型活动的次数和规模也越来越多、越大。由于大型活动参与人数多、人群高度聚集,往往易发生意外伤害、食物中毒、传染病暴发、恐怖袭击等各种类型的突发公共事件,并且每项大型活动发生突发公共事件的具体种类、频率与大型活动的种类、举办地点、参与人群的构成、持续时间以及人群互动程度、环境因素等密切相关。

6. 食品安全事件频发成为全球关注的焦点　由于经济全球化、安全监管不规范、食品生产加工条件及技术落后等诸多因素的影响,全球各地食品安全事件频发,一定程度上引发了全球特别是发达国家和地区对食品安全的恐慌,挫伤了民众对食品安全的信心,并给相关企业、农户带来严重损失,影响相关国家的经济增长,甚至可能引发国家间贸易摩擦。如新型食品添加剂和化学品的不断出现,大量化学品可能进入食品生产环节,各国难以及时出台新的监管规定加以规范,从而带来食品安全隐患,如 2011 年发生的台湾塑化剂事件,有近 300 家企业被卷入,7000 项食品下架,制药和化妆品行业也受到波及。

（三）全球突发事件发生的驱动因素

影响全球突发事件发生的驱动因素主要包括气候及环境变化（如全球变暖）、人类社会行为改变（如饮食习惯改变、个人卫生习惯、危险性行为等）、社会因素事件（如经济发展及贫困、战争或冲突）等。

其一,气候及环境变化影响着突发事件的发生发展。如随着工业化的发展,温室气体排放量的增加,地球表面的温度在逐渐升高,导致全球气候普遍变暖,从而导致地球降雨、降雪强度增加,洪水等自然灾害发生增多,尤其近年来,超强台风、高温、特大干旱、局地强对流,以及极端天气发生的频次及强度都呈现增加趋势。

其二,人类发展过程中所从事的各种活动如农业开发、森林采伐等可能会因为导致居住及生存环境发生变化而导致发生自然灾害类突发事件(如过度开发导致山区水土流失,致使泥石流多发);而人员流动以及人类行为的改变(如饮食习惯改变、食物加工方法的改变、个人卫生习惯、危险性行为等)等可能促进传染病类突发事件的发生、传播。

其三,经济高速发展及全球化、便捷的交通以及人群物流的快速流动,为传染病在全球的快速传播、核放射以及有毒物质的全球快速播散创造了机会。

其四,全球不同区域及国家的经济及政治发展失衡、战争或区域冲突、经济贫困等都会影响到突发事件的发生、预防及应对,影响全球公共卫生安全。

其五,随着经济发展人类社会的食品结构已经发生巨大变化,食品生产呈现高度工业化及全球分工,食物供应也呈现全球化趋势,意味着如果食物在加工、处理过程受到微生物、化学物质或有毒物质污染,则很有可能发生跨国甚至全球食源性疾病暴发的风险。

总之,突发事件的发生、发展及应对无国界,随着全球化的发展,世界变得越来越复杂和日益相互依存,各种威胁全球卫生安全的突发事件将不断发生、出现。

知识拓展6-1

近年来全球发生的主要公共卫生事件(传染病类)

- 印度:鼠疫(1994年),50人死亡,经济损失超过30亿美元。
- 美国、英国及加拿大:疯牛病(20世纪90年代),经济损失超过100亿美元。
- 马来西亚:尼帕病毒脑炎(1999年),250多人死亡,经济损失超过4亿美元。
- 英国:口蹄疫(2000年),经济损失将近250亿美元。
- 全球及亚洲:SARS流行(2003、2004),774人死亡,全球经济损失约500亿美元。
- 全球:甲型H1N1流感大流行(2009年),超过15 000人死亡,全球经济损失超过万亿美元。
- 中东:中东呼吸综合征(2012~2013年),54人死亡。
- 中国:人感染H7N9禽流感(2013年2~9月),135人发病,45人死亡,经济损失近30亿美元。
- 西非:埃博拉出血热(2014、2015),超过1万人死亡,西非国家经济损失超过300亿美元。

(四) 全球公共卫生应对面临的挑战

全球公共卫生应对面临着诸多挑战,主要包括:

1. 国际社会应对2003年SARS疫情的过程暴露了各个国家在公共卫生资源与应对能力上的不平衡,具体表现在发达国家与发展中国家在公共卫生投入及应对能力上的差距,直接影响了不同国家在全球公共卫生应对中的角色定位、策略措施及具体行动。

2. 国际卫生合作机制仍需进一步完善。全球化进程使得全球健康安全前所未有地依赖于各个国家对可能威胁健康安全的任何公共卫生事件的发现、评估、报告及响应能力,需要各个国家联合起来共同面对发生频率越来越高的各种类型突发事件的威胁。各国应本着追求实现多赢的国际公共卫生安全目标,切实开展有效行动以发现和应对不断增加的全球突发事件的威胁。西非埃博拉病毒病疫情的应对实践更加凸显全球有效公共卫生合作对确保全球公共卫生安全的重要性。

尽管在埃博拉病毒病应对过程中出现促进世界卫生组织进行改革的呼声,但国际社会均认识到应当进一步完善世界卫生组织在全球公共卫生应对中的领导作用,不断增进发达国家与发展中国家的国际卫生合作,进一步提高对全球卫生体系的投入及其效率,缩小全球不同区域的卫生水平差距,并积极发挥非政府组织在全球卫生行动中的作用等。

3. 部分国家尤其是发展中国家的公共卫生体系建设仍需不断加强,人员能力亟须提高。如中东、西非国家由于社会政治不稳定、经济发展落后甚至仍然不时受到局部战争(如利比里亚的国内战争)、武装冲突等的影响,严重制约、影响了当地的公共卫生基础投入,公共卫生医疗资源和基础设施极度缺乏,难以建立系统、运转正常的公共卫生体系,导致突发事件的发现、识别、应对严重不足。例如1994年卢旺达危机后刚果民主共和国发生的霍乱流行、安哥拉1975年至2002年内战期间发生的马尔堡出血热暴发都难以尽快得到控制;2014年西非埃博拉疫情使几内亚、塞拉利昂等本已薄弱的公共卫生系统濒于崩溃,不但埃博拉病毒病疫情未能及时发现控制,以至于在区域内迅速扩散,甚至播散到其他地区和国家,而且还影响了其他疾病如麻疹、疟疾、艾滋病等的防控工作。

4. 针对突发事件的全球监测网络仍不完善。尽管世界卫生组织与合作伙伴业已建立了包括全球疫情警报和反应网络(GOARN)、全球公共卫生情报网(GPHIN)、全球动物健康早期预警体系(GLEWS)、全球流感监测网络、ProMED、全球食源性传染病网络(GFN)、国际病原菌分子分型监测网络(International PulseNet)等多种全球性的传染病类监测网络,以期可以及时发现影响全球的传染病类突发事件并加以应对,但这些网络仍然依赖于各个成员单位的整体监测能力的提高才能充分发挥早期监测、预警作用,而且各个网络之间的信息的相互整合也是未来需要解决的问题。如在一些发展中国家尤其是经济发展相对落后的地区如非洲尤其是西非国家,公共卫生监测系统能力较弱,难以及时发现突发事件的威胁。如2014年西非埃博拉病毒病疫情在早期未被及时发现,被误诊为肠道传染病而失去了早期控制的机会。因此,为确保全球健康安全,各国尤其是发展中国家建立完善、有效的传染病及突发公共事件监测体系,对于加强区域间和全球突发事件监测系统建设至关重要。

5. 全球变暖等导致的极端气候相关事件、传染病以及突发性化学和核放射类事件对公共卫生造成的影响将会持续长期存在,并有可能造成区域或全球性危害,如1986年乌克兰发生的切尔诺贝利核电站事故仍有可能发生。

6. 全球公共卫生安全依然不可避免受到整体或局部地区安全形势的影响,战争、局部武装冲突、严重的社会政治动荡等影响着地区和平,直接、间接影响着经济发展、公共卫生体系建设,影响着公共卫生安全。

📚 知识拓展6-2

近年来全球发生的主要突发事件(自然灾害类)

- 印度古吉拉特大地震(震级7.9,2001年1月),死亡2.1万人。
- 伊朗巴姆大地震(震级6.3,2003年12月),死亡超过4.5万人,伤1.5万人。
- 印度洋地震海啸(震级9.3,2004年12月),死亡失踪约30万人。
- 美国卡特里娜飓风(5级飓风,2005年8月),至少死亡1836人。
- 南亚克什米尔大地震(震级7.6,2005年10月),死亡超过7.3万,近7万人重伤。
- 中国汶川大地震(震级8.0,2008年5月),69 227人遇难,374 643人受伤,17 923人失踪。
- 海地大地震(震级7.3,2010年1月),22.25万人死亡,19.6万人受伤。
- 日本大地震海啸(震级9.0,2011年3月),1570人死亡,2846人失踪,5948人受伤。
- 太平洋超强台风"海燕"(2013年11月),5500人死亡,1759人失踪,26 136人受伤。

(五) 全球突发事件的公共卫生应对

在众多参与全球突发事件公共卫生应对的国际组织及机构中(包括联合国安理会、联合国儿童基金会、世界银行、联合国开发署、联合国难民署、联合国人道主义事务协调办公室、世界卫生组织、世界粮食组织、国际红十字和红新月联合会、无国界医生组织以及一些区域组织等),世界卫生组织在全球突发事件应对中扮演着重要角色。

世界卫生组织是联合国下属的政府间卫生组织,其在全球公共卫生中发挥着重要作用,主要包括在全球重要公共卫生问题中担当领导角色并提供技术援助等;支持卫生领域的科学研究,促进健康知识传播和宣传;促进并参与各种防控战略、技术规范和标准的制定及实施;参与循证决策制定,指导疾病控制、卫生筹资等领域的发展;为各成员国提供技术支持,持续推动各成员国能力建设;开展公共卫生监测,评估全球卫生趋势。

世界卫生组织在《2007 年世界卫生报告》中,以全球公共卫生安全作为主题,提出了维护世界公共卫生安全的六项指导性和启示性建议,主要包括全面实施《国际卫生条例(2005)》;动员全社会共同参与国际公共卫生安全;加强知识、技术和物资资源共享,开展有效沟通交流,共享疫情信息、病原微生物及其他实验室样本、疫苗、诊断方法、治疗方案和设施设备等资源;加强公共卫生机构能力建设,有效预测和应对风险;政府各部门通力协作,提高公共卫生安全工作的效率;加强公共卫生体系建设等。

为有效监测、预警全球各地发生的突发事件以及时采取应对措施控制事件发展,世界卫生组织与其他机构合作于 1996 年建立了全球流行病疫情警报和反应系统(GOARN),建立了可汇集流行病信息以及确定疾病是否暴发的系统性机制,提高了风险评估、信息传播和快速现场反应能力,使得共享重要卫生信息成为实现全球卫生安全的重要方式之一。此外,世界卫生组织还采用了与全球疫情警报和反应网络(GOARN)相似的运作方法,于 2002 年组织建立了化学事件预警及反应系统(The WHO Global Chemical Incident Emergency Response Network,ChemiNet)。

知识拓展 6-3

2004 年印度洋海啸应对的主要教训、经验

1. 各国在自然灾害面前都难以幸免。地震、洪水、台风、旋风、干旱和海啸等严重自然灾害虽然一般只对特定地区产生影响,但其效应往往波及更广。

2. 公众的防灾意识可对保护生命和财产安全发挥关键作用。

3. 早期预警对于拯救生命十分重要。印度洋海啸突显出加速建立全球或区域海啸预警中心的重要性,以提高全球海啸预警能力。其中预警系统应包括既往风险知识、针对风险的技术监测和警报服务、向危险人群发出易懂警报、公众意识和行动准备。

4. 应加强国际组织、各国政府和非政府组织之间的协调、对话,加强各国在自然灾害的预防及应对方面的密切合作,加强针对所有相关自然灾害的必要的国际、区域减灾机制,减少并应对灾害发生。

5. 国际人道主义救援工作除向受灾国家提供直接救援外,还应当在对基础设施建设进行规划时就考虑到所可能遇到的自然灾害的危害并加以预防,确保将可能的灾害风险降至最低。

6. 媒体等可在灾害救援中扮演重要角色。媒体等可通过电话、移动通信、电视、广播等渠道开展知识宣传,增强人们的防灾意识和进行灾害早期预警。

7. 重点加强国家应急体系及能力建设,并不断强化各级政府、部门间的协调,提升国家整体的灾害监测、预警、预防、灾害评估、灾后恢复和重建等能力。

近年来,联合国、世界卫生组织等全球机构在各成员国的支持下,成功应对了印尼海啸、2009 年甲型 H1N1 流感大流行等全球重要公共卫生事件,并在 2014 年西非埃博拉病毒病疫情国际应对行动中扮演了领导角色,埃博拉病毒病疫情得到了有效控制。这些成功都得益于各个国家卫生体系的完善及应急能力的提升、突发事件预警能力的增强、实验室诊断能力的加强、医疗救治水平的提高以及各个国家的密切协助等因素。但不可否认的是,目前仍然存在着各种突发事件频发、突发事件的早期发现及预警能力不足、部分发展中国家的医疗卫生体系不完善、医疗卫生资源贫乏、人力资源不足、公众意识有待提高以及社会动荡等诸多不利因素。确保全球公共卫生安全的根本原则应该是通过采取各种措施有效减少、降低各种类型突发事件的发生、蔓延。如各个国家共同努力,节能减排,减少温室效应以应对全球气候变暖进而减少各种相关自然灾害的发生及传染病的暴发;本着"One Health"理念,开展国家及地区、多部门、多学科合作,达到人类、动物与环境的和谐统一,减少由于病原体跨物种传播和扩散、农业生产规模化以及人类对自然的改造等因素导致的包括新发传染病暴发、自然灾害、食品安全事件等在内的各种突发事件的发生等。而且降低突发事件发生概率等努力必须融入到社会可持续的整体发展政策、规划及行动中。

第二节　全球卫生应急准备与响应的法律框架与行动机制

一、《国际卫生条例》

（一）《国际卫生条例》的历史演变

《国际卫生条例》是大多数国家通过的具有法律约束力的国际法，目的是防止疾病或其他公共卫生风险跨国境传播，同时避免对国际交通和贸易造成不必要的干扰。其前身为 1951 年在第 4 届世界卫生大会上通过的《国际公共卫生条约》。1969 年第 22 届世界卫生大会对《国际公共卫生条约》进行了修订补充，更名为《国际卫生条例》（1973 年和 1981 年进行了两次修改）。中国于 1979 年 6 月 1 日加入《国际卫生条例》，开始对该条例承担义务。

随着贸易全球化、人员流动增加等，新发传染病频繁出现，群体不明原因的疾病常有发生，传染病的跨国传播、流行形势严峻，原有《国际卫生条例》已不能适应全球公共卫生的需要，《国际卫生条例》的修订势在必行。经过世界卫生组织各成员国的多次讨论与磋商，2005 年 5 月 23 日，第 58 届世界卫生大会审议通过了对旧条例的修订，定名为《国际卫生条例（2005）》。新修订的《国际卫生条例（2005）》是全球共识的产物，是因应于全球传染病的新的形势，在总结了 SARS、人感染禽流感等传染病应对经验和教训的基础上形成的国际公共卫生规范，是世界公共卫生史上的一个里程碑。

中国是该条例的缔约国之一，承诺遵守该条约各项条款的约束，并将通过直接遵守该条例约定和按照该条例规定制定和修订国内法的方式，实现该条例在中国的适用，履行作为条例缔约国的各项义务。2007 年 6 月 15 日《国际卫生条例（2005）》开始对包括中国在内的 191 个缔约国生效。中国政府决定，《国际卫生条例（2005）》适用于包括香港特别行政区、澳门特别行政区、台湾地区在内的中华人民共和国全境。

（二）《国际卫生条例（2005）》的进展及主要内容

新修订的《国际卫生条例》的主要内容包括：

第一，新条例对原有的《国际卫生条例》在通报义务上的不足做了全面改进，增加了各个缔约国的义务。首先，扩大了国家通报对象的范围，把"瘟疫、霍乱、黄热病"三类传染病扩大为"具有国际影响的公共卫生紧急事件"；其次，要求各缔约国应在评估公共卫生信息后 24 小时内，以最有效的通信方式通过国家归口单位向世界卫生组织通报在本国领土内发生、并根据决策文件有可能构成国际关注的突发公共卫生事件的所有事件，以及为应对这些突发事件所采取的任何卫生措施。

条例规定了成员国在对所发生的突发事件进行评估以及在决定事件是否应向世界卫生组织报告时必须遵守的四项标准：事件的公共卫生影响是否严重？事件是否不寻常或出乎意料？是否有国际传播的严重危险？是否存在限制国际旅行或贸易的严重危险？而且规定了通报突发事件时应包括该事件的详细公共卫生信息，如病例定义、实验室检测结果、风险来源和类型、病例数和死亡数、影响疾病传播的情况、事件的公共卫生危害、所采取的卫生措施、事件发展趋势等。

第二，新修订的条例规定了世界卫生组织和成员国磋商及核实的义务。一是世界卫生组织通过其他信息渠道获取某国正发生国际间关注的突发公共卫生事件时，有权要求该国对此信息进行核实；二是成员国在核实后尽快做出评估，并按正常渠道和方式通报世界卫生组织；三是规定了世界卫生组织在接到信息后与成员国合作，以评估此事件能否造成国际间传播、对国际间交通干扰程度、控制措施是否得当；四是当事发成员国采取不合作态度时，世界卫生组织可将此信息通告给其他成员国，同时继续鼓励事发缔约国接受世界卫生组织的建议。

第三，建立了履行义务的保障机制。条例规定了缔约国在履行国际义务时的保障机制。一是条例要求缔约国指定与世界卫生组织保持联系的联络中心，要求成各员国指定归口单位，以便与世界卫生组织的联络点就实施的紧急情况进行沟通，同时向有关缔约国的相关行政管理部门传播信息，汇总反馈意见；二是规定在某国通报了发生某种传染病暴发疫情后，所有成员国都应当遵循世界卫生组织的建议来采取防范措施,而不能采用过激的行为;三是缔约国可以要求世界卫生组织承担一定的义务,如果缔约国提出要求,世界卫生组织应当通过提供技术指导及通过评估采取的控制措施的有效性,包括在必要时派遣国际专家组开展现场援助,进行合作以应对公共卫生风险和其他事件。

第四,新条例扩大了各国对突发公共卫生事件的监测能力和及时预警机制。并要求各缔约国不迟于本条例生效的 5 年内,尽快、加强和保持其发现、评估、通报和报告突发事件的能力。

第五,确立了传染病防治的争端解决机制,这一机制是世界卫生组织为国际关注的公共卫生突发事件得到适宜处理提供一种安全性和可预测性的核心要素。

第六,1969 年版的《国际卫生条例》关注的焦点集中在传染病的跨境转移,且重点聚焦于鼠疫、霍乱、黄热病三种检疫传染病。而《国际卫生条例(2005)》则明显拓宽了关注的视野,将关注对象定位于该条例提出的一个崭新概念,也即"国际关注的突发公共卫生事件"。

第七,《国际卫生条例(2005)》不再把重点放在边界、机场和海港被动的屏障上,而转向积极主动的风险管理战略。该战略的目的是在一种国际威胁有机会形成之前,尽早发现事件并从其根源制止。新条例使集体防御的重点从少数"检疫"疾病扩大到包含在卫生方面可造成国际反响的任何突发事件,包括新出现和有流行趋势的疾病暴发、食源性疾病暴发、自然灾害以及化学和核放射事件。

第八,《国际卫生条例(2005)》明确提出了对缔约国各层级和口岸核心能力的具体要求,如对缔约国监测和应对核心能力分层提出明确要求,包括:社区层面和(或)基层要加强发现事件信息、报告信息和立即采取初步控制措施的能力;中层层面要加强确认上报的信息、支持基层或协助基层采取额外控制措施的能力,以及评估事件和向国家层面报告的能力;国家层面要加强在 48 小时内评估事件并确定是否需由国家归口单位通报世界卫生组织的能力。

(三)《国际卫生条例(2005)》的实施情况

《国际卫生条例(2005)》是一部具有普遍约束力的国际卫生法。参与条例的各缔约国都高度重视该条例在国内的实施情况,积极履行《国际卫生条例(2005)》所规定的义务,并采取措施加强突发事件的监测和应对等核心能力的建设。而且根据要求,各缔约国及世界卫生组织要向世界卫生大会报告《国际卫生条例》的实施情况,并在每年度的世界卫生大会报告中进行总结。

条例要求各缔约国的义务包括评估并向 WHO 报告国际关注的突发公共卫生事件;对 WHO 提出的关于确认 PHEIC 的要求做出反应;对可能造成国际性蔓延的公共卫生事件做出反应。并在规定的期限内达到包括监测和应对突发公共卫生事件的能力、机场及港口和陆路口岸提供医学检查和控制的能力在内的核心能力建设的要求。条例规定,缔约国应最终于 2014 年 6 月达到规定的核心能力要求,如果因特殊情况达不到,则可以申请延期 2 年,目前为止,包括美国在内的大多数国家(仅新加坡等极少数国家于 2012 年 6 月 15 日前完成条例规定的核心能力建设任务)认为自身能力距离条例要求还有一定差距,均提出了延期达标的申请,并持续采取行动加强核心能力建设。

中国是条例的缔约国。条例要求各缔约国应当发展、加强和保持其快速有效应对国际关注的突发公共卫生事件的应急核心能力,并在 2012 年 6 月 15 日前,发现、评估、报告、通报和处置突发公共卫生事件的能力全部达标,不能如期达标可申请延期。2012 年 6 月,综合考虑国内的防控能力等各方面因素,中国向世界卫生组织提出了延期 2 年达标的申请并获同意。目前,中国突发公共卫生事件监测及应对、实验室能力和生物安全管理、出入境口岸核心能力、人畜共患病防控、食品药品安全事故防控能力、化学性和核辐射事件防控等公共卫生核心能力均达到了《国际卫生条例(2005)》的要求。2013 年各相关部门开展的公共卫生应急核心能力评估结果显示,达标率已升到 91.5%,超过了全球平均水平(70%)和 2012 年已达标西太区国家的平均水平(86.4%)。未来中国各个部门及机构将进一步加强协作,完善公共卫生应急核心能力建设工作长效机制,保持并持续发展公共卫生应急核心能力,不断提升中国应对各类突发公共卫生事件的能力和水平。

根据《国际卫生条例》规定要求,世界卫生组织成立了由相关领域专家组成的《国际卫生条例》突发事件委员会,在决定是否采取全球性公共卫生应对行动时向世界卫生组织总干事提供建议,主要包括:①某个事件是否构成国际关注的突发公共卫生事件;②向各成员国提供应对措施建议,以预防疾病的国际间传播,避免对国际贸易和旅行产生不必要影响;③经评估,宣布国际关注的突发公共卫生事件的结束。2007 年《国际卫生条例(2005)》实施以来,根据《国际卫生条例》突发事件委员建议,世界卫生组织共宣布 3 次"国际关注的突发公共卫生事件",分别是 2009 年甲型 H1N1 流感大流行(2009 年 4 月宣布)、2014 年野生脊灰病毒国际间传播(2014 年 5 月宣布)、2014 年西非埃博拉病毒病暴发(2014 年 8 月宣布),并采取了相应行动。

二、人道主义危机的卫生救援与世界卫生组织应急反应框架

(一) 人道主义危机卫生救援概念

人道主义危机(简称人道危机),又称人道灾难,是由自然灾害、武装冲突等导致人的基本权利甚至生命受到威胁的状况。一般而言,当某区域或某国家因为发生大的自然灾害、传染病暴发或战争等情形导致民众的基本生存权利或生命健康受到威胁或者大量人口死亡即可称为发生了人道主义灾难。

人道主义危机主要发生在发展中国家。如在 20 世纪 60 年代到 90 年代期间,全球因自然灾害死亡人数增加近 10 倍,其中发展中国家占总数的 90%;民族矛盾、宗教和国内冲突、战争的发生更是导致大量人道主义危机产生。其他人道主义灾难的例子尚有:2010～2011 年非洲之角遭遇 60 年不遇干旱,引发严重的粮食危机,肯尼亚、埃塞俄比亚等地超过一千万人面临饥荒威胁;始于 2014 年年初的乌克兰内战导致数千人死亡、近百万人背井离乡;2014～2015 年发生在西非的埃博拉病毒病疫情波及数个国家,不仅威胁到人类生命安全,造成超过 1 万人死亡,而且影响到人们的生活以及社会秩序的安定,导致人道主义危机的发生。2008 年 12 月,联合国大会通过决议,决定将每年的 8 月 19 日定为世界人道主义日。

人道援助或救援是出现人道危机时基于人道主义而对受助者提供人力、资金、物资等方面的支援,以维护人类的基本生存权利、减缓受灾民众的困难境地以及挽救受灾民众的生命健康。参与人道救援的组织或机构主要包括政府机构、非政府组织及其他非政府人道主义机构,如联合国开发署、联合国儿童基金会、联合国难民署、国际红十字会、世界卫生组织等。政府机构的人道主义救援由联合国负责协调和发起对发生人道主义危机地区的救援,具体则由联合国人道事务协调办公室(OCHA)负责协调应对危机或紧急状况的国际人道救援行动;非政府人道主义机构则依据《国际红十字和红新月运动及从事救灾援助的非政府组织行为准则》等开展人道主义救援。

人道主义危机的卫生救援不但是向受灾国家或地区提供物资、技术、人员等方面的援助,更多的则是将受灾民众的生命健康作为首要目标,为受灾地区提供一系列卫生服务,如治疗抢救伤员/病人、进行风险评估、确定急需及基本卫生需求、建立公共卫生监测系统、重建或加强当地基本医疗卫生服务体系等。而世界卫生组织在人道主义卫生救援中发挥着重要作用,一方面,它是在一系列卫生问题上制定技术指南的主要权威机构;而另一方面,它还是人道主义危机应对中的卫生领导机构,需要在各种应急环境中作为卫生服务提供者的领导机构担负起组织、协调功能(如推动、协调受灾地区实施免疫接种策略或装备卫生设施等),甚至可能为受灾地区直接提供具体的卫生保健服务。如向在中非共和国和南苏丹的卫生保健工作者支付工资,以保证他们返回工作岗位;或为应对西非埃博拉病毒病疫情采购大量物资、器械、药品等供应品;在叙利亚和伊拉克的激烈冲突情况下提供药品和卫生服务等。

知识拓展6-4

国际社会主要的国际人道主义救援组织

1. 联合国开发署,主要协助受灾国进行灾前长期防灾减灾和灾后的恢复工作。

2. 联合国儿童基金,主要负责灾区紧急时段的妇女和儿童的生活条件的援助工作,适时提供灾区妇女和儿童的情况的快速评估。

3. 联合国难民署,主要负责紧急时段建立难民营,协调国际援助和难民的再安置。

4. 联合国人道主义事务协调办公室,主要负责政策发展、支持人道主义事务、人道主义应急响应的协调工作。

5. 联合国教科文组织,通过教育、科学和文化促进各国合作,对和平和安全做出贡献。

6. 世界卫生组织,主要负责紧急时段卫生健康信息的收集管理;卫生健康状况的快速评估;建立高层次的应急卫生协调组织网络;在总部和各分区增加应急反应基金。

7. 世界粮食组织,主要负责紧急时段的食品援助;准备后勤和运输方案;建立食品通道、仓库、路线和分发点。

8. 国际红十字和红新月联合会,是各国红十字会和红新月会的国际性联合组织,宗旨是在战争中行善和通过人道工作维护和平。

9. 国际移民组织,在全世界范围内确保移民有秩序地移居他国。

（二）世界卫生组织应急反应框架

为有效应对全球日益增加的各种突发灾难事件,基于专家经验及应对实践,世界卫生组织制订了突发事件应急反应框架(Emergency Response Framework,ERF),目的是进一步明确其在全球突发事件应对中所扮演的领导角色和责任,强化在应急响应中的角色和责任,为世界卫生组织在突发事件的应对实践提供政策、策略建议以及管理指南,并为 WHO 的各项灾难救援工作提供一整套规范的行动标准。

应急反应框架主要规范了世界卫生组织的核心承诺、灾难事件定级、救援行动标准、应急响应核心工作、全球应急管理小组(Global Emergency Management Team,GEMT)的作用、必要政策支持和应急反应流程等。具体包括:

1. 规定了世界卫生组织在应急反应方面的核心承诺是世界卫生组织通过协调和有效的卫生应对行动,降低死亡率和发病率,降低突发公共事件所引起的后果。通过这些承诺的救援行动,确保受灾国有效地应对自然灾害、武装冲突、粮食安全、传染病暴发以及环境、化学、食品和核事故,政治或经济危机以及所有其他类型影响公众健康的突发事件,并得以尽快恢复。世界卫生组织将支持受灾国和当地卫生部门与国际社会一起采取积极行动,最大限度地拯救生命、减少对健康的不良影响等。这些主要行动包括:制订基于循证医学的应对策略、计划及声明;确保疾病监测、早期预警和应对体系的实施;提供实时健康状况及救援行动信息;促进、监督采用规范的行动标准;为受影响的成员国和其他关键利益机构提供相关灾难救援的技术支持。

2. 阐述了世界卫生组织在事件预警、事件分类、事件确认以及风险评估方面的具体行动步骤。具体步骤则有:①在全球范围内对突发事件进行持续监控,判定其对公众健康是否有潜在影响,决定是否启动应急响应。②收到突发事件报告或通过监测发现突发事件后即启动突发事件确认和风险评估工作。③开展突发事件确认及风险评估。世界卫生组织支持会员国对突发事件进行核实,并评估事件对公共健康的潜在影响,必要时则基于事件规模及严重性标准进行风险评估,其中,事件规模包括受灾人数和健康状况、受灾人口比例、地域面积、医疗机构破坏程度、灾后自救能力、受影响的国家数量、疾病跨国传播的范围、对国际贸易和旅行的干扰程度、与历年灾情比较的差异等;事件严重性也即突发事件对公众健康的危害程度、疾病发病率和病死率、传染性、跨国传播速度、环境或食品受污染程度、人口迁移程度、战争或自然灾害程度以及自然灾害对公众健康的长期影响等。④根据突发事件风险评估结果判定事件性质、级别,决定应采取的行动措施。⑤根据事件进展以及应对效果决定是否终止事件应对响应。

3. 描述了世界卫生组织内部关于突发事件的评级过程,具体包括分级目的、不同分级定义、分级标准,以及解除分级的步骤。世界卫生组织为使内部机构和相关人员了解事件性质,明确事件响应范围、程度和时间,在《突发事件应急反应框架》中明确了事件的定级标准(分为未定级、1级、2级、3级)、定级程序、解除分级标准以及相应的响应规模。

4. 明确了应急反应的执行标准。世界卫生组织为了能够及时有效地协助受灾会员国应对突发事件,有效降低发病率和病死率,特别制订了突发事件应急响应的标准行动流程,以及完成事件应对的时间表以评估、追踪、衡量应对效果。

5. 概括了世界卫生组织在应急响应中的四项核心功能,即领导力、信息、技术和核心服务。具体则是:所谓"领导力"是指世界卫生组织要发挥对卫生部门的领导和协调作用以帮助受灾国和当地政府;所谓"信息"是指世界卫生组织在信息(即健康风险、卫生需求、卫生部门应急反应、应对行动及差距等相关信息)收集、分析、交流和发布等方面发挥协调作用;所谓"技术"是指世界卫生组织针对受灾国的卫生需求提供包括卫生政策和战略咨询、制订技术指南、标准和流程、实施和加强疾病监测、早期预警等方面的技术支持及援助;所谓"核心服务"是指世界卫生组织在突发事件应对中有效开展后勤保障、办公机构建立管理、物资和人力资源管理、物资采购和供应管理、行政、财务及捐献管理等服务。

6. 陈述了世界卫生组织全球应急管理团队(Global Emergency Management Team,GEMT)在突发事件应对中的角色,尤其是关于组织资源的优化应用、政策实施过程的监测以及世界卫生组织内部和外部沟通的管理等。世界卫生组织于 2011 年组建了全球应急管理队伍,其主要负责包括国家应急预案、制度准备和全危害应急响应在内的应急响应工作的规划、管理、实施、监控和评估等。全球应急管理队伍的成员多由总部或区域办事处具有全危害应急管理经验的专家组成,并下设有应急小组具体负责某次突发事件的定级和应急响应工作。

7. 突发事件应急反应框架概括了世界卫生组织在突发事件应对中的应急反应程序,描述了 WHO各级机构实施四项核心工作的具体时间表和行动标准。

8. 突发事件应急反应框架概括了包括动员政策、卫生应急领导政策、无悔政策三项关键政策,保证对二级和三级灾难事件进行快速响应,并确保人员和物资部署工作能够得到机构全力支持。

三、全球暴发预警与反应网络

全球暴发预警与反应网络(Global Outbreak Alert and Response Network,GOARN)是由世界卫生组织于 2000 年组建的全球疾病流行预警和反应网络,是一种将现有机构和监测网络串连起来的技术合作机制,集中人力和技术资源以便快速鉴别、确认和应对国际上重要的疾病暴发。汇集了来自世界卫生组织各会员国的科技机构、医学和监测行动、区域技术网络、实验室网络、联合国各组织(例如儿童基金会、难民署等)、红十字会(红十字国际委员会、红十字会与红新月会国际联合会和国家协会)以及国际人道主义非政府组织(例如无国界医师协会、国际援救委员会等)的技术和业务资源。该网络向有能力对国际疫情警报和反应做出贡献的技术机构、网络和组织开放。作为传染病监测与反应预警和应对活动的一部分,世界卫生组织为该网络提供秘书处服务。

全球疫情警报与反应网络(GOARN)的目标是应对暴发疫情的国际传播,协助各国努力控制疾病;确保为受影响的国家、民众及时提供适当的技术援助及支持;协助开展调查和确认突发事件特征,快速评估新发生疾病风险;支持各国长期开展流行病应对准备和能力建设,预防和应对疫情暴发等。

全球疫情警报与反应网络(GOARN)的主要信息源是各国提供的有关疾病暴发的报告及非官方渠道的信息,该网络通常仅有 10 多名工作人员昼夜值班,不停地翻阅来自世界各地的有关各种疾病的最新报告,仔细地筛选材料,进行分析并做出判断,对是否应当派遣专家小组去实地调查或应当立即采取某种应急措施提出建议和报告,供决策之用。

全球疫情警报与反应网络(GOARN)通过制订国际疫情警报和反应指导原则以及流行病学、实验室、临床管理、研究、通信、后勤支持、安全、疏散和通信联络系统标准化工作的实施规则,为国际社会的流行病应对工作提供统一商定的标准。其中,GOARN 制订的国际疫情警报和反应指导原则包括:①世界卫生组织确保潜在的国际重要的暴发疫情能迅速得到核实,信息能够在网络内部快速分享;②设立运作支持小组负责对受影响国家的援助请求做出快速反应;③确保最恰当的专家在最短的时间内到达现场开展协调和有效的疫情控制;④国际团队整合和协调各项活动,支持受援国已有的努力及现有的公共卫生基础;⑤为网络内的合作者参与国际应对提供公正和公平的秩序;⑥确保在疫情现场有强有力的技术领导和协调;⑦合作伙伴尽一切努力确保他们对暴发疫情应对的参与和支持;⑧充分认识国家和国际非政府组织在医疗卫生领域,包括对疫情暴发的控制具有独特作用。在努力进行有效合作和协调的同时,GOARN 尊重所有伙伴国的独立性和客观性;⑨将应急响应工作机制化,对参与者开展基于现场的应用流行病学和公共卫生实践的培训(如现场流行病学培训项目,FETP),以开展全球应对能力建设;

⑩加强国家及地区应对能力建设,持续跟进国际间暴发疫情的应对,促进暴发疫情的应对准备,降低未来易发生疫情可能性;⑪GOARN所采取的所有应对措施将充分尊重道德标准、人权、国家和地方法律、文化敏感性和传统习惯。

四、亚太地区新发传染病应对战略

(一) 亚太地区新发传染病形势及应对

目前,全球正面临着新发传染病的严重威胁,亚太地区日益成为新发传染病发生及流行的焦点地区。尤其是近年来,包括传染性非典型肺炎(SARS)、人感染高致病性禽流感(H5N1)、人感染H7N9禽流感、尼帕病毒感染、亨得拉病毒病、发热伴血小板减少综合征等不断在亚太国家及地区被首次发现甚至造成区域或全球范围内的暴发、流行;同时,由于世界范围内的人员流动和商品贸易增加等因素的影响,亚太区域面临着其他区域传染病输入(如甲型H1N1流感)的风险,中国也面临着每年从东盟各国输入传染病的风险(如登革热、基孔肯亚热等),并对居民健康及社会经济发展甚至社会稳定带来严重危害。

亚太区域拥有全世界50%以上的人口,全球新发传染病防控效果在很大程度上依赖于该地区的应对能力,由于区域内各个国家及地区的自然条件、社会制度、经济发展水平、公共卫生体系等方面存在着较大差异,更加迫切地需要各国加强在新发传染病监测、风险评估、信息沟通等方面的合作,共同应对不断出现的新发传染病的挑战。2005年9月亚太区域的48个国家和地区共同制定了亚太区域新发传染病战略(Asia Pacific Strategy for Emerging Diseases, APSED),简称APSED(2005),并根据形势发展于2010年进行了修订,简称APSED(2010),以期从战略高度构建可持续发展的国家和区域能力以及合作伙伴关系,通过对新发传染病及其他突发公共卫生事件的准备计划、预防、早期发现及快速应对,确保区域内民众公共健康安全。该战略要求在面对区域性健康安全威胁时,各成员国要共担责任、一致行动。

(二) 亚太新发传染病防控战略(2005年版)

亚太区域新发传染病战略(2005年版)旨在加强应对新发传染病的国家系统及能力。它是一项"三合一"的战略,其目的主要在于帮助各个国家加强新发传染病应对能力,具体表现为:①增强管理新发传染病的基本能力;②改善对大流行的应急准备;③加强建设以满足IHR关于监测与反应的核心能力要求。此外,该战略还确定了进行国家能力建设的5个优先项目领域,即监测与反应、实验室、人畜共患病、感染控制及风险沟通。

通过各个国家和地区、世界卫生组织及合作伙伴的共同努力,至今为止,战略的5个领域都取得了非常显著的成绩。例如,大多数国家已经建立起基于事件的监测系统以发现包括疾病暴发在内的公共卫生事件;经过培训的快速反应队伍能够迅速开展现场调查;国家流感中心的能力得到显著提高。

(三) 亚太新发传染病防控战略(2010年版)

为适应形势发展变化的需要,应区域内各个国家和地区的要求,对2005年版战略进行了更新、修订。更新版的战略即亚太区域新发传染病战略(2010),亦称作APSED(2010)已经在2010年10月第61届世界卫生组织西太平洋区域委员会上通过。该战略的修订主要是基于2005年版所取得的经验及成就,吸取流感大流行应对的经验教训,并考虑了区域内各个国家和地区的实际需要,在2009年7月至2010年10月间广泛征求了各国和区域内专家意见而完成。

该战略旨在构建可持续发展的国家和区域能力及伙伴关系,通过对新发传染病及其他突发公共卫生事件的准备计划、预防、早期发现及快速应对,提高亚太地区新发疾病和其他公共卫生紧急事件的应对能力,确保公共健康安全。它呼吁区域内各个国家和地区、世界卫生组织以及合作伙伴共同行动起来,为亚太区域提供公共卫生安全保障。2010年版战略为指导该区域所有国家和地区达到《国际卫生条例》规定的核心能力建设要求提供了路线图,以确保区域及全球健康安全。该战略所规定的监测、风险评估和反应既适用于新发传染病,也适用于其他相关项目如食品安全、突发卫生事件的应急准备与响应。

战略的目标任务主要包括:减少新发疾病的风险;加强对新发疾病和公共卫生危机暴发的早期检

测;加强对新发疾病和公共卫生危机的快速反应;加强对新发疾病和公共卫生危机的有效应急准备能力;在亚太地区建立长期技术协作与伙伴关系等。此外,战略确定了8个方面作为未来5年或更长时间内技术及资金优先投入的重点领域,这些领域包括监测、风险评估和反应;实验室;人畜共患病;感染预防和控制;风险沟通;突发公共卫生事件应急准备;区域准备、预警和反应;监督和评价。表6-1列举了战略的2005年版和2010年版之间的异同。

表6-1　亚太新发传染病防控战略(2005)与亚太新发传染病防控战略(2010)的异同

内容	2005 年版	2010 年版
愿景及目标	关注于新发传染病的应急需要	强调同时关注新发传染病和其他突发公共卫生事件,对区域健康安全承担共同责任
目的	• 降低风险 • 早期发现 • 快速反应 • 有效准备 • 合作伙伴关系	• 降低风险 • 早期发现 • 快速反应 • 有效准备 • 合作伙伴关系
重点领域	5 个项目领域 • 监测与反应 • 实验室 • 人畜共患病 • 感染控制 • 风险沟通	8 个重点领域(原有 5 个领域+下列 3 个新领域) • 突发公共卫生事件应急准备(国家水平) • 区域准备、预警和反应 • 监督和评价
范围	新发传染病	继续关注新发传染病,但也关注新发传染病以外的其他事件
时间范围	2006～2010	2011～2015
修订过程	自上而下的方式,在实施过程中开展支持性的评估和评价	自下而上的方式,修订过程中广泛开展国家和地区咨询,并吸取2009年甲型H1N1流感大流行的经验教训
实施方法	• 一步一步实施,保证最低能力要求的落实 • 标准化方法(各项活动执行缺乏灵活性) • 重点关注资源缺乏的国家	• 明确各重点领域的愿景,以及实现该愿景的步骤 • 弱化了方法的标准化(在活动的设计及执行上更为灵活) • 继续关注资源缺乏的国家,同时重视所有国家和地区的全面参与

第三节　参与国际卫生应急行动时应遵循的主要原则

一、国际卫生应急行动的可能情形与主要任务

(一) 国际卫生应急行动的可能情形

全球化导致国际旅行和贸易大量增加,各种由于人员流动、人口快速增加、食品加工贸易、环境改造等因素导致的生物恐怖事件、传染病暴发、大规模的化学品泄漏事件导致的伤害事件、自然灾害等时有发生。由于不同国家的自然地理环境、文化、经济生产活动等不同,其主要突发事件的类型也有所不同。

发达国家有相对完善的紧急救援体系及应对能力,常能够凭借自身力量应对较大规模的突发事件,而发展中国家经济实力弱,卫生体系、应急体系不健全,一旦发生较大的自然灾害或传染病事件,常常缺乏自身及时应对能力,需要国际间援助行动。

国际卫生应急行动的规模、所动员的力量及资源、援助行动的种类及情形多种多样,常与突发事件发生的国家或地区的受影响程度及自身的能力、事件发生的类型、性质及严重程度、波及程度等因素密切相关。一般而言,地震、海啸、洪灾等自然灾害波及的区域较为局限,受影响的国家或地区较少,但该

类型的突发事件对基础设施、环境以及居民生命造成的危害巨大,受援助地区难以为救援者提供基础支持,开展国际救援往往最为主要的是抢救生命,其次则是传染病防控、恢复重建等工作。

而传染病事件如流感大流行常常波及全球大多数国家和地区,形成全球公共卫生危机,又如2014年年末起源于几内亚的埃博拉病毒病疫情迅速波及区域内的多个国家并输出到美洲及欧洲,成为受到全球关注的突发公共卫生事件,这类事件往往需要为受援国提供先进的技术、训练有素的技术人员、充足的医疗资源,需要全球协调一致采取应对措施减缓、控制疫情的传播、蔓延。其他需要开展国际卫生应急行动的可能情形还包括严重自然灾害、生物恐怖袭击、大规模化学品泄漏、核辐射泄漏等。

（二）国际突发事件的分级

世界卫生组织根据卫生应急框架内容,明确了突发事件的四级分级标准。具体分为:未分级,需要世界卫生组织对事件开展评估、追踪、监测,但不需要采取应对措施;1级,事件常产生一个或多个影响最小的公共健康后果,需要采取最基本的应对措施响应该事件;2级,在一个或多个国家发生的事件造成公共健康后果,需要采取相对较为积极或中度的国际应对措施;3级,事件产生一个或多个严重的公共健康后果,需要动员大量不同国家、组织、部门的多方面的力量应对该重大国际事件。

（三）各种突发事件的应对原则及任务

尽管全球每年都会发生大量的各种类型的突发事件,但是历史上还从来没有完全相似的两个突发事件发生。因此,对于在进行应急准备或从事应急响应的应急工作人员或潜在的救援人员而言,在总结既往突发事件的发生特点以及应对经验基础上,掌握突发事件的应对原则尤为重要。

1. 面对全球时有发生的突发事件等公共卫生安全威胁,建立或完善公共卫生应急机制是不少国家的当务之急,各国需要这样的机制来应对可能发生的新发传染病、自然灾害或恐怖袭击,以保护民众的生命和健康。国家应制定国家级的应急准备与响应政策、应对规划、应急预案,加强制度建设,提高突发事件的核心发现和应对能力。并在全球范围内推动所有国家建立有效的卫生应急准备与反应机制,实现公共卫生应急领域的资源共享,这样才能建立起全球性的突发性灾难监控体系。维持国家间的高水平合作是降低突发事件的发生风险的根本举措。

2. 各个国家都可能面临着不同类型的突发事件的威胁,并且在突发事件发展演变的过程中某一种类型的突发事件也有可能与其他事件并存或导致其他类型事件的发生,因此在进行突发事件应对准备过程中必须要在进行充分风险评估的基础上,针对可能或容易发生的事件或潜在危害,了解自身的薄弱环节,考虑制定基于情景假设的全危害应对策略及全危害、全过程应对计划并根据实际发生情形进行及时更新,一旦突发事件所造成的人员伤亡规模或医疗卫生基础设施受到破坏的程度超出想象,超出事先准备的应急能力需求,应及时调整力量部署开展救援或请求外部力量的援助。

3. 在应对处置各类突发事件如发生自然灾害类突发事件时(尤其是发生自然灾害后72小时内),发现/找寻受伤人员并提供紧急医疗救治,确保受援对象的生命健康安全是优先选择,应首先保证为受灾民众提供安全居所、食物、水、医疗救治等条件,满足基本的生活维持需要,并在此基础上,开展灾后重建及长期的基础设施、体系等建设。

4. 处置突发事件应强调及时性,尽早展开救援处置工作对于确保受援人员生命健康十分重要。为保证突发事件的及时处置,应当明确除公共卫生官员以及训练有素的医疗卫生人员、紧急救援人员外,受灾当地的居民也常常是最初的救援响应人员。

5. 不同类型的突发事件往往造成不同情形及程度的健康威胁,应根据事件发生的具体类型、发生地点等情况,开展风险评估,并据此部署开展不同类型的应急响应。如地震常常引起不同种类的顿挫伤和骨外伤、撕裂伤以及挤压综合征等,而洪涝灾害常常会引起水源传播性疾病流行、皮肤感染、急性呼吸道感染、痢疾、霍乱等疾病,所采取的应对策略及措施也有所不同。

6. 在突发事件应对准备过程中,应动员可应对各种类型突发事件的各个层级的应急反应力量(如个人、队伍、部门、政府、社区等),开展相应的培训和演练以提高实战能力及水平,并对所有准备工作开展评估。

7. 在开展突发事件应对时,根据事件类型及可利用的资源,制订并选择最佳应对策略;并在开展突发事件的应对过程中,明确并适时更新救援的短期及中长期任务,明确不同救援队伍及人员的基本职责及任务,并适时根据情况进展调整援助目标及任务。

8. 救援人员应对突发事件导致的可能风险做出科学评估、判断,在开展突发事件应对过程中必须以保证救援者及被救援者的生命健康为基本前提,以避免救援人员成为事件的又一个受害者。

二、参与国际应急时应遵循的原则

全球每年均会发生大量不同类型的突发事件(如传染病暴发、海啸、地震、化学品泄漏、生物恐怖等)。联合国、世界卫生组织、红十字会等国际组织及相关机构以及各个国家参与国际应急行动(从应急行动的减轻、准备、应对、恢复等不同环节)的机会、次数越来越多,并积累了越来越多的经验。尤其中国是一个自然灾害事件频发的国家,既往常常受到其他国家或国际组织的援助,而随着中国经济发展、国力增强以及各个应急能力的提高,已开始走出国门,对其他国家开展力所能及的援助。譬如中国2008 年派出医疗救援队伍援助印尼开展海啸后重建、2014 年派遣医疗队伍帮助西非国家开展埃博拉疫情应对工作等。中国参加国际应急救援工作尤其是大规模的国际社会联合应对突发事件毕竟起步较晚,尚需要不断总结实际工作经验,吸收、学习其他国家的经验教训,不断提高自身的国际应急能力。

1. 依据国内卫生体系及法律法规,整合相应资源,借鉴国外经验,建立并不断完善国内的卫生应急体系建设,制定基于公共卫生体系及能力的应对战略,制定适合国内的应急框架。

2. 按照《国际卫生条例(2005)》要求,认真梳理突发事件应对存在的主要问题和差距,加强各级(地方、国家、区域)核心应对能力建设,开展全过程、全危害应对准备,提高应急水平及能力。

3. 建立与相关国际组织、区域组织或国家间的突发事件的应急响应的合作机制,定期或不定期开展信息沟通,在人员培训、演练、应急及技术研究等方面开展有效合作。

4. 开展对其他国家或地区的国际救援行动必须争取政府支持,确保足够的、持续的人力、物力及资金支持,并确保应对行动的优先性及资源应用。建立应急救援队伍以及队伍派遣常规机制。

5. 加强突发事件的监测工作,确保及时发现各种国内、国际突发事件,以确保及早应对危机,缩短突发事件持续时间及减轻突发事件危害。

6. 在开展国际应急行动时应考虑短期救援与长期建设之间的结合,即在短时间内帮助受援国紧急应对处置突发事件,减轻危害,同时也要考虑帮助受援兑现及时恢复卫生体系的正常运转。

7. 参加国际应急行动,对其他国家进行紧急援助时,应当遵守统一的国际应急组织架构,必须遵守受援国的法律、法规。

8. 参与国际应急行动,开展各种方式的应对行动,必须首先做好自身安全防护以及后勤、物资及人员的充足保障。

9. 制定国际应急行动计划必须综合考虑受援国家或地区的社会、经济、政治和外交等方面的因素,本着干预的最优化原则,制定切实可行以及可持续的应对措施。

三、参与国际应急行动的准备

参与国际应急行动必须在业已建立的应急体系及应急架构的基础上,进行充分的准备工作。

1. 应基于常规开展的突发事件相关信息收集、分析及风险评估的结果,重点了解需要采取国际应急行动的突发事件的特点、类型、性质、区域、事件波及范围及人群,以及发展趋势、危害等,分析评估应急救援力量和资源情况,制订涵盖突发事件应对全过程(包括预防、准备、应对、恢复等阶段)的全危害应对准备计划(包括开展行前培训、安全防护、疏散计划、事件处置程序、评估计划等),制订针对个人、居住地、事件范围、政府部门的应对计划。

2. 详细了解任务来源及性质、应急响应程序以及负责协调的人员,指派特定人员负责与国际突发事件救援部门及受援国相关部门进行沟通,避免信息重叠、混乱和错误。

3. 根据既往制订的突发事件应急预案及相关技术指南做好技术准备,并根据实际发生的突发事件情形修订、完善技术指南。

4. 通过不同途径及方法了解在事件现场各种可以利用的资源,并根据不同的事件类型、任务计划,进行相应的人力、物资、器材准备。对于自然灾害类突发事件而言,需要了解现场设施损坏情况,准备适当的器械、装备,更有效地应对突发事件。

5. 根据既定人员派遣计划,做好人员派遣准备,并开展行前培训(安全培训、技术培训等),必要时进行情景模拟演练,并开展应急技巧训练以及精神卫生等相关内容训练,尤其强调应当遵照通行的国际惯例,遵守所在国的法律法规,尊重当地风俗习惯,维护国家尊严和形象。

6. 做好充足的团队及个人装备准备,所准备的个人携行物资应包括数天的食物、水、通信设备、电池、急救包、火源、防水容器、哨子、衣物、厨房用品、信用卡、现金、地图等。

7. 应当与受援国或地区进行充分沟通,了解所需要提供的援助物资、器材的种类、数量等,必须考虑当地的实际需求及具体条件,提供最急需的救援物资以及适用的器材,以确保取得最好的援助效果。

总之,近年来全球不断发生的各种自然灾害、传染病暴发等重要事件的应对实践充分表明,突发事件的应急响应越来越成为一个跨国、跨区域乃至全球范围的行动。有效应对全球突发事件应当首先建立、完善科学、适用的全球突发事件应对框架体系及高效运转的应急反应机制,在持续提高各个国家的突发事件预防、监测、预警、风险评估、应对等能力的基础上,重点加强各国卫生应急体系建设及具有国际化视野的人才队伍建设,开展国际交流与合作,不断提高不同国家、区域间以及全球突发事件处置的组织协调、沟通能力,以达到实现全球公共卫生安全的目标。

(冯子健 张彦平)

思考题

1. 突发事件的概念、分类及特征是什么?

2. 举例说明全球公共卫生安全面临的主要威胁及挑战。

3. 《国际卫生条例(2005)》的主要内容是什么?

4. 概述《世界卫生组织应急反应框架》的主要内容。

5. 简要介绍亚太新发传染病防控战略(2005年版)的目标及重点领域。

6. 参与国际应急时应遵循哪些基本原则?

第七章 特殊人群的全球疾病负担与健康

🌐 **学习目标**

掌握 儿童、妇女和老年人的健康风险和决定因素。

熟悉 儿童、妇女和老年人的疾病负担现状。

了解 促进儿童、妇女和老年人健康的全球策略。

特殊人群一般是指由于特殊的个体生理条件或社会经济因素所致的健康风险较高或患病风险较大的人群,如儿童、青少年、流动人口、孕产妇、老年人等。儿童代表着全球的未来,是社会可持续发展的基础,确保儿童获得良好的保健并能使其健康成长应得到全球所有人的共同关注;妇女由于其特殊的生理特征并担负着生育重任而具有比男性更高的健康风险,尤其是在中、低收入国家的女性,从出生即面临更多的死亡风险,诸多的社会经济和文化风俗因素阻碍了妇女获得高质量的卫生保健服务;人口老龄化既是人群健康状况改善的结果,又同时产生了新的公共卫生问题,即老年保健问题。

本章主要从儿童、妇女和老年人的健康问题和疾病负担、健康风险和决定因素以及全球卫生的相关政策与行动这三个方面简要概述全球背景下的儿童、妇女和老年人健康。

第一节　儿　童　健　康

根据《联合国儿童权利公约》,儿童是指不满 18 岁的人,生长发育是其基本特征。广义的儿童期包括胎儿期、婴幼儿期、学龄前期、学龄期和青春期,儿童在生长发育的过程中,其脆弱性和可塑性并存,环境、社会、遗传和卫生保健因素分别或交互地影响着儿童的健康水平。

一、儿童的主要健康问题和疾病负担

(一) 全球儿童死亡率变化与趋势

5 岁以下儿童死亡率(under-5 mortality rate,U5MR)、婴儿死亡率(infant mortality rate,IMR)和孕产妇死亡率(maternal mortality rate,MMR)、出生期望寿命(life expectancy at birth)是国际上公认最基础性的健康指标,也是衡量社会经济发展和文明进步程度的重要综合性指标。

婴儿死亡率和新生儿死亡率是衡量一个国家卫生保健水平的敏感指标。婴儿是指从出生至未满 1岁(364 天 23 小时 59 分)的儿童。婴儿期又可以分为新生儿期和婴儿后期,新生儿期是指从出生至未满 28 天(27 天 23 小时 59 分),新生儿死亡的主要原因是先天不足、发育不全、畸形和分娩外伤等现代医学不易预防的疾病;婴儿后期是指出生 28 天至未满 1 岁的婴儿,其主要死因是肺炎、传染病和营养不良等易于防治的疾病。

5 岁以下儿童死亡是指从出生至不满 5 周岁期间的儿童死亡,该指标可以看成儿童从出生至 5 岁的死亡概率。在许多发展中国家,由于婴儿死亡的资料不准确,而 5 岁以下儿童死亡率又很高,故用 5岁以下儿童死亡率来反映婴幼儿的死亡水平。

📚 **知识拓展 7-1**

儿童健康主要评价指标测算

1. **婴儿死亡率(IMR)** 指某时期婴儿死亡数与同期活产数之比。

$$婴儿死亡率 = (某时期内婴儿死亡数/同期活产数) \times 1000‰;$$

2. 新生儿死亡率(neonatal mortality rate, NMR) 指某时期新生儿死亡数与同期活产数之比。

$$新生儿死亡率 = (某时期内新生儿死亡数/同期活产数) \times 1000‰$$

3. 5 岁以下儿童死亡率(U5MR):指某时期 5 岁以下儿童死亡数与同期活产数之比。

千年发展目标 4 呼吁到 2015 年将 5 岁以下儿童死亡数从 1990 年的 1200 万减少至 400 万以下,即降低三分之二。总体而言,自 1990 年至今,世界范围在实现千年发展目标 4 方面已经取得了实质性进展,据联合国儿童死亡率估计跨机构小组估计,全球 5 岁以下儿童死亡数从 1990 年的 1260 万降低至 2012 年的 660 万,这意味着每天 5 岁以下儿童的死亡数少了 17 000 人;全球 5 岁以下儿童死亡率从 1990 年的每千活产 90 例死亡,下降到 2012 年的 48 例,降低了 47%,除了撒哈拉以南的非洲和大洋洲,其他地区 5 岁以下儿童死亡率均下降了至少 50%。5 岁以下儿童死亡率的下降速度在 1990~1995 年为每年下降 1.2%,而 2005~2012 年,平均下降速度为每年下降 3.9%,5 岁以下儿童死亡率的这一下降速度,仍然不足以实现到 2015 年在 1990 年死亡率基础上减少三分之二的千年发展目标,尤其是在大洋洲、撒哈拉以南的非洲、高加索、中亚和南亚地区。

按照目前的趋势,到 2015 年底全球总体 5 岁以下儿童死亡率将会降低到 46‰,这与预期目标仍有很大差距,发展中国家将有 31 个能够完成千年发展目标,11 个国家会在 2020 年之前完成。

新生儿期是婴幼儿死亡风险最高的时期。2012 年,44% 的儿童死亡时间发生在出生后 1 个月以内,这一比例较 1990 年提高了 19 个百分点。全球新生儿死亡率从 1990 年的每千活产 33 例死亡,下降到 2012 年的 21 例,降低了 37%。由于新生儿死亡率下降的速度低于 5 岁以下儿童死亡率的下降速度,导致新生儿死亡占 5 岁以下儿童死亡的比例较 1990 年有所提高。

不同地区 5 岁以下儿童死亡率差异较大。如表 7-1 所列,撒哈拉以南的非洲是全球 5 岁以下儿童死亡率最高的地区,平均每千活产 98 例死亡,同时也是新生儿死亡风险最高的地区,但 5 岁以下儿童死亡率在该地区的下降速度逐渐加快,1990~1995 年,平均每年下降 0.8%,2005~2012 年,该下降速度为每年下降 4.1%。全球约一半的 5 岁以下死亡儿童来自于 5 个国家:印度、尼日利亚、刚果民主共和国、巴基斯坦和中国。

表 7-1 世界范围 5 岁以下儿童死亡率和死亡人数 1990 和 2012 年的分布和下降情况

地区	U5MR				5 岁以下儿童死亡数(千)	
	MDG4 目标	1990	2012	下降率(%)	1990	2012
发达国家	5	15	6	57	226	90
发展中国家	33	99	53	47	12 394	6463
北非	24	73	22	69	268	88
撒哈拉以南的非洲	59	177	98	45	3772	3245
拉丁美洲和加勒比	18	54	19	65	627	206
高加索和中亚	24	73	36	50	146	64
东亚	18	53	14	74	1675	272
东亚(除中国)	9	27	15	45	28	14
南亚	42	126	58	54	4784	2108
南亚(除印度)	42	125	61	51	1459	694
东南亚	24	71	30	57	843	246
西亚	22	65	25	62	265	120
大洋洲	25	74	55	26	14	15
全世界	30	90	48	47	12 621	6553

资料来源:联合国儿童死亡率估计跨机构小组

（二）全球儿童疾病负担

肺炎（17%）、早产并发症（15%）、分娩相关并发症（10%）、腹泻（9%）及疟疾（7%）是儿童死亡的主要原因。出生后第一个月内的新生儿，尤其是出生后 24 小时是儿童生命中最危险的阶段。而在所有 5 岁以下儿童死亡人数中，45% 的儿童死亡为营养不良所致，仅母乳喂养儿童的存活概率就可达非母乳喂养儿童的 14 倍。在发达国家，5 岁以下儿童死亡原因的模式大不相同，由于大部分可预防死因所占比例的下降，在婴儿期以先天性异常为主，在 1~4 岁，以意外伤害为主。

1. 肺炎　肺炎是引起全球新生儿死亡的首要危险因素。2011 年，估计肺炎造成了 120 万 5 岁以下儿童死亡，占 5 岁以下儿童死亡总数的 17%，比艾滋病、疟疾和肺结核引起的 5 岁以下儿童死亡总数还要多，肺炎对南亚和撒哈拉以南非洲的儿童生存影响最为严重。烹饪以及燃料燃烧引起的室内空气污染、居住在拥挤的环境、父母吸烟等都是婴幼儿肺炎发生的危险因素。但是它可以通过简单的预防措施（接种疫苗、实施纯母乳喂养、降低居室空气污染、提供充足的营养）和治疗措施（抗生素、氧气），通过低成本、低技术含量的药物进行治疗和护理。

2. 腹泻　严重的腹泻可导致体液流失，甚至会危及生命，尤其是那些营养不足和免疫功能不健全的儿童。在发展中国家，3 岁以下儿童平均每年患腹泻 3 次，全世界每年因腹泻而致 5 岁以下儿童死亡人数约 76 万。纯母乳喂养、环境和个人卫生以及免疫接种等适宜措施有助于预防婴幼儿腹泻；使用口服补液盐和锌补充剂治疗患儿既安全又经济有效，并可拯救生命。在过去 25 年中，通过使用口服补液盐拯救了 5000 多万名儿童的生命。

2013 年 4 月，世界卫生组织与联合国儿童基金会共同发起了"预防及控制肺炎和腹泻的综合性全球行动计划"，因为这两种疾病的共同原因和风险因素交织，预防战略和干预措施以及诊所、社区和学校治疗实施平台也大同小异。它的目标是使 90% 的儿童能够获得针对肺炎的抗生素和针对腹泻的口服补液盐，目前能获得这两种治疗资源的儿童分别仅占 31% 和 35%。最终目标是在 2025 年之前，将 5 岁以下儿童的肺炎死亡率降至 3‰ 以下，腹泻死亡率降至 1‰ 以下。

3. 营养不良　营养不足（undernutrition）和营养过剩（overnutrition）统称为营养不良（malnutrition）。任何形式的营养不良都是导致孕产妇和儿童罹患疾病和早逝的因素。全世界三分之一的儿童死亡由包括维生素和矿物质缺乏在内的营养不足引起，它还会损害健康发育和终身的生产力。

营养不足的关键指标包括生长迟缓、低体重和消瘦。2011 年的数据显示，全球约有 1.65 亿儿童因没有足够的食物、饮食中所含维生素和矿物质不足、儿童保健不当以及患有疾病而导致生长迟缓，非洲和亚洲的儿童生长迟缓率最高。截至 2011 年，在东部非洲，42% 的儿童受到影响。消瘦及水肿是营养不良的一种严重状况，每年约有 150 万名儿童因消瘦而死亡，针对消瘦问题，需要采取紧急营养干预措施，以拯救生命。饮食中基本的维生素和矿物质是促进免疫力提高和健康生长发育的关键。维生素 A、锌、铁和碘缺乏是公共卫生应关注的主要问题。全世界约有 20 亿人受到碘缺乏症带来的影响。全球范围内，三分之一以上的学龄前儿童缺乏维生素 A，而其所导致的儿童失明是完全可以预防的。

孕产妇和儿童营养不良占全球疾病负担的 10% 以上。为使婴儿更加健康，WHO 建议采用 6 个月纯母乳喂养，6 个月大时添加与年龄适当和安全的辅食，同时继续进行母乳喂养直到孩子 2 岁或 2 岁以上。如果这些喂养指导原则执行得当，可以避免全世界约 20% 的 5 岁以下儿童死亡。

持续增长的超重比例则与慢性病有密切关系，导致营养不良双重负担的后果。世界范围内超重和肥胖人数的上升已成为公共卫生的一项重大挑战，是引起死亡的第六大风险。2013 年，4200 万 5 岁以下儿童超重或肥胖。一度被视为高收入国家问题的超重和肥胖，如今在中低收入国家，尤其是城市环境中，呈上升的趋势。在中低收入国家，儿童期超重和肥胖的增长率高出发达国家 30% 以上。儿童期肥胖会使成年期肥胖、早逝和残疾出现的概率更高。但是，除了未来风险升高之外，肥胖儿童还会经历呼吸困难、骨折风险升高、高血压、心血管疾病的早期征兆、胰岛素抵抗及心理影响。

世界卫生组织已公布了国际儿童生长标准，提供了用以对儿童营养状况进行国家和区域内及相互间加以比较的基准。同时，由世界卫生组织与合作伙伴共同开发的营养状况信息系统将提供有关主要营养指标和诸如食品、健康和保健等影响因素方面的国家概况。

4. 传染性疾病　以艾滋病为例,2013 年全球估计有 3500 万名艾滋病病毒携带者,新的感染者有210 万,150 万死于艾滋病相关疾病。根据 2013 年的数据,估计 320 万儿童携带艾滋病病毒,这些儿童多数生活在撒哈拉以南非洲,由艾滋病病毒阳性的母亲在妊娠、分娩或母乳喂养期间使其发生感染。2013 年有超过 24 万名儿童新感染艾滋病病毒。绝大多数艾滋病病毒携带者生活在低收入和中等收入国家。

千年发展目标 6 要求,在 2015 年终止并开始扭转艾滋病的蔓延,但低收入和中等收入国家中仍有许多艾滋病病毒携带者并不知晓自己艾滋病病毒感染状况,几乎一半的符合使用抗反转录病毒药物治疗条件的艾滋病感染者无法获得相关服务。目前世界上携带艾滋病病毒的儿童有 90% 以上是通过母婴传播感染的。在缺乏干预的情况下,艾滋病病毒通过母婴途径传播的概率为 15% ~ 45% ,而经有效的干预,艾滋病母婴传播几乎完全可以避免(传播概率下降到低于 5%)。在多数低收入和中等收入国家,获得预防干预措施的机会仍然受到限制,但在预防艾滋病病毒母婴传播以及保证母亲生命等方面现已取得进展。2013 年,每 10 名携带艾滋病病毒的孕妇中就有 7 人获得了抗反转录病毒药物。

(三) 全球儿童伤残情况

1. 出生缺陷　又称先天性异常、先天性疾病或先天性畸形,即出生时存在结构性或功能性异常,包括代谢障碍。虽然约半数先天性异常不能归咎于某种特定起因,但还是存在一些起因或危险因素,包括社会经济因素、遗传因素、感染、孕产妇营养状况、环境因素等。

世界卫生组织数据表明,全世界大约每 33 个婴儿中就有 1 个受到出生缺陷的影响,每年会导致 320万儿童患上与出生缺陷有关的疾病,27 万新生儿因出生缺陷而死亡。出生缺陷可造成长期残疾,对个人、家庭、卫生保健系统和社会产生显著影响。最常见的严重出生缺陷为心脏缺陷、神经管缺损和唐氏综合征。

中国是出生缺陷高发国家,根据全国出生缺陷医院监测数据(监测期限为妊娠满 28 周至产后 7天),出生缺陷发生率呈上升趋势,2010 年达 149.9/万。

2. 伤害与暴力　据《世界预防儿童伤害报告(2008)》,伤害和暴力是全球范围内导致儿童死亡的主要原因,每年因此死亡的 18 岁以下儿童和青年人数约达 95 万,相当于每小时有 100 余名儿童无辜死去,在这些死亡人数中,非故意伤害(unintentional injury)所占的比例将近 90% 。仅道路交通事故伤害一项即构成 15 ~ 19 岁儿童首位死亡原因以及 5 ~ 14 岁儿童的第二位致死因素,溺水、烧烫伤、跌落和中毒紧随其后。除了由于非故意伤害导致的死亡以外,还有数千万儿童因遭受非致命性伤害而需要接受临床治疗,甚至留下终身残疾。伤害对儿童造成的负担是不同的。全球 95% 以上的儿童因伤害死亡发生在低收入和中等收入国家。尽管发达国家中因伤害致死的儿童人数大大低于其他国家,然而伤害同样是主要的致死因素,约占儿童死亡总人数的 40% 。

如果在全球采取已证明有效的预防伤害措施,其中 1000 多名儿童的生命可以得到挽救,通过实施安全性法律、改进楼梯扶手等产品、按要求改造环境、开展预防伤害方面的公众宣传、提供更好的儿童急救医护,许多发达国家已经把儿童伤害死亡率降低了 50% 。

青少年暴力是全球公共卫生问题,包括从利用较为严重的性侵犯和人身攻击来实现欺凌和肢体搏斗到杀人等一系列行为。据估计,全世界每年有 25 万起杀人事件发生在 10 ~ 29 岁的青少年中间,占全球年杀人总数的 41% 。青少年杀人比例在不同国家之间及一国之内相差悬殊。男性青少年在所有国家中,既是实施杀人的主体,同时也是杀人受害者。女性中青少年杀人的比例几乎在所有地区均大大低于男性。1990 ~ 2004 年间,许多发展中国家的青少年杀人比例均有所上升,而该比例在若干发达国家则有所下降。

每有一名在暴力中丧生的青少年,就会另有 20 ~ 40 人受伤,需要接受医院治疗。与致命袭击相比,非致命暴力伤害则更多涉及拳打脚踢和刀棍的使用。性暴力也对很大比例的青少年产生影响。例如,在《世卫组织有关妇女健康和家庭暴力多国研究》中,3% ~ 24% 的被调查妇女报告称,她们的初次性经历是被迫发生的。肢体搏斗和欺凌在青少年群体中也很常见。在 40 个发展中国家开展的一项研究显示,有 8.6% ~45.2% 的男童和 4.8% ~ 35.8% 的女童暴露于受欺凌环境中。

青少年杀人和非致命暴力不仅占全球早逝、伤害和残疾负担的很大一部分,它还会对人们的心理和社会功能产生严重影响,并往往会伴随终生。它会影响到受害者的家庭、朋友和社区。青少年暴力会大大增加卫生、福利和刑事司法服务费用,降低生产力,减少产权价值,并从整体上破坏社会组织。

3. 心理行为障碍　全世界估计有约 20% 的儿童和青少年有精神障碍或精神问题,约有半数的精神障碍始于 14 岁以前。2010 年全球疾病负担研究结果显示,由一般性精神疾患(抑郁与焦虑)所带来的疾病负担在 1 ~ 10 岁的儿童中上升趋势明显,精神疾患导致的伤残调整生命年(DALY)在 10 ~ 29 岁的青少年、青年中达到顶峰。但是,在大多数低收入和中等收入国家精神卫生资源匮乏,每 100 万至 400 万人才有 1 名儿童精神病医生。

二、儿童健康风险与决定因素

在中低收入国家,每年有超过 2 亿的 5 岁以下儿童因贫困、营养缺乏和不平等的受教育机会导致生长发育不全,经济衰退和气候变化导致受此影响的儿童越来越多。

(一) 贫困

贫困和健康密不可分,在出生后第 1 个月、第 1 年以及在 5 岁前,贫困家庭的儿童较小康家庭的同伴们更容易死亡。世界卫生组织《促进儿童和青少年健康与发育的战略方向》报告,贫困家庭儿童更容易得病和发生伤害且情况更为严重。他们喂养较差,在生长和心理-社会发育方面更容易滞后。贫困的青少年更可能有不健康的行为,以及有较不安全、较少支持的自然环境和心理-社会环境。生活在贫困中的一名女孩子,将来发生意外妊娠、死于分娩、生育早产或营养不良婴儿,及这个孩子在婴儿期患病并死亡的危险性更大。

来自边缘人群的儿童和青少年特别脆弱。明显或不明显的歧视常常源于他们贫困及健康状况差,包括因武力冲突而永久残疾或严重受伤的儿童、沦为难民的儿童、流浪儿、遭受自然或人为灾害的儿童、移民工人中的儿童、其他社会地位低下人群中的儿童,以及作为种族歧视牺牲品的儿童,患有恐外症及相关偏执性格的儿童,还有艾滋病患者的遗孤。拐卖、走私、体力剥削和性剥削,以及经济剥削,是世界各地儿童面临的现实,贫困渗透在他们的日常生活之中。

(二) 性别不平等

许多疾病的患病率与病死率以及行为常有性别差异。世界上有些地区在照料和喂养女婴中仍存在着不平等,导致女婴死亡率和女童死亡率较高,男、女孩之间的这种差别在上学、工作和闲暇活动的可及性方面也都存在。除了在生物学上易受损害外,性别角色和性别关系常使女孩难以控制她们自己的性和生殖的权利,因此,生殖健康问题,包括性传播疾病和艾滋病感染,对女孩的影响较对男孩的大得多。

处理一些健康问题,必须要有针对性别特异性的行为和态度。世界上有些家庭不大愿意送女孩去治疗疾病。女孩对影响她们健康的事情,行使选择的能力受到限制,包括结婚时间、信息及卫生保健的可及性。与性别有关的行为使男性青少年自己处于因暴力和意外原因而导致伤害的较高危险之中,并可能成为暴力的实施者。处理男、女孩不同的需要,要考虑兼顾性别特点的方法(gender-specific programmatic approaches)。

(三) 卫生系统

从一个健康婴儿的安全出生到长大成人,良好的卫生系统对儿童的健康成长负有极其重要的责任。以儿童最脆弱的新生儿期为例,普遍可及的基本保健干预可以减少约 71% 的新生儿死亡,同时减少死产和使产妇和新生儿在健康方面获益。然而,一些最有效的基本干预包括分娩护理,胎龄或体重不足和有疾病的新生儿护理,都存在着覆盖面窄和分布不均现象,而这是卫生系统功能最敏感的指标。13 个国家中的 8 个国家的新生儿死亡总数占了全球新生儿死亡的 55%。这些高新生儿死亡国家的主要瓶颈问题涉及卫生人力、卫生筹资和服务提供。

📖 知识拓展 7-2

中国特色的妇幼卫生体系

妇幼卫生体系是中国最早建立的公共卫生服务体系之一，是具有中国特色的、不同于医疗诊治和卫生防疫系统的独立体系。它以妇幼保健专业机构为核心，以城乡基层医疗卫生机构为基础，以大中型综合医疗机构和相关科研教学机构为技术支持；具有遍布城乡、分层负责、各有侧重、根在基层的特点，为妇女儿童提供从出生到老年覆盖全生命周期的、全方位的医疗保健服务。

妇幼保健专业机构是妇幼卫生服务体系的核心。各级妇幼保健机构是由政府举办、不以营利为目的、具有公共卫生性质的公益性事业单位，是辖区妇幼保健工作的组织者、管理者和服务提供者。妇幼保健机构坚持以保健为中心，保健与临床相结合的发展方向，以群体保健工作为基础，为妇女儿童提供健康教育、预防保健、计划生育咨询指导、妇女儿童常见病筛查、妇幼卫生信息管理等公共卫生服务；在切实履行公共卫生职责的同时，适当开展妇女儿童常见病诊治、助产技术服务、计划生育技术服务、孕产期并发症和合并症诊治等与妇女儿童健康密切相关的基本医疗服务。社区卫生服务机构、乡镇卫生院和村卫生室作为妇幼保健三级网的"网底"，承担基本妇女保健、儿童保健、计划生育等生殖健康相关服务以及妇幼卫生基础信息收集等职责。妇产医院、儿童医院、综合性医院妇产科和儿科重点提供孕产期保健、助产技术服务、计划生育技术服务、妇女和儿童疾病诊治等医疗保健服务。

国际上，有效降低新生儿死亡的主要策略有：①具有新生儿照护特殊技术的卫生人力规划、任务分担机制，以及农村卫生人员的激励机制；②财政保障措施，例如扩大健康保险的覆盖，以及转移支付、基于绩效的筹资管理；③具有主动性的领导力，包括创新和社区赋权。这些经验都应该在最贫困的国家和地区继续推广。

（四）社会习俗——童婚

童婚（child marriage）是指在 18 岁以前就结婚，涵盖男女两性，但在现实中还是以少女童婚更为常见。联合国人口基金会预测，2011 年至 2020 年将有超过 1.4 亿少女成为儿童新娘，每年将有 1420 万少女过早结婚，从比例和绝对数字上讲，童婚最多发生在撒哈拉以南非洲和南亚的农村地区。随着发展中国家年轻人口的增加，童婚的问题可能变得愈发突出。

童婚是对少女权利的绝对侵犯，使少女无法继续接受教育，不再有机会获得职业和生活技能，使她们更容易面临过早怀孕和生育的严重健康风险，她们的孩子也更容易患与早产有关的并发症，她们遭受亲密伴侣暴力和感染艾滋病病毒的风险也更高。

📡 案例 7-1

马拉维努力消除童婚

马拉维是世界上最贫困的国家之一。至少半数年轻女性在 18 岁前就结婚了。该国正努力消除童婚。消除童婚，可以使得她们能够接受教育，并避免高达 30% 的孕产妇死亡，降低新生儿死亡率。

马拉维采取的一系列消除童婚的措施包括：普遍提供免费小学教育；与社区合作，使人们认识到让孩子们特别是女孩上学的重要性；落实政策，使怀孕女生可以在生育后返回学校继续接受教育；与议会合作，将法定婚龄提高到 18 岁；提供对年轻人的卫生服务，使其获得信息，帮助就自己的生殖健康做出知情决定。

三、全球促进儿童健康的政策与行动

（一）联合国儿童权利公约

联合国在 1989 年 11 月 20 日的会议上通过《儿童权利公约》有关议案，1990 年 9 月 2 日生效。《儿童权利公约》是首个具法律约束力的国际公约，并涵盖所有人权范畴，保障儿童在公民、经济、政治、文化和社会中的权利。

该公约详细叙述了任何地方的儿童都拥有的基本人权:生存权,充分发展权,免受有害影响、虐待和剥削权,充分参与家庭、文化和社会生活权。公约的四项核心原则是不歧视,致力于实现儿童的最大利益,生命、生存和发展权利,尊重儿童观点。《儿童权利公约》阐述的每项权利都是每个儿童的人性尊严与和谐发展所固有的。公约通过制定保健、教育及法律、公民及社会服务方面的标准来保护儿童权利。

《儿童权利公约》是有史以来得到最广泛接受的国际人权条约,现共有193个缔约国,世界上仅有索马里和美国两个国家尚未签署该公约(其中索马里正在筹划签署)。缔约国有义务制定和采取符合儿童最大利益的所有行动和政策。

(二) 儿童生存、保护和发展的世界宣言

1990年9月30日,联合国世界儿童问题首脑会议在纽约联合国总部举行,共有70多个国家的国家元首或政府首脑以及数十个国家的外长出席会议。会议通过了《关于儿童生存、保护和发展的世界宣言》,并制定了《执行九十年代儿童生存、保护和发展世界宣言行动计划》。

《宣言》指出儿童时代应当是欢乐、和平、游戏学习和生长的时代,但许多儿童目前却面临各种危险,遭受着疾病和饥饿。因此,为保护儿童权利和改善儿童生活,国际社会需要加强合作,共同采取行动,并对以下10点方案做出承诺:

1. 努力推动尽早批准和执行《儿童权利公约》;

2. 努力推动扎实的全国性和国际性行动,以增进儿童健康、促进产前保健,并降低所有国家、所有民族的婴儿和儿童死亡率;

3. 努力通过消除饥饿、营养不良和饥荒的措施,使儿童获得最大限度的成长和发展;

4. 努力加强妇女的作用和地位;

5. 尊重家庭在抚养儿童方面的作用,并支持妇女、其他保育人员和社区对儿童,从早期童年至青春期的养育和照料;

6. 制定减少文盲、提供教育和就业机会的方案;

7. 努力改善千百万生活在特殊困难环境中的儿童的命运;

8. 保护儿童免遭战争之灾祸,给予世界各地的儿童一个和平与安全的未来;

9. 采取共同措施,在所有层次上保护环境;

10. 努力向贫穷发起全球性进攻,促进儿童的福利。

(三) 联合国千年发展目标

在联合国千年发展目标中,第四个目标是直接与儿童健康有关的全球目标,即到2015年将5岁以下儿童死亡率在1990年的基础上降低三分之二,但其他目标的达成或改善也都是儿童健康改善所必需的。例如,消灭极端贫穷和饥饿是改善儿童营养状况的基础;初等教育的普及有利于家庭保健意识的提高和健康状况的改善;性别平等和女性赋权有利于提高妇女受教育水平,改善妇女健康与保健,进而提高她们养育健康孩子的能力;孕产妇健康的改善直接影响新生儿健康指标和儿童远期发育;艾滋病、疟疾等疾病同样是儿童健康的重要杀手;不安全的水、不良卫生环境和室内空气污染等同样影响儿童健康,确保环境可持续能力无疑能让这些危险因素得到明显改善。最后,儿童健康的改善需要全球合作与共同努力。

(四) 促进妇女儿童健康全球战略

2010年9月22日,在千年发展目标峰会举行之际,在联合国秘书长潘基文积极倡议下,联合国及其合作伙伴在纽约共同发布了"促进妇女儿童健康全球战略",旨在大力推动改善妇女和儿童健康的行动,降低孕产妇和5岁以下儿童死亡率,实现相关千年发展目标。中国时任总理温家宝出席了该发起仪式并讲话。后来,该战略也称为"每一个妇女、每一个儿童"(Every Woman,Every Child)战略。

该全球战略强调,为了保障妇女儿童健康,需要增进融资,加强政策,改善服务提供,迫切需要在如下关键领域采取行动:

1. 支持国家主导的卫生计划,通过增加可预见和可持续的投资给予支持;

2. 综合提供卫生服务和拯救生命的干预措施,使妇女儿童能够在需要时和在适当地点获得预防、

治疗和护理;

    3. 加强卫生系统,配备足够数量和技术熟练的卫生骨干队伍;

    4. 以革新方法开展融资、产品开发和提供优质高效的卫生服务;

    5. 改进监测和评估,确保所有行为者对结果负责。

第二节　妇　女　健　康

    妇女不仅在做母亲时需要特殊的照顾,在其一生其他时期也需要维护生殖健康,我们需要充分尊重和保障妇女的生殖权利和生殖健康,并持续为她们提供相应的信息、教育和服务;同时,妇女健康与社会、经济、教育、环境等因素,特别是妇女的社会地位有着密切的关系。

一、女性的主要健康问题和疾病负担

(一) 全球孕产妇死亡率的变化与趋势

    母亲安全是妇女健康的核心。孕产妇死亡是衡量母亲安全的国际通用指标,这里的死亡是指在妊娠期或妊娠终止后42天以内发生的妇女死亡,不论妊娠时间和部位,由于任何与妊娠或妊娠处理有关的或由此而加重了的原因所导致的死亡,但不包括意外原因导致的死亡。孕产妇死亡率(MMR)则是指某时期内孕产妇死亡数与同期活产数之比。

    孕产妇死亡率与5岁以下儿童死亡率、婴儿死亡率、出生期望寿命共同构成衡量社会经济发展和文明进步程度的重要综合性指标。千年发展目标5要求,2015年将孕产妇死亡率在1990年的基础上降低四分之三,实现普遍的生殖健康。1990年至2013年间,全球孕产妇死亡率下降了45%,每10万例活产中孕产妇死亡人数从380人下降到210人,在东亚、北非和南亚,孕产妇死亡率下降了近三分之二。若要实现千年发展目标,孕产妇死亡率在1990到2015年间平均每年需降低5.5%,然而,从1990年到2013年,全球孕产妇死亡率每年仅下降2.6%,其中2012年至2013年该变化速率达到3.3%,但取得的进展仍不足以在2015年实现MDG5。

    时至今日,全世界每天仍有800名妇女死于与妊娠或分娩有关的可预防疾病,2013年,28.9万名妇女在妊娠和分娩期间及分娩后死亡,99%发生在发展中国家。不同年龄组的孕产妇死亡率差异巨大,20~29岁年龄组妇女的孕产妇死亡率最低,45~49岁组妇女的孕产妇死亡风险较20~24岁组高出9.5倍,而15~19岁组妇女的孕产妇死亡风险较20~24岁组高出1.4倍。平均而言,发展中国家妇女怀孕率高于发达国家,她们一生当中因妊娠死亡的风险较高,一名15岁的女子最终因孕产原因死亡的概率在发达国家为1/3700,发展中国家则为1/160。

    从20世纪90年代到今天,发达国家和地区的孕产妇死因模式发生了较大的变化,从主要由流产导致的死亡变为由与分娩直接或间接相关的因素导致的死亡,因大出血、高血压和败血症导致的孕产妇死亡明显减少。低收入国家的孕产妇死亡模式则变化甚微,流产、出血及其他与分娩直接相关的因素仍然是导致低收入国家孕产妇死亡的主要原因。根据2013年的最新测算结果,全球范围内有72.5%的孕产妇死亡由于直接的产科原因导致,27.5%的孕产妇死亡则由其他间接因素导致,全球范围内孕产妇死因分布见图7-1。

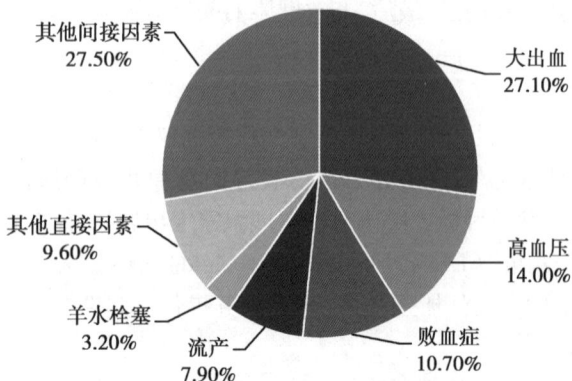

图7-1　全球范围内孕产妇死因分布

(二) 女性特殊的健康问题和疾病负担

    1. 生殖道感染和性传播疾病　生殖道感染(reproductive tract infections,RTIs)是指由正常存在于生殖道的微生物过度生长,或经性接触或医疗操作由外界进入生殖道的病原微生物引起的一系列生殖道感染性疾病,根据不同的传播途径分为内源性感染(endogenous infections)、医源性感染(iatrogenic infections)和性传播感染(sexually trans-mitted infections,STI)。在上述三类生殖道感染中,性传播的感染危害甚大,疾病负担也大。

女性独特的生殖系统特点、罹患性病后临床症状不明显、社会地位低下所导致患病后无法得到及时有效的治疗,使女性更容易受性病的影响。淋病和衣原体感染是不孕症的重要原因,在非洲性病高发地区,高达85%的不孕症是由未经治疗的性病所致。性病给女性带来的痛苦还包括盆腔炎症、慢性疼痛、异位妊娠等;若妊娠的同时罹患性病,胎儿发育不良、死产、低出生体重、胎儿畸形的危险性大大增加。在妊娠妇女中,未经治疗的梅毒每年可导致30万胎儿和新生儿死亡,还有21万婴儿有可能死于因此造成的早产、低体重和先天性疾病。人乳头状瘤病毒(human papilloma virus,HPV)是宫颈癌明确的危险因素,性接触是感染该病毒的途径之一。某些性传播感染还可增加艾滋病的传播机会,引起恶性循环。

除艾滋病以外,全球范围内关于性病疾病负担的数据并不完全,不同地区报告的性病发病率差异较大,但比较明确的是,全球范围内15～44岁的人群性病的疾病负担最高,女性的性病疾病负担较男性高。在15～44岁的女性中性病导致的DALYs损失约占全部DALYs损失的1.9%,男性的这一比例则为0.5%。2008年美洲地区的新发性病病例数高达1.25亿例,为全球新发性病病例数最高的地区。

2. 宫颈癌和乳腺癌 在世界范围内,造成妇女死亡的5种最常见的癌症为乳腺癌、肺癌、胃癌、结肠直肠癌和宫颈癌。

不论在发达国家还是发展中国家,乳腺癌都已成为妇女最常罹患的癌症,占所有妇女癌症的16%。在发展中国家由于预期寿命增加、城市化扩大和受西方生活方式的影响,乳腺癌发病率正在上升。据国际癌症研究中心(IARC)估计,2012年较2008年乳腺癌的发病率提高了20%,死亡率提高了14%,仅2012年就约有170万名妇女新诊断罹患乳腺癌,52.3万名妇女死于乳腺癌。虽然乳腺癌被认为是发达国家的疾病,但大多数乳腺癌死亡病例发生在发展中国家。在全球范围内,乳腺癌发病率相差很大,年龄标化发病率在北美洲高达10万分之99.4。东欧、南美洲、非洲南部和西亚的发病率略低,但也在增长。最低的发病率出现在多数非洲国家,但那里的乳腺癌发病率也在上升。不同地区的乳腺癌存活率相差很大,从北美洲、瑞典和日本的80%或以上到中等收入国家的约60%以及低收入国家的40%以下。较不发达国家中的存活率较低,主要可以解释为缺少早期发现规划,从而造成很大比例的妇女到疾病晚期才去求医,并缺少适当的诊断和治疗设施。

国际癌症研究中心公布,2012年约52.8万妇女确诊宫颈癌,26.6万妇女死于宫颈癌,年龄标化发病率约为10万分之15,年龄标化死亡率约为10万分之8。约86%的宫颈癌及88%的宫颈癌死亡病例发生在发展中国家,每5例新发宫颈癌病例中即有1例发生在印度。发展中国家的年龄标化发病率为18/10万,年龄标化死亡率为10/10万;相对发达国家分别为9/10万和3/10万。不同国家和地区宫颈癌疾病负担差异巨大,澳大利亚、新西兰、北美、西欧的疾病负担最低,而东非、西非、南非、南亚,以及中亚、南美、美拉尼西亚地区的宫颈癌疾病负担较高。由于宫颈癌的发病年龄较小,与其他癌症相比,造成了更大的生命年损失。

3. 不安全流产 世界卫生组织对"安全流产"(safe abortion)的定义是由经培训的健康保健服务提供者、利用适宜技术和器械、在安全卫生的环境下开展的流产,但往往区域限制性法律条文、服务提供者、费用、风俗等因素限制了妇女获得安全流产服务。根据2008年的数据,世界卫生组织估计每年有2200万起不安全流产,几乎全部在发展中国家,从此导致4.7万例死亡及500多万例并发症,包括不完全流产、出血、感染、子宫穿孔和其他生殖道损伤等。正常流产妇女的死亡率甚至低于1/10,而不安全流产妇女的死亡率可能高达100/10万不止,撒哈拉以南的非洲妇女死亡风险高达520/10万。

不安全流产除了导致死亡和残疾外,还给妇女、家庭、社区和卫生系统造成巨大的社会和经济代价。2006年,用于处理不安全流产严重后果的费用估计达6.8亿美元,还将需要3.7亿美元才能完全覆盖不安全流产并发症方面未得到满足的治疗需要。

4. 针对妇女的暴力 联合国把针对妇女的暴力(violence against women)定义为:"无论是在公共场合或私人生活中,任何基于性别的、对妇女造成或可能造成身体、性或精神伤害或痛苦的暴力行为,包括威胁进行这类行为、强迫或任意剥夺自由"。针对妇女的暴力行为违反妇女人权,是重大公共卫生问题。根据最新的全球流行数据,全世界有 35% 的妇女在一生中曾经遭受伴侣或非伴侣对其实施的身体、性暴力,但妇女面临的暴力形式远远不止这两种。

不论是由谁实施、哪种形式的暴力,均对妇女的健康带来严重的长期或短期影响,最严重的可能是导致妇女被凶杀或自杀。2013 年的情况分析表明,遭受暴力行为的妇女染上性病(含艾滋病)的可能性比没有遭受暴力行为的妇女高 1.5 倍,实施流产的可能性高出 1 倍;妊娠期间的亲密伴侣暴力还会增加流产、死产、早产和婴儿低出生体重过低的可能性;遇有亲密伴侣暴力的妇女出现抑郁症和饮酒问题的可能性较未遭受暴力行为的妇女高 1 倍,在曾经遇到非伴侣性暴力的妇女中,这一比率甚至更高。其他的精神影响还包括创伤后应激障碍、饮食障碍、情感困扰和自杀企图。

针对妇女的暴力和性暴力的社会和经济费用巨大,并对整个社会产生涟漪效应。妇女会有孤独感,无力工作,失去工资,不能参与正常活动,照顾自己和子女的能力受到限制。

5. 计划生育问题　计划生育(family planning)是指通过避孕和治疗不孕来实现使人们能够得到期望抚养的孩子数量并决定生育间隔。对于年轻夫妇来说意味着可以自主控制生育次数和生育间隔,而合理的生育次数和生育间隔有益于母亲和孩子的健康。若生育间隔较短,大的孩子容易因得到的照料较少、较早中断母乳喂养而导致营养不良的风险性更高;小的孩子则更容易发生低出生体重和早产。采取避孕措施和治疗不孕是一个家庭实施计划生育的主要方法。

计划生育对妇女健康的影响主要体现在:通过调节妊娠间隔、减少非意愿妊娠次数、避免使处于健康问题和早孕死亡风险高发阶段的少女怀孕来降低妇女妊娠相关的健康风险;减少因生育间隔过近和不合时宜的妊娠导致的婴儿死亡;降低感染艾滋病的妇女意外妊娠的风险,同时男用和女用避孕套的普及降低艾滋病在内的性传播感染;增强妇女接受教育和参与公共生活的机会,较少数量的子女可以保证每一个孩子都能得到父母足够的关爱,受教育的机会也大大提高;减少少女怀孕;减缓不可持续的人口增长。

6. 心理健康问题　自杀是全球 20 ~ 59 岁妇女的主要死亡原因之一,并且是世界卫生组织西太平洋区域低收入和中等收入国家的第二大死亡原因;女性较男性更容易抑郁和焦虑,全世界估计每年有 7300 万成年妇女经受严重抑郁发作。对全世界女童和妇女来说,自杀行为是一个重要的公共卫生问题和精神健康问题,特别是抑郁症,是导致各个年龄妇女残疾的主要原因。虽然精神健康不良的原因因人而异,但妇女社会地位低下、工作负担沉重以及遭受暴力等都是促成因素。

二、女性健康风险与决定因素

(一) 影响女性健康的生物学因素

女性生来具有某种生物方面的优势,一般而言,女性的寿命较男性长 6 ~ 8 年。但性别的差异导致有些生理现象只限于妇女,只有妇女可能遭受其负面影响,如月经、妊娠和分娩。据估计全球超过 30% 的育龄妇女处于贫血状态,至少半数贫血病例由于缺铁导致,月经期的铁流失、日常饮食缺乏铁成为导致缺铁性贫血的主要原因。妊娠和分娩并发症是导致发展中国家 15 岁至 19 岁年轻女性死亡的主要原因,妊娠还容易导致某些疾病恶化。如前一节所述,女性独特的生殖系统构造导致女性对性病更加易感。

经济、教育、就业等方面的不平等也限制了女性保护自身健康的能力,而所有这些不平等的根源也只在于"她们是女性"。

(二) 影响女性健康的社会学因素

女性的健康深受其在整个社会中的待遇和地位的影响,如果法律不允许女性拥有土地或财产,或者不给她们离婚的权利,会使她们在社会上以及身体方面更加脆弱。在最极端情况下,社会或文化中的性别偏见可能导致妇女被暴力致死或妊娠期间对女婴的选择性流产或引产,女婴较男婴接受母乳喂养的机会更少,成长过程中的营养不足会导致跨代影响。

1. 卫生服务公平性　即使女性生物学方面的弱点导致她们更容易遭受某些特殊健康风险,但这并不能解释为什么 99% 孕产妇死亡都集中在发展中国家。在高收入国家,女性死亡中五分之二以上归咎于心脏病、脑卒中、痴呆和癌症等慢性病,而低收入国家女性死亡近五分之二由孕产妇和围产期病症、下呼吸道感染、腹泻及艾滋病病毒感染所致,这些都提示我们,公平获取卫生保健服务对妇女健康影响重大。如果发展中国家的妇女能获得优质计划生育服务,妊娠、分娩和产后的熟练照护,或流产后的保健服务以及安全的流产服务(在允许的地方),那么大多数孕产妇死亡是可以避免的。由于难以预测的风险,15%的妊娠和分娩需要紧急产科保健,一个有熟练工作人员的运转良好的卫生系统是拯救这些妇女生命的关键。而所谓运转良好的卫生系统,则除了具备卫生专业人员之外,服务提供和转诊体系、医疗与健康保险等也至关重要。

2. 教育 教育对于消除贫困是至关重要的,但是由于从事多种家务、家庭贫困以及在教育机会上重男轻女的社会习俗,许多女童和女青年被剥夺了接受和完成初等和中等教育的机会,全世界文盲妇女超过5.8亿,是男性文盲数量的2倍以上。在很多地区,教育水平较低加剧了女性遭受性暴力的风险。而赋予妇女受教育的权利则有助于减少其受到不良卫生环境影响的程度,加强其对疾病预防的意识并提高自我保健的能力。女性获得教育还可以降低生育率和吸烟率,推迟结婚年龄,有合适的生育间隔,并增强其对卫生服务的依从性。

3. 社会习俗 女性生殖器割礼(female genital mutilation/cutting,FGM/C),或者女性生殖器切除,是指部分或者完全切除女孩外生殖器的做法。据估计,非洲目前大约有1亿至1亿3000万妇女接受了割礼。根据目前的出生率,每年大约有200万女孩面临着接受割礼的危险。多数已经接受割礼的女孩和妇女居住在28个非洲国家,但也有一些生活在亚洲。由于非洲和西南亚移民的增多,这种事例在欧洲、澳大利亚、加拿大和美国也越来越多。

女性割礼通常是在孩童时代和青春期进行的,孩子的年龄通常在4~14岁之间,但是在一些国家,将近半数的割礼是在1岁之内进行的。虽然割礼一般由传统的接生人员或受过训练的助产士实施,但女性割礼手术严重伤害了女性的身心健康,在手术过程中,由于大量出血可能导致出血性休克甚至死亡,由于疼痛可能导致神经性休克,还可能导致严重的大面积感染和败血症。其他的负面影响包括:伤口难以愈合、形成脓肿、囊肿、伤口组织增生、尿路感染、性交疼痛、容易感染艾滋病、肝炎和其他血液传染的疾病、生殖系统感染、盆腔炎、不育、痛经、慢性尿路堵塞/膀胱结石、小便失禁、难产、在分娩过程中发生出血和感染的危险性加大。女性割礼手术是对女童权利的严重侵犯。这种做法是带有歧视性的,违反了女童获得平等机会、健康、远离暴力、伤害、虐待、折磨、残酷的或者非人道的、带有侮辱性对待的权利,也违反了女童获得保护、远离传统的伤害性做法的权利,以及女童自主做出生殖决定的权利。

4. 医疗保险业的性别歧视 在欧美地区的发达国家往往存在相同的医疗保险产品,针对女性的售价高于男性,这就是医疗保险市场上的性别歧视(gender discrimination),也称作性别等级(gender rating)。保险公司认为,女性因为要经历妊娠或分娩而增加了健康潜在的风险,或因独特的生理特征而较男性对医疗服务有更大的需求,从而提高了针对女性的医疗保险的售价。美国国家妇女法律中心2012年的一项调查报告显示,女性每年的医疗保险花费要比男性高1000美元。这一情况正在逐渐改善,欧洲法院裁定从2012年12月21日起,欧盟境内的保险公司将不得在计算保费时考虑性别因素,即男女适用相同的费率。但这一决定也有不少反对意见,如女性驾车者因行为谨慎而享有的保费优待没有了,反而需要额外多支付25%的保费;奥巴马政府2014年公布的平价医疗法案(the Affordable Care Act)明确要求医疗保险公司对男女保费的定价应一致。

(三)全球化对妇女健康的影响

全球发展的一体化进程打破了民族自闭,使可持续发展、人的基本权利、社会公正等理念和价值观成为全球的共识;全球经济的发展和男女劳动力的参与,为增加女性和男性融入全球化的机会、提高生活质量和社会地位提供了可能,所有这些对促进妇女健康起到积极作用,主要体现在:①在联合国社会性别主流化(gender main streaming)战略的影响下,将性别平等观念纳入妇女健康决策的主流;②促进妇女对自身健康权利的追求,掌握对自己身体的控制权;③推动生育健康促进运动在全球的发展,普遍可及生殖保健成为千年发展目标。

全球化在对妇幼健康产生积极影响的同时,也带来了负面效应,主要有:

1. 市场化及私有化机制进入公共卫生服务领域,导致包括妇女儿童在内的社会不利群体医疗服务的不可及性;同时,市场化带来的社会分化和性别分化,使妇女儿童在医疗和社会保障体制中处于更不利的地位。

2. 不良生活方式的全球化,使发展中国家妇女儿童的肥胖患病率快速升高。

3. 全球化带来了致命性的性传播疾病的大规模发生,使艾滋病病毒和艾滋病成为发展中国家妇女健康的严重威胁。

4. 在全球化资讯、营养改善导致青少年性发育提前、多元文化和激烈竞争的压力下,青少年的性观念和性行为发生了很大变化,但相应的性教育和生殖健康服务却没有同步发展,性意识的增强、性活动的增加以致非意愿妊娠的大量出现,使青少年身心健康受到损害。

三、全球促进妇女健康的政策与行动

(一)国际妇女年及第一次世界妇女大会有关男女平等的宣言

1972 年,联合国大会通过决议,将 1975 年定为"国际妇女年"。国际妇女年旨在提醒国际社会注意,在现行的国家法律和社会文化之中,仍然存在着对妇女的歧视,各国政府、非政府组织和国际社会应意识到妇女在国家和国际发展中的重要作用,努力促进男女平等。此外,大会还确认了妇女对于巩固世界和平的重要贡献,决定除"平等"与"发展"之外,国际妇女年的主题中还增加了"和平"。

作为"国际妇女年"的重要活动之一,首次世界妇女大会于 1975 年 6 月 19 日至 7 月 2 日在墨西哥首都召开。此次大会是自联合国成立以来第一次专门讨论妇女问题的世界性政府间会议,来自 133 个国家和地区的代表团,联合国各专门机构和有关组织的一千多名代表(其中 70% 是妇女)出席了会议。会议的主要目标是:审议联合国系统在执行联合国妇女地位委员会有关消除对妇女歧视的建议方面的进展;制订促进妇女充分参与全面发展的新战略;拟定行动计划,促进妇女对实现联合国第二个十年发展目标做出更大贡献;承认妇女在实现世界和平中的作用。

会议通过了《关于妇女的平等地位和她们对发展与和平的贡献的墨西哥宣言》和《实现国际妇女年目标世界行动计划》。《墨西哥宣言》共 17 条原则,其中特别明确了男女平等的基本定义:男女作为人的尊严和价值的平等以及男女权利、机会和责任的平等。《世界行动计划》提出了到 1980 年联合国妇女十年中期时应实现的最低目标,包括:妇女应获得各级教育和培训的平等机会;保证妇女参与政治的法律;增加就业机会;改进保健服务、环境卫生、住房、营养和计划生育服务;关注传媒对公众认识妇女在社会中的作用等方面的影响;要求各国政府设立专门处理妇女事务的国家机构;在拟定国家战略发展和发展计划时保证既定的目标和优先次序,充分顾及妇女的利益和需要,以改善她们的状况,并增加她们发展过程的贡献;敦促各国政府尤其要注意改善处于最不利地位妇女的状况,特别是农村妇女的状况。

(二)联合国《消除对妇女一切形式歧视公约》

1979 年 12 月 18 日,联合国大会通过《消除对妇女一切形式歧视公约》,1981 年 9 月 3 日在第二十个国家批准这项公约后,它作为一项国际公约开始生效,目前已有 170 多个国家成为该公约的缔约国。

《消除对妇女一切形式歧视公约》是所有联合国妇女方案的奠基石,可以更好地促使占人类半数的妇女成为人群问题核心的一部分,其精神扎根于联合国的各项目标:重申对各项基本人权、对人的尊严与价值及对男女权利平等的信念。公约序言明确承认"歧视妇女的现象仍然普遍存在",并强调指出此种歧视"违反权利平等和尊重人的尊严的原则"。定义歧视为"基于性别而作的任何区别,排斥或限制",而这一切均发生在"政治、经济、社会、文化、公民或其他方面"。公约积极肯定了平等的原则,它要求缔约各国采取"一切适当措施,包括制定法律,保证妇女得到充分的发展和进步,其目的是为确保她们在与男子平等的基础上,行使和享有人权和基本自由"。

(三)第三次国际人口与发展大会提出生殖健康的概念

1994 年 9 月 5 日至 13 日,在埃及首都开罗召开了第三次国际人口与发展大会,会议通过了《国际人口与发展会议行动纲领》,这个纲领不仅全面地阐述了人口与可持续发展之间的关系,还提出了"生殖健康"这一国际健康新概念。生殖健康是指在身体、心理和社会的完好状态中完成生殖过程,而不仅仅是生殖过程中没有疾病和紊乱。它包括:人们具备生殖能力,妇女能安全地妊娠和分娩,婴儿能存活并能健康地成长;人们能够没有健康危害而实现生育调节,有安全和满意的性生活。按照上述"生殖健康"的定义,生殖保健可定义为通过预防和解决生殖健康问题而促进生殖健康的各种方法、技术和服务。《行动纲领》指出所有国家应不迟于 2015 年,致力于尽早通过初级保健制度,为所有适龄人提供生殖保健。初级保健范围内的生殖保健应包括:①计划生育咨询、资料、教育、交流、服务和转诊;②产前、安全分娩和产后保健的教育和服务,特别是母乳喂养和母婴保健;③不孕症的预防和适当治疗;④流产、预防流产及流产后保健;⑤生殖道感染和其他生殖健康方面的干预。

（四）第四次世界妇女大会上的政治承诺

1995 年 9 月 4 日至 15 日,第四次世界妇女大会在中国北京召开。会议的主题是"以行动谋求平等、发展和和平",次主题为"健康、教育和就业"。189 个国家的政府代表团,联合国系统各组织和专门机构,政府间组织及非政府组织的代表 15 000 多人出席了会议。

会议通过了《北京宣言》和《行动纲领》,敦促各国政府做出政治承诺,用行动消除对妇女的一切歧视,实现平等、发展与和平的崇高目标。行动纲领的战略目标及内容涵盖了妇女与贫困、妇女与教育、妇女与保健、妇女与暴力、妇女与战争、妇女与经济、妇女与参政、提高妇女地位的机制、妇女的人权、妇女与媒体、妇女与环境、女童和老年妇女。

（五）联合国千年发展目标

与儿童健康相似,联合国千年发展目标中的第五个目标直接与女性健康相关,具体是指通过推广专业助产保健以降低孕产妇死亡率;通过改善避孕方法使用、产前保健、青少年生殖保健和未满足的计划生育需求,以实现妇女普遍享有生殖健康。该目标与其他千年发展目标密切相关:妇女的健康和营养状况不佳是贫困的前因和后果,妇女营养状况的改善可以同时促进妇女与她所养育的孩子的健康发展;妇女健康状况的改善可以增加妇女的受教育机会,教育水平的提高也对健康状况的改善有积极影响;强调性别平等和女性赋权可以增加女性的教育、就业机会,减少针对女性的暴力,这些都影响妇女健康状况;在改善儿童死亡率的策略中,大多数为改善母亲的营养和健康状况;艾滋病同样也是导致女性疾病、死亡、残疾的危险因素,全球范围内抗击艾滋病可以明显改善妇女健康。

在千年发展目标设定的达标期限的临近,后 2015 年全球发展目标的大讨论日趋丰富和多元。2015年 8 月 2 日,联合国 193 个会员国的代表就 2015 年后发展议程达成一致,这份题为《变革我们的世界——2030 年可持续发展议程》的文件,于 2015 年 9 月举行的联合国发展峰会正式通过。这份议程涵盖 17 个可持续发展目标,以及 169 个子目标,内容涉及消除贫困、消除饥饿、保障所有人的健康与受教育权利、促进男女平等、促进就业、应对气候变化、保护海洋资源、保护陆地生态系统、减少暴力、加强可持续发展全球伙伴关系等内容。适用于世界上所有国家,"为了我们的子孙万代,为了这个地球,我们必须走可持续发展的道路"。

第三节　老年人健康

人口老化是全球发达及发展中国家都面临的问题,老年人的健康既受医疗照护、经济、教育、社会发展及福利等因素影响,也对社会经济发展产生全面性影响。

一、老龄化

老龄化是一个全球现象。人口统计预测显示所有国家的人口都在老龄化,这会给社会、经济和医疗体系带来广泛的影响。根据联合国的定义,在发达国家,65 岁及以上人口被定义为老年人;在发展中国家,60 岁及以上人口被定义为老年人。在任何国家或地区,如果 60 岁以上的人口超过了总人口的10% ,或者 65 岁及以上的人口超过总人口的 7% ,该国家或地区即被视为老龄化社会。

世界范围内,60 岁或以上的人口将会从 2013 年的 8.41 亿增加到 2050 年的 20 亿,在 2047 年超过儿童人数。到 2050 年,60 岁及以上的人口将会占世界总人口的 21.1%,这一人群中的 80% 来自于低收入和中等收入国家,目前这一数据仅为三分之二。同期内,全球预期寿命将会增加,到 2045~2050 年,高收入地区预期寿命为 83 岁,低收入和中等收入地区的预期寿命为 75 岁;比较 2010~2015 年间的预期寿命数据显示,较发达地区和欠发达地区间预期寿命的差距将会缩小。欠发达地区 60 岁及以上的人口预计将会从 2013 年的 5.54 亿增加到 2050 年的将近 16 亿,这是由于这些地区的这一部分人口的年均增长率是较发达地区的近 3 倍。

老龄化的另一个特征是人口结构的改变。这种变化在低收入和中等收入国家最快最显著。65 岁及以上人口占总人口比重翻倍,从 7% 到 14%,在英国花了 46 年时间,在美国花了 68 年,在法国花了 116 年,而在中国和巴西分别仅需 26 年和 21 年。这一人口结构转变对目前有着全世界半数以上 60 岁以上人口的亚洲影响尤其猛烈。在过去 10 年左右,包括中国、印度尼西亚、日本、缅甸、韩国、新加坡、泰国和越南在内的亚洲国家,其出生率下降程度已经低于欧洲国家有记录以来的总出生率,而在许多情况下,已接近或低于其人口更替所需的水平。

二、老年人的主要健康问题和疾病负担

人口老龄化将是老年人口疾病负担增加的主要原因,在低收入和中等收入国家尤其明显。同时,人口老龄化也是导致与年龄密切相关的一些疾病(如痴呆症、脑卒中、慢性阻塞性肺疾病和糖尿病)增长的主要因素。由以上疾病导致的慢性残疾,也会显著加重疾病负担。

根据全球疾病负担预测,2010 年 23.1% 的总疾病负担(20.49 亿伤残调整寿命年中的 5.74 亿)来源于 60 岁及以上人口的疾病。来自老龄人口(≥60 岁)的疾病负担比重在高收入国家是最高的,但是因为心血管疾病、感官、呼吸道和传染性疾病的人均负担增加,人均疾病负担在低收入和中等收入地区比在高收入国家却要高出 40%。

老年人疾病负担的主要疾病是心血管疾病、恶性肿瘤、慢性呼吸系统疾病、肌肉骨骼疾病、精神和神经系统疾病、传染性和寄生性疾病、意外伤害、糖尿病、消化系统疾病、呼吸道感染,以及感觉器官疾病。虽然这些疾病排名顺序的先后在不同收入地区的差别不大,但传染性和寄生性疾病在低收入和中等收入地区的比重更突出,而在高收入地区,精神性和神经性障碍以及肌骨骼疾病的负担更重。把低收入和中等收入国家因为心血管疾病、慢性呼吸系统疾病和传染性疾病的每人负担的增加计算入内,其老年人每人疾病负担(每千人的伤残调整寿命年是 827 年)要高于高收入地区(每千人 590 年)。

对老年人来说,15 个负担最重的疾病分别是缺血性心脏病;脑卒中;慢性阻塞性肺疾病;糖尿病;背痛;气管、支气管或肺癌;跌倒;视觉障碍;痴呆症;肺结核;高血压心脏病;胃癌;听力丧失;骨关节炎;以及重度抑郁症。

1. 心血管疾病　心血管疾病是全世界第一大死因。在 2012 年使近 1750 万人丧命,也就是每 10 名死者中就有 3 名。其中,有 740 万人死于缺血性心脏病,670 万人死于脑卒中。

随着死亡率下降,传染病受到控制,高血压、缺血性心脏病和脑卒中更为普遍,缺血性心脏病造成的死亡数最高。在 2010 年,缺血性心脏病占老年人伤残调整寿命年的 7770 万,低收入和中等收入国家占 78% 的疾病负担。2010 年脑卒中占老年伤残调整生命年的 6640 万,86% 的疾病负担来自低收入和中等收入地区。老年人的负担预计从 2004 年到 2030 年会增加 44%。2010 年脑卒中导致 590 万死亡例,500 万(85%)发生在 60 岁及以上的人口。2005 年,全世界估计有 6200 万人口是脑卒中生还者。

2. 癌症　2010 年恶性肿瘤老年人所损失的伤残调整寿命年达到 8700 万,67% 的负担来源于低收入和中等收入国家。到 2030 年老年人的癌症负担预计会增加 69%。癌症是死亡的主要诱因,每年导致 990 万人死亡,其中 540 万(54%)发生在 60 岁及以上人口。很多癌症的发病都随年龄增加。英国 2007~2009 年癌症发病率随年龄成倍增长,在 40~44 岁年龄段的男性中,每 10 万人中 116 位患病,在年龄 85 岁及以上的男性中,有 3398 位患有癌症,40~44 岁的女性中每 10 万人有 245 位患

有癌症,而在 85 岁及以上的人口中,有 2082 位患有癌症。所有癌症中,63% 在年龄 65 岁及以上的人口中诊断出。

对于以下四个癌症,绝大多数伤残调整寿命年的全球负担都在于老年人:前列腺癌(89%),食管癌(52%);直肠和结肠癌(57%),以及气管、支气管和肺癌(57%)。

3. 糖尿病　到 2010 年,糖尿病在老年人所损失的伤残调整寿命年占了 2260 万,其中 80% 的负担来源于低收入和中等收入地区。从 2004 到 2030 年,老年人的负担预计会增加 96%。在 1999 到 2002 年的美国营养与健康调查数据中,糖尿病总患病率(包括已诊断和未诊断)随年龄显著增加,从 20～39 年龄段中的 2.4% 到年龄 65 岁及以上人口的 21.6%。糖尿病的患病率从 5.1%(1988～1994 年)增长到 6.5%(1999～2002 年),在年龄最老的人群中增长最大。2007～2008 年中国以及 2000 年墨西哥的全国代表性的调查提供了一些依据老年人年龄分层的估计。在中国,20～39 岁人群中糖尿病总患病率为 3.2%,而这一数字在年龄 60 岁及以上的人群中增长到 20.4%。在经济最欠发达的农村地区,糖尿病患病率最低。在墨西哥,20～29 岁人口中,总糖尿病患病率为 1%,在 60～79 岁人口中增加到 23%。

4. 视力障碍　视力障碍(盲或视力低下)在 2010 年占老年人口伤残调整寿命年的 1040 万,86% 的疾病负担源于低收入和中等收入国家。这和世界卫生组织 2004 年全球疾病负担 3900 万的估计有显著的下降,预计到 2030 年视力障碍所占的伤残调整寿命年会增长 86%,估计全球 2.85 亿视觉障碍的人口中有 1.86 亿(65%),以及全球 3900 万盲人中的 3200 万(82%)是年龄 50 岁及以上的人口。白内障是全球致盲的主要因素,屈光不正是视力低下的主要原因。白内障的患病率和年龄强烈相关,在世界大多数地区,年龄 80 岁及以上的人口不是患有白内障,就是曾经做过白内障的手术。在亚洲研究中,60 岁及以上老年人的患病率似乎比其他地方要高。在两项基于大型人口的调查中,60 岁及以上人口中未做手术的白内障患者分别为 57.8%(印度北部地区)和 52.9%(印度南部地区)。

5. 痴呆症　受世界人口老龄化趋势影响,世界范围内痴呆症患者会大幅增加。患病率和发病率的数据预测表明,全球痴呆患者人数将持续增多,尤其是耄耋老人和面临人口结构转型的国家中将会出现最大幅度增长。每年新增痴呆患者人数接近 770 万,即每 4 秒钟就出现一位新的痴呆患者。

2013 年 4440 万人有痴呆症,每 20 年这一数据会翻一倍,到 2030 年会有 7560 万,到 2050 年会有 1.355 亿。预计在未来 20 年,低收入和中等收入国家的增长比例会比高收入国家增长更快。全球 58% 的痴呆症患者居住在低收入和中等收入国家,到 2050 年,这一数字预计会增长到 71%。根据国际阿尔茨海默病协会的研究,在东亚和南亚,未来 20 年中痴呆症的上升速度会增加一倍以上,拉丁美洲会从 134% 增加到 146%,预计北非和中东可能上升 125%。2010 年全球痴呆症负担总成本估计为 6040 亿,相当于全球国内生产总值的 1%。在低收入国家,非正式照料的花费占主要部分(和高收入国家总成本 40% 的数据相比,痴呆症负担占低收入国家总成本的 58%,中等收入国家总成本的 65%)。相反,在高收入国家,社会照顾的直接成本(社区或家庭的付费照顾)占总成本的 42%,而这一数据在低收入国家为 14%。

痴呆症是一种慢性或进行性综合征,通常是认知功能(即处理思想的能力)出现比正常年老过程更严重的衰退。它会影响记忆、思考、定向、理解、计算、学习、语言和判断能力,但不会影响意识。认知能力损伤通常伴有情感控制能力、社会行为和动机衰退,或晚于上述几种状况出现。痴呆症是全世界老年人残疾和依赖他人的主要原因之一,它不仅给痴呆症患者而且给其护理者和家庭带来巨大压力。对痴呆症的认识和理解不足导致歧视以及诊断和护理方面的障碍。痴呆症对护理者、患者家庭和社会的影响可能是身体上的,也可能是在心理、社会和经济方面。

6. 肌肉骨骼疾病　2010 年,肌肉骨骼疾病占老年人 4330 万伤残调整寿命年,66% 来源于低收入和中等收入地区。与世界卫生组织在 2004 年全球疾病负担研究的 1210 万的估计相比,增长幅度非常大;预计到 2030 年,肌肉骨骼疾病所占的伤残调整寿命年会增加 70%。在肌肉骨骼疾病中,占首位的是下背痛(1910 万生命调整年),骨关节炎(750 万)紧随其后。

三、老年人长期照护的负担

长期护理主要是针对那些身体衰弱不能自理或不能完全自理、需要他人辅助全部或部分日常生活的人提供的一种护理服务。老年人对这类服务的需求很高,而且该服务的费用也相对较高。随着人口老龄化的加剧,老年健康保障普遍面临财政和资源压力,各国纷纷寻找新对策来缓解压力。

几乎所有发达国家都运用社会性手段保障老年健康,政府在老年健康方面发挥着重要作用。即使在医疗保健体系最为市场化的美国,政府还是承担了为老年人和低收入人组织建立保险制度的责任,并通过税收筹资提供支持。以美国为例,1965 年老人医疗保险计划刚刚建立的时候,预测到2003 年其支出应在 230 亿美元,而事实上该年支出达到 2450 亿美元。支出增长如此迅速的原因包括老龄化程度的提高、医疗新技术的应用和医疗系统的浪费等等。事实上,从克林顿政府期间就开始通过改革支付手段等方法控制老年保健费用,还有学者提出限制昂贵技术应用、鼓励老年人参与劳动和增加储蓄等。由于老年人群健康需要的特殊性,政府向他们提供的人均补助通常比其他人群高出几倍。美国由联邦政府提供资金建立的老人医疗保险制度 2006 年的支出达到 4012 亿美元,占所有联邦政府卫生公共支出的 57%,占卫生总费用的 20%,而美国 65 岁以上人口占总人口的比例仅为 12%。

当然,一个国家的老年医疗健康保障制度模式是与其总体的医疗制度模式密切相关的。如英国、瑞典、加拿大等实施全民医疗保险制度的国家,其老年人也在这个体制中享受相应的待遇。德国、日本等实行社会保险体制的国家,参保人到老年后可不缴纳保费而享受一般性的社会保险待遇。另外在此基础上还设立老年补充性特殊险种,由政府提供资金扶持。日本 2000 年建立的介护保险制度规定参保人服务费用的 45% 由各级政府财政预算支付,参保对象为年龄大于 40 岁的日本国民,保障内容包括居家护理服务和机构护理服务两大类。在泰国,政府已经在国家层面上采取了多项措施以引导更多资源投向老年人供养方面,包括在 2011 年 3 月启动国家养恤基金。抱有的希望是,在社会保险体系投保的工人和按计划进行国民储蓄计划的储蓄者中扩展退休金做法,这足以抵消可能出现的子女赡养损失。但是根据其他国家的经验,单靠这些计划可能还不够。

案例 7-2

欧盟国家通过支持家庭照料（非正式照料）缓解社会老年照料压力

瑞典通过大力发展社区照料等低成本照料方式来控制费用。政府提供多方面的社区服务,使每个老年人尽可能长时间地居住在自己家中或由社区照料,其老年人长期照料费用的 80% 都是由地方和中央政府提供的。

德国的做法是将长期护理保险引入社会保险,法律规定每个参加法定医疗保险的人必须参加护理保险,或者参加商业保险的人必须参加一项商业护理保险。

四、老年人健康的特殊影响因素

人们随着变老更容易患疾病和残疾。然而,老年人中健康欠佳的很多负担都可以通过对一些特别风险因素的重视来降低和预防,其中包括以下所列的一些因素。

（一）功能障碍

在过去 20 年内,全球疾病负担的很大一部分发生转变,非传染性疾病导致了更多的是功能障碍而非过早死亡。老年人残疾主要是由三个并存的因素引起的:衰老过程、不健康的生活方式以及疾病。

（二）虚弱

虚弱,最常见的定义是与年龄相关、由一些生理系统调节异常引起的生物综合征,这些异常使个体在面临较小压力时处于危险,通常都会造成不良结果(例如:功能障碍,死亡和住院)。年龄 65 岁以上人口的虚弱率较高,在世界范围内从7%到16.3%不等。虚弱率随年龄增长而增加,女性虚弱率高于男性。虚弱有助于界定高风险的老年人群,并且具有更大的临床意义:虚弱和残疾相比,在早期有更高的可逆性;虚弱和慢性病相比,具有更高的预测不良后果的价值。它也是导致社区居住老年人死亡的最常见原因。

(三) 损伤

跌倒以及由其引发的其他损伤占老年人疾病和残疾负担的很大一部分。随年龄增长跌倒的风险显著增加。跌倒带来的损伤(例如股骨骨折)通常需要住院治疗以及接受花费昂贵的干预治疗,包括康复训练,并且会带来很多功能受限以致需要长期照料,包括入住养老院。

虚弱本身会极大提高在所有情况下跌倒的风险。每年有30%～50%居住在长期照料机构中的人跌倒。研究显示,大多数的跌倒都是可预见和预防的。一些防止受伤的措施(例如臀部保护器)被证明很有用,也有一些由公共政策支持预防跌倒的对策的成功实践。

(四) 慢病发病率高

健康老龄化是一个终身的过程。通常在人生命早期就形成的有害行为会降低生活质量,并导致过早死亡。营养不良,体力活动少,吸烟,以及不良的饮酒习惯都会促成慢性疾病的发展:其中五类疾病(糖尿病、心血管疾病、癌症、慢性呼吸系统疾病和精神障碍)在欧洲地区占疾病负担和死亡的比率分别是77% 和86%。处于最弱势的群体承担着这一负担最重的部分。

(五) 贫穷和低文化程度

贫穷的风险随年龄增长增加,在女性中高于男性。65岁以上人口贫穷(定义为少于国民收入中位数的60%)的普遍性地区差异很大。在发展中国家,农村老人普遍缺乏养老金和医疗保险,他们的贫困风险远远大于城市老人。并且,很多老年人没有能力自行支付包括处方药在内的医疗花费。各国政府扩大医疗保险的覆盖范围,并且改善老年人获取医疗服务的途径十分重要。同时,不少文献表明教育是健康的一个保护因素。教育和健康素养、卫生知识,医疗的可负担能力以及获取医疗服务十分相关。全球范围内,妇女和老年人受教育水平低更为普遍。总之,消除贫困和提升教育是提升健康水平和消除全球健康差异的根本方法。

📡 案例 7-3

非洲国家老龄人口的贫困化

非洲的老年人几乎享受不到经济增长和发展的成果。到2050年,非洲60岁以上的人口数将从现在的5000万增至2亿。整个非洲大陆,60岁以上的男性中,有64%仍然在通过各种方式继续工作。女性的平均寿命为60岁,要比男性长17年,她们也还在家庭和农田里继续着自己的角色。越来越多的老年女性不得不在自己的儿女因艾滋病病毒或者艾滋病去世后守护着孙子孙女。

对于那些长期陷入贫困的人们来说,根本无力储蓄养老金。一旦年事已高,无法工作,家庭又无力赡养,他们就会变得非常无助。一项在15个非洲国家开展的调查发现,有11个国家的人口中,老年人贫困的比例更高。这个情况尤其表现在那些必须要抚养儿童的老年人身上。在乌干达,相对于38%的全国人口贫困率,有64%的老年人生活在贫困线以下。贫困使得老年人无法融入社会、享受社会福利。老年人和老龄化问题急需纳入国家发展计划中,出台减少贫困的措施和策略并给予相关财政支持。

(六) 社会孤立和排斥、精神健康障碍

📡 案例 7-4

非洲地区老年人在突发事件中更加弱势

在非洲不断增长的人为冲突以及自然灾害中,老人们面对非常多的威胁,可是他们却很少被定义为

弱势群体。当整个部落开始逃亡的时候,很多老人,尤其是体弱多病、足不出户的老人将在没有任何援助的情况下被遗弃。很多老人害怕长途跋涉、客死他乡,因此这些老人在暴力冲突中极为脆弱。大部分非政府组织强调为妇女和儿童提供基本的卫生保健,但却忽略了老人。很多突发事件中的应急粮食和营养援助计划都极少涉及老人的需求。比如,老年人由于牙齿或者其他健康问题,很难吞咽比较硬的谷物;有一种趋势还认为向老年人准备食物援助是一种"浪费"。

当部落的人们回归时,老年人也很难获得土地以及其他稀有资源。老人们无法获得信贷、创造收入,而且以工换粮的计划越来越普及,这也加剧了老人们在独立性、社会地位、尊严等各方面的权利丧失。

通常在突发事件中所有人都会经历的失落感、创伤、纠结以及恐惧,在老年人身上表现得更为明显,而孤立无助则更加剧了老年人的这些情绪。失去家人、缺少照顾、缺乏社会联系,都将老年人置于孤独无援的处境。同时,抛弃、歧视、自我排斥也将越来越普遍。因此,这些生理或心理上被孤立的老人们需要及时地被发现并给予定向帮助。

尽管老年女性在流浪人口中占很大部分,但由于年龄和性别的阻碍,她们更容易被隔绝在政策制定、资源共享的过程之外。社会以及宗教对女性运动、言论自由等限制也让她们在突发事件中处于更加弱势的地位。

孤独、社交孤立和社会排斥是老年人健康欠佳的重要社会决定因素和风险因素。它们影响健康和幸福的方方面面,包括精神健康,受到虐待的风险,遇到可避免情况时急症住院的风险,例如严重脱水和营养不良。在所有国家的老龄人中,女性比男性社会孤立的风险更高。在美国老龄人口中,重度抑郁症的有4%,另外有10%的人口具有未达到重性抑郁标准的抑郁症状。在中国的类比研究表明,老年人中总的抑郁症患病率为3.9%,有抑郁症症状的比率为12.5%~14.8%。健康问题和抑郁症相关,接受更多的工具性支持也和较高的抑郁症状相关。另外,很多研究都记录了在老年人中,社会经济状况差、受教育年限少以及有限的财力,都和较高风险的抑郁相关。研究发现,健康行为,尤其是锻炼和较低的抑郁相关。老年人中的抑郁症常常未被诊断。精神健康支持,包括一些预防性措施,是针对老年人的医疗中十分重要却时常被忽略的一部分。

(七) 虐待和歧视老年人

虐待老年人的定义为对60岁及以上个人在身体、性别、精神,或者财务上受到虐待和(或)忽略。有关这一问题的范围目前暂时没有详尽调查,但相关估计表示在世界卫生组织的欧洲区域,任何一年至少有400万老年人受到虐待。虐待对老年人精神和身体的健康都有影响,并且如果未被抑制,老年人的生活质量和存活率将会下降。长期以来,老年人虐待一直被看作一个个人问题。直到最近20年人们才意识到这一问题的范畴(并不局限于个人),并在老年人居住的各种场所,包括照料者、家庭、社区和养老院进行系统性的研究和干预。

(八) 认知功能障碍

老年痴呆症和老年抑郁症是威胁老年人健康的主要疾病,随着人口结构的老龄化及高龄化,这种威胁将越来越大。影响认知功能障碍的因素可分为几大类:

1. 职业和教育程度 职业水平,通常和受教育程度有关。一些老年人在做要求思考能力和解决问题能力的工作或活动时仍在锻炼他们的认知能力,和不使用这些技能的老年人相比,前者在认知检测中,认知功能的下降相对较少。

2. 生活方式 营养缺乏有可能会影响老年人的认知功能。一些研究显示水果、坚果、鱼、蔬菜类膳食有利于认知功能改变。越来越多的研究表明体育锻炼会对认知功能的下降起到延缓作用。

3. 社会支持和心理健康 抑郁、孤独或者轻微的烦躁不安(例如感觉忧郁或者被抛弃,但没有被临床诊断为抑郁症)会影响认知功能。

4. 其他疾病的因素 脑卒中、心血管疾病和高血压都对认知功能下降有一定的影响。

（九）多种合并症

知识拓展 7-3

痴呆症人口和多种慢性病

痴呆症这一功能障碍让人们意识到了多种合并症所带来的复杂挑战，以及因未能系统性解决这些问题带来的影响。在所有长期功能障碍的人群中，患痴呆症的人口具有最多的合并症。苏格兰的数据显示痴呆症患者中仅有 5.3% 的人没有其他慢性疾病；痴呆症患者平均患有其他 4.6 种慢性疾病。一份美国基层医疗数据显示，痴呆症患者平均患有额外 4 种慢性病，并服用 5 种药物。美国痴呆症患者中 82% 有高血压，39% 有糖尿病。

近百年来，医疗、经济和社会发展带来了发展中国家和发达国家人均寿命的增加。然而寿命增加也伴随着复杂和多种合并症的出现（2 个或以上的长期疾病）。尽管多种合并症不是仅在老年人中出现的问题，但它的患病率在老年人群中较高，65 ~ 84 岁的老年人中有 65%，85 岁及以上的人口中 82% 都患有其他疾病。

五、全球促进老年人健康的政策与行动

（一）联合国世界老龄大会

1982 年，联合国第一次老龄问题世界大会在维也纳召开。在筹备会议期间，联合国大会请会员国考虑设立国家老龄委员会并在国家一级开展活动以支持世界大会的各个项目。此次世界大会通过了《维也纳国际行动计划》。该计划要求与会国：①制定及执行国际、区域和国家各级的政策，以充实老年人作为个人的生活，并让他们在和平、健康和有保障的情况下身心都充分、自由地安享他们的晚年；②研究人口老龄化对发展以及发展对老龄化的影响，以便使老年人的潜力能够得到充分发挥并采取适当措施减轻由此带来的任何消极影响。2002 年，联合国召开了第二次世界老龄大会，通过了《马德里老龄问题国际行动计划》，为各国应对人口老龄化提供了指导思想和行动纲领。世界卫生组织为大会提交了一份政策框架，并制订了实施国际计划区域行动计划，特别是由联合国欧洲经济委员会、联合国亚洲及太平洋经济社会委员会以及联合国拉丁美洲和加勒比经济委员会制订的计划。

鉴于良好的健康是老年人保持独立性和继续为其家庭和社区做出贡献的必要条件，马德里国际行动计划将获得初级卫生保健作为重点，从而它也成为世界卫生组织的重点，其目的是提供老年人需要的定期和持续的沟通和保健，预防或延缓慢性及易致残的疾病，使他们成为家庭、社会和经济的重要资源。因此，世界卫生组织发起了一系列辅助项目，其重点是提供可利用、可获得、全面有效，和对性别及年龄有针对性的综合保健。

世界卫生组织关于卫生保健系统对发展中国家人口的迅速老龄化制订一项综合反应的项目目标是建立一个知识基础，支持各国以服务于老年人口的综合卫生和社会保健系统为方向调整政策。在 12 个发展中国家（博茨瓦纳、智利、中国、加纳、牙买加、韩国、黎巴嫩、秘鲁、斯里兰卡、苏里南、阿拉伯叙利亚共和国和泰国）开展的项目的前两期（已结束）包含有关初级卫生保健级别上老年人寻求保健的行为、其服务提供者的作用、需求和态度以及所提供服务类型的量化和质化研究。政府、学术机构和非政府组织对这项跨学科的研究项目做出了贡献，为参与国之间共享信息提供了具体政策建议，是良好的实践样板。与世界卫生组织卫生发展中心（日本神户）正在合作开展的项目的下一阶段吸收了另外 6 个国家（玻利维亚、印度、肯尼亚、马来西亚、巴基斯坦以及特立尼达和多巴哥）并将重点置于为老年人提供初级卫生保健。该项目被看作鼓励在人口迅速老龄化的发展中国家间交流知识、经验和良好的实践模式样板，目的是在发展中国家建设相关的研究能力。

（二）世界卫生组织"全球老龄化与成人健康研究"

2003 年，世界卫生组织调查收集了 71 个国家中有关包括老龄人口数据在内的人口卫生状况和卫

生服务覆盖面的信息。这一信息有助于更好地了解老年人的健康决定因素和死亡原因。

为更好地了解老龄化对健康的影响,特别是针对较不发达国家而言,世界卫生组织正在开展"全球老龄化与成人健康研究"。这一研究将纵向随访约5万名老人,目前正在中国、加纳、印度、墨西哥、俄罗斯及南非展开。该研究与一个相关的国际健康与人口监测网络(INDEPTH)建立联系。与在高收入国家所做的类似研究进行比对,这将有机会使人了解全球范围内老年人的健康和福祉方面存在的相同点和不同点。

(三)　世界卫生组织关爱老人城市规划

世界卫生组织的关爱老人城市规划指明通过建立城市网络来应对老龄问题。该项规划鼓励从纽约到内罗毕各个城市的领导人思索如何改善老人的生活,而改善老人的生活可能会改善所有市民的生活。来自22个国家33个城市的代表为此于2006年汇聚一堂,审查了城市可以促进健康老龄化的八个领域:室外空间和建筑,交通,住房,社会参与,尊重和社会包容,公民参与和就业,沟通和信息,以及社区支持和卫生服务。

会后编写了一份指南和核对表,供各城市评估其关爱老人的程度。世界卫生组织表示,老人参与评估城市关爱老人的程度和确定进展衡量指标有助于确保评估的实效性规划,然后建立由世界各地城市组成的全球关爱老人城市网络,参与该网络的城市可以获得世界卫生组织的技术支持和培训,并可交流信息和经验。

该网络的一个显著特点是,它远远超出传统卫生部门的范畴。因为社会环境是影响健康的一个因素,与个人及全社会的健康老龄化密不可分。

🔊 案例7-5

正准备启动关爱老人城市项目的许多城市

西班牙多诺希亚-塞瓦斯蒂安市和瑞士伯尔尼市等,与世界卫生组织关爱老人规划人员进行了联系。法国30个城市参与了国家老龄规划。关爱老人概念在加拿大和爱尔兰已深入人心。世界卫生组织还正与中国全国老龄工作委员会探讨一项协助老人计划,并正在全国6个试点开展研究。其他国家也正制订全国计划。

(四)　社区为老年人提供卫生保健措施

联合国的区域工作侧重于如何向日益增多的老年人提供以社区为基础的初级卫生保健。例如美洲区域办事处就老龄保健问题为初级卫生保健提供者编制了一份培训手册。它与6个会员国(智利、哥斯达黎加、萨尔瓦多、墨西哥、巴拿马和乌拉圭)合作实施为初级卫生保健专业人员的培训规划并监测保健质量的改进情况。它与玻利维亚、厄瓜多尔和萨尔瓦多的卫生系统改革项目合作以确保向老年人提供卫生服务。它建立了一个老年医学保健培训网络。在研究领域,泛美卫生组织与10个国家的卫生部和大学合作开展了一项有关健康、安康和老龄化的研究。

2003年,联合国东地中海区域委员会在其第五十届会议上通过了有关老年人卫生保健的决议,强调发展和促进卫生、福利和其他部门的整合与协调,以便开展综合服务和规划。在巴林、埃及、伊朗伊斯兰共和国和黎巴嫩开展了有关以社区为基础的老年人保健状况的深入研究。

西太平洋区域办事处与该区域的5个会员国(中国、蒙古国、菲律宾、韩国和越南)共同支持以社区为基础的老年人规划。区域题为"发展中国家老龄问题与健康促进途径"的文件就如何改进老年人的健康宣传、疾病预防和提供卫生服务问题向各国提供了指南。

世界卫生组织神户卫生发展中心正在对一份以社区为基础的老年人卫生保健术语的词汇和定义进行标准化。前几项有关向巨型城市的老龄人口提供初级卫生保健示范做法的个案研究侧重于中国的上海。该中心组织的一次研究咨询会议为探究城市化、环境变化和技术发明对老龄人口的影响提出了建议。此外,《2002年马德里老龄问题国际行动计划区域执行战略:上海执行战略》和

《1999年亚洲及太平洋老龄问题澳门行动计划》制订的国家和区域行动计划,可为老龄问题提供一个积极的扶持环境。

(五) 世界卫生组织提出"积极的老年生活"方针

老龄化带来了一些艰巨挑战,特别是在生命的最后阶段。同时,世界卫生组织指出,以晚年来界定整个老龄化问题在思考方向上是错误的。人们还需要重新确立对老龄化本身的思考方式,从根本上反思对老年人的态度,特别是老年人成为社会负担的概念。世界卫生组织希望看到人们再次关注老年人对社会不断做出的贡献,这也是世界卫生组织称之为"积极的老年生活"方针的一部分,其中一项关键内容就是如何在60岁以后保持身体健康。获得初级卫生保健是使老年人保持良好健康的关键,而在一生中采取健康的生活方式也同等重要。

然而,积极的老年生活并非只是锻炼和卫生保健,而是包括持续参与社会、经济、文化和公民事务。为做到这一些,各国必须要做的远不止鼓励人们骑上自行车或去健身房,要使积极的老年生活变为现实,就需要全面反思老年人在社会中的角色。认为老年人在60岁就退休的思维方式有很大局限性,老年人希望继续参与活动。尤其对较不发达国家而言,或许需要建立全新的模式。

案例7-6

巴西政府采取措施促进健康老年化

巴西政府表示,确保老年人健康生活是巴西应对人口老龄化问题的一个主要挑战。巴西希望采取的一个应对方式就是鼓励老年人锻炼身体。目前的十年健康计划(2011~2021)包括市政当局提供支持建设4000座"卫生学院",其中包括老年人在内的人群能够锻炼的公共健身房。巴西政府希望在3年时间内,即到2015年时有4000个这样的场所,无论贫穷的社区还是大城市,均设有一所卫生学院,以保证老年人和其他人能够在一处有人管理的场所进行锻炼。这也是巴西抵御非传染性疾病计划的一个组成部分,该计划也包括健康促进和针对诸如糖尿病、癌症和高血压等慢性疾病患者的卫生保健内容。

(六) 全球科技创新促进健康老龄化

科技能改善老年人的身体健康和独立性。虽然在早期使用阶段,许多新科技依然面临成本障碍,大部分科技由较富裕的国家首先采用。但随着这些科技成为主流,它们会达到一个可被市场接受的价位,并从这个价位开始,更迅速地扩散到世界上的其他地方。许多发展中国家直接过渡到移动卫生,用手机作为测量和管理慢性病以及与几百公里外的医生联系的工具。

知识拓展7-4

创新研究专注于健康老龄化

在美国,专业医学人员可以利用移动设备监测和收集老年人的慢性病信息;科技还可协助老年人坚持服药、饮食和锻炼计划,有些技术能够发现并向专业人员警示潜在健康问题。例如,监测睡眠行为和厕所设备能够向护理人员发出尿道感染这一老年人常见病的早期预警信号。有些设备有助于保障老年人的安全。运动和震动感应器能够察觉摔跤——一个老年人常见致残或致死原因,并发出求助信号。还有设备能监测炉灶的使用,并在老年人忘记关火时发出警报。

虽然欠发达国家面临巨大挑战,但它们也有机会逾越这些障碍。世界卫生组织正在开展一项旨在提高低收入和中等收入国家老年人医疗与辅助器械可及性的新项目。世界卫生组织首先找出这些国家的需要和缺乏可及性的障碍,然后确定可能的解决方案;之后,世界卫生组织的项目将重点关注促进低收入和中等收入国家老年人医疗辅助设备的研究、开发与生产。这一项目将为贫困老人提供更多的医疗设备。

(钱序　吴蓓　谢静宜　吴冕)

◉ **思考题**

1. 新生儿、婴儿和 5 岁以下儿童的死因有何差异？
2. 哪些社会决定因素直接或间接地影响儿童健康？
3. 请举例说明性别平等对女性健康的影响。
4. 哪些方面的措施有助于减少针对妇女的暴力？
5. 影响老年人健康的特殊因素有哪些？
6. 世界卫生组织和各国政府如何在政策和行动上促进老年人健康？请举例说明。

第八章 科学技术与全球健康

🌐 学习目标

掌握 科学技术对全球健康发展的作用。

熟悉 全球健康新产品研究开发的机制。

了解 全球健康发展中的科学技术的开发与应用。

纵观人类历史,科学技术的进步与发展是人类健康状况改善的重要原因之一。尤其是近一百年来,无论是 20 世纪青霉素的发现和疫苗的发明,还是目前风靡全球的移动医疗的发展,都对降低死亡率和发病率,促进全球健康发挥了不可替代的作用。同时也要看到,尽管从全球来看,科学技术的发展日新月异,应用于健康的卫生技术层出不穷,但在一些中、低收入国家,科学技术发展不平衡的状况依然十分突出;对于一些脆弱人群而言,仍有许多卫生技术尚不可及。

本章旨在阐述科学技术对全球健康发展的作用,考察全球健康新产品研究开发的机制以及全球健康发展中的科学技术的开发与应用,呈现全球健康发展中科学技术面临的挑战,揭示目前科学技术研发和实施的突出问题。

第一节 科学技术对全球健康发展的作用

一、科学技术对全球健康发展的贡献

(一) 科学技术的含义

1. 科学和技术的概念 根据辞海中的定义,科学(science)是关于自然、社会和思维的知识体系。它是实践经验的结晶,适应人们改造自然和社会的需要而产生和发展。科学用逻辑和概念等抽象形式反映世界。科学的任务是解释事物发展的客观规律,探求客观真理,作为人们改造世界的指南。科学发展的动力是生产发展和社会发展的需要。科学可以转化为直接的生产力。

技术(technologies)泛指人类为实现社会需要根据生产实践经验和自然科学原理而发展成的各种手段、方法和技能的总和;可包括物体形态、智能形态、社会形态三个方面。广义的技术不但包括有形的工具装备、机器设备、生产工具和实体物质设备等硬件,也可以表现为无形的工艺、方法、规则等知识软件,如系统、组织方法和技巧,以及生产的工艺过程或作业程序、方法。

科学的任务在于认识世界,侧重于回答"是什么""为什么"的问题。技术的任务在于改造世界,侧重于回答"做什么""怎样做"的问题。

2. 医学科学技术的内涵 医学科学技术(medical sciences and technology)是科学技术的分支,是人类认识世界和改造世界的积极成果,是人类文明的重要组成部分,是造福于人类、服务和满足人的各种健康需要的知识体系和实践经验的方法与技能。

现代医学科学的发展越来越依赖先进、复杂的技术手段;现代技术的发展也在越来越依赖于科学的进步。现代医学科学和卫生技术的发展应人类健康需要而发展。为了与国际相关概念保持一致,本章医学科学技术的讨论主要以卫生技术为代表。

卫生技术(health technologies)可分为六大类:药品、生物制品(包括疫苗和细胞疗法)、医学设施、医

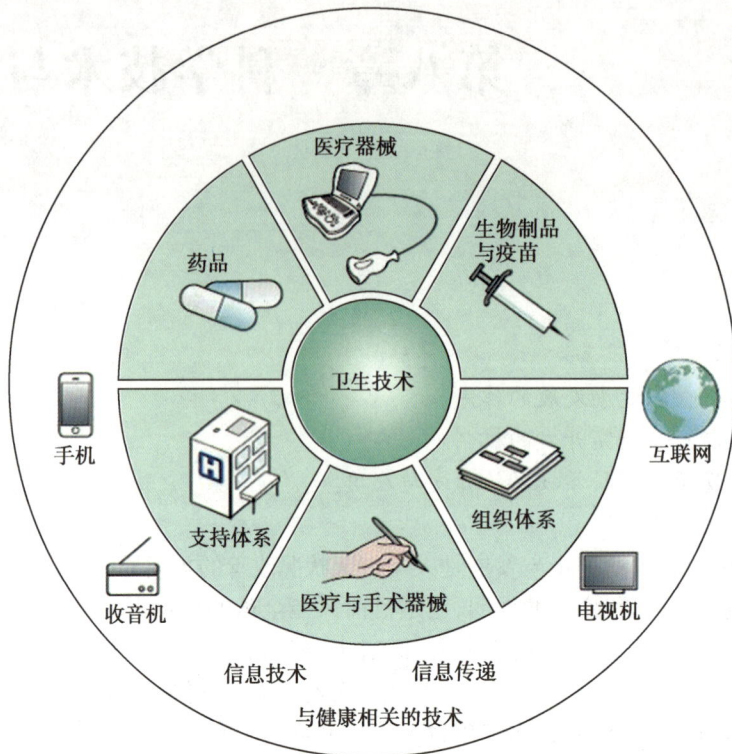

图 8-1　卫生技术及与健康有关的技术

学与外科器械、支持系统(如药品处方和临床实验室)、组织体系(如临床路径)(图 8-1)。

世界卫生组织界定卫生技术的定义为:"在疾病预防、诊断、治疗、康复以及在保健提供的组织和支持系统内部使用的设备、药品、医疗、手术器械及其与使用相关的知识"。在医疗卫生领域中的科学技术最常见的形式是疫苗、药品、医疗装置、外科器械等。这些技术通常是有形的物质形式。从广义的角度,医学科学技术也包括一些非实质性的,即不是有形的,但对于卫生系统非常关键的要素(与知识相关的),诸如纸质的儿童保健干预清单、电子版的临床指南,为了维护健康应用的移动的远程电话等。

信息和沟通技术是应用于健康技术和卫生技术之间的传播健康信息的媒介,包括电视和收音机。具有更好的交互作用的互联网和电话也可纳入技术的范畴。这种工具和方法具有好的成本效果,因此在千年发展目标第 8 项指标中,包括"新技术的受益的可得性,特别是信息和交流"。

(二) 科学技术对全球健康发展的影响

自人类诞生伊始,科学技术就对人类健康发挥了重要的作用。科学技术在全球健康发展的动力是人类健康和社会发展的需要。随着人类健康发展的需要和科学技术自身的发展,科学技术在全球健康发展中的影响和价值与日俱增。

从近百年的全球健康发展来看,全球人群健康状况比以前有了显著的改善。全球平均寿命从 1900 年的 31 岁增加到 2000 年的 66 岁。这种健康结果的改善是全球性的,即使是在最贫穷的发展中国家也得到了明显的改善。全球健康结果改善的推动力量主要是两个因素。第一,发现了价格低廉的可以显著改善健康结果的技术;第二,知识的传播推进了这些技术的应用。

科学技术的发展对人类健康影响最具代表性的例子就是以青霉素为代表的抗生素的发现。抗生素的发现是人类对抗病原菌的一个具有历史性的里程碑。青霉素被誉为 20 世纪最有贡献的药品,其发现者是英国细菌学家亚历山大·弗莱明(Alexander Fleming)。1928 年,他在一次细菌培养实验中偶然地发现有一种后来被称为青霉素的真菌正吞噬他在培养皿中培养的细菌。根据弗莱明研究的成果,英国牛津大学的研究者们经过十年的努力,终于找到了提炼这种真菌的办法,并投入医学治疗试验。1943 年,为了医治在二战中负伤的战士,青霉素投入工业生产。在半个多世纪中,青霉素挽救了无数人的生命,并促使人们开始重视抗生素家族的研究开发。自 1943 年以来,青霉素已在全球范围内广泛应用,现有抗生素的种类已达几千种,在临床上常用的亦有几百种。

脊髓灰质炎(Polio,简称脊灰)是一种病毒引起的传染性很强的疾病。脊灰作为一个重要的卫生问题为发展中国家所认识,经历了较长的时间。20世纪70年代进行的"跛行调查"揭示出这种疾病每年造成发展中国家几千名儿童肢体麻痹。20世纪70年代,口服脊灰减毒活疫苗(oral Polio attenuate live vaccine,OPV)诞生,并作为常规免疫规划被推广到全世界,使脊灰得到有效控制。脊灰病例自1988年以来减少了99%以上,从当时逾125个流行国家、估计35万例病例,下降至2013年的416例报告病例;其余属于自流行地区向无脊灰地区发生的国际传播。2014年,世界上仅在阿富汗、尼日利亚和巴基斯坦三个国家的部分地区继续存在疾病流行,地理区域之小史无前例。这是继1980年全球消灭天花、20世纪80年代美洲在消灭脊灰病毒方面取得的卓有成效的例证,是全球范围内科学技术应用于保护所有儿童免受该疾患之苦的成功案例。

科学技术的发展对推动人类社会进步所产生的作用是毋庸置疑的。正是由于科学技术取得的全面、长足的进步,推动了全球范围内社会各个方面的空前发展。然而,与此同时,不应忽视的是科学技术具有两面性。科学技术是一把双刃剑,它给人类的发展带来了巨大利益的同时,也在不断地侵蚀和危害人类社会,对人类提出了严峻的挑战并形成了新的矛盾,诸如知识产权的保护和健康公平的矛盾,科学技术发展和创新与医疗费用成本控制的矛盾等。同时,随着科学技术和医学科学技术的不断发展和创新,在全球范围内日益面临着医疗科学技术如何普惠和确保低收入国家、地区的人口和脆弱人群可及的挑战。此外,由于科学技术推广实施中的问题,许多国家和地区面临着技术的不可及和分配不均的挑战;尤其是技术实施的资源匮乏(如相关的仪器设备欠缺)、费用高昂、人员能力不足以及管理不当等问题,都影响了科学技术的推广与使用。例如,即使人类已创造发展了全球推荐免疫接种疫苗,但仍没有实现全球疫苗接种覆盖率,一些国家和地区疫苗接种覆盖率差距依然存在:尽管这些国家这一卫生技术(疫苗)已存在,但是可能由于资源不足、提供或分配的限制、人力资源的原因,或者对卫生系统的管理不善、监测和监督不足等,使一些地区全球免疫接种疫苗仍是不可及的。全球健康发展中要正确认识科学技术的这种特征,要最大限度地降低或消解科学技术的负面效应,积极促进科学技术与人类社会和全球健康同步发展。

📡 案例8-1

科学技术应用于全球健康的成功案例:口服脊灰减毒活疫苗消灭脊灰

流行与危害:脊髓灰质炎(脊灰)是由脊灰病毒引起的急性肠道传染病,主要通过粪-口途径在人与人之间传播,主要影响5岁以下儿童。人是脊灰病毒已知的唯一宿主。脊灰病毒感染后,潜伏期为3~35天。少数感染者因病毒侵犯脊髓前角运动神经元,导致肢体肌肉发生不对称弛缓性麻痹,造成肢体不可逆麻痹甚至死亡。只要还有一名儿童感染有脊灰病毒,所有国家的儿童就有感染该疾病的危险。

预防干预:无特效药,只能采取预防措施。多次接种脊灰疫苗,可使儿童获得终身保护。

全球消灭脊灰行动的启动及影响:1988年,第41届世界卫生大会上,通过了一项全世界消灭脊灰决议。这标志着由国家政府、世界卫生组织、国际扶轮社、美国疾病控制和预防中心,以及联合国儿童基金会率先发起,并得到盖茨基金会等主要合作伙伴支持的全球消灭脊灰行动正式启动。消灭脊灰的低收入国家在未来20年至少节省400亿~500亿美元,意味着世界上不会再有儿童经历脊髓灰质炎造成终身麻痹带来的痛苦。

(三) 科学技术对全球健康发展的贡献

在世界上,科学技术对全球健康发展的最具影响和最杰出贡献的是诺贝尔生理学或医学奖的发明成果,这可作为近百年来医学科学技术发展史的缩影。此期间凡是对维护人类健康、拯救人类生命做出卓越贡献的重大科技成果,基本上都被授予了诺贝尔生理学或医学奖(表8-1)。这些发明不仅是科学技术应用于医学科学和卫生领域的标志性成果,也广泛应用于保护和增进人类健康的实践中。

自20世纪以来,科学技术突飞猛进的发展,深刻地改变了人类社会历史前进的步伐,成为人类文明进步最具革命性的推动力量。在 20 世纪,医学科学技术取得惊人的发展。抗菌药物的发现和应用、疫苗的发现和应用、先进设备在医学的应用,对诊断、治疗、预防疾病,都起到革命性的变化,为人类健康带来了福音。

📚 知识拓展 8-1

诺贝尔生理学或医学奖

诺贝尔生理学或医学奖于 1901 年首次颁发,获奖者是德国科学家埃米尔·阿道夫·冯·贝林(Emil Adolf von Behring),他因从事有关白喉血清疗法的研究荣获诺贝尔生理学或医学奖。2014 年,英国伦敦大学学院教授约翰·奥基夫(John O'Keefe)、挪威科学家梅-布里特·莫泽(May-Britt Moser)和爱德华·莫泽(Edvard I. Moser)夫妇,解决了困扰哲学家和科学家几个世纪之久的问题——发现构成大脑定位系统的细胞,荣获诺贝尔生理学或医学奖。这在百年里,全球有 207 名科学家获此殊荣,获奖成果 130 项。

表 8-1　1901~2014 年部分诺贝尔生理学或医学奖获奖者及其成果

获奖者	获奖时间	获 奖 项 目
E. A. V. 贝林(Emil Adolf von Behring)	1901	白喉血清疗法的研究
罗纳德·罗斯(Ronald Ross)	1902	疟疾媒介蚊传播的研究,为成功研究及对抗这一疾病的方法奠定了基础
查尔斯·路易士·阿冯斯·拉韦朗(Charles Louis Alphonse Laveran)	1907	疟原虫生活史的研究,为鉴定疟疾提供重要技术
弗莱明(Alexander Fleming)、E. B. 钱恩(Ernst Boris Chain)、H. W. 弗洛里(Howard Walter Florey)	1945	发现青霉素以及青霉素对传染病的治疗效果
S. A. 瓦克斯曼(Selman Abraham Waksman)	1952	发现链霉素
J. E. 默里(Joseph Murray)、E. D. 托马斯(E. Donnald Thomas)	1990	人类器官移植、细胞移植技术
保罗·劳特布尔(Paul Lauterbur)、彼得·曼斯菲尔德(Peter Mansfield)	2003	磁共振成像技术上获得关键性发现,使磁共振成像仪诞生
巴里·马歇尔(Barry J. Marshall)、罗宾·沃伦(Robin Warren)	2005	发现幽门螺杆菌及其消化性溃疡的致病机制
哈拉尔德·楚尔·豪森(Harald zur Hausen)、弗朗索瓦丝·巴尔-西诺西(Françoise Barré-Sinoussi)和吕克·蒙塔尼(Luc Montagnier)	2008	发现人乳突瘤病毒引发子宫颈癌 发现人类免疫缺陷病毒
罗伯特·爱德华兹(Robert Geoffrey Edwards)	2010	试管婴儿方面的研究
约翰·奥基夫(John O'Keefe)、梅-布里特·莫泽(May-Britt Moser)和爱德华·莫泽(Edvard I. Moser)	2014	人类大脑如何构建所处空间的地图,以及在一个复杂的环境中人类大脑如何导航并寻找路径
Satoshi ōmura(日本)		
William C. Campbell(爱尔兰)		对一些最具毁灭性的寄生虫疾病的治疗具有革命性的作用,尤其是线虫和疟疾
屠呦呦(中国)	2015	

20 世纪 40 年代以来,由于黄热病疫苗的推广,50 年代初期价格便宜的抗生素和家庭滴滴涕(DDT)喷雾的使用,以及更多新疫苗的推广使用,全球死亡率的下降超过了过去的 60 年,其中疫苗的产生和计划免疫扩展计划功不可没。在 1974 年至 2000 年之间,世界上新生儿天花、白喉、百日咳、破伤风、结核病和脊髓灰质炎 6 种疾病的免疫率,从 5% 增加到 80%。在 1999 年至 2005 年,非洲每年死于天花的儿

童数量从超过 50 万下降到 12.6 万,下降了四分之三。

115 个中、低收入国家 1960~1990 年间死亡率下降等健康指标的归因百分比分析,体现了这些健康指标与收入、成年妇女受教育程度和新知识技术的创新与利用等主要相关因素之间的关联。其中,新技术的应用在改善健康指标方面发挥了举足轻重的作用。如男性和女性期望寿命中,新技术应用的归因百分比分别为 50% 和 49%,远高于收入和受教育程度的归因百分比(如男性分别为 20% 和 30%);在降低 5 岁以下儿童死亡率的归因百分比中,新技术应用为 45%。除了药物、疫苗外,全球健康领域中应用的科学技术还包括广泛的干预技术,如降低儿童死亡率的儿童保健、减少营养不良、改善食品卫生、增加交通安全的干预技术等,这些卫生技术是专门设计用来预防、诊断和治疗疾病或促进健康的,应用广泛(如血压控制仪),并具有高度的特效性(如特定疾病的疫苗)。这些都是公认的对人类健康有贡献的科学技术。

二、促进全球健康发展对科学技术的潜在需求

科学研究和探索是创造和开发全球健康发展过程中对科学技术潜在需求的重要途径。为此,许多国际组织、非政府组织、基金会和研究机构纷纷积极参与,对全球健康中的突出问题、未解知识以及知识和技术创新提供平台,并引领全球健康发展中的创新性研究。

美国国立卫生研究院设立项目鼓励开展创新性研究。据《科学家》(*The Scientist*)杂志报道,美国国立卫生研究院(NIH)计划通过 2 个项目将 9300 万美元资助给 50 名生物医学研究人员。其中,先锋奖(Pioneer Awards)将向 15 名科学家提供 250 万美元资助,帮助他们完成职业生涯中任一阶段研究;新创新者奖(New Innovator Awards)将向至少 33 名研究人员提供高达 150 万美元资助。此外,美国国立卫生研究院还将设立另外 2 个新资助项目,以资助拥有"大胆想法"、格外具有创新力的科学家,支持他们采用高创新性及具潜在高影响力的方法应对生物医学或行为研究中的大挑战。2008 年,先锋奖和新创新者奖已资助了 47 名科学家。

📚 知识拓展 8-2

探索大挑战(Grand Challenges Explorations,GCE)

总金额达 1 亿美元的"探索大挑战"是比尔及梅琳达·盖茨基金会全球健康领域的项目之一。它面向全球征集并资助大胆而非传统性的研究计划,旨在探索和发现突破性的创新方案,从而帮助应对那些给发展中国家人民带来最大伤害、却很少为人所关注的重大疾病和健康问题。该项目启动于 2008 年,为期 5 年,每年 2 轮。每轮都会针对若干全球健康领域的特定题目征集创新方案。方案一旦入选,即可获得盖茨基金会 10 万美元的资金支持。

2014 年启动的第二轮计划,支持一个新的领域:避孕工具。避孕套是最有效的防止意外怀孕、防控艾滋病和性病传播的工具,也最具性价比。

"探索大挑战"鼓励来自全球各个地区、各个学科、不同年龄的个人或组织提交申请,也欢迎非健康领域的个人、团体或企业积极参与"探索大挑战"最大限度地简化申请流程——申请者只需登录其官方网站,在线提交两页纸的英文申请,并不要求提供初步研究数据资料。即使在申请国际资助上没有任何经验的年轻创新者,也可以方便地申请。目前,来自中国的获奖者不仅有研究院的学者和教授,也有大学的本科生和研究生。

参考资料:探索大挑战官方网站 www.grandchallenges.org/Explorations

第二节　全球健康新产品研究开发的机制

一、市场激励机制

无论是在公共部门还是在私营部门,当前的激励体系都未能激励足够的研发来满足发展中国家的需求。在发达国家,很多人认为知识产权是制药业研发投资最重要的激励措施之一:这些产权使公司得

以暂时排除竞争和收回投资成本。没有这样的产权，就会减少私营部门的研发投资动力；经济学家称此为市场失灵的一个例子。有了知识产权，并得到对研发出来产品的可靠市场支持，私营部门就有动力开发和销售产品，满足存在商业利益的卫生需求。但事实并非总是如此。例如，人们目前关心的抗生素研发的低水平投资问题。众所周知抗生素耐药性的传播损害公共健康，并需要进一步的研发，而目前这个问题未能得到充分激励，制药业在抗生素和疫苗上投资过少。

（一）激励的概念

激励（motivation）为激发动机、鼓励行为、形成动力之意。行为学家一般认为，所有人类行为都具有一定的动机性，也就是说，不存在无目标导向的人类行为。人的动机多起源于人的需求欲望，一种没有得到满足的需求是激发动机的起点，也是引起行为的关键。所谓激励就是指一个有机体在追求某种既定目标时的愿意程度。一个激励的过程，实际上就是人的需求满足的过程，它以未能得到满足的需求开始，以得到满足的需求而终止。激励机制也称激励制度，是系统的组织者有目的地在组织内部运用激励的基本原理。通过确立激励目标和原则，制订并实施激励规章制度，进行科学的激励程序和管理流程安排，将各种激励手段、方法和艺术综合运用到激励的具体实践之中，使组织在激励管理的过程中，能够把成员的积极性、主动性和创造性充分调动起来，实现组织目标与成员个人目标的协调和统一。

（二）激励的目的和作用

1. 目的　激励是要充分调动和发挥研发机构或制药企业的主动性、积极性与创造性，以实现全球健康的目标。根据不同国家和地区的不同需要，分别满足他们对新产品的需求。好的激励机制对研发机构或制药企业符合健康需要的举措起到反复强化、不断增强的作用，在这样的激励机制作用下，研发机构或制药企业不断发展壮大、不断成长。激励机制对研发机构或制药企业的助长作用需要找准国家或地区对新产品的需求，将实现需求的措施与全球健康目标的实施有效地结合起来。

2. 作用　在全球健康中，对新产品研发激励机制的作用包括：①满足各国疾病的需要；②正确地引导研发机构和制药企业；③合理利用和分配全球的各项资源。

知识拓展 8-3

非洲药物和诊断制剂创新网络

使命与愿景：非洲药物和诊断制剂创新网络（The African Network for Drugs and Diagnostics Innovation）是于 2008 年在阿布贾推出的。其目标是促进和维持非洲的产品研发，发现、创新、负担得起的新工具的开发和推广，包括传统药物。非洲药物和诊断制剂创新网络也支持能力建设和发展优秀研究中心，以及基础设施的建设。

使命：促进和维持非洲引导的卫生相关产品创新，通过有效地利用当地信息、研究网络和能力以支持经济发展，解决非洲的公共卫生需要。

愿景：在非洲创建一个可持续发展的研发创新平台，解决非洲自身的健康需要。

参考资料：http://www.andi-africa.org/index.php/aboutus

二、知识产权保护机制

（一）基本概念

知识产权（intellectual property）指权利人对其所创作的智力劳动成果所享有的专有权利。世界知识产权组织（WIPO）在《建立世界知识产权组织公约》第 2 条中规定，知识产权应包括：①文学艺术和科学作品；②表演艺术家的演出、录音制品和广播节目；③在人类一切活动领域内的发现；④科学发现；⑤工业品外观设计；⑥商标、服务标记、商号名称和标记；⑦禁止不正当竞争；⑧在工业、科学、文化或艺术领域内其他一切来自知识活动的权利。

《与贸易有关的知识产权协定》（Trips）明确，该协定所管辖的知识产权范围包括：①著作权及其相关权利；②商标权；③地理标记权；④工业品外观设计权；⑤专利权；⑥集成电路布图设计权；⑦对未公开信息的保护权；⑧对许可合同中限制竞争行为的控制。

新产品研发的知识产权是指权利人对其所创作的一切与医药新产品有关的智力劳动成果所享有的专有权利,一般只在一定时间内有效。具体来说,包括 5 类:①专利和技术秘密;②商标和商业秘密;③医药企业的计算机软件;④与医药相关的著作权;⑤对外合作中与经营管理有关的技术资料、产品信息等。

(二) 发展历程

在历史进程中,新产品的研发一直存在着两面性。虽然新产品理论上可以让患者得到有效治疗,但因研发导致高额的费用却大大降低了新产品的可及性,这一问题在发展中国家尤其突出。发展中国家人口数接近 50 亿,其中约 40% 的人每天的生活费不超过 2 美元。一种新药从研发到上市的成本可能会高达 5 亿美元,甚至 20 亿美元,高额的药费阻碍了病人治疗的可及性。

许多公共卫生专家把注意力放在知识产权上,认为它是造成新产品不可及的根源。其他人认为,新产品不可及的主要原因在于治理不力和药品供应链分布不均。对这个问题的争议方兴未艾,也体现在许多国际协议上,包括《关于 TRIPs 协定和公共卫生的宣言》,即多哈宣言(详见本章第四节)。《宣言》允许不具备生产相应药品能力的国家发布强制性的从其他国家进口该药品的许可,并规定应该在发达国家设立有效的激励措施,鼓励向最不发达国家转让医疗技术和药品,同时探讨了一些措施以提高发展中国家的药品可及性。一些国际组织公共政策领域的技术专家提出了许多设想,希望找出可行的解决方案。类似的争论集中在世界卫生组织、世界贸易组织(WTO)和世界知识产权组织的工作中。世界卫生组织从多年前起就开始参与解决知识产权、创新和公共卫生问题。世界卫生组织于 1996 年在第 49 届世界卫生大会上通过了药物战略决议,2000 年在第 53 届世界卫生大会上通过基本药物可及性决议,2003 年在第 56 届世界卫生大会上通过了知识产权决议。在 2006～2010 年期间,这个问题每年都在世界卫生大会上被提及。

三、筹资机制

目前缺乏疾病研发资金的长期数据,除了艾滋病相关的研发经费外,其他传染病 2007 年以前的研发经费缺失。有数据显示,卫生总研发经费支出从 1986 年到 2005 年名义价格增加了 4 倍,其增速超过了通货膨胀率。被忽视的疾病研发经费在 2007 年和 2010 年之间增加了近 20%。在过去的 10 年里,随着盖茨基金会、私募基金和慈善家和政府的资金投入,传染病的研发经费与 20 世纪 80 年代和 90 年代相比迅猛增长。最近,全球疫苗免疫联盟、全球抗击艾滋病、结核病和疟疾基金注入了新的资金来源。与之前的几十年相比,在 2000～2005 年期间,政府和国际组织同企业合作在推动新产品发展上付出了大量的努力。在 2000～2010 年间,阿根廷、巴西、中国、印度和南非对新产品的发展做出越来越多的贡献。

1990 年,卫生开发与研究委员会(CHRD)调查估计,1986 年全世界范围的 300 亿美元卫生研究中,围绕发展中国家需求的为 16 亿美元,其中由发展中国家机构使用的为 6.85 亿美元且绝大部分为政府供资,占这部分支出四分之三的仅为 8 个国家。余下的 9.5 亿由发达国家提供,其中制药业出资预计为 3 亿美元,政府(包括通过发展援助提供)出资为 5.9 亿美元,基金会和非政府组织仅出资 6000 万美元。总支出中仅有 5% 或 16 亿美元专门用于发展中国家的卫生问题。

另一份有关 1992 年卫生研发支出的报告显示,全球健康研发的总投资已增加到 558 亿美元。在这些支出中,政府支出 281 亿美元,其中发展中国家政府提供了 12 亿美元,制药业出资 247 亿美元,非营利部门出资 30 亿美元。专门用于发展中国家卫生问题的数额为 24 亿美元,占全球健康研究支出的 4.3%。其中,发展中国家政府花费 12 亿美元,6.8 亿美元来自发达国家政府(其中 3.8 亿美元通过发展援助提供),4 亿美元来自制药业,8000 万美元来自非营利组织。

(一) 筹资机制目的和作用

建立筹资机制有利于卫生研究资源的总体分配,改善全球健康研发经费的公平性,有效地解决发展中国家卫生研发经费短缺的突出问题,并维持可持续性发展筹资。

(二) 资金来源

大部分新产品研发不仅周期长、风险高,而且投资巨大。因此对于很多研发机构、制药企业和绝大

多数以研发为主的生物科技企业,如何筹措新产品研发资金是一个难题。新产品研发的资金来源主要有以下四种:

1. 公共部门(public sector)　考虑到全球健康对一个国家的战略意义,很多国家和地区都制定了卫生相关生物制药产业的优惠政策,包括使用部分政府资金直接用于扶持新药研发项目。从发达国家的实践来看,工业部门的绝大部分研发资金均来源于企业,政府资金在其中所扮演的角色越来越小。在1981年,经济合作发展组织(OECD)的国家政府投资占整个工业部门研发投资的22%;然而到2002年,这个比例回落到了7%,其中,2003年美国政府投资占整个工业部门研发投资的10%左右。

2. 私营部门(private sector)　包括企业和个人等。用企业的现成产品销售所产生的现金流来投资于新产品的研发活动是一种成本最低的投资手段,也是大多数成熟生物制药企业所采用的新产品研发的投资方式。根据 *Pharmaceutical Executive* 期刊的统计,2005年全球排名前50名的强生制药企业用于新药研发的投资达752亿美元,占总销售收入的18.3%。据美国制药企业研究及生产协会的报告,其成员企业2005年投资于新药研发的资金达到394亿美元,相比2004年增加了6.5%。私营部门投资新药研发项目虽然成本最低,但需要企业有成熟的产品、良好的市场销售。对于绝大多数生物科技公司而言,这种投资方式显然是不现实的,外部资金来源显得非常重要。

3. 志愿机构(voluntary sector)　包括慈善机构、非政府组织、民间组织、社团法人等非政府组织和非营利组织。在美国,从很多私立的慈善基金会,如盖茨基金会,可以申请到用于新产品研发的资金。威康信托基金(Wellcome Trust)是英国最大的慈善基金会之一,也是英国最大的生物医药研究赞助者和世界最大的生物医学研究基金之一。2010~2020年赞助战略是基因学和基因组的研究、人类大脑的研究、重大传染病的研究、发育、衰老和慢性病的研究,以及环境、营养和健康之间关系的研究。

4. 政府私营合作机制(public-private partnership,PPP)　是一种由政府和至少一个私营企业结成合作关系,也称公私伙伴或合作关系模式。政府部门与私营部门通过建立战略合作关系,可以达到双赢的效果。英国最早在基础设施建设融资领域采用此模式,成为政府解决资金紧缺、投资公共产品不足时的有效方式。从1986年到2003年,国际组织成立了78个以不同疾病为目标的新药研发、药品供给的公私合作组织,研发被忽视疾病的平价新药。

在当今的市场环境下,传统的大型、整合型制药企业拥有大量的自有资金,但自身新产品研发的效率低下;而另一方面,大量的生物科技公司拥有市场前景良好的新产品研发项目、专业性的人才优势等,却苦于研发资金的不足而难以有效地推进项目的研发活动。在这样的情况下,双方通过建立战略合作关系可以产生双赢的局面。一方通过资金的投入可以共享生物技术公司的技术成果,另一方则借此可以获得继续新产品项目研发所需要的巨大资金。目前,这种合作关系控制着全球大部分被忽视疾病的药物开发项目。

公私合作关系的一般特征为:①整合了公共部门和私营部门的方法,通常在研发活动中使用行业惯例;②管理被忽视疾病研发投资组合,并锁定一个或多个被忽视疾病;③这类合作伙伴关系的结成,是为了追求公共卫生目标而非商业利益,也为了提供资金来弥补现有研究的空白;④保证所开发产品价格能承受得起。

2005年的一项研究调查了5个产品开发合作组以及选定数量的制药公司的投资组合,确定了适合于被忽视疾病(包括热带疾病、疟疾和结核病)的63种新药开发项目。一项重要发现是,开发项目中有四分之一来自独自运转的制药工业,四分之一是制药工业及产品开发合作关系,其余为产品开发合作关系与多种小公司、发展中国家企业、学术界和公共部门的结合。

在已建立的全球性卫生研发机制中,值得关注的是热带病培训研究特别规划署(the Special Programme for Research and Training in Tropical Diseases,TDR)。该组织建立于1975年,总部设在日内瓦,是根据1974年第27届世界卫生大会通过的决议,由联合国开发计划署(UNDP)、联合国儿童基金会(UNICEF)、世界银行(World Bank)和世界卫生组织联合发起,并在成员国共同资助下成立的全球科研与培训规划署,旨在促进对抗贫困疾病。该规划署通过协调全球性力量,努力使现代科学技术资源承担控制与消除主要热带病的目的。合作国家和地区遍及全世界。最初经费由世界卫生组织提供,后来世界银行、联合国开发计划署、联合国儿童基金会相继加入并组成倡办机构。目前经费来源主要有:①世界卫生组织、世界银行、联合国开发计划署;②美国、瑞典、中国等合作伙伴国家;③其他国际组织、民间组织、基金会等。据统计,从1975年起,共有50多个国家和国际组织提供了定期或不定期的数额不等的资助。

知识拓展8-4

帕斯适宜卫生科技项目

美国帕斯适宜卫生科技项目(Program for Appropriate Technology in Health,PATH)是一家公私合作模式的非营利性、国际非政府组织。成立于1977年,总部设在美国华盛顿州西雅图市。在全球70多个国家开展了疫苗、药品、设备、诊断试剂开发、卫生系统和服务创新等项目,致力于通过创立可持续的、适于当地文化的解决方案,打破长期存在的低劣的健康状况,改善世界的健康水平。总支出中62%来自私人基金会资助,21%来自美国政府,14%来自其他国家政府以及多边发展机构。

1979年作为联合国人口基金中国项目的组成部分来为中国提供技术支持。早期主要致力于改进计生部门提供的避孕服务的质量,后来延伸到改进计生和妇幼保健机构提供的生殖健康服务。此外,与中国疾病控制中心和成都生物制品研究所合作,扩大日本脑炎在中国、印尼和印度等国疫苗接种的范围。

参考资料:www. path. org

四、全球协调机制

(一) 目的和作用

协调的目的在于尽可能有效地利用卫生研发资源,开发对卫生结果产生最大影响的技术,使那些在现有安排下需求无法得到充分满足的穷人获益。但这实践起来并非易事。协调和良性竞争之间存在矛盾:当不确定为达成某优先级别目标该采用何种研究策略时,由多个小组同时研究该目标可以提高研发的有效性。另一方面,如果多个小组同时研究同一低级别目标或彼此孤立地按照同一路径进行研究,就可能被视为重复劳动。同时,由于医学十分复杂且极富挑战,而某个卫生问题也可以通过不同方式解决,比如针对某一疾病而言,究竟应优先考虑改善诊断方法还是改进药物。此外,不同参与者有着不同的利益诉求,包括政治的、经济的和科学的等。因此,需对研究证据进行收集和分析,从现有和过往的经验中吸取经验教训并加以分享,从而加强各研究小组间所缺乏的协调。

(二) 内容

全球新产品研发的协调比较复杂,过程中所涉及的机构和组织也多种多样。开展研究的机构和组织包括:①政府研究组织;②发达国家和发展中国家的制药企业;③发达国家和发展中国家的生物技术公司;④发达国家和发展中国家的大学;⑤产品开发伙伴关系;⑥基金会。研究的供资机构和组织包括:①政府卫生部;②政府研究组织;③政府负责发展援助、外交的机构;④其他政府部委(如国防);⑤基金会;⑥发达国家和发展中国家的制药企业;⑦发达国家和发展中国家的生物技术公司。

通过协调各方,最终协调能起到以下作用:

1. 确认研究重点 通过参考全球疾病负担等指标,各研发机构或组织确认研究重点,但同时还需注意到已有工具的不足。在发展中国家,确认疾病研发重点方面所开展的工作还非常有限。

2. 根据目前研发资源的配置制订重点 需要监测提供资金的一方,正如需要监测他们的目的一样。需要监测正在进行的供资活动,找到差距或重复。资助者和研究人员需要通过相关研究建立对话,改进研究本身以及促进重点工作的制订。

3. 学习和分享经验 通过收集相关信息和信息分析,研究人员和资助者可以提出建议和设立标准。

4. 决策机制 集体决策机制和资助者同研究人员解决共同面临的问题的意愿,影响着信息分析和分享。

目前,全球公共卫生、创新和知识产权战略和行动计划(GSPA-PHI)对加强卫生和生物医学研发方面的合作、参与和协调提出了以下行动:

（1）促进和改善在研究与开发方面的全球合作与协调,以便最好地利用资源。

（2）审查对新机制的需求,以便改进研究和开展活动的协调以及信息共享。

（3）鼓励进一步探讨基本卫生和生物医学研究与开发方面可能制订的文件或机制。

（4）支持发展中国家加强技术能力。

（5）鼓励发展中国家积极参与创新进程。

（三）已建立的机制

多年来,各国呼吁为进行更好的协调,应设立一个有关卫生研究的国际协调机制,以支持发展中国家卫生问题研究,并具备潜力进行长期筹资确保持续性。长期以来,人们已经认识到,需要更好协调,改进资源分配,相互学习经验并采取行动,以满足供资方和研究者之间的信息交流,找到供资缺口,避免工作重复。基于这些原因,全球已建立如下主要协调机制,促进更好的新产品研发:

1.《关于 TRIPs 协定和公共健康的多哈宣言》　2001 年 11 月 4 日,经过 20 个月的艰苦谈判,世界贸易组织总理事会终于打破僵局,成员方政府一致通过了关于实施专利药品强制实施许可制度的最后文件,这使得在药物领域生产能力不足或没有生产能力的贫穷国家,能更容易进口到较便宜的、在强制实施许可制度下生产的未注册类药品。

《宣言》确认了世贸组织成员使用强制实施许可和平行进口等措施的权利,并从政治上和法律上增强了发展中国家获得药物的能力。在该《宣言》支持下,发展中国家现在有必要为促进公共健康最大限度地利用《与贸易相关的知识产权协议》(TRIPS)协议的灵活性,其中包括:①缔约方有实施"强制实施许可"的权利,并且有权决定实施"强制实施许可"的理由;②缔约方有权认定何种情况构成"国家处于紧急状态或其他极端紧急的情况",诸如艾滋病、疟疾等传染病造成的公众健康危机,即构成这种"紧急状态";③缔约方有权在遵守最惠国待遇和国民待遇条款的前提下,构建自己的"权利用尽"制度;④发达国家应促进和鼓励其企业向最不发达国家转让技术。最不发达国家对于药品提供专利保护的时间可推迟到 2016 年。

《宣言》的诞生是国际知识产权领域发生的重大事件。它强调了公共健康问题严重影响许多发展中国家和最不发达国家,特别是影响那些遭受艾滋病、结核病、疟疾和其他传染病的国家;强调需要将世贸组织协议下的 TRIPS 协议作为国家和国际社会广泛举措中的一部分来解决这些问题;承认知识产权保护对于发展新药的重要性,同时也承认有关知识产权保护对价格所产生影响的关注;并同意 TRIPS 协议没有也不应当妨碍成员国为维护公共健康而采取措施。

2. 研究与开发方面筹资和协调问题的磋商性专家工作小组(Consultative Expert Working Group on Research and Development:Financing and Coordination,CEWG)　第 61 届世界卫生大会 WHA61.21 号决议要求总干事"迅速建立一个注重成果和有时限的专家工作小组,审查当前研究和开发方面的供资与协调情况"。第 63 届世界卫生大会 WHA63.28 号决议设立一个研究与开发方面筹资和协调问题的磋商性专家工作小组。在此背景下,专家工作小组成立。工作小组的任务是,提出创新性筹资模式建议;审议成员国、区域和次区域协商会议和其他利益相关者的其他文件和提案;审查不同的研究与开发筹资方法的适宜性,以及分别在世界卫生组织六个区域采用这些方法的可行性,进行次区域分析。

专家工作小组的成员由世界卫生组织成员国提名,并与区域委员会磋商,之后通过各区域提交所有入选的专家名单;根据专家名单并考虑到以执行委员会的组成为依据的区域代表性、性别平衡和专长多样性问题,就小组的成员组成向执行委员会提交建议,供其批准;经执行委员会批准后,设立专家工作小组并协助它的工作,包括促进它与会员国以及其他适当的相关利益方进行磋商。该小组经过近一年的工作,于 2011 年提出了研究报告。其建议受到各方关注,并已在世界卫生大会上进行多次讨论。

3. 国际融资机制(International Finance Facility)　最早由英国财政部与英国国际发展部共同提出此概念,旨在帮助实现千年发展目标。第一个国际融资机制是国际免疫融资机制(International Finance Facility for Immunisation,IFFIm),由法国、英国和其他欧洲国家在 2006 年发起。通过捐赠国的捐助资金,在国际资本市场上发行债券,为全球疫苗免疫联盟筹集资金,以迅速地确保免疫资金的可获得性和可预测性,增加发展中国家人民获得疫苗的途径和挽救儿童的生命,即所谓"疫苗债券"。世界银行负责管理这些债券,并按要求进行支付。截至 2012 年 7 月,国际免疫融资机制已得到英国、法国、意大利、西班牙、荷兰、瑞典、挪威、澳大利亚和南非的支持。巴西已申请成为国际免疫融资机制的第十位捐赠国。到 2013 年 7 月,国际免疫融资机制在全球资本市场上通过个体和机构投资,筹集到 45 亿美元。目前,已向 70 个发展中国家提供 22 亿美元用于疫苗的购买和交付。独立评估报告分析并强烈推荐该机制的融资模式,赞扬其健康产出符合成本效益。

案例 8-2

罕见病药物研发的立法机制

罕见病(rare diseases,又称孤儿病"orphan diseases")是个世界性问题,美国和欧盟把每个闰年的 2 月 29 日定为罕见病日。治疗罕见病药物又称"孤儿药",是指用于治疗稀有疾病的药物。目前,全球对罕见病的患病率尚没有统一标准,世界卫生组织将其定义为患病人数占总人口 0.65% ~1% 的疾病或病变,已确认的罕见病有 5000 ~6000 种,约占人类疾病的 10%。

罕见病药物因为治疗人群数目少、市场用量稀少而没有药商愿意研发,造成罕见病治疗的药物价格昂贵;同时因为复杂的生物制品研发,从分子研究到推向市场周期长,并时常伴有许多不确定因素,影响了罕见病患者及时获得急需的药物。对罕见病药物研发进行立法,可以使药商在没有获得特殊帮助时,致力于药品研发。在美国,法律向已获批的罕见病药物生产企业提供 7 年的市场营销独占期,减免 50% 的人体临床试验费用税收,并为新的罕见病治疗临床试验提供研究赠款,降低药品注册的统计数字要求(如样本量)。美国的罕见病药物立法迄今已经推动了超过 2250 项罕见病药物研发和生产,其中 361 项药物已获得上市批准。欧盟有类似法案,并提供了 10 年的市场独占期。

由于部分疾病(如结核病)可能在发达国家罕见,在发展中国家常见,因此,需要发达国家对现有法案进行修改,以增强其对发展中国家疾病的影响。发展中国家政府则可采取类似发达国家的措施,重视本国治疗罕见疾病药物的研发和生产。

参考资料:http://www.who.int/phi/cewg_report/en/

第三节　全球健康发展中的科学技术的开发与应用

一、全球健康发展中科学技术的开发

(一) 目的和作用

科学技术的开发为医疗卫生服务工作的开展配备了必不可少的工具,为卫生服务提供者开展高效率和高效益的预防、诊断、治疗和康复创造可能性,以实现卫生相关千年发展目标。健康相关科学技术的开发主要是为了改善健康而开发的物理、生物或化学装置、临床程序和服务。2009 年,比尔·盖茨在一次与世界卫生组织陈冯富珍的会见中提出,"当今面临的最大挑战之一就是通过科学创新改善穷人的生活"。第 60 届、第 62 届世界卫生大会分别通过了对卫生科学技术和卫生保健改革的决议。卫生科学技术得到了前所未有的关注。只有当全球卫生科技以科学依据为基础、具有成本效益并符合重点公共卫生需求时,才是有效的卫生科学技术。因此,要发挥好全球健康科学技术的作用必须考虑以下三个方面的要求:

一是全球健康科学技术必须是安全的、有效的、以科学依据为基础并符合国家和国际标准的。科学技术是卫生系统的基本要素,从最简单的技术到最先进的技术都构成医疗的基石,使之有可能提供预防、诊断、治疗和康复服务。

二是全球健康科学技术必须是因地制宜地应用于不同优先需求。科学技术的选择、管理或使用不当可导致提供卫生保健费用的大幅增长。卫生保健要产生最大的影响,尤其是在经济资源有限的国家,

就应当对选择和购置基本卫生科学技术给予优先重视,而且有效控制重要的卫生问题和实现与健康相关的千年发展目标,在很大程度上都将依赖于这些科学技术的正确管理和使用。科学技术对许多国家的卫生系统是一个挑战,不恰当地投资于不符合优先需求、与现有基础设施不匹配、不能合理或正确使用,或不能有效运转的科学技术所造成的资源浪费需得到重视。

三是全球健康科学技术需关注科学技术创新发源地及目的中是否存在不公平。目前的一个突出问题是,科学技术的创新中、低收入国家往往被忽视,导致这些国家存在所需要的医疗科学技术和可获得的医疗科学技术之间的巨大差距。在中低收入国家缺乏相关的政策、预算、基础设施(包括基础服务、人力资源、训练有素的员工和后勤)和关于医疗设备的法律法规。这些国家的健康仪器也常常被认为不重要或者根本没有被考虑到。此外,中、低收入国家的科技开发常因未根据当地需求和优先级设置,而失去应有的作用。

(二)科学技术开发的机制

世界人口的大部分仍生活在贫穷之中,不能获得基本的安全可靠的科学技术所能提供的卫生保障。然而,科学技术的开发可以缩小贫穷和富裕国家之间的差距并减少国家内部的不公平现象。全球健康的科学技术常常不能达到标准,而且并不总能适合资源有限的国家。许多国家面临卫生网络不健全和管理薄弱的挑战。缺少适当的基础设施和设备、设备维修不当、缺乏人力,使不公平现象进一步增多。

多数国家还没有认识到评价和管理卫生科学技术是公共政策的一个重要组成部分。发展中国家近95%的医疗科学技术是进口的,而且未必不适宜其国家卫生系统的需求。这就需要关注发展中国家应用与开发全球健康科学技术的现状,包括资金投入和知识产权保护两个方面。

1. 资金投入　全球健康科学技术对疾病、残疾的预防、诊断和治疗服务而言,是至关重要的。卫生支出在全球范围内增加。全球医疗设备的支出由1998年的1450亿美元增长到2006年的2200亿美元,年增长率超过10%,医药科技市场也相应持续增长。高收入国家和中低收入国家的卫生支出相差较大。美洲地区的人均医疗支出是2636美元,

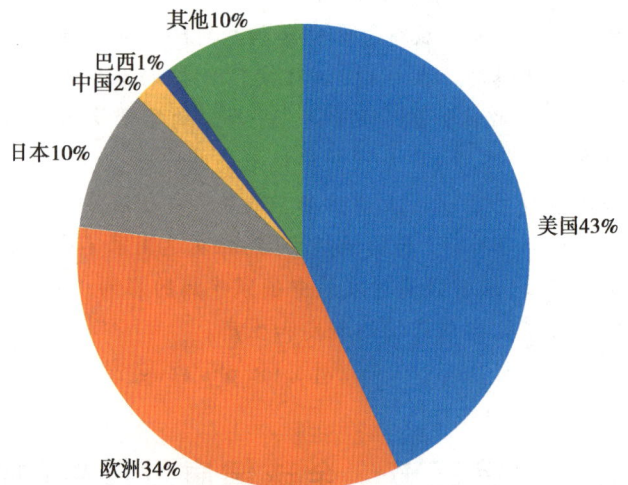

图8-2　科学技术销售占全球市场比例
(注:欧洲指2007年欧盟成员国和挪威)

而在东南亚地区的人均医疗支出仅31美元。健康科学技术的销售主要集中在北美的高收入国家、欧洲和日本,如图8-2所示。

2006年,全球健康科学技术市场价值估计超过2200亿美元,其中美国、欧盟和日本占据了超过80%的全球市场,并且在以每年10%的速度增长。这一预期增长将为医疗设备制造商和供应商提供新的商业机会。因此,对于政府来说,根据现状进行规划是很重要的,特别是在资源有限的地方:收集评价信息,包括私营部门的信息;预测科学技术发展对医疗设备的供应和使用的影响。世界范围内用于健康新发展的资金有相当大一部分被用于获得技术,而许多这些技术是用于初级卫生保健系统的。据世界卫生组织宏观经济与卫生委员会报告,发展中国家投资于建设基本卫生保健的服务,应该包括可靠和安全的卫生技术,这将在健康方面产生巨大的效益。

2. 知识产权保护　世界上每天有8000多种通用医疗设备和数千种注册的保健程序被使用,而创新的科学技术还在不断出现。电子机械、设备、能源、医疗科学技术和电信是2001~2005年间最活跃的科学技术领域。相比于制药和生物科学技术,医疗科学技术拥有更高的专利申请数。2006年,医学科学技术领域专利申请最多的国家是日本(29%)和美国(22%),如图8-3所示。

目前,知识产权的保护主要用于发达国家,以保护发明人的权益。为了使发明人能够完全享受自己

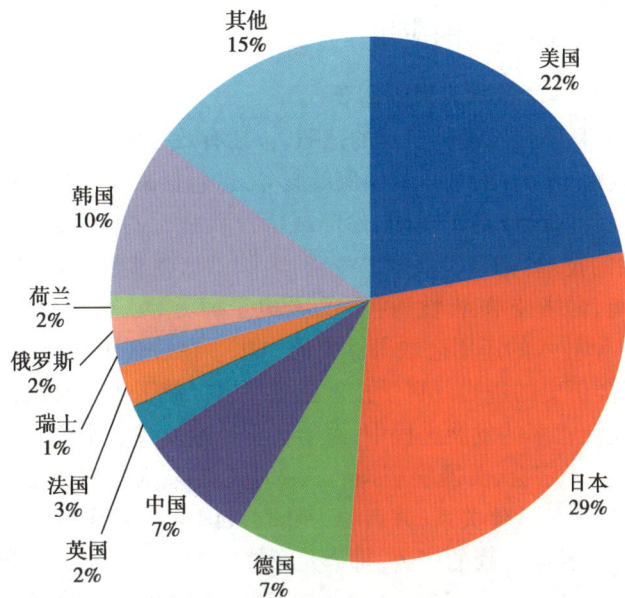

图8-3　2006年在医疗科技领域专利申请数量最多的10个国家

的权益,发明人可以禁止别人使用自己的专利。发达国家(如英国的《知识产权与发展政策的整合》报告)提出"契约理论",在此理论下的专利定义为"是以国家面貌出现的社会同发明人之间签订的一项特殊的契约"。这项契约对双方都是有利的。对发明人来讲,公开技术获得垄断权可以补偿发明创造活动中支出的劳动和费用,还可以获得更大利益。社会得到的利益表现为增加了新知识,这些知识丰富了科学与技术,并成为它们进一步发展的条件。专利权期限结束后,发明变成为社会的公共财富,公众可以自由使用。反之,如果社会对这些技术不加以保护,这些技术的发明人就会被迫隐藏发明创造产物,社会获得新知识就会受到阻碍,科学研究就得不到最新情报而不得不重复大量的初级水平的劳动,甚至有些发明被发明人带进坟墓。

结合社会学原理分析可以发现,从短期来看,如果专利保护力度过弱,公众获得专利就较为容易,因而社会公共利益也就会得到较大程度的实现;相反,如果专利保护力度过强,专利权人的利益就会得到较大程度的实现。从社会契约理论出发,公共利益和专利权的利益两条曲线的交叉点就应该是专利权保护的最佳程度,在这一点时,两者的利益都能得到相对较大的实现。如美国对专利权保护范围进行了一定程度的限制,如采取了更为严格的禁止反悔原则,增强专利权保护范围的确定性。但是由于美国担心一旦采取更高的授权标准,世界各国纷纷效法,其结果不利于美国企业在世界各国更方便地获得专利保护,因而美国在国内和国际上采取截然不同的两种手段:在国内,审慎调整专利权人与社会公众之间的利益,努力克服专利制度弊端,这与美国在国际上一味鼓动加大知识产权保护力度形成鲜明对比。在经济全球化的背景之下,发展中国家的研发能力远远落后于发达国家,且这些国家大多为农业国和主要出口原材料的国家,这一社会契约理论使得发展中国家深受其害。

因此,很多国际学者提议社会契约理论亟待修正,要重新构建知识产权保护的办法。此方面有很多理论,比如激励理论、利益平衡理论等。2003年世界卫生大会通过决议,成立"产品知识产权、创新与公共卫生工作委员会(CIPIH)",从不同产品的知识产权、创新与公共卫生人员与组织中收集资料与建议,对新药物和其他公共卫生产品给予合理的资助和补给机制,使这些产品能用于对发展中国家影响极大的疾病控制,以制定并推动价廉的公共卫生服务产品应用于发展中国家的相应优惠政策与示范项目。

中国幅员辽阔,不同地区的发展程度有很大的不均匀性。地区之间的差距不亚于发达国家与发展中国家的差距。为了促进西部地区尽快摆脱落后面貌,中央采取了西部大开发的战略部署,提出了要在各方面给西部地区以政策上的倾斜。在知识产权保护方面,要充分认识这种不平衡性,实施区别性政策。

二、全球健康发展中科学技术的应用

（一）全球健康发展中的科学技术应用的需要

全球健康发展中应用的科学技术涵盖广泛的范畴,包括有效控制传染病、非传染性疾病以及健康促进等方面的科学技术,涉及疫苗、药品、基本卫生保健服务,也包括减少营养不良、改善卫生、增加交通安全的技术和干预措施;以及专门设计用来预防、诊断或治疗疾病,应用广泛的卫生技术和装置(如血压控制仪),具有高度特效性的技术(如特定疾病的疫苗)。除了这些实质性的技术外,还包括一些非实质性的技术,如临床诊疗指南、网络技术、慢性病管理以及电子病历等。

1. 全球健康发展中科学技术的运用已取得巨大的成功　在过去100年中,世界人口健康状况巨大的改善超过了以前所有人类历史的进展。科学技术进步可以促使卫生保健以很低的成本显著改善健康结果。例如,全球降低婴儿死亡率的发展进程中,医学科学技术发挥了重要的作用。麻疹疫苗是一个典型的例子。2001年由美国红十字会、美国疾病预防控制中心和联合国基金会、联合国儿童基金会和世界卫生组织共同建立的麻疹倡议伙伴关系,并启动为低收入国家提供计划免疫的行动。这一行动确保全球超过10亿的儿童接种了预防麻疹的疫苗,每个儿童仅花费不到1美元。2009年,全球80%的儿童接受了至少一次疫苗接种,而2000年仅有69%的覆盖率;由于接种率的改善使全球儿童死于麻疹的人数大大减少,死亡人数从2000年的75万儿童减少到2010年的13.93万。目前全球5岁以下儿童死于麻疹的不到1%。

2. 全球健康发展中的突出问题是改善贫困人口的科学技术运用的可及性　目前,全球健康发展中科学技术研发的重点与人群的健康需要呈现逆选择和不均衡的状态,卫生技术的可得性与健康的需要不相对应。高收入国家的卫生保健系统广泛运用医学科学技术和创新技术,然而在世界最贫穷国家人们通常缺乏最基本的药物和卫生设施;许多健康相关的卫生技术集中在发达国家和地区满足富人的需要,大部分科学技术的研发资金也被投入到发达国家关注的领域;发达国家关注的卫生技术领域通常并非发展中国家最需要的。最需要的地区和最需要的人群并没有从科学技术发展和应用中获得最大的受益,许多这些新的疗法和技术并没有普及到世界上最贫穷的人群中。2008年,在中、低收入国家中24.7亿生活在每天2美元或低于此水准的人群,几乎难以享受到与健康相关的卫生技术。例如,抗免疫疗法在英国所有人都可获得。在刚果,需要此药物的人中只有14%能够获得;最新的医疗设备在中、低收入国家是匮乏的,日本所拥有的磁共振扫描仪数量几乎是印度的99倍。

如何解决医疗卫生技术发展水平和应用的不平衡,满足普通大众的健康维护需求,优先确保发展中国家尤其是贫困人群的医疗卫生技术公平可及问题？关注、鼓励发展和应用世界上最贫穷人民受益的适宜卫生技术,是全球健康发展中科学技术研发所面临的重大挑战。多数发展中国家卫生资源严重不足,必须针对各国经济发展等社会因素,选择推广使用真正有效、安全、可行的卫生适宜技术,让有限的卫生资源得到最好的发挥。目前,全球健康发展中科学技术的开发应聚焦在更多的花费少的技术上,特别是为世界上最贫穷的人群所需的卫生技术。

3. 慢性非传染性疾病已成为全球健康特别是中、低收入国家健康的主要威胁　由于全球化、城市化和老龄化,慢性非传染性疾病患病率剧增,大部分发生在中、低收入国家。慢性非传染性疾病在中、低收入国家的患病率日益增高,特别是心血管疾病、糖尿病、慢性呼吸系统疾病和癌症,中、低收入国家代表了全球慢性非传染性疾病大部分的失能和80%的死亡。2010年在5300万全球死亡中,有3500万人死于慢性非传染性疾病,其中2800万发生在低收入国家,中、低收入国家慢性非传染性疾病占据了全球发病率和死亡率最大的部分,影响了千年发展目标的实现。而这些国家又属于资源和卫生资源匮乏、卫生技术和基本医疗卫生服务可及性相对差的地区。

（二）全球健康发展中的适宜技术

全球健康中卫生技术应用面临的更大挑战是,如何在发展中国家实现千年发展目标和普及基本卫生服务和技术。卫生科学技术的发展,已基本满足一些发达国家和部分发展中国家的基本健康需要。但是要满足低收入和中等收入国家的健康需要,对其健康结果产生更大的影响,仍面临诸多挑战。这些中、低收入国家拥有世界上更大的疾病负担,但因其陷于资源匮乏、筹资有限的困境,资源不足以开发和应用许多卫生技术,即使是费用低廉的卫生技术也难以满足最贫穷人民的需要;即使卫生技术在这些国家已存在,但是可能由于费用高昂,或者由于分配的限制,能源的提供或者人力资源的原因,对于贫困人口仍是不可及或不可得的。因此,针对满足低收入国家和一些发展中国家基本卫生保健的健康需要,在全球健康发展中开发和推广应用适宜卫生技术是一个重要的策略。

医疗卫生领域的适宜技术具有三大特征:一是适合于常见病、多发病诊治和广大群众预防疾病、增进健康的技术;二是能够为广大基层、预防、保健单位的医药卫生人员掌握和应用的技术;三是费用较为低廉、广大群众在经济上一般能够承受的技术。因此,适宜卫生技术是指符合当地实际需要,能为使用者和接受者所欢迎,又能为一个国家的资源所维持、群众的经济能力所承受的一类科学技术。

在资源匮乏环境中引入卫生技术的决策应该建立在证据的基础上,应更多和更优先地关注低费用的技术。在资源匮乏环境中技术的引入和运用,需要应对一系列的问题,诸如怎样能确保这些技术改善健康而不是损害人们的健康? 怎样公平配置技术并具有筹资的可持续性? 如何开发更多的适宜技术?

纵观医学科学和卫生技术的发展历程,有许多成功的范例值得称颂。口服补液疗法的推广和可得性,促使低收入国家腹泻的治疗效果显著改善就是一个成功的案例。这种疗法是 20 世纪 60 年代和 70 年代早期在印度和孟加拉国开发出来的,1979 年世界卫生组织倡导了口服补液的疗法,口服补液的使用从 1979 年的 0% 提高到 1995 年的 81%,使 1979 年 460 万儿童因患腹泻死亡下降到 1999 年的 150 万。世界卫生组织开发的有助于降低孕产妇死亡率的技术——分娩安全清单,是一个包括 29 个条目的清单,为许多发展中国家和地区提供了简明扼要和有指导意义的方式,也是一个运用相对少的花费,挽救了成千上万孕产妇的生命的卫生技术应用的成功典范。2002～2008 年间,杀虫蚊帐的使用挽救了 25 万撒哈拉非洲的儿童的生命。在 2008～2010 年中,2.9 亿顶蚊帐提供给撒哈拉非洲,使撒哈拉非洲 76% 的人口免于患疟疾的风险。

知识拓展 8-5

一种适宜技术的成本效果：新型脑膜炎疫苗

西非国家布基纳法索 2010 年 12 月 6 日成为世界上第一个开展全国性活动推广新脑膜炎疫苗的国家。作为首支特别为非洲设计的疫苗,预计 MenAfriVac 将帮助卫生工作者消除从西非塞内加尔到东非埃塞俄比亚的脑膜炎带 25 国的 A 群脑膜炎球菌流行病。

45 000 万风险人群:百余年来,整个非洲有 45 000 万人有患病风险。主要的 A 群脑膜炎球菌性脑膜炎每 7～14 年暴发一次,对儿童和青年的影响尤重。重症患者一般在出现症状后 24～48 小时内死亡,脑膜炎还会对 10%～20% 的生存者造成脑损伤、听力损失或学习障碍。2009 年,脑膜炎南部非洲国家的季节性暴发导致至少 88 000 人感染、5000 余人死亡。

可以负担的解决方案:MenAfriVac 每剂价格不到 50 美分,这是一项人们普遍可以负担得起的解决方案。通过独特的公私合作模式,MenAfriVac 的开发仅耗资 5 千万美元,仅是一般情况下开发一种新疫苗并推向市场所需费用的很少部分。

一种疾病开始消亡:在盖茨基金会的支持下,世界卫生组织和卫生适宜技术规划建立了"脑膜炎疫苗项目"伙伴关系,开发了新型 A 群脑膜炎球菌结合疫苗 MenAfriVac,有史以来第一次为非洲地区防控此病提供了一项负担得起的长期解决方案。

参考资料:http://www. who. int/mediacentre/news/releases/2010/meningitis_20101206/ en/

（三）全球健康发展中应用的科学技术

全球健康发展中应用的科学技术,不仅需要开发和应用适宜技术,也需要一些新技术和创新技术。千年发展目标提出要实现新技术的受益的可得性的目标,特别是在信息和交流的受益可得性方面。这个指标集中在测量电话线、因特网的使用者、每百人中手机用户。由于通信和信息技术的飞速发展,使这个指标的实现也有了较大的进展。目前手机已覆盖了超过 90% 的世界人口。

　　当前全球健康问题面临着更多的机遇和更严峻的挑战的同时,迅猛发展的信息和通信技术作为科技服务的先进手段,为人类发展创造了空前的机会。通信和信息技术的发展,使具有更好的交互作用的互联网和电话迅速普及,使电子技术、网络通信为全球健康领域提供服务已成为必然,极大地促进了其在全球健康中的应用。

　　对于发展中国家而言,电视和收音机曾经是最好的传播健康信息的媒介。国际社会企业发展媒体认为,这种方法具有好的成本效果,可运用于超过75%的中、低收入国家人群中。新近日新月异发展和涌现的手机技术的普及,使其应用于疾病控制成为可能。不仅用来抗击艾滋病,也已应用于慢性病的管理与干预。在一些发展中国家,手机应用于慢性病的管理与干预,包括应用于卫生系统、医生和病人不同角色中。例如,在糖尿病管理和干预中,手机应用于糖尿病登记系统中的实时监测,尚未诊断的糖尿病病人的筛查,作为信息传递的媒介对糖尿病病人实施干预措施及遥控,支持循证管理,整合实验室和诊断信息等(表8-2)。

📚 知识拓展 8-6

手机用来抗击非洲的艾滋病治疗

　　一项由知名公司和美国政府支持的项目"Phones-for-Health"手机将被用来在非洲治疗艾滋病。这一项目的目的是利用手机技术的日益普及应对非洲的艾滋病。该项目推广的技术利用加载到摩托罗拉手机上的软件,使在野外的医疗人士实时地在一个中央数据库中输入重要的医疗信息。资料将通过标准的 GPRS 手机连接传输,在没有 GPRS 连接的地方,资料将通过短信技术进行传播。

　　在许多非洲国家,由于固定电话和互联网连接在非洲大陆属于稀缺资源,使得笔和本仍然是记录疾病传播的主要方式。目前手机技术已经超过了许多原来的系统。据统计,2007 年超过 60% 的非洲人生活被手机技术覆盖,到 2010 年这一数字增长到 85%。手机技术在发展中国家的迅速普及,改变了国家如何解决全球性安全挑战的问题。从长期来看,这一计划将使非洲传染病控制产生非常重大的变化。

　　参考资料:http://www.cnetnews.com.cn/2007/0214/378038.shtml

表8-2　手机在糖尿病保健中的应用

	手机的应用
卫生系统	糖尿病保健登记系统的实时监测 在初级卫生保健环境中对尚未诊断糖尿病的筛查 运用手机短信服务(SMS)信息的健康促进 通过支持软件的应用改善循证证据 整合实验室和诊断信息 病人的远程监控
医生	医学继续教育(CME)的工具 医学参考
病人	病人教育 糖尿病自我管理的工具,服药与随访的提醒

　　随着科学技术的发展,越来越多的新的科学技术和创新技术运用于全球健康中,如信息科学技术的发展,推动了远程医疗和移动医疗等技术应用的广泛传播。

　　1. 移动医疗(mHealth)　是通过移动技术(例如智能手机或掌上电脑)等提供医疗与公共卫生服务的一种模式。移动互联网的快速发展,不仅提升了健康信息传递的效率,丰富了信息传递的途径和渠道,更为优化医疗服务流程、提升医疗服务效率带来了更为广阔的想象空间,催生了移动医疗的发展。其应用包括发送倡导健康行为和干预的信息,某些疾病大规模暴发的预警通知等;移动终端的快速发展为远程医疗提供了便捷的通道,使得专家容易会诊;对健康疗效的改善将起到加快和简化的作用。

　　移动医疗实现了健康管理数据的整合,包括和患者相关的个人身份信息、生活方式,以及疾病相关的信息,包括家族史、过敏史。患者所有的数据资料库累积资料可以调取出来,病人在没有进入诊疗室之前,这些重要的数据信息已经呈现在医生面前,医生可以更精确地判断诊疗的关键点。同时也可以根据个体(或患者)的生活方式、饮食习惯、居住地气候环境因素等分析其病症的危险因素,帮助其制订健康管理方案和干预措施,做好预防和诊治。移动设备与技术为发达国家和发展中国家提供了改善医疗保健和健康服务产出的机会,能够借助信息化和通信技术将创新式的医疗与公共卫生服务提供到全球最偏远的地方。

2. 远程医疗与远程健康信息系统　是通信和信息技术中的代表和极为有力的工具之一,是目前众多新技术中能直接给健康带来利益的。远程医学(telemedicine)定义为"一种规模更大、管理更严格、以质量为导向并专注于服务偿付的产业"。远程医疗通常包括:远程诊断、专家会诊、信息服务、在线检查和远程交流等主要环节。为了推动这项技术的发展,世界卫生组织成立了专门的顾问小组,探索、研究该项技术应用的益处和风险,以及面向21世纪远程健康医学发展的政策和策略。

远程健康信息处理是当前社会、经济和人类发展中最需要的,它以信息知识、科学的普及观念的转变等为杠杆,在同贫困不平衡发展的斗争中起到不可替代的作用。尤其是远程通信技术及网络的应用,可以使一些不发达国家和地区共享世界先进的、丰富的人力设备资源。在极不发达国家中,只有极小比例的人数接受文化教育,传染性疾病、孕产妇死亡和营养不良等由于贫困和卫生资源的严重短缺所造成的问题,使这些地区的人群遭受贫困和卫生技术匮乏困扰。通过远程健康信息技术等新技术手段的应用,特别是通过采用远程医疗技术去解决这些问题,可以使贫穷和不发达地区的人群获得高质量的医疗保健,提高他们的生存质量及健康水平。

知识拓展 8-7

远程医疗与移动医疗

远程医疗是一种通过集成研发创造价值并快速发展的医疗模式。这一医疗模式是依赖于计算机和无线传输的网络技术,需要以计算机和网络通信为基础,实现对包括数据、文本、图片和声像在内的医学资料的远程视频、音频信息的传输、存储、查询、比较、显示及共享。

世界各国都在大力发展这种医疗模式,并且建立远程医疗管理体系。如 Entra Health Systems 公司的 My Health Point 远程医疗管理系统,可以实现从各种来源存储生物特征数据,测量生命体征,包括血糖、血压、体重、活动、体温、心电图、脉搏和血氧饱和度。

移动医疗(mHealth)可用于监控医疗条件、维护医疗服务预约、保证药物持续调整,对住院患者和非住院患者传感器数据进行远程监控等。远程医疗和移动医疗相融合会带来许多医疗服务和卫生体系服务模式的变革。移动医疗进一步扩大了远程医疗的范围,使患者在日常工作、生活条件下进行数据的采集,并且通过智能手机和网络及时更新信息,及时获得医生的咨询和指导。

随着移动医疗的快速发展,已缓慢发展多年的远程医疗将迎来新的发展机会。移动医疗使健康及相关数据的传输更加便捷;随着音频和文字交流的普及,病人的问诊更为方便、快速和高效;电子病历的发展推动了远程医疗的发展,随着移动医疗的发展,医生可以通过病人的电子病历快速了解过往病史从而做出诊断,也可增强医生之间的交流来共同对患者进行会诊。

3. 基因组学技术与生物技术　人类基因组计划(Human Genome Project,HGP)由美国科学家1985年率先提出,旨在为30多亿个碱基对构成的人类基因组精确测序,发现所有人类基因并搞清其在染色体上的位置,破译人类全部遗传信息。1989年,举世瞩目的人类基因组计划启动。这是人类有史以来参与国家最多、投入最多的合作研究计划,更是公私合作伙伴关系创新机制开发新技术的重要的里程碑。2000年6月26日,参加人类基因组工程项目的美国、英国、法国、德国、日本和中国6国科学家共同宣布,人类基因组草图的绘制工作已经完成。人类基因组测序工作的基本完成,为人类生命科学和全球健康开辟了一个新纪元,为基因技术、生物遗传、发病机制、疾病防治、新药开发等领域带来了广阔的发展空间,对整个生命科学和医学研究都具有深远的影响,标志着人类生命科学一个新时代的来临。生物技术和基因组学技术的发展和应用为复杂的疾病,诸如糖尿病、痴呆、心脏病、癌症等的预防、管理和病因学研究提供了一个更好的平台和技术,给全球健康和公共卫生带来了新的曙光。

三、全球健康发展中科学技术研究开发的挑战

(一) 科学技术开发聚焦尚未解决的健康问题

人类在种族繁衍和社会发展史上,曾经受到鼠疫、霍乱、天花等烈性传染病的困扰。发生于公元6世纪的首次鼠疫大流行,传至北非、欧洲,几乎殃及当时所有国家,流行持续了五十余年,死亡总数近1亿人。面对鼠疫等烈性传染病的肆虐,人类掀起了第一次卫生革命浪潮。借助于生物医学的迅猛发展,一些国家和地区制订了国家卫生措施和环境卫生工程措施,研究有效疫苗和生物制品制备,推行广泛的免疫接种计划,以及消毒、杀虫及灭鼠计划,积极加强基础卫生设施的建设,重视对垃圾的处理,取得了极为显著的成效。从19世纪末到20世纪前半叶,通过综合性的卫生措施,包括污水处理、水中加氯等环境条件的改善,预防接种、抗菌药物、杀菌灭虫"三大法宝"的运用,以及卫生食品的供应、营养状况的改善和良好的居住条件等,急、慢性传染病的发病率和死亡率大幅度下降,平均期望寿命显著提高。

尤其是在19~20世纪,全球医学科学技术取得了飞速发展的辉煌业绩。但是目前在世界范围内,全球健康仍有许多未知领域和许多未解难题有待科学技术研发和创新予以解决,包括需要攻克影响全球健康的社会决定因素、行为生活方式、生态环境等方面的难题;有许多尚未解决的疾病病因、诊断、治疗、预防和疾病管理的技术需要研发等。

从全球范围来看,随着人类生命和死亡重要原因的非传染性疾病(尤其心脑血管疾病和癌症)的危害日益加深和波及范围的日渐扩大,如何研究开发有效控制和干预非传染性疾病的技术是全球健康目前面临的重大挑战。不仅非传染性疾病的诊断和治疗技术需要科技开发与创新,也需要包括非传染病综合管理防治和干预技术的研发和创新。例如,糖尿病综合防治计划、三位一体的医疗服务模式在支气管哮喘防控中的应用、低视力检查、诊断和康复适宜技术的推广、慢性心力衰竭规范化治疗推广项目。

新发传染病是人类面临的最大的威胁与挑战之一。尽管新发生的传染病指近二三十年来人们新认识到的或新发现的、能造成地域性或国际性公共卫生问题的传染病,这些传染病常由新种或新型病原微生物引起。美国医学研究所(IOM)对新出现的传染病定义为"新的、刚出现的或抗药的传染病,其在人群中的发生在过去20年中不断增加或者其发生在将来有增加的可能"。按照这个定义,新发传染病实际上包含了已有的传染病和新出现的传染病两类。

近年来,新发现传染病不断出现。新发传染病以其传播速度快、波及范围广、治疗困难等特点对人类构成很大威胁;包括艾滋病、埃博拉出血热、军团病(legionellosis disease)、莱姆病和SARS等。有些传染病已经对人类健康造成了巨大伤害。例如,艾滋病是由感染人类免疫缺陷病毒引起的病死率极高的恶性传染病,自1981年被发现至今已对全球健康产生了极大的危害和影响,但是至今仍然没有特效治疗药物,以及安全、有效、适宜推广的疫苗。新发传染病的病原涉及细菌、病毒、立克次体、衣原体、螺旋体及寄生虫等多种病原微生物。由于人类对新发传染病的认识和准备不足,且人群中没有免疫力,缺乏有效的预防手段以及早期的诊断和预防措施。

再次出现、发生的传染病,指一些原已得到基本控制、已不构成公共卫生问题,但近来又重新流行的已有传染病。当人类正在应对新发传染病的袭击时,传统的传染病也伺机重新抬头,狂犬病、结核病等发病率一直很高并有上升趋势。尤其是耐药结核病的出现,为防治增加了难度。当病原微生物为了适应新的生态环境、适应宿主环境而发生生态进化时,可以通过基因突变、重组或转移,使一些弱病株变为强毒株或演化形成新的病原微生物,导致对人的感染性增强。

在全球化发展状况下,尤其国际化、城市化、工业化、信息化程度的迅速发展,也提高了致病微生物在人群中传播的效率。传染病的流行已经不再局限于某个地区或者国家,将迅速传播到世界上各个国家和地区,其影响力也将被放大几倍甚至几十倍,对全球人类产生严重后果。传染病所带来的危机,不

仅对全球人类健康产生了较大的危害和影响,而且对政治、经济、社会发展、外交和贸易等方面也将产生重大的影响。

（二）发展中国家科技开发的突出问题

全球健康主要针对中、低收入国家人群卫生问题,改善其健康不公平。因此,科技发展与创新应针对其亟须解决的突出问题。由于中、低收入国家卫生资源相对匮乏,更应优先选择在中、低收入国家能够提供得起的、具有好的成本效果的、价格低廉的技术进行研发。科学技术的研发应优先选择危害和影响全球健康最突出的疾病和危险因素,不仅要经济、安全、有效,还应在经济上、政治上、文化和社会接受性等方面都是适宜和可行的。

研究显示,尽管科学已经取得了很大进步,但是不同国家和地区人群的健康指标（死亡率和寿命）以及基本卫生服务的可及性依然存在很大差异,其差异主要体现在国家之间、国家内部不同群体之间（如不同收入组）的健康不公平、卫生资源的可得性和基本卫生服务可及性的不公平。

从医学科学技术的发展和运用来看,也呈现出这种不公平的状况。卫生技术的可得性与健康的需要不相对应,高收入国家的卫生系统广泛运用新技术,然而在世界最贫穷国家的人民通常缺乏最基本的疫苗、药物和卫生设施,卫生体系中新技术的应用更是遥不可及。因此,关注开发和推广使世界上最贫穷人民受益的卫生适宜技术,是全球健康发展的中心议题。

（三）发展中国家科技开发的优先领域

从全球范围来看,发展中国家特别是贫穷地区和贫困人口,急需解决的健康问题是全球健康发展中的优先选择领域。科技开发的优先领域是应关注发展中国家急需解决的问题,尤其是贫穷人群所急需的问题。

就开发的技术而言,科技开发的优先领域应该包括:①可以改善全球健康的技术,不仅包括药品、疫苗和医疗装置,也包括更好的健康干预;②开发更多花费少、贫困地区适用的技术,特别是世界上最贫穷的人群所需的技术;③不断创新技术,并具备成功地推进发展中国家创造和运用技术的能力。

就疾病种类而言,优先的病种应该关注发展中国家特别是贫穷地区和贫困人口中流行的疾病,除了新发传染病、慢性病患病和危险因素的有效干预和控制外,被忽视热带病（详见本书第四章）仍是影响中低收入国家健康的突出问题,例如布鲁里溃疡、南美锥虫病、非洲人类锥虫病和利什曼病（即黑热病）。这些疾病具备下列特征:①难以管理,包括诊断、治疗和随访,并且管理成本较高;②疾病负担尚未掌握;③缺乏适宜的控制工具;④在研究与开发中相对低的投资;⑤患病人群通常居住在遥远地区,诊断和治疗的可及性十分有限。因此,被忽视热带病的防治技术仍是发展中国家急需研发和解决的领域。

近年来,发展中国家病原微生物的耐药问题已成为危害人群健康的一个突出问题。耐药株、变异株的出现不仅引起传统传染病的再度暴发和流行,如抗药株引起疟疾、登革热、结核的发病,以及变异株引起的霍乱和流感的流行,而且增加了治疗难度。目前全球的耐药结核病疫情较为严重,已成为结核病控制工作的重要威胁。据估计,全球已有 5000 万人携带结核菌耐药菌株,约 2/3 的结核病人处于发生耐多药结核的危险之中。2000 年中国结核病流行病学抽样调查结果显示,中国结核杆菌耐药率为27.8%。发展中国家病原微生物的耐药问题主要是由于社会经济和人类行为因素造成的。其中抗生素的滥用是主要因素。结核菌和艾滋病病毒的双重感染也是值得关注的一个问题。此外,疟疾病媒对杀虫剂抗药性也成为全球范围内的一个危害人类健康的新问题,为此,世界卫生组织发布了"管理疟疾病媒对杀虫剂抗药性全球计划"。

📡 **案例 8-3**

世界卫生组织发布"管理疟疾病媒对杀虫剂抗药性全球计划"

2012 年 5 月,世界卫生组织和"遏制疟疾伙伴关系"组织在日内瓦联合发布"管理疟疾病媒对杀虫剂抗药性全球计划",呼吁各方积极应对病媒抗药性威胁,促进创新性病媒控制工具的开发和相关策略的制订。

过去 10 年全球疟疾控制取得了前所未有的进步,由于病媒控制干预力度加大以及有效防治药物的普及,疟疾致死率显著降低。尽管如此,疟疾仍在 99 个国家和地区传播,2010 年约 65.5 万人因疟疾死亡。世界卫生组织总干事陈冯富珍在发言中说,64 个国家和地区已经确认发现疟蚊对杀虫剂的抗药性,其中撒哈拉以南的非洲和印度因为疟疾的高传播水平和抗药性的广泛最值得关注。

全球计划要求世界卫生组织、各国相关管理部门、研究机构,以及杀虫剂生产商等所有利益相关方采取协调行动,呼吁在疟疾流行国家制订并执行杀虫剂抗药性管理策略;保证全面、及时监测以及有效的数据管理;开发新的、创新性的病媒控制工具;弥补杀虫剂抗药性机制和当前抗药性管理方法的不足;保证人力和财力等资源到位。

（任苒　周晓农　阮瑶）

👁 **思考题**

1. 举例说明科学技术对全球健康发展的贡献。
2. 新产品开发应遵循什么原则? 新产品开发有哪些途径?
3. 新产品研发的资金来源有哪些? 如何让新产品研发资金的使用更规范?
4. 有哪些全球健康科学技术开发的机制?
5. 简述在全球健康中开发适宜技术的必要性和作用。有哪些适宜技术可应用于发展中国家?
6. 全球健康发展中科学技术研究开发将面临哪些挑战?

第九章 全球健康体系

🌐 **学习目标**

掌握 健康体系的基本定义,功能结构,绩效测量和影响其绩效的主要因素。

熟悉 健康体系的几种主要类型。

了解 全球健康体系发展变化的主要趋势。

影响全球健康发展的一个重要因素是健康体系。健康体系是指以拯救生命、修复、维持、促进人民的健康为首要目的,由一定的人力和物质资源组合而成的一个特殊的生产和服务系统,它由资源供应、服务提供、筹资支付、规制监管四个功能子系统组成。这四个子系统的互动以及与其所处的经济、社会、政治、文化环境的互动,在很大程度上决定了一个健康体系在提高健康服务的可及性、可负担性、人民满意度、健康干预措施的有效覆盖率,以及改善人群健康状况上的绩效。本章除了介绍健康体系学的基本概念和方法,重点梳理了全球健康体系的几种主要类型和健康体系发展变化的趋势特点。

第一节 健康体系的功能结构

一、健康体系的定义

"体系(system)"这个词,来源于古代希腊文 systεmα,意思是部分组成的。按照系统论的观点,任何一个所谓的体系(system),其性质都是由特定的功能和结构所决定的,并且按照一定的规则而运行。所以,"功能、结构、规则"是认识任何一个体系非常重要的三个关键词。任何一个体系都是由若干个功能系统组成的,而每一个功能系统又可以由若干个功能"子"系统(sub-system),"子"系统又可以由若干个"孙"系统组成。

世界上有两大类体系:一个是自然体系,另一个是社会体系。自然体系不是人类所创造的,人们只能不断地去认识自然、适应自然、合理地利用自然。还有一个体系,是人类社会自己创造出来的,称为社会体系。创造的目的是更加有针对性、有组织、有效而有序地去解决一些社会问题,例如:交通体系、教育体系、健康体系。

二、健康体系的功能结构

健康体系由四个功能子系统构成,包括:资源供应系统、服务提供系统、筹资与支付系统,以及规制与监管系统。

(一)资源供应子系统(resource supply sub-system)

资源供应系统决定生产和提供什么种类的资源、以什么样的方式来生产和提供。其中包括两个部分:一是物质资源,有器械、药品等。物质资源的提供者主要是市场上各种厂商。二是卫生人力资源,包括技术人才、管理人才、辅助性人才等的培养和造就。人力资源的提供主要由各种各样的医学院校来完成。由于医学既是一门科学、又是一门艺术,是需要通过不断地实践来打造的,所以各种各样的医疗卫生机构,包括疾病控制系统、各类医院,承担了大量专门性卫生人力资源的培养工作。

现代社会在物质资源和人力资源生产和提供的背后,还有一个非常重要的因素,那就是科学和技术的创新。邓小平同志提出"科技是第一生产力"。生产什么样的物质资源,在不同的时代用什么样的方法,提供何种不同的人力资源,具有什么样的技能,都是与人类不同时代的科学技术的水平紧密相关的。所以,在21世纪讨论资源供应系统,不能缺少科技这一重要部分。

（二）健康服务提供系统（services delivery sub-system）

服务提供系统解决的问题包括:服务类型、服务方式、服务效率和服务质量等。服务提供系统又包含两个亚系统(表9-1),一个是公共卫生服务系统,另一个是临床医疗服务系统。公共卫生服务和临床医疗服务互相补充、互相支持,突出了服务系统从预防到康复整个价值链的两个核心环节。

表 9-1　健康服务的两大类型

服务类型	特　点
公共卫生服务	面向人群、注重预防、注重健康
临床医疗服务	针对个体、注重治疗、注重疾病

这两大类服务的特点:①对象不同:临床医疗服务针对个体,公共卫生服务针对整个人群;②解决问题不同:临床医疗服务主要回答人生了病以后怎么办,公共卫生服务主要回答怎样让人们不得病、少得病、晚得病,注重预防;③关注点不同:临床医疗服务关注各种各样的疾病,而公共卫生服务关注全面和全民的健康。

（三）筹资与支付系统（financing and payment sub-system）

卫生服务的提供过程中会产生成本,成本由谁来承担? 筹资与支付系统就是回答这一问题的。筹资与支付系统要从两个维度理解,一是筹资的方式,即钱从哪儿来;二是资金如何分配,如何与供方结算。

1. 筹资方式

（1）病人付费:病人付费是一个比较古老的筹资方式,特点是钱跟着病人走,病人选择服务提供者,所以这种方式给整个医疗卫生服务体系带来的是效率上的动力和压力;但缺点是没有任何风险分摊机制,患者能不能看得起病、看得上病,取决于患者的经济状况。

（2）社区筹资:在这个基础上形成的最初级的风险分摊机制,即:社区筹资。社区包括地理意义上的社区,例如中国传统的合作医疗制度就是一种建立在生产大队、人民公社基础上的社区筹资;还包括形式上的社区,例如工会、行会、教会。这种初级风险分摊方式的特点是参加合作共济的人相互认识,所以筹资的意愿比较强烈。缺点是风险池比较小,承担风险的能力比较差。

（3）商业医疗保险:现代社会一个很重要的、专业性的、跨区域的风险分摊机制是商业医疗保险。商业医疗保险的特点是以自愿为原则,可以根据不同人群的不同需求设计不同的福利包和保险政策。缺点是商业医疗保险以盈利为目的。如果操作成本过高,那么为了盈利就可能采取多种方法,例如:吸引年轻力壮的人群参保,而对于年老体弱需要保险的人群采取直接和间接的方式进行排斥。

（4）社会医疗保险:为了弥补商业保险的不足,德国政府在100多年前创立了一种新的社会分摊机制——社会医疗保险。与商业医疗保险相比,社会保险的特点是强制性:要求一定的社会人群必须要参加,政府可以直接筹资,也可以通过颁布法令让社会来组织或委托商业医疗保险公司承担部分行政管理的职责。社会保险通过强制特定的人群必须参加,从而确保了健康人群和疾病人群之间、年轻人和老年人之间转移支付的形成。

（5）政府筹资:政府通过一般性税收或者专项税筹集资金,为医疗服务买单。

（6）国际援助:在现代化的、国际化的、全球化的社会中还有另外一种方式,特别是针对发展中国家的一种特殊筹资方式,就是国际援助,包括双边、多边,如世界银行,以及政府、非政府组织的筹资,如盖茨基金会。

2. 支付方式　筹资和支付系统还有一个重要的功能就是如何花钱,如何对医疗服务的成本进行适当的补偿,并利用支付杠杆来设计一定的风险分摊和经济激励。

支付方式包括对医院的支付方式和对医生的支付方式。世界范围内,在医院层面的支付方式有三种,按项目付费、总额预算和按疾病诊断分组付费(DRG);在医生层面也有三种主要的方式,按项目付费、工资加奖金和按绩效付费。无论是医院还是医生层面,按项目付费的缺点就是可能导致开大处方、过度医疗,因为做得多,服务的提供方得到的报酬就越多。因此全世界都在改革按项目付费的制度,向打包式的、捆绑式的,有一定风险分摊机制的付费方式转变。

(四) 规制与监管系统(regulatory sub-system)

规制监管系统制订游戏规则并检查和监督这些规则是否被遵循和实施。规制监管系统有三个功能:第一是培养良好运行的市场;第二是在市场出现失灵的时候进行干预和纠正;第三是实现一些重要的社会目标,例如人群健康状况的改善和健康公平的实现。

规制监管系统的主体是政府,是政府的主要职责。由于医疗卫生系统比较复杂,所以行业协会等一些专业的机构,现在发挥越来越重要的监管作用。同时,群众团体、社会的监督非常重要。监管的内容包括市场准入,提供服务的质量、安全性和有效性。监管最强有力的手段是法律,除此之外,还包括媒体、行政等多种手段。

可以把健康体系的结构比作一个人体:靠两手提供服务:预防和医疗;靠两条腿支撑:资源供应和财务保障;那么发出指令的大脑就是规制与监管系统,整个系统以人民的健康为核心目标。如图 9-1 所示,健康体系不是在一个真空当中运行,它必然和周边的经济、社会、政治、文化环境发生互动。

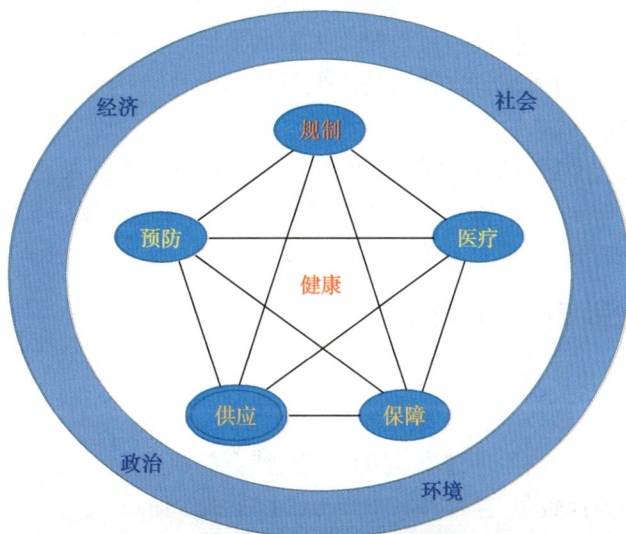

图 9-1　健康体系结构图

通过四个子系统的结构分析,不仅可以了解任何一个国家或地区的健康体系的特点,而且这个子系统框架也可以从全球的角度更好地认识人类不同的历史发展阶段整个健康体系的特点,特别是其规制和监管的特点。

第二节　健康体系的科学评价

一、科学评价的定义

对健康体系的评价有两个层级的指标,第一级指标是健康体系的产出,评价产出的质量和数量;第二级指标是健康体系产出所带来的结果,例如疾病是否痊愈,人群健康是否得到改善,传染病和慢病的双重挑战是否得到有效的应对。

二、不同层级健康体系的评价

（一）宏观评价

需要了解整个国家或地区健康体系运转的情况，甚至可以了解全球健康体系的运转情况。例如，从全球角度来看，虽然主要的疾病负担在最不发达的非洲地区，但主要的优质医疗资源却集中在少数发达国家和地区。此外，除了将世界作为一个整体来看待，通常情况下，宏观的系统评价主要是集中在一个国家或者一个地区的医疗卫生体系，评价其运转是否良好、有效。

（二）中观评价

需要对一个国家某个行业（如：整个医疗行业）进行评价时，要了解每年诊断了多少种疾病、治愈了多少病人、出现了多少次医疗差错，这些安全性指标，形成了对这个国家医疗行业的判断。此外，可以对一个国家的疾病预防控制系统进行评价，评价该系统是否履行了公共卫生的职能，在多大程度上达到了预期的目标。

（三）微观评价

在微观层面的评价即对健康体系的每一个机构和组织的运行绩效进行评价。

三、宏观层面指标体系的建立

国际上的一个基本共识，衡量一个宏观健康体系运行好坏的基本评价指标就是人民的健康状况的变化。如同世界上很多国家一样，中国正在进行深化医改的伟大实践。概括起来讲，现阶段的目标就是解决老百姓看病难、看病贵的问题，而这些问题的核心就是解决如何看好病的问题。

为了实现人民健康状况不断地改善，可以投入大量的资金、大量的资源。由于资源永远是有限的，所以，需要衡量健康体系是否有效率、可持续，就产生了第二个核心指标，即可负担性，包括个人或家庭可负担性和社会可负担性。

由于健康服务行业是一个特殊的服务性行业，所以这个行业必须以人为本。在提供服务的过程中，不仅要有一些客观可测量的指标，还需要关注服务对象的体验，即满意度。它作为任何一个服务行业的核心指标，在健康体系领域内也是要涉及的。

四、评价宏观健康体系的核心指标

（一）健康发展不同阶段的指标

健康是一个有层次的、内涵较丰富的概念。人类的健康，一个最基本的要求是"生存"，并在生存得到安全保障的情况下，进一步讨论生理健康、心理健康、社会健康这些更高层次的健康追求。由于健康是有层次的，因此，健康的发展也是有阶段的，主要分为以下四个阶段。

健康发展的第一阶段，属于典型的传统社会，表现为高人口死亡率、低人均期望寿命，主要受到传染病的影响。

健康发展的第二阶段，即健康快速发展阶段，人类卫生条件明显改善，围产期疾病、营养不良、传染性疾病得到有效控制，人口死亡率不断下降，人均期望寿命明显提高。新中国成立以后，迅速从第一个阶段进入第二个阶段，在第一和第二个阶段，常用的人群健康指标是死亡率和发病率。人均期望寿命从新中国成立初期的 35 岁，提高到 2010 年的将近 74 岁；孕产妇死亡率从 1949 年的 1500/10 万下降到 2012 年的 24.5/10 万，婴儿死亡率显著降低。如果从经济发展和人均期望寿命的关联性来看，中国与相似人均收入的其他国家相比是名列前茅的。1950 年 8 月召开的全国第一次卫生大会提出了至今仍在沿用的四大卫生工作方针，"为工农兵服务，中西医结合，预防为主，医疗卫生和群众运动相结合"。

健康发展的第三阶段，"缓慢"是其重要的特征。随着经济的发展，老年死亡率在不断下降、人口死亡率也在不断下降，人均期望寿命进一步提高，但是滞后于经济发展的速度。由于工业化的进程，带来了新的健康风险，即健康预期寿命和人口预期寿命变化并不匹配，虽然人的寿命越来越长，但是越来越多的人是带病生存。

健康发展的第四阶段是老龄化社会。医疗水平在不断提高,老年人寿命延长,老年人死亡率大幅度下降,同时面临老龄社会疾病谱转变,需要更昂贵、更复杂的治疗。而且许多慢性病是由环境和行为造成的。这些新的特点,首先是由于人口结构发生了很大的变化,死亡率在下降,随着寿命的延长,得病的概率也越来越高。与此同时,工业化、城镇化带来的环境污染,食品的不安全,饮食结构等不合理,这都使得慢性疾病急速增加,如果再单纯只用死亡率和发病率,就很难客观、灵敏地反映人群健康状况的变化。此时,就出现了一些新的人群健康状况的测量指标,包括伤残调整生命年(disability adjusted of life years,DALY)。

同时,人们关心的不仅仅是生理维度的健康,还包括心理主观的感受、社会健康等等。根据世界卫生组织的定义,"健康是人的生理、心理、社会的一种完好状态"。除了生理健康外,还包括心理健康,发育正常的智力,对环境变化的高效适应能力,稳定而快乐的情绪。那么什么是社会的完好状态?可能包括两个方面,一是个人的社会健康,表现为个人对社会规范的适应和遵守,个人与他人相处的和谐程度。另一个是健康的社会,包括三个指标,一是参与和发展机会的平等,二是政府公共服务分配的公平性,三是社会诚信的拥有程度。

由于健康的影响因素是复杂的、多方面的,包括环境、遗传、行为习惯、教育水平、信仰等,因此很难把一个国家一个地区人群健康状况的变化完全归因于健康体系运行的好坏。这意味着需要找到更加敏感的指标,即"健康干预措施的有效覆盖率"。它包括两个部分,第一个是覆盖率,即需要一定健康干预措施的人群中得到干预措施的人所占的比例;第二个是有效率,即测量得到干预措施的人群中,取得预期效果的人所占的比例。

(二) 可负担性

有人认为,提高可负担性很简单,只要控制费用上涨就可以。但问题是随着人均 GDP 的增加,医疗费用的上涨在所难免,而且不仅是绝对值的增加,医疗费用占 GDP 的比重也在不断上升,且一定时期医疗费用增长的速度超过总体经济增长速度是普遍现象。医疗费用上涨是必然的,可以控制的是上涨的速度。实现零增长,违背客观实际。同时,可以发现,医疗总费用中,社会分摊的比例也在提高,也就是说各个社会、各个国家都尽量避免让个人的可负担性成为一个问题。

要提高可负担性,首先要保护患者不至于遭受医疗的财务风险,因此可负担性主要是测量患者的收入有多大一部分花在了医疗上面,例如测量个人或者家庭的可支配收入的 40% 及以上都花在了医疗上。那么社会可负担性是什么? 就是医疗费用的增长,是否造成一个挤压效应,使得其他非医疗领域的支出减少或者投入减少。

(三) 满意度

满意度是测量顾客或者患者的体验,而体验的好坏与顾客或患者的期望很有关系。患者来就医,首先关心的是质量、是安全,是否得到准确的诊断,是否获得有效的处置,整个就医过程的便捷度、医务人员的态度、医疗机构的环境舒适度也影响到患者的体验和满意度。另外,价格和时间成本也是很重要的影响因素,因此,满意度可以看成是实际体验和期望值两个核心变量的函数。提高人民的满意度,主要通过两个途径,一是提高人们的实际体验,改进医疗服务,改善工作质量;二是善于管理人民的期望值。目前人们的期望值是不现实的高,如果不管理,由于医疗消费过高的期望值,满意度就很难进一步提高。

第三节　健康体系的影响因素

影响健康体系运行绩效的因素可以分为两类:外部环境因素和内部系统因素。

一、外部环境因素

任何医疗卫生体系都不是处在一个真空当中,更不是独立地、孤立地运行,它必然会受到一个国家或者一个地区的,甚至是一个阶段的经济、政治和文化等因素的影响。例如,人群的健康水平,毫无疑问受到经济发展水平的制约。经济发展影响健康发展主要是通过如下途径:

第一,如果一个国家、地区的人均收入增加了,那么影响人群健康的一些基本因素,如营养状况、安全清洁的饮用水,就会得到保障,同时会有更多的更好的医疗服务保健资源以及更多更好的社会资源来支持人群的健康,使其得到保护,减少不必要的死亡,促进整个健康的发展。

第二,国家的经济发展水平能影响到整个国家政府动员资源的能力,也影响到这个国家或社会在不同的经济发展阶段医疗费用中政府的筹资能力。从全世界的发展规律可以看出(图9-2),不同收入的国家在不同的时期,随着人均GDP的不断上升,卫生总费用当中,社会分摊的比例也在不断升高。换句话说,经济水平越高的国家,越有能力为整个医疗服务进行集体买单,而让卫生总费用中个人承担的部分所占的比重不断地下降。

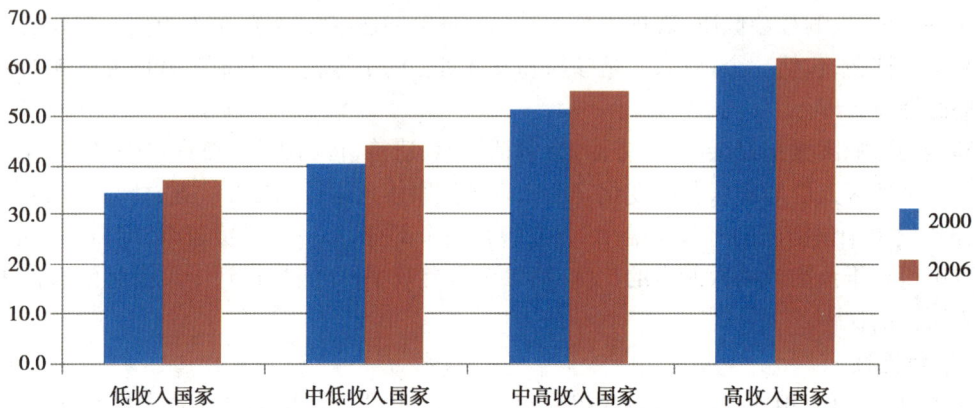

图9-2　经济水平与总费用中社会分摊比例的关系

第三,除了经济因素外,政治因素也能影响健康的发展。国家的政局是否稳定,必然会影响到整个国家的健康国情,例如处于战乱中的叙利亚,大部分人民的健康问题主要是由于社会不稳定、战乱带来的对生命的损害;即使在实行全民医保的泰国,当政局极度不稳定时,也会给全民医保的实行带来阻碍。另一个政治因素,就是政治意愿或政治制度,也能影响到一个国家的卫生体制和制度。在计划经济体制下,在卫生领域内,在卫生系统内强调政府主导的作用,例如古巴,现在依然是计划经济体制,由政府来主导整个医疗卫生的筹资和服务的提供。而在市场经济体制下,例如美国,在医疗卫生领域内更多的是强调市场竞争的作用。当一个国家的政府、执政党的执政理念中越来越多地反映民生的问题,特别是在基本温饱解决以后,人民对于健康的需求越来越强烈,所以健康这一问题也逐渐提到了政治议程上,现在越来越多的国家都把医改作为一个主要的执政目标,美国总统奥巴马执政后把医改作为他的一个核心的执政目标;中国深化医改是一个重头戏,十三届三中全会强调了"建立人人享有基本医疗卫生保健"的核心社会发展目标。

二、内部系统因素

影响健康体系的第二大类因素是内部系统因素,整个医疗卫生体系的内部结构,各结构间的互动及各结构本身所表现出来的特性都可能影响到整个医疗卫生体系的运行、绩效的好坏和绩效变化。作为政策的研究者和制定者要善于分析到底是哪些变量、重要的变量、可控的变量使得整个医疗卫生体系运行的绩效发生变化。

影响整个医疗卫生体系运行的三个核心的要素分别是能力、动力和压力,也就是"三力理论"。将卫生体系的绩效看成是卫生体系能力、动力、压力这三个变量的函数,将影响整个医疗卫生体系绩效的主要因素概括为三个主要的变量,下面用一个数学表达式对其进行概括,即:

$$P = f(C, I, A)$$

式中,P——健康体系的绩效;

C——卫生体系的能力;

I——卫生体系的动力;

A——卫生体系的压力。

另一方面,世界卫生组织把物质激励分成三个大类:一是有关职业和就业的条款和条件,包括工资的高低、养老金的有无、保险津贴的种类等等;二是绩效工资,实现了绩效目标,相应的一些奖励和鼓励;三是一些其他的物质支持,包括继续教育的奖学金、子女上学以及住房的问题,或者是一些贷款类的物质支持。

此外,世界卫生组织也对非物质激励进行了分类:一是工作环境,例如物理的环境是否符合人类工效学,是否有效、干净、整洁、安全等等,整个工作的流程设计是否合理,是否设立了有效的工作量的管理等;二是弹性的工作时间,包括有计划地工作、休假等;三是针对职业发展的激励机制,因为专业人员也是知识分子,非常在意职业发展的荣耀、社会的认可以及同行的肯定,在这些方面可以给予一些奖励,包括学术、专业上的发展,进修,提供指导和培训;四是特定的一些服务,包括子女照顾就学、健康保健服务、娱乐设施、便捷的交通等;五是内在的激励,即表扬、成就感、团队精神归属、荣耀等等。

所以,在进行物质激励设计时,不能机械地只考虑这个行业的工资应该比别人的平均工资高多少,要充分考虑其特殊性。在测量行业价值时,一定要将这些特点充分体现出来,尊重行业特点。如果不尊重,就是违背事物发展的基本规律。根据薪酬和支付方式的不同所设计的激励机制会直接影响到医生的行为,如收什么样的病人,是否愿意收重病人,提供什么服务,提供多少。

知识拓展 9-1

医疗服务相对价值

美国政府曾经投入大量资金邀请哈佛大学著名卫生经济学家萧庆伦教授领衔研究一套新的测量不同医疗服务相对价值的标准,即 RBRVS(Resource Based Relative Value Scale)。这一套标准的产生,基本的科学依据是针对具体的上万种不同的医疗服务(如阑尾炎手术、开胸手术等),每一项服务都服务 1 小时,应该定多少价值。萧教授认为,首先要考虑不同医疗服务所消耗的资源和成本,这是基础,即基于资源的投入。此外,还要包括人力资本的投入,每一项专科培训大概需要多长时间,要将人力资本的投入转换成折扣了的年金指数来体现。当然,在这个基础上,还要请专家相互判断不同医疗服务的相对劳动强度。考虑了这些因素后,就得出一个相对价值的比值。

除了上述的激励,还应该有约束的存在。约束包括硬约束和软约束。硬约束是指压力,来自人们对某一事物的敬畏和害怕。如果没有达到所规定的标准,会有什么结果? 这是很重要的一点。

首先,硬约束体现在"准入",如果没达到某一标准,就不能从事某一行业。例如在美国,必须经过标准化的住院医师培训,"4+4"是最基本的标准。日本也有很严格的规范化培训,然后考试,淘汰率在 40%。从国际的角度来看,硬约束是行业对自己的要求,而不是政府对行业进行强硬的管制。软约束也是行业自律,行业自律是一种自发的组织化的共同体秩序,用以对共同体内部的成员进行约束、规范和管理。它可以在个体层面上,也可以在组织的层面和行业的层面来实现自律。当然,这要受到国家政策的影响,也要受到国际规范的影响(图 9-3)。行业协会、医疗机构、医务人员体现的是行业

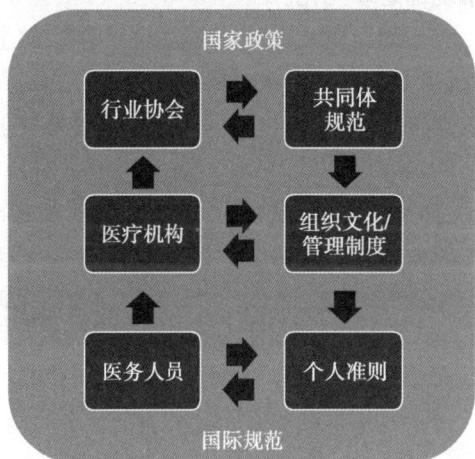

图 9-3　行业自律的因素

协会共同体的规范,体现的是医疗机构所倡导的组织文化和管理制度的推行,以及医务人员个人准则和道德水准。

为什么在医疗行业一定要强调自律?首先,行业自律是必要的;第二,行业自律也是非常重要的。必要性首先在于医疗服务不同于一般的服务行业,因为医生每天都同人的生命打交道,如果没有一定的自律,毫无疑问是要出大问题的。此外,由于医疗服务技术含量很高,过程很复杂,外行是很难对其进行监管的,所以必须通过内行来管理内行。最后,自律的作用不仅在于其相对强的能力,还在于同行的压力,医生可能不在乎政府官员的评价、患者的批评,但医生一定非常在乎同行眼中的形象。因为同行的认可,是医疗从业人员的一个共同的职业发展的基础,是医生的共同愿望。政府部门应该善于利用这一同行的压力。1915 年成立了中华医学会,2002 年成立了中国医师协会,以及中国医院协会等一系列专业学会,但是面临的挑战是自律的权利、自治的权利。中国如何提高行业协会的独立性、专业化程度,还有很长的路要走。

第四节　健康体系的不同类型

一、各国健康体系的分类

如表 9-2 所示,不同的学者用不同的标准对世界上现有的各种健康体系进行不同的分类。

表 9-2　基于筹资与服务子系统特点的健康体系分类

服务系统	筹资系统	
	高度集中化	高度市场化
高度集中化	英国模式	印度模式
高度市场化	德国模式	美国模式

主要根据两个主要功能子系统,即筹资与支付系统以及服务提供系统,集中化的程度或者市场化的程度,可以把健康体系分为四类:

一是所谓的英国模式,它在健康服务子系统和财务保障(也就是筹资和支付)子系统中都体现了高度集中的特点。英国的筹资主要靠政府的一般性税收,服务提供也是高度集中,主要依靠政府办的公立医院。

二是美国模式,特点是保障子系统多元化,是世界上唯一以商业医疗保险为主要筹资方式的体制。美国的服务提供子系统又主要是以民营的、非营利的医院为服务提供的主体,所以保障和服务提供两个子系统都是多元化。

三是德国模式,这正在成为各个国家的主流健康体系,特点是采用财务保障子系统高度集中的全民医保,主要是由社会医疗保险作为筹资方式,但在全民医保的大框架下,医疗服务的提供采取一种多元化的竞争方式,所以德国模式现在被越来越多的国家所借鉴。

四是印度模式,尽管其高度集中化的公立医疗系统免费向全民提供服务,但由于政府财政能力有限,公立医疗机构"缺医少药"现象比较普遍,所以患者宁愿选择自费去私立医疗机构看病,使得卫生总费用的大部分还是由患者自己承担。

二、有代表性的国家健康体系分析

(一) 英国

英国是国家健康服务制的典型代表。国家通过责任委托的形式将卫生保健的责任分摊给英联邦的四个行政区:英格兰、威尔士、苏格兰和北爱尔兰。国家卫生部门的基本目的是帮助人民活得更健康、活得更久,使所有人民在获得其所需的医疗卫生服务的同时,也获得应得的同情、尊敬和尊严。在每一地区,购买卫生服务的责任由相应的地方卫生行政机构承担。初级卫生保健服务主要由社区医生和卫生中心的不同专科的医护人员团体提供,一些独立的慈善组织也可提供医疗保健服务。

英国国家健康服务体系(National Health System,NHS),由政府从一般性税收筹集医疗保障资金,以此向公民提供费用较低甚至是免费的服务。这种社会医疗保障模式主要强调社会公平。英国医疗经费80%以上来自政府的税收,其余来自私人医疗保险,政府通过实施财政预算管理来实现医疗保障费用的收支平衡。英国政府强调全体公民要平等地享受医疗服务,因此,国家预算按照各地的人口需要进行分配。国家财政预算在卫生保健领域的投入占卫生总费用的90%以上,居民可享受很多免费的医疗卫生服务。虽然患者获得基本卫生服务和急诊服务相对容易,但专科服务需要排长队,等候时间长,同时对新技术的引进进行限制。英国采取这一模式与其强势的中央财政有极大的关系。自1990年至今,英国中央政府财政收入占GDP比重始终保持在36%以上。此外,英国的济贫制度有300余年的历史,济贫传统为福利国家模式提供了重要的社会价值诉求动力。

英国NHS从国家层面提供卫生服务,并确保花费在卫生服务方面的资金能够有效利用。NHS资助地方临床医疗委员会(Clinical Commissioning Groups,CCGs)向社区提供必要的医疗服务,NHS也委托CCPs向部分地区提供专科医疗服务。NHS与主要的健康专家合作,共同制定国家卫生服务标准,确保与全国各地的标准一致。此外,英国公共卫生部门领导全国公共卫生事业并提供必要的专家服务。公共卫生部门与地方政府,英国NHS和其他关键部门合作共同应对突发公共卫生事件。

在地方层面,CCGs由医生、护士和其他基层卫生专业人员。CCGs需要从符合NHS标准的服务提供方手中购买将要提供给当地社区的卫生服务,并对花费做出相应预算。这些服务提供方应该是NHS的医院、社会企业、志愿者组织或者个体开业机构。这意味着根据地方服务的特点和社区居民的需求来设计服务包,会给病人提供更好的卫生保健服务。每个地区的卫生和福利委员会确保提供的服务要满足社区居民的需求和需要优先解决的问题。该委员会要与居民和社区组织,包括选出的代表,共同决定社区需要哪些服务,并将决定需要的服务告知CCGs和地方政府。

资金的筹集与分配主要包括:

1. 一般性税收　国家税收是卫生保健资金的主要来源。目前,作为普通公共支出计划的一部分,预算每三年制订一次,部门预算是通过财政部长和相关部门部长间的协商确定的,并在必要时可在三年执行过程中进行动态调整。

2. 社会健康保险税　在英国,国家保险就等同于社会保险。国家保险税收收入直接进入国家保险基金(由财政部管理)。当基金总额不足以支付所有补偿时,就通过一般税收进行转移支付。但结余部分就在基金内沉淀。失业者和因在家护理老人而未能工作的家庭成员等群体,由政府代缴社会健康保险税,其他人群自愿缴费。

3. 自愿健康保险费　私人医疗保险按风险评估与个人签订保险单,按团体费率与团体签订保险。

4. 使用者付费　消费者付费项目包括:处方药、眼科服务和牙科服务。

英国健康体系的最大优点是强调公平性以及控制医疗费用过快上涨的有效性,缺点是由于筹资主要依赖政府财政,高、精、尖资源供应受到限制,不少患者需要"排长队",对住院服务满意度相对较低。

(二) 美国

美国的健康体系是市场主导的典型,有如下特征:①作为一个超级发达的工业化国家,医疗卫生资源来自许多不同的部分,总费用和人均费用都高于其他国家;②作为一个联邦制国家,其卫生保健系统的管理分散在各联邦、州、县和社区;③作为一个自由市场经济的国家,医疗保险制度主要采用私人商业保险的方式。

目前,美国政府还没有建立统一的适用于全体公民的医疗保障制度,迄今仍主要停留在一种以私人保险公司举办的,以商业性医疗保险为主、政府实行各种医疗保障计划和社会团体举办的非营利性医疗保险为辅的体制。美国医疗卫生系统主要由医疗服务机构、医疗保险组织、医疗保险参与者组成。人们通过雇主或自行购买医疗保险,生病后到医疗服务机构就医,医疗费用由医疗保险组织向医疗服务机构支付。医疗费用支付方式以及对病人使用医疗服务的管理极大程度上左右着医疗卫生资源的使用模式和使用率。

此外,对特定人群,也有相应的社会保险计划。例如州立儿童健康保险计划和军人保健计划。州立儿童健康保险计划为低收入儿童(targeted low-income children,TLIC)提供保险覆盖。TLIC 是指生活在一个收入低于联邦贫困线下 200% 或收入超过医疗救助资格水准 50%,但没有能力购买私人保险的家庭中的儿童。军人保健计划包括军人健康和医疗服务,主要为现役军人及家庭提供健康保健。退伍军人部的健康和医疗项目主要为退伍和残疾军人提供服务。

资金筹集与分配主要呈现以下特点:

1. 专项税收

(1) 老年人与残疾人计划(Medicare):是美国社会健康保险的主要组成部分,筹资来源是工薪税,受益人是 65 岁以上老年人和残疾人。Medicare 由医院保险和补充医疗保险组成,医院保险来自保险税,存放在 Medicare 医院信托基金。补充医疗保险资金小部分来自受益人自愿缴纳的保费,剩余大部分来自一般性税收。

(2) 医疗救助计划(Medicaid):是由联邦、州和地方政府发起的保健计划,受益者是穷人,属于公共救助或者福利医疗。资金来源于联邦财政收入和州财政收入两个方面。联邦财政收入来源于个人收入税、公司收入税和其他消费税,从某种程度上讲,联邦财政收入主要来自高收入的个体和组织。因此,医疗救助计划是一种转移支付形式,意味着以福利形式提供医疗服务,而不是现金。奥巴马上台后决定医疗救助计划的主要筹资责任由联邦政府承担。

2. 自愿健康保险　在美国有许多商业性医疗保险公司,按照经营目的,可分为营利性和非营利性保险公司,比较有名的保险公司有蓝十字-蓝盾等,雇员除了拥有雇主为他们购买的集体保险外,还可以以个人或家庭为单位进行投保,购买商业保险作为补充。

美国的商业医疗保险是二战期间以及之后迅速发展起来的,当时美国出现了"劳工荒",雇主们纷纷通过涨工资的方式吸引劳工。美国政府由于担心劳工成本的迅速上升会导致战后通货膨胀,所以通过法令不允许雇主任意涨工资。同时,政府通过一系列抵税政策鼓励雇主通过提供医疗保险等形式给工人更多的福利。于是,"二战"后美国的商业医疗保险迅速发展成为主要的医疗服务筹资来源。

美国健康体系的优点是个人选择性很大、商业医疗保险之间的竞争使得各种各样的保险计划可以供人们选择,同时对美国医疗科技的发展提供了持续的财务支持。但其主要问题是医疗费用上涨太快,给社会各界造成越来越重的经济负担,奥巴马医改的主要目的之一是控制医疗费用的过快上涨。

(三) 德国

德国是世界上最早实行社会医疗保险的国家。医疗卫生方面的立法是德国联邦卫生部最主要的职责。推行法定医疗保险的法律有《社会法典》《社会健康保险法》《法定医疗保险组织结构发展法》《法定医疗保险可持续发展和社会公平融资法》《加强法定医疗保险竞争法》等,用于规范医院运营成本及其补偿的法律有《全国医院价格条例》等,规范医院投入成本及其补偿的法律有《医院筹资法》《住院医疗服务费用补偿法》,配合推行费用控制的法律有《病例费修订法》等,还有一系列授权和明确行业组织职责、地位、作用和行为规范的法律。

德国社会医疗保险体系的运行管理实行"民主决策制"。首先,由相对独立的各个地方"疾病基金"执行区域化的医疗保险的管理;其次,保费的收缴标准、福利包的内容、与供方的结算方式由"保险管理委员会"协商制订,委员会由政府官员、医疗机构、保险机构和民众的代表组成。在支付方式上,德国是由保险委员会确定总的保险支付额度,而由医学会确定总的医疗费用的分配结构(也就是各个服务项目的相对价值)。此外,在决算方式上,德国是推行 DRGs 支付改革较为成功的国家,在开发 DRGs 信息系统、实施医疗质量监管、加强费用控制以及开展医疗绩效评价等方面的成功经验,对我国有着重要的参考价值和借鉴意义。

德国联邦和州层面均以立法形式规划医疗卫生服务资源,在实施上具有强制约束力。德国各级各类医疗机构不存在"以药补医"问题,且对医生、医院的考核、收入也不与药品、检查挂钩。德国医疗费用中的药品和耗材费用占比远低于我国。德国医务人员支出占医院支出的60%以上,而我国目前仅占到28%左右。

德国的住院服务主要由独立性较强的公立医院提供,联邦与州政府负责公立医院建设资金,社保负责变动成本的补偿。而德国基层诊所几乎都由私人举办,多为营利性的,所需资金来主要源于医保。因此,德国医保的"钱"指挥着基层诊所的设立、运行和管理,而公共卫生服务在基层比较薄弱,医保给钱就做,没钱就不做,没有形成如我国较为健全的遍布城乡的公共卫生和基层医疗卫生服务体系。加上德国门诊和住院服务截然分开,虽然从"物理隔离"的角度实现了分级医疗,但无疑增加了病人重复用药、检查和手术的可能性,这些都是我们应该汲取的教训。

德国政府和社会组织两个"轮子"共同驱动德国医疗卫生体制的创新、改革与发展。政府对行业组织一般没有直接的资金支持,但国家通过立法形式授予行业组织相应的管理权力,保证政府宏观调控和行业自治的高度契合。如国家法律规定医师必须参加医师联合会,医师收入的0.5%~0.6%作为会费维持该联合会的运转。

德国的社会医疗保险制度被越来越多的国家效仿,这是因为一方面强制实施的社会医疗保险可以有效避免自愿为原则的商业医疗保险经常面临的"逆向选择"(年老多病的参保率高)和"风险选择"(保险公司力图将需要保险的人排除在外),另一方面由于是专款专用,又同时不会出现依赖政府财政支出的不稳定性,因为每年大量的项目和部门都会与卫生部门去竞争有限的政府财政预算。德国的社会保险并不是十全十美,例如它实行的是区域化管理,统筹在地方,所以地方性"疾病基金"存在抗风险能力有限的问题。在服务提供上,德国强调的是在政府保障建设资金的情况下鼓励独立经营的医疗机构之间的竞争,所以其健康体系的宏观和微观效率还是较高的。

(四)巴西

作为中等收入国家的代表,巴西是拉丁美洲国土面积最大的国家,实行联邦制。巴西政府分为三级:国家(或联邦政府)、州和市政府。拥有2.01亿人口的巴西是世界上贫富差距最大的几个国家之一。为了能让所有人都得到医疗服务,巴西充分发挥政府主导和市场补充的作用,在全国范围内建立了"统一医疗体系",实行以全民免费医疗为主、个人医疗保险为辅的医疗卫生体制。巴西宪法规定,"每一个巴西公民都有权利得到政府各级医疗机构的免费医疗"。并在法律上明确把保障所有公民的健康权作为各级政府的重要责任。

全民统一医疗体系的主要特征是"免费、平等、普遍享有"。由政府为全体公民免费提供医疗保健服务,按照地区和人群的不同需要公平分配卫生资源,同时满足不同地区、不同人群的特殊医疗服务需求。主要有三项基本原则:①分级管理。全民统一医疗体系规定联邦、州和市三级政府共同承担保障公民健康的责任,所需公共筹资也由三级政府共同负责,州、市政府在医疗卫生管理方面则承担更加主要的职责。②权力下放。将卫生部管理的5000多所医院移交给地方管理。没有公立医院的城市,由卫生部设立医疗点,负责急救和门诊服务等。③社会参与。各级政府都建立由公民代表参加的医疗卫生委员会,参与制定医疗卫生政策,并对实施情况进行监督等。同时,三级政府均设立由公民参加的卫生理事会和卫生代表大会。

全民统一医疗体系的网络由全国的公立医院、初级卫生保健机构、急救点、医疗点等组成,一些提供公共服务的私立医院也属其网络范围。公立医院约占所有医院的53%,所有公民都可享受到公立医院的免费服务,有包括贫困和极贫困人口在内的大约65%的公民经常利用公立医院服务。公立医院所需人员经费主要由州、市政府负责,联邦政府主要负责日常运行经费。私立医院所占的比例约为47%,主要分为两种:一种是承担一定公立医疗服务的私立医院,被称为"半公立医院"(非营利性医院),由政府认定相应的资格并给予税收减免、延长还贷期限等优惠政策,但医院 20% 的病床或服务必须向公众免费开放,这部分医院约占所有医院的 32%;另一种是不承担公立医疗服务,也不享受政府有关优惠政策的医院为"纯私立医院"(营利性医院),这些医院没有向公众提供免费医疗服务的义务,而是由政府按照规定的价格为民众购买医疗服务。民众一般通过购买商业医疗保险的方式获得私立医院的服务。政府对私立医院实行一定的价格干预,但大多数情况下由私立医院和病人协商服务价格。

初级卫生保健机构主要由社区层面的卫生站、诊所等组成。在无公立医院的城市,政府设立的医疗点也属于初级卫生保健机构范畴。家庭医生在初级卫生保健机构向辖区居民提供基本医疗卫生服务,病人转诊必须经过家庭医生。初级卫生保健机构的主要职责包括提供门急诊、急诊和首诊、转诊服务,负责公共卫生和预防保健服务,开展健康教育、疾病康复等。联邦政府还根据当地人口规模的不同设定急救点,由市医疗协调中心负责急救点的日常管理和协调。

此外,为了完善全民统一医疗体系,针对存在的一些问题,巴西着力从四个方面完善全民统一医疗体系。一是在结构上改善医疗服务的硬件环境;二是着力于医疗卫生人才的培养和教育,提升医疗卫生服务水平和能力;三是推行医疗卫生信息化,放大资源整合和使用效益;四是推动防病治病理念的变化,更加注重预防为主,鼓励公民参加健身锻炼,使他们少生病、不生病。

巴西资金的筹集与分配主要通过建立社会保障税来筹集卫生费用。社会保障税主要来自金融周转税、企业法人利润社会税、企业社会保障税、汽车牌照保险费用中的一部分、劳动保护和检疫等罚款中的一部分、国际金融组织贷款等。国家法律规定:联邦、各州和各市政府财政预算中,卫生经费分别不少于 15%、12%、15%。此外,还通过建立商业医疗保险的形式作为筹资卫生费用的补充。

第五节　全球健康体系的发展趋势

一个国家的健康体系,其具体形态和运行绩效受到这个国家的经济发展水平、主流的社会价值观、特定的政治体制以及社会文化传统等多种因素的影响。纵观全球健康体系发展演变的内涵与外延,呈现以下发展趋势:

(一) 经济发展水平是影响国家健康体系结构特点和功能发挥的最重要的因素

大量研究表明,经济发展水平不仅通过对人民生活水平的影响直接影响到人群健康状况的变化,同时也影响到一个国家健康体系的结构特征。

绝大多数低收入国家,表面上看是政府主导健康体系,通常是由政府通过举办公立医院提供免费或低收费的基本医疗服务,公共卫生服务体系通常还没有形成。但在这些国家,由于政府财政力量有限,公立医疗系统常常缺医少药,医务人员薪水有限、积极性不高,老百姓看病常常需要去私人药店自费买药,个人实际支付医疗费用的比例很大,也就是说一个非正规、无序的医药市场存在于这些国家。低收入国家健康体系面临的主要问题是解决基本医疗保障。

中等收入国家随着正规就业部门开始发展起来,企业在健康服务成本分摊中的作用越来越明显,社会保障制度逐步建立起来,社会医疗保险这种建立在以雇主筹资为主、雇员参与保费筹资基础上的保障模式成为主流。这些国家健康体系所面临的主要问题是城乡之间,也就是正规就业部门与非正规就业部门人群之间健康服务可及性差异拉大。

高收入国家在人群的基本医疗卫生需求得到满足后,面临人口结构转变、疾病谱转变、科技发展、收入和知识水平提高后带来的健康需求更高更加多元化的挑战,所以这些国家注重对社会医疗保险制度的完善,特别是创新政府筹资方式。(例如开设"健康福利彩票"、提高香烟消费附加税、征收公务舱票价"公益性医疗基金"附加等。同时发挥商业医疗保险的补充作用。此外,控制医疗费用的过快上涨是这些国家健康体系的主要挑战。

(二) 政府干预与市场竞争在健康体系中的融合

整个健康体系里面政府干预与市场机制各有所长、各有所短,需要加以平衡,现在各个国家已经不是单纯地强调某一个忽视另一个,而是把政府干预这只看得见的手和市场竞争这只看不见的手有机地结合起来。

市场竞争最重要的是能够促进效率,这种效率的提高必须要有完善的政府规范。美国整个的金融危机表明了政府的规范没到位,使得市场出现了严重的少数人得利,而广大社会受害的局面。医疗卫生是个混合产品,有公共产品、准公共产品,也有私人物品,政府需要直接提供公共产品,保障服务的提供。医疗领域出现有信息不对称,政府对于信息的发布和标准化应该负有不可推卸的责任。

市场竞争是强者胜,政府需要保护弱势群体,这是一个主要的规律。现在我国深化医改中,有一个很重要的理论问题,即政府和市场的边界到底在哪里? 卫生领域到底应该是政府主导,还是市场主导?国际经验表明,不能笼统地谈论政府主导或者市场主导,而要分子系统来研究。如前所述,健康体系是由四个子系统所组成的,这四个子系统里面,政府和市场竞争的作用当然是不同的。在规制子系统里面,全世界没有一个政府是放到市场去做的,一定是政府主导。在卫生保障领域里面,政府举办的社会医疗保险为主,同时有商业保险的补充作用。在服务提供这个子系统里面,主要依靠政府提供一个社会安全网的基本医疗服务,同时鼓励社会化的非营利组织来提供多层次的医务卫生服务。在资源供应这个子系统里面,大多数国家强调市场的主导作用。

(三) 医疗卫生行业的自主自律作用越来越重要

持续不断的健康体系改革是世界性的难题,越来越多的医改国家认识到,无论是医改的远期目标(健康水平提高),还是近期目标(让老百姓"看得起病,看得好病")的实现,都离不开医务工作者工作效率和技术服务水平的提高。因此,如果没有广大医务工作者的积极参与,没有专业素养和职业道德的加强,医改不仅不可能成功,而且还会遭遇到无形的阻力,这已被众多的国际医改实践所证明。例如,韩国政府曾经在配套措施不明确的情况下试图强行推进"医药分家",遭到了整个医疗行业的强烈反对,甚至出现了医生集体罢工的事件。

医疗行业的特殊性可以归纳为六大特点:社会责任重,服务内容广,成才周期长,工作负荷大,职业风险多,知识更新快。正是因为医疗行业是个生命攸关、技术复杂的行业,从外部、由外行进行监管非常困难,所以培育、规范、依靠行业自律的力量就成为世界各国越来越重视的医改措施。行业自律的作用不仅表现在其相对较强的专业判断能力,还在于获得同行的认可是医务工作者职业发展追求的主要目标之一,这也是将医生的处方行为在内部予以公布并且加以排序就会带来明显行为变化的原因所在。因此,如果紧紧围绕如何充分激发医务工作者的积极性、充分发挥医疗行业的自治自律作用而采取一系列有效措施,就可以指望广大医务工作者切实遵循人民所期盼的"基本原则"(professionalism):

- 掌握特殊的知识技能并持续改进;
- 建立有效的行业自治并不断完善;
- 保护合理的患者利益并始终不渝;
- 推动公益的社会规范并身体力行。

加强专业素养和职业道德教育固然重要,但应该客观地认识到,医务工作者是人不是神,不可能自动地将上述原则作为自己行为的准则。作为"自然人",就会有"七情六欲";作为"经济人",就会在市场经济条件下追求一定的经济利益;作为"社会人",又会具有一定的社会责任感。所以,从国际经验来看,"社会契约"需要双方遵守,缺一不可。如果社会(甲方)要求医务工作者(乙方)履行医务工作者神圣的上述"基本原则",那么,社会(甲方)就必须履行三项重要承诺:①给予乙方稳定而较高的经济收入;②赋予乙方充分的行业自主权;③对乙方树立崇高的社会尊重。

因此,要更加充分地尊重和更加实际地发挥广大医务工作者的积极性和创造性,特别是增强医疗行业协会在医药价格形成中的谈判地位,在运营管理、薪酬设计中的自主作用,以及在医疗行为监管中的自律作用。

(刘远立　郭健)

👁 思考题

1. 健康体系由哪些功能子系统组成？
2. 如何测量健康体系的运行绩效？
3. 影响健康体系运行绩效的主要因素有哪些？结合中国的实际情况举例证明。
4. 你同意这种说法吗？"健康体系太特殊了,因此健康体系必须政府主导!"

第十章　全球健康发展援助与全球健康治理

🌐 **学习目标**

掌握　全球健康发展援助与全球健康治理的作用。

熟悉　全球健康发展援助与全球健康治理的发展趋势。

了解　中国卫生援外与参与全球健康治理的实践。

全球健康发展援助和全球健康治理是两个不同的概念。全球健康发展援助经历了从国际发展援助到全球健康发展援助的过程，而全球健康治理也逐渐从国际卫生治理演变为全球健康治理。这文字的变化背后，具有国际政治、经济，以及健康发展趋势的深刻背景和历史意义。

本章阐述了全球健康发展援助与全球健康治理的发生、发展过程，以及相关的主要理论，并介绍了中国开展卫生援外，参与全球健康治理的主要实践。

第一节　国际发展援助兴起与理论

一、国际发展援助的产生和发展

国际发展援助（international development aid，或者 international development assistance，简称 IDA）是指发达国家或高收入的发展中国家及其所属机构、有关国际组织、社会团体，通过提供资金、物资、设备、技术等方式，说明发展中国家发展经济和提高社会福利的具体活动。按照提供主体，可以将其分为官方发展援助（official development aid/assistance，ODA）和非官方发展援助。官方发展援助是发达国家政府为促进发展中国家的经济发展和改善福利水平，向发展中国家和多边机构提供的赠款或贷款（其中赠款至少占 25%）。一直以来，官方发展援助是国际发展援助的主体。企业、慈善基金会等非政府组织提供的发展援助为非官方发展援助。

国际发展援助是国家外交和国际经济合作的主要内容。追溯其历史，可分为三个阶段：国际发展援助的萌芽阶段、发展阶段和黄金阶段。

（一）国际发展援助的萌芽阶段

早在 19 世纪中后期，资本主义兴起。欧洲文艺复兴时期以人为本、以人为中心的人道主义世界观盛行，在一个国家的内部出现人道主义救济援助。到了 19 世纪末期，出现跨国的人道主义救济，此为国际发展援助的萌芽。20 世纪初期，弱小的国家沦为殖民地、半殖民地，西欧强国以提供殖民地援助的形式控制这些国家的经济命脉。

（二）国际发展援助的发展阶段

"二战"结束后，各国经济萧条，面临重建的困境。经过两次世界大战，国际社会认同贫困和发展不平衡是引发战争的根源，产生了和平和发展的共识；同时出于冷战的需要，资本主义和社会主义两大阵营对峙，为了扩大各自的实力范围，美国实施了"马歇尔计划"推动欧洲重建。前苏联采用了"经互会"的方式支持社会主义国家的发展。发达国家纷纷增加对其盟友的援助力度。1945 年 10 月 24 日，在美国旧金山签订生效的《联合国宪章》标志着联合国正式成立。1945 年 12 月 27 日，以帮助欧洲国家和日本二战后重建为初衷的世界银行成立。

20 世纪 60 年代是国际发展援助的重要发展阶段。欧洲国家经济逐渐走向繁荣,马歇尔计划的成功和冷战的需要,促使以美国为首的西方发达国家更加热衷于国际发展援助。多边发展援助逐渐兴起,从双边走向多边。

20 世纪 70 年代,国际发展援助体系进一步深化,开始向制度化和规范化方向发展,多边发展援助更加突出,石油输出国崛起并参与到国际发展援助之中。1970 年,联合国通过了第二个"联合国发展 10 年"的报告,援助所附带的政治经济条件逐渐变少,援助的重点由基础设施的建设转到更多地关注卫生、教育等社会基础建设,并开始着重关注贫困问题。

20 世纪 80 年代,国际发展援助进入结构调整的阶段。各国发生经济变革,动荡的国际经济环境使国际发展援助向更理性的方向发展,并出现新的发展理念。1987 年,世界环境发展委员会第一次提出了可持续发展的新发展理念。1989 年国际货币基金组织、世界银行和美国政府,根据拉美国家减少政府干预,促进贸易和金融自由化的经验提出并形成的一系列政策,称为华盛顿共识(Washington Consensus)。国际发展援助从以关注投资为核心的外生增长,转到以人力资本和技术进步为核心的内生增长,同时重视民主、良好的治理体制和可持续发展。

20 世纪 90 年代,前苏联解体,欧安会各国成员在巴黎缔结了《新欧洲巴黎宪章》,标志着冷战的正式结束。西方国家一度出现了援助疲劳,发展援助金额持续下降。在延续前一阶段的援助方法的同时,进行结构性调整,把援助重点转向"良好治理"。20 世纪 90 年代中后期,国际发展援助潮流再次出现,环境、人口、贫困等问题成为国际发展援助的重点(图 10-1)。

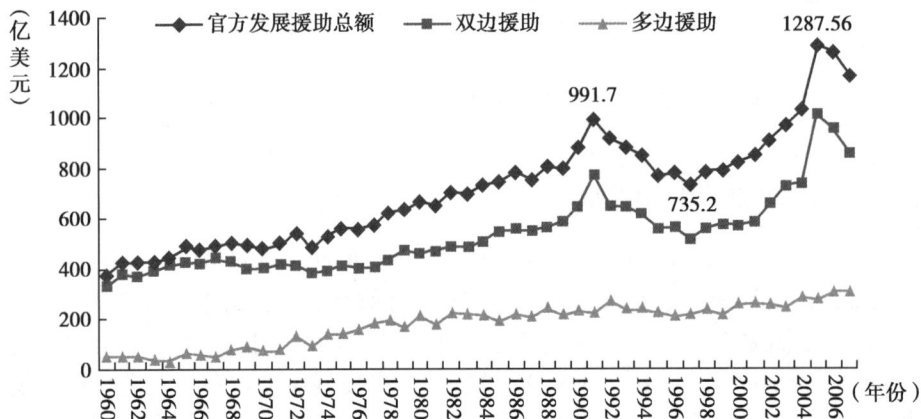

图 10-1　按 2007 年可比价计算的 1960～2007 年 DAC 国家官方发展援助总支出额变化图
(注:引用自李小云等《国际发展援助概论》。数据来源于 OECD 官方网站)

(三) 国际发展援助的黄金阶段

在 20 世纪 90 年代末期,国际贫困问题,以及科索沃、阿富汗和伊拉克战争的战后重建,使得国际发展援助的作用再次得到重视。在经历持续下滑之后,国际发展援助金额开始增加。进入 21 世纪,以 2000 年"千年发展目标"为契机和标志,国际发展援助进入黄金时代。发达国家政府,以及非政府组织和民间团体的援助力度大大增强。英国倡导以政府抵押、从金融市场获取资金;法国提出对国际机票征税等创新型国际发展援助的筹资机制,为国际发展援助注入了新活力,同时国际发展援助变得更复杂、更具政治性。

二、国际发展援助的理论

伴随着国际发展援助的诞生、成长和变化,人们从不同的视角,试图解释其中深层次的缘由,从而总结出一些理论。从国际政治学视角看,国际发展援助理论包括国家利益理论、超国家理论、国家内部因素的外化理论。从发展经济学的视角看,包括大推进理论、经济起飞理论、均衡发展理论和临界最小努力理论。从援助发展和主题的视角看,包括毕业论、民间资金论、人权论、环境论、减轻贫困论、援助殖民主义论等等。以下重点介绍国际政治学视角的三个相关理论。

（一）国家利益理论

国家利益理论是影响国际发展援助最为常见的政治理论。美国政治学家肯尼思·华尔兹（Kenneth N. Waltz）、现实主义国际理论家汉斯·摩根索（Hans J. Morgenthau）等支持的国家利益理论认为，在国际社会中，国家就如同一个法人代表，其一切行为的根本目的在于为整个国家的利益服务，国际发展援助同样是为了保护和促进国家利益、国家安全、主权，以及地域国际环境的一种有力工具。国际发展援助的本质是政治性的，主要是保护和促进本国的利益，这是其最高的道德原则。"二战"之后的几十年中，美国、法国、日本、前苏联等具有浓厚的冷战思维，为了争夺势力范围的各种援助，基本上都体现了这种理论。近年来，国际发展援助所关注的领域和问题，逐渐由政治性议题转向经济性议题，但是在本质上没有改变，依然是政治为先。

（二）超国家理论

超国家理论主要是针对国际发展援助领域多类型的援助主体及其各自援助效果而提出的。冷战后，针对社会主义这一共同战略目标的消失，在援助国集团、多双边援助机构和私人援助机构之间，出现缺乏配合、沟通，导致援助重叠、效率低下、相互竞争等情况，同时受援国国际发展援助资金的使用范围和使用效率无法达到援助国预期效果。所以该理论认为，援助国集团内部各成员，在援助内容和方向上需要协调和整合，为了提高援助效果，避免内部竞争，应该超越国家界限，发挥各自的比较优势，实现相互补充，在国际发展援助政策和其他的相关政策之间进行方法和制度上的整合，从而实现援助国集团整体利益的最大化。这些协调和整合的直接目标就是取得更大的"一致性"，使对外援助资金的使用更有效率，更符合援助者的利益。经合组织发展援助委员会和欧盟是该理论实践的倡导者。

（三）国家内部因素的外化理论

挪威学者斯多克（Olav Stokke）是国内内部因素外化理论的代表人物。该理论认为，随着现代信息技术的发展和国际联系加强，全球化趋势使得任何开放的社会成为相互密切相关的整体。其中，处于强势的国家是全球化的主要推手，并通过全球化推广其价值观，实现其国家利益。国际发展援助是其采取的重要手段，是国内因素外部化的主要管道。欧美部分援助国在向受援国提供发展援助时，附带的市场化、民主化、私有化改革，以及人权、法治等条件，一般都集中体现了援助国自身的历史背景、发展模式和理念、文化价值以及国家利益等，就是这一理论在现实的反映。

三、国际发展援助的主要方式

国际发展援助可以按目的、主体、内容和形式分为四大类。按目的分为人道主义援助、发展性援助、战略性援助；按主体分为官方援助、非官方援助；按内容分为财政援助、技术援助、实物援助、债务减免；按形式分为项目援助、规划援助、预算援助。其主要分类见图10-2。

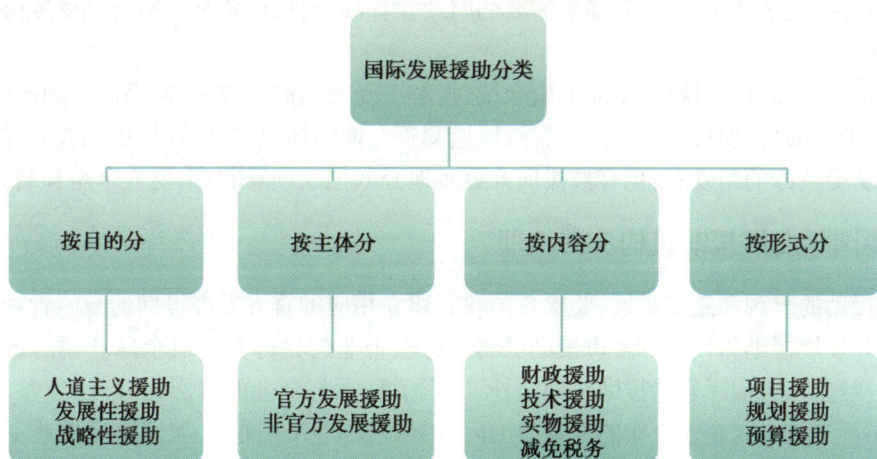

图 10-2　国际发展援助的分类

本节主要介绍按内容、形式划分的发展援助方式：

（一）财政援助

财政援助指援助国或多边国际机构为了满足受援国的经济或社会发展需要所提供的赠款，以及长期无息或低息贷款的援助。有时也称资金援助。

（二）技术援助

技术援助是指援助国为受援国培养技术人才，转让技术专利、提供咨询服务、传授管理知识等形式提供的援助。主要形式：派遣专家到受援国进行技术服务，如医疗队；培训受援国的技术人员；提供物资和设备；帮助受援国建立科研机构、学校、医院等。其中以联合国系统的多边发展援助为主。

（三）实物援助

实物援助是指直接提供粮食、药品、机械装备等实物，或者提供受援国资金直接用于实物物资的援助形式。

（四）债务减免

债务减免是一种特殊的国家发展援助形式。债务减免的目的是帮助受援国渡过难关，同时也可以防止受援国因还债压力过大而对全部债务都不予偿还，故减少受援国的还债金额。

（五）项目援助（project assistance）

项目援助指用于单个具体的项目开展的援助，其涉及的援助内容一般都比较具体和细化，如建学校、水利、提供体育设施、卫生设施等。项目援助是发展援助的重要方式，一般具有一个项目框架，确定明确的项目目标、项目资金和参与方的责任，以及评估考核指标。因其具有针对性强、目标具体、责任明晰、管理相对容易、成果易于评价等特点，而被各双、多边发展援助机构广为采用。

近年来，这种项目援助方式的弊端逐渐显现。项目的成败取决于政府政策、动员和协调能力、机构人员素质等外部因素，最需要援助的国家和地区反而缺乏这些条件，从而与项目设计的初衷、项目预期效果等形成了悖论。

（六）规划援助（programme assistance）

规划援助是针对受援国经济社会发展过程中的某一方面或部门的整体发展而进行的整合性援助。规划援助是继项目援助之后出现的一种援助方式，其援助的对象是受援国的社会经济发展和部门，多为跨部门、规模巨大，一般不与具体项目相联系。有时也称为"全部门方法（sector-wide approach，SWA）"等。

实施规划援助通常需要受援国、援助方具备必要的经济或政治条件。比如，受援方政府一定的协调和动员部门、相关利益者参与的能力，受援方与援助方共同的承诺和协调合作等。

（七）预算援助（budget assistance）

预算援助又称为预算支持（budget support），是指援助国或多边发展援助机构通过向受援国提供财政资金支持，填补受援国经济、社会发展所需要的财政预算缺口，援助资金被整合到受援国国家预算中，属于财政援助的一种形式。

这种方式可以实现直接、快速、全面的资金拨付，解决受援国的财政困难，因此受到部分受援方的欢迎。同时，从援助方的角度看，这种方式具有难以监测资金使用情况、难以评估援助效果，以及易发腐败等潜在风险。从受援方的角度看，也有被援助方更多地介入国家预算制订、受人牵制和制约等担忧。

四、主要国际发展援助机构及其治理

官方发展援助的出现和逐步扩展，要求各国政府建立相应的官方发展援助的专门管理机构，之后诞生了以提供国际发展援助为使命的多边援助机制。跨国企业的兴起及其对全球利益的诉求，不仅在以政府为主体的双边、多边国际发展援助机构之外，出现了私立基金会的身影，并且逐步参与国际发展援助机制，诞生了不少政府与企业合作的创新型国际发展援助机制。同时，如何协调这些不同性质、不同主体的国际发展援助机构，以及卫生相关的国际发展援助机构与世界卫生组织等全球健康治理机构之间的关系，更是最近全球健康治理改革试图解决的难题。这部分内容将在本章第二节详细介绍。

（一）双边援助

双边援助机构是指国家政府指定的专门机构,负责利用官方资金向发展中国家提供发展援助。双边援助是一种官方发展援助,因此其援助的资金主要来自各国的政府。这些机构有的隶属于外交部,有的属于独立运行的准政府机构。有的随着政府领导人的调换而改变,有的体制在不断变化。如澳大利亚国际发展援助署,在2013年被新当选政府重新合并到外交部。

知识拓展 10-1

经合组织发展援助委员会（DAC）

经济合作组织的发展援助委员会(Development Assistance Committee,简称DAC),是经济合作与发展组织属下的委员会之一。该委员会负责协调向发展中国家提供的官方发展援助,是国际发展援助的核心机构之一。发展援助委员会现有29个成员,包括澳大利亚、奥地利、比利时、加拿大、捷克、丹麦、芬兰、法国、德国、希腊、冰岛、爱尔兰、意大利、日本、韩国、卢森堡、荷兰、新西兰、挪威、波兰、葡萄牙、斯洛伐克、斯洛文尼亚、西班牙、瑞典、瑞士、英国、美国和欧盟。成为这一委员会的成员后,需组建援助机构,制定援助政策,并将援助规模提高到国民总收入的0.2%以上,援助额需超过1亿美元。此外,世界银行、国际货币基金组织和联合国开发计划署作为常驻观察员参与。该委员会向全球提供90%以上的官方发展援助金额,被称为"援助国俱乐部"。

目前,设有双边援助机构的国家主要为经合组织成员国(OECD)和石油输出国组织(OPEC)的成员国,其中经合组织成员国提供的双边发展援助占全球官方发展援助总额的90%以上。有代表性的有美国国际开发署(USAID)、英国国际发展部(DFID)、德国联邦经济与合作发展部(BMZ)、德国技术合作公司(GTZ)、日本国际协力机构(JICA)等。

知识拓展 10-2

如何衡量援助国的贡献度?

经济合作组织发展援助委员会(DAC)主要使用官方发展援助占国民收入的比例(ODA/GNI)来衡量援助国的贡献率。2002年《蒙特雷共识》明确采用此指标,"争取将国民总收入的0.7%作为官方发展援助给予发展中国家,其中的0.15%~0.20%给予最不发达国家"。目前,挪威、瑞典、卢森堡、荷兰、丹麦和英国已达到0.7%的目标。此外,就捐助总额而言,美国、英国、日本和德国较多,澳大利亚、比利时、加拿大、韩国等近年实际增幅较大。

双边援助由各个援助方政府直接管理和实施,因此政治色彩较浓,常常附带其他限制性或不平等的要求,在保证援助既有助于实现本国在外的利益的同时,又服务于受援国的现实需求。

1. 美国国际开发署是美国联邦政府负责实施对外经济和人道主义援助的机构,其历史可以追溯到二战后重建欧洲的马歇尔计划和杜鲁门政府的四点计划。该机构是一个独立的联邦政府机构并接受国务卿全球外交政策的指导。主要发展目标为:经济和农业发展;人口、健康和营养协调发展;环境;民主化和政府管理;教育和培训;人权援助。其中需要考虑的美国国家利益有:促进美国经济的安全性;保护美国避免全球范围内各种危险的侵害;加强受援国和平与稳定的程度;避免灾害和其他综合性的人类危机。其援助方式主要包括双边援助、向国际组织捐款。

2. 英国国际发展部代表英国政府主要负责对外发展援助的实施。英国政府为实现其殖民地的持续发展,于1929年通过了《殖民地开发法》。1997年,联邦政府成立由内阁国务卿负责的英国国际发展部。其工作重点是非洲贫穷国家和亚洲地区,也关注拉美和东欧等中等收入国家的扶贫和可持续发展,与其他国家政府、研究机构、私营企业,以及世界银行、联合国、欧盟等多边机构合作实施发展援助。2013年,英国政府首次实现0.7%的目标。2014年7月2日,英国立法明确将此作为未来政府制定发展援助的预算标准。

3. 日本国际协力机构成立于 2003 年,直属于日本外务省,以培养人才、无偿协助发展中国家,发展经济和提高社会福利为目的。主要援助领域有教育、医疗、饮用水以及农业发展;改善公共设施,如道路、桥梁和机场;环境及自然保护等项目。与东南亚国家联盟合作项目最多。对非洲的发展援助集中于人类发展、通过经济发展减少贫困、社会和平和稳定。

4. 挪威发展合作署代表挪威政府对外提供发展援助,是隶属于挪威外交部的独立机构。其三个主要职能为评估、技术咨询和质量与知识管理。挪威参与对外援助的历史超过 50 年,以消减贫困为中心任务,主要集中于社会基础设施和服务部门。大部分为双边援助,也是多边系统强有力的支持者。超过 30% 的双边援助是直接通过非政府组织管道实施的,多为人道主义援助。

(二) 多边机构

多边发展援助机构是指向受援国提供国际多边发展援助的全球性或区域性的机构或组织,以及相对独立的专业性国际援助组织。主要包括联合国发展系统和国际金融机构、区域性多边发展机构主要为援助国政府间金融机构,以及合作性和地方性政府间金融机构。

1. 联合国开发计划署(UNDP) 是世界上最大的负责技术援助的多边机构。是联合国的一个下属机构,总部位于纽约。其前身是 1949 年成立的技术援助扩大方案和 1958 年设立的向较大规模发展项目提供投资前援助的特别基金,这两个组织于 1965 合并成立了今天的开发署。重点是为发展中或不发达国家提供技术建议、培训人才、提供设备,全球公共卫生也是其关注重点。目前在超过 170 个国家开展发展援助,是 2015 年后发展议程中的主要联合国机构之一。

2. 联合国儿童基金会 原名"联合国国际儿童紧急救助基金会",于 1946 年 12 月 11 日创建,1953 年成为联合国系统成员。总部在纽约,并在 191 个国家和地区设有办事处。其资金来自政府、个人和企业,以及其他基金会的自愿无偿捐赠。关注卫生和营养、教育和早期儿童发展、儿童环境和卫生、儿童保护、抗微量营养素、缺乏初级卫生和妇幼保健、贫困地区儿童规划与行动、疾病控制与计划免疫、计划生育、加强艾滋病预防与控制、提高备灾能力,其中特别关注对儿童的保护等与全球健康相关的课题。

3. 联合国人口基金 是联合国直属机构。1967 年联合国秘书长设立人口活动信托基金,1969 年定名为联合国人口活动基金,1979 年成为联大附属机构,1987 年改名为联合国人口基金,总部设在纽约。该基金宗旨是在人口活动中增进知识和能力,以适应国家、区域和全世界在人口活动和计划生育方面的需要;在计划和规划工作方面进行协调,促使各国根据各自计划寻找解决人口问题的可行办法;向发展中国家提供资金援助。其资金来源于各国政府和私人的捐款。

4. 世界银行 是世界银行集团的俗称。世界银行是 1944 年 7 月布雷顿森林会议后,与国际货币基金组织同时产生的两个国际性金融机构之一。1945 年 12 月正式宣告成立世界银行,总部设在美国华盛顿。1947 年 11 月成为联合国的专门机构。

世界银行集团由国际复兴开发银行(即世界银行)、国际开发协会、国际金融公司、多边投资担保机构和解决投资争端国际中心五个成员机构组成。世界银行按公司模式经营,各成员国是世界银行的股东。2010 年世界银行对投票权改革后,提高了发展中国家在世界银行的发言权和代表性。目前,世界银行投票权前五是:美国(15.85%)、日本(6.84%)、中国(4.42%)、德国(4.00%)、法国(3.75%)、英国(3.75%)。

当前,世界银行使命是在全球范围内消除贫困;通过提供资源,分享知识,培养能力,以及在公立和私立部门建立伙伴关系,实现人民自助和保护生态环境。从 1974 年开始,世界银行成立了卫生人口和营养司,关注艾滋病防控、营养、流行病、生殖、孕产妇与儿童健康、全民健康覆盖、残疾、气候变化、可持续发展、环境和老年化等。

5. 非洲开发银行(AfDB) 于 1964 年成立,总部设在科特迪瓦的经济中心阿比让,2002 年因科特迪瓦政局不稳,临时搬迁至突尼斯至今,是非洲最大的地区性政府间开发金融机构,成立宗旨是促进非洲的经济发展与社会进步,共有 53 个非洲国家及 24 个非洲区国家为其会员。主要通过参与资本市场的运作获得资金,再以借贷的方式将资金运用到成员国。其发展援助包括:机构改革与发展援助效果、知识管理与发展、支持中等收入国家、支持脆弱性国家;其贷款涉及农业、交通和通信、工业、供水等公共事业、卫生、教育、私营项目。

6. 亚洲开发银行(ADB)　是亚洲、太平洋地区的区域性金融机构,于1966年成立于菲律宾马尼拉,在亚太地区的29个国家设有代表处,并在华盛顿、法兰克福和东京三地设有办事处。亚行通过在国际资本市场上发行债券来筹集资金。此外,亚行资金也来源于成员体的捐款、贷款业务的留存收入和贷款偿还本息。主要援助方式包括贷款、赠款、政策对话、技术援助和股权投资。

(三)　私人基金会

私人基金会是信托及离岸公司的结合体,目的是进行财产的运作、保存、管理和投资,为财产所有权的保密及财政利益做有效的安排。现代意义上的基金会兴起于20世纪初,早期创立者将基金会视为实现社会改良的手段,把消除贫困、饥饿和疾病作为目标。实际上很多的基金会以促进教育、科学、文化、卫生事业的发展为基本宗旨。目前,私人基金会与政府和国际组织之间在全球健康方面的作用,不仅仅是互补,而且相互渗透。近年来,这样的关系越来越明显。当前活跃于全球健康领域的基金会有:

1. 洛克菲勒基金会　于1913年5月在纽约注册,由约翰·D·洛克菲勒(John Davison Rockefeller)创立,是美国最早的私人基金会,也是世界上最有影响的基金会之一。其总部位于纽约。基金会的最初宗旨是"促进全人类的安康",逐步扩展为"促进知识的获得和传播、预防和缓解痛苦、促进一切使人类进步的因素,以造福美国和各国人民,推进文明"。在国际上,主要关注解决饥饿、控制人口、促进健康、解决国际冲突、改进发展中国家的教育。基金会早期几乎全部工作都在发展和改善医学教育,包括向全世界推广防治钩虫病和公共卫生工作,支持建立美国约翰·霍普金斯医学院,以及在中国建立协和医学院及其附属医院。多年来,基金会支持了世界卫生组织的计划生育、疫苗接种、避孕药的研究和热带病防治等工作。近些年,基金会主要关注全球健康两个领域:一是通过资助全民健康覆盖和保险的研究、高级卫生管理人员的培训、使用新的科学技术,以及发挥私有机构在卫生体系中的作用等途径,从而加强卫生体系的建设;二是加强疾病的监测,旨在建立东南亚及东、南部非洲的跨学科的疾病监测网络。

基金会支持中国公共卫生事业和医学教育发展。1914年洛克菲勒基金会成立了美国中华医学基金会(China Medical Board,CMB),成为洛克菲勒基金会的第二大项目。1928年改组为一个独立的基金会,总部位于美国马萨诸塞州的坎布里奇市,在中国北京设有代表处。1917年中华医学基金会创建了北京协和医学院,并负责管理和运行直到1949年。1980年返回中国后,在华资助二十余所医学院校。此外,资助柬埔寨、老挝、缅甸、泰国和越南等东南亚国家的医学院校。

2. 比尔和梅琳达·盖茨基金会　成立于2000年1月,其创立者为微软公司创始人比尔·盖茨(Bill Gates)及其妻子梅琳达·盖茨(Melinda Gates),简称盖茨基金会。总部位于美国华盛顿州西雅图市。基金会致力于全球健康,力求缩小发达国家和不发达国家在卫生保健方面的差距,促进健康公平,鼓励卫生领域取得能挽救生命的技术,并将这些技术提供给最需要的人。基金会支持3个交叉的主题:①发明:填补科学知识和新技术的空白;②传播:确保新的知识和技术有效传播;③宣传:促进高效地使用资源和技术。重点领域为传染病、艾滋病、结核病和疟疾防治、计划生育、妇幼保健、肺炎、被忽视的疾病、腹泻、疫苗和烟草控制等。此外,基金会还为很多的科研机构和大学提供科研基金和助学金。该基金目前为全球健康领域最大的资助者之一。2006年伯克希尔·哈撒韦公司首席执行官、亿万富翁沃伦·巴菲特(Warren Edward Buffett)承诺,将逐年向盖茨基金会捐出该公司5亿股份,几乎相当于他个人的全部财产,进一步推动了盖茨基金会的全球影响力。

3. 克林顿基金会(The Clinton Foundation)　于威廉·杰斐逊·克林顿(William Jefferson Clinton)担任第42届美国总统第二任期结束的时候建立,2013年6月13日改名为"比尔、希拉里及切尔西·克林顿基金会"。其任务是要加强美国和全世界人民面对全球性挑战互相依赖的能力。四个重要领域是:健康安全;经济权力;领导能力发展和公民服务;种族、民族和宗教和解。基金会主要有七项工作:①更健康一代联盟;②气候计划;③经济机遇计划;④支持成长计划;⑤全球倡议;⑥艾滋病防治计划;⑦全球计划。克林顿基金会艾滋病行动组织(CHAI)于2002年在美国建立。该组织的行动主要关注于发展中国家的艾滋病治疗与关怀。2004年4月29日,该组织同中国卫生部签署了谅解备忘录,是第一个与中国卫生部签署谅解备忘录的非政府组织。

4. 彭博慈善基金会(Bloomberg Philanthropies)　由美国纽约市前市长迈克尔·彭博(Michael

Bloomberg)经营,其宗旨在于全球范围内推进艺术、教育、环境、政府创新和公共健康的发展。基金会近几年支持推动烟草提价、实施烟草行业监管、向烟草行业发起诉讼,以及为政府执行控烟计划提供支持。"彭博减少烟草使用行动"是全球最大的旨在减少全球烟草危害的协作计划。基金会在非洲资助了新闻从业人员培训、加强妇女参与经济事务能力、减少温室气体排放和防治疟疾等项目。

5. 威康信托基金(Wellcome Trust)　于1936年成立于英国,是英国最大的非政府生物医学研究资金来源,广泛支持在世界各地政府和私营机构中开展生物医学和人口研究,以及探索性的科学研究及临床研究。已资助了遍及全球30个国家的300多个研究所。基金会资金来源于私人捐款并以长期稳定和增值的方式经营管理。其使命是培育和促进用于改善人类和动物健康的科学研究。

(四)　创新型机构

所谓创新型机构,是指为了适应当今社会的变化,而产生的具有技术创新、组织创新、管理创新的模式或机构。这类机构的出现和发展是全球化和市场经济发展的必然结果,通过公私合营,在很大程度上弥补双方的不足,最终实现全球健康治理的双赢。

近10年,由于政府在公共卫生治理和发展援助方面不得力,加之企业参与的呼声渐起,出现了更多的非政府组织、企业参与的全球健康治理,逐渐形成了政府与企业的合作伙伴关系,即所谓的公私合作伙伴关系模式。该模式是20世纪90年代后在欧洲兴起的一种崭新的融资模式,可以界定为公共部门和私人部门在公共卫生和公共基础设施领域中密切合作,并以各参与方的"双赢"或"多赢"作为合作的基本理念,这种创新型机构的模式在全球健康发展援助和全球健康治理中扮演重要角色。其中,最为突出的是全球疫苗免疫联盟、全球抗击艾滋病、结核病和疟疾基金。

1. 全球疫苗免疫联盟　成立于1999年,宗旨是与政府和非政府组织合作共同促进全球健康和免疫事业的发展。参与成员包括发展中国家和捐助国政府、世界卫生组织、联合国儿童基金会、世界银行、工业化国家和发展中国家的疫苗产业界、盖茨基金会、非政府组织和科研及卫生技术研究机构。该组织成功支持了中国乙肝疫苗免疫规划项目。2015年1月,中国首次向组织提供自愿捐款,实现了从一个受援国到捐助国的"华丽转身"。

2. 全球抗击艾滋病、结核病和疟疾基金　总部设在瑞士日内瓦。自2002年成立以来,在全世界开展抗击艾滋病、结核和疟疾的工作。其理事会成员包括各捐助国和受援国政府、非政府组织、私营部门和感染者社区代表,以及世界卫生组织、联合国艾滋病规划署和世界银行。目前,在超过10年的运作过程中,全球基金支持的艾滋病、结核病和疟疾的工作范围已覆盖150多个国家和地区。从创立之初,中国参与了该基金的筹备与发展,担任发展中国家理事席位,每年提供自愿捐款,同时获得该基金资助约18亿美元。

五、国际发展援助的效果

国际发展援助从诞生至今,有力地支持了一些国家的发展与进步。同时,大部分国家,特别是南部非洲国家在获得了长时间的援助之后,并没有如人所愿地解决经济发展和社会进步问题,反而贫困人口不减反增。因此,如何公正、有效地评估国际发展援助的效果是当今研究国际发展援助的重要议题。

援助有效性(aid effectiveness)是指国际发展援助是否达到预期的目标。从19世纪60年代开始,援助的有效性就备受关注。2000年9月在纽约举行的联合国千年首脑会议通过的《千年发展目标》,在8个总体目标之下,明确了18项分目标、48项具体目标。之后在2006年提出了"千年发展目标的监控治理框架",为发展中国家、援助方和国际金融机构提供了改善援助活动和发展效益的指标。2002年3月在墨西哥蒙特雷召开的联合国发展融资峰会达成的《蒙特雷共识》,形成了"援助有效性"的理念,并强调增加援助数量,采取措施增强援助的有效性。2003年,在罗马举行的第一届援助有效性高层论坛上,这一理念被再次强化。之后,分别在2005年、2008年和2011年连续举行了三次援助有效性的高层论坛,援助有效性的研究和实践逐步系统化、理论化。

(一)　《巴黎宣言》

2005年3月,在巴黎举行的关于援助有效性的第二届高层论坛上,61个援助国、56个受援国及14个公民社会组织共同签署了《关于援助有效性的巴黎宣言》(简称《巴黎宣言》),提出了提高援助有效性的 5 个方面、12 项指标。为此,经合组织发展委员会制订了一整套评估方法。《巴黎宣言》标志着国际发展援助体系在统筹捐款援助与受援国自身发展战略、协调捐赠援助、评估发展援助效果方面迈出了新的步伐。

《巴黎宣言》的目标是提高发展援助的效率和效果,强调发展援助要符合受援国的具体需要,要改进所有权,实现统筹和协调,强调以结果导向的管理,以及双方的共同责任。这被称为五大“巴黎原则”。此外,更加具体地提出了 12 个指标,并对这 12 个指标分别设立了到 2010 年所要达成的目标,后来还补充了数量指标(表 10-1)。

表 10-1　《巴黎宣言》与提高援助有效性相关的 5 个方面、12 项指标

所有权	2010 年具体指标		
1. 合作国具有可操作的发展战略:具有国家发展战略(包括减贫战略)的国家数量,这些战略与中期财政收支框架相关,并反映在每年财政预算里	约 75% 的合作伙伴国完成可操作的发展策略制定		
2. 可信赖的国家体系:具有公共财政管理系统的合作国的数量,这些财政体系:运转良好并且已经得到人们的广泛认可;或者有一个改革项目以实现其国家财政管理系统的良性运转	共同财政管理:在共同财政管理或国家政策和体制评价方面,半数合作成员国至少启动一个举措(即 0.5%)。 采购:用四点量表来评估这一指标,1/3 的伙伴国家至少采取一项措施		
3. 援助按照国家的优先次序进行分配:根据合作国的国家预算报告中的政府部门援助资金的比率	差距减半:没有出现在国家政府部门援助预算报告中的援助资金所占比例降低一半(其中至少 85% 涵盖在预算内)		
4. 通过援助合作过程增强能力建设:通过与合作伙伴国发展合作项目,提供给受援者能力发展方面的援助比率	50% 的技术合作资金流动实施统筹方案符合受援国国家发展战略		
5a. 国家公共财政管理系统的使用:使用伙伴国国家公共财政管理系统的援助方或者援助资金的比率:这些国家公共财政管理运转良好已经得到人们广泛认可;有一个改革的项目以实现其良好运转	捐赠者比率		
	分数	目标	
	5+	所有援助均使用合作成员国的公共财政管理体系	
	3.5~4.5	90% 的援助使用合作成员国的公共财政管理体系	
	援助资金的百分比		
	分数	目标	
	5+	不使用合作国的公共财政管理系统的援助资金减少 2/3	
	3.5~4.5	不使用合作国的公共财政管理系统的援助资金减少 1/3	
统筹	2010 年具体指标		
5b. 国家采购系统的使用:使用伙伴国国家采购系统的援助方或者援助资金的比率:这些国家采购系统运转良好已经得到人们的广泛认可;有一个改革的项目以实现其量刑运转	捐赠者比率		
	分数	目标	
	5+	所有捐助均使用合作成员国的公共财政管理体系	
	3.5~4.5	90% 捐助均使用合作成员国的公共财政管理体系	
	援助资金的百分比		
	分数	目标	
	5+	不使用合作国的公共财政管理系统的援助资金减少 2/3	
	3.5~4.5	不使用合作国的公共财政管理系统的援助资金减少 1/3	

续表

所有权	2010 年具体指标
6. 避免类似项目的执行以增强援助能力:每一国家相似项目的数量	减少 2/3 相似项目的执行
7. 援助的使用可以预测:根据每年或多年的框架安排使用援助的比率	差距减半:在预算的财政年度内没有分发出去的援助比率减半
8. 援助没有限制条件:没有限制条件的双边援助的比率	随着时间不断取得进展
协调	2010 年具体指标
9. 使用统一的安排或者程序:作为发展项目基础资金提供的援助比率	66% 的援助资金以项目基础资金的方式提供
10. 鼓励合作式的分析:联合性的实地任务和国家分析工作的比率,包括诊断式的回顾	40% 的援助任务是联合行动的;66% 的国家分析工作也是联合性质的
以结果为导向	2010 年具体指标
11. 以结果为导向的绩效评估框架:具有透明或者不可检测的评价框架,以评估国家发展战略和部门项目进展的国家数量	减少 1/3 的差距:将不透明的和不可监测业绩评估框架的国家比例缩小 1/3
共同责任	2010 年具体指标
12. 多边责任:履行包括本宣言在内的关于援助效果既定承诺的国家开展多边评估的伙伴国家数量	所有的国家均开展多边评估

(二)《阿克拉行动议程》

2008 年第三届援助有效性高层论坛在加纳首都阿克拉举行,并通过了《阿克拉行动议程》。会议进一步加强了《巴黎宣言》的实施,并对进一步实施提出了若干要求。该议程进一步完善了发展有效性的概念,并强调其目标在于实现人权、性别平等、体面劳动和可持续发展。只有保障占发展中国家多数的弱势和贫困人群的权利,才能在消除贫穷和不公平等方面取得明显进展。

(三)《釜山宣言》

2011 年 11 月 29 日在韩国釜山举行第四届援助有效性高层论坛。160 多个国家和地区的代表通过了《釜山宣言》,并提出了以发展中国家为主的援助开发等全新的国际援助方式。

《釜山宣言》主要内容包括:让发展中国家对开发优先级产生自己做主的意识;成果重于过程;建立广泛的合作伙伴关系;提高透明度及责任感等。宣言提出了四大行动计划:深化和扩大有关开发政策和进程的民主的主人翁意识,加强取得具体而可持续成果的努力,加强和扩大对南南合作和三方合作的援助,加强发展援助合作的催化剂作用等。

《釜山宣言》正式提出了国际援助政策应对从关注"援助有效性"向"发展有效性"的转变,并提出构建发达国家与新兴国家新型的合作关系,承认南南合作的方式与义务不同于南北合作。

知识拓展 10-3

南南合作、南北合作、三方合作

在国际关系上,由于大部分发展中国家分布在地球南半球或北半球的南部,因此,"南方"代表发展中国家,"北方"表示发达国家。"南南合作"即发展中国家间的经济技术合作,旨在促进发展中国家之间,分享知识或经验,致力于加强基础设施建设、能源与环境、中小企业发展、人才资源开发、卫生教育等领域的交流合作。中国是南南合作的积极倡导者和支持者。本着"平等互利、注重实效、长期合作、共同发展"的原则,南南合作已成为中国全方位对外开放战略的重要部分。

"南北合作"是指发展中国家与发达国家在经济、技术等领域内的广泛合作。近年来出现了"三方合作"(也称三边合作、三角合作等)趋势,即发展中国家与发达国家,或者国际组织、私立基金会,共同支持另一个发展中国家的经济、社会发展。

第二节　全球健康的治理

一、全球健康治理的产生与发展

"治理"(governance)一词源于20世纪90年代。1989年世界银行首次使用"治理危机"(crisis governance)后,治理开始被广泛用于公共事务领域相关的管理和经济活动之中。1995年全球治理委员会发表的一份题为《我们的全球伙伴关系》研究报告为治理给出了较权威的界定:治理是各种公共的或私人的个人和机构管理其共同事务的诸多方式的总和。它是使相互冲突的或不同的利益得以调和并且采取联合行动的持续的过程。这既包括有权迫使人们服从的正式制度和规则,也包括各种人们同意或以为符合其利益的非正式的制度安排。该界定明确了治理内涵的基本特征,即治理是一个过程,而不是一套规则或活动;治理过程的基础是协调,而不是控制;治理不仅涉及公共部门也涉及私人部门;治理是持续的互动,而不是一种正式的制度。

全球治理是治理理论中重要的部分。所谓全球治理,指的是通过具有约束力的国际规制和有效的国际合作,解决全球性的政治、经济、生态和安全问题,以维持正常的国际政治经济秩序。

从全球健康的角度来看,人类的历史就是和疾病做斗争的历史。迄今为止,人类为更有效地应对疾病的挑战经历了国家卫生治理、国际卫生治理和全球健康治理三个发展阶段,现在正朝着为全人类健康服务的目标迈进。

(一)国家卫生治理

这一阶段涵盖了整个农耕文明时代直至18世纪末。19世纪前人类面对传染病的肆虐往往无能为力。历史上的第一次瘟疫几乎摧毁了整个雅典。1918年席卷全球的流感在短短的几个月内造成了2000万至5000万人死亡。随着人类对疾病认识的加深,不断积累应对传染病的成功经验,逐步建立起以实施海港检疫措施、设置国内公共卫生机构、建立公共卫生制度,以及建设公共卫生设施,以解决国内公共卫生问题为核心的国家卫生治理机制。

此期间最值一提的是欧洲对抗黑死病和鼠疫流行的措施。14世纪中期黑死病大流行给欧洲带来很大冲击,整个欧洲的社会、经济、农业和文化根基都遭到了摧毁性的破坏。为控制这一传染病,以威尼斯为首的意大利一些港口城市开始对外来船舶进行长达40天的禁运,并于1377年建立了隔离检疫制度(quarantine,意大利语,意为40天)。该制度在一定程度上控制了疾病的传播,但却不利于当时以海运为主要贸易方式的欧洲经济的发展。同时,由于缺乏统一标准,容易造成禁运混乱。

鼠疫大流行之后,欧洲人口锐减,社会结构发生改变,并导致了一场深刻的医学革命,现代医学实验开始萌芽。在与鼠疫的斗争中,欧洲各国当局运用行政手段,在历次抗击鼠疫的斗争中发挥了重大作用,积累了大量治理传染病的有益经验。具体包括建立隔离检疫制度、设立专门卫生机构、颁布公共卫生法规和进行第一次卫生革命等。

此期间,尽管传染病已经给人类社会带来了严重的威胁和危害,但缺乏应对传染病国际合作机制,国家是在没有国际合作的背景下通过制定国内卫生政策来消减传染病的威胁。由于人员与货物流动有限,传染病的传播往往限制在一定范围内,故其防控多限于一定的区域,基本上在国内范围就能得到治理。

(二)国际卫生治理

这一阶段从19世纪初至20世纪80年代。19世纪开始,国际贸易与国际航运日益发达,这使霍乱等传染病快速传播成为可能。19世纪80年代医学知识革命使人们对传染病的了解越来越多,更清楚地认识到单凭一国之力已不能有效控制各种传染病,必须通过加强国际间的合作,以降低疾病暴发的可能性。

1. 国际卫生合作的开端　面对严重的传染病威胁,各国强化了港口检疫措施,但是收效甚微。相反,互不一致的检疫制度给贸易和旅行带来极大不便,停船检疫措施的有效性被广泛质疑。此后各国开始了协调停船检疫规则的努力,主要目标是建立一个国际监督体制,确保各国适当、合理地运用停船检疫措施。遗憾的是,由于贸易利益的冲突和各国政府的消极态度,此方面的国际卫生合作并没有取得实质性的进展。尽管如此,这是国际社会为抗击传染病而进行国际卫生合作的初次尝试,为后来的国际传染病控制体制的建立奠定了基础。

2. 早期国际卫生治理体制　1851 年 12 个欧洲国家在巴黎举行了第一届国际卫生大会,这成为国际卫生治理体制建立及制度化进程的起始点,在人类抗击传染病的历史上具有非常重大的意义。它意味着国际社会对传染病的治理第一次超越了主权国家,正式开始进入国际卫生治理阶段,传统的国际卫生治理体制初步形成。本次大会最重要的一项成果即在 1903 年形成了被各国接受的《国际卫生条例》。

从此以后直到"二战"结束,主权国家频繁召开国际卫生会议,签署了《国际卫生条例》,其内容集中体现在三个方面:协调各国的隔离立法与实践,创设国际性的监控体制和建立常设性国际卫生组织。先后于 1902 年、1907 年和 1923 年设立国际卫生署(泛美卫生组织的前身)、国际公共卫生局和卫生组织国际联盟。这三大常设国际性卫生组织互不隶属,主要履行四方面的职责:检疫协调;主持有关国际卫生条约的缔结、修订和实施;充当非正式的有关国际卫生争端的调停者和监督者,并开展了许多开拓性的公共卫生政策合作,比如定期发布关于传染病病情的报告,在成员国之间定期通过电报交流信息;改善有关传染病的统计方法和资料搜集,在各国开展对多种传染病的调查和人口统计等。

由于贸易利益的冲突和各国政府对于主权的考虑,国际卫生条例不断被签署,亦频繁被修改、更替,经历了"缔约—失效—修订—失效—修订"的循环,制定出的国际卫生条例也未得到各国的遵守。在实施传染病的控制时,国际性卫生组织之间缺少合作和共享,更多的是保护其所在地域国家的主权而非更广泛的全球合作。所以这一时期,在防止传染病的全球传播上,国际谈判及卫生治理措施影响力比较微弱。

3. 现代多边卫生合作体制　二战以后到 20 世纪 80 年代,国际卫生治理机制得到深化。这一阶段的标志性事件是 1946 年联合国成立了世界卫生组织(WHO)。1948 年原有的三大国际性卫生组织合并入 WHO,国际卫生合作开始出现统一的趋势。以 WHO 为核心,1951 年制定了《国际卫生条例》,从而在传染病控制的国际立法上迈出了最具决定性的一步。同时,二战后发起的以控制某一疾病为目的的多边财政援助项目,是国际卫生合作的进一步创新。多边合作的现代国际卫生治理体制从此建立。在其后的 60 多年的行程中,世界卫生组织关注的焦点从最初对传染病的控制扩大到公共健康领域,并积极运用科技发展的最新成果,不断在控制传染病、制定药物标准、安全饮用水和环境卫生、协助成员国建立卫生体系、消灭天花、扩大免疫规划、推动人人享有卫生保健战略实施,以及提高人类生活质量等方面取得巨大的成就。

然而,这一时期的多边卫生合作体制暴露出许多问题:WHO 的政策决策和基金筹集基本有赖于发达国家的协调合作,而并非集体决策和成员国共同募集,资金来源和金额有限。虽已开始认识到公共健康的重要性,但是焦点仍集中在传染性疾病控制上。同时,由于各成员国间存在分歧,部分国家担心报告疾病暴发带来的国际贸易和旅行限制,以及经济惩罚,《国际卫生条例》难以落实,WHO 疾病控制策略也难以实施。

特别是 20 世纪 90 年代后,全球化进程的加速给这一多边卫生合作体系带来极大挑战。全球化使得健康风险穿越国界的速度不断加快,覆盖面大为增加,模糊了国境的界限;健康的决定因素呈现全球化,要解决这些决定因素,越来越需要非卫生部门的参与,模糊了卫生与非卫生的界限;以非政府组织、基金会及公私伙伴关系为代表的非国家行为体大量增加,模糊了国家和非国家行为体作用的界限。

(三) 全球健康治理

这一阶段从 20 世纪 90 年代延续至今。前期的国际卫生合作体制存在的深刻缺陷开始显示其越来越不适应疾病全球化的发展。主要表现为 WHO 疾病监测网络的范围很窄,《国际卫生条例》仅报告霍乱、天花和鼠疫三种疾病;监测信息的来源有限,主要依赖各国的官方通报;缺乏遏制疾病国际传播的正式国际协调机制,无法保障各国确实履行在传染病控制方面的国际法义务。同时由 WHO 倡导的消灭单独一种传染病的运动也显露其局限性。艾滋病、SARS、甲型 H1N1 流感,以及"超级细菌"等新型传染病伴随着日益频繁的国际贸易和国际旅游,先后在全球范围内广泛传播,引发一波又一波的全球性恐慌。新型全球传染性疾病的出现、发展中国家对疾病负面影响更广泛的认识、有关疾病暴发信息透明度的提高、致力于改善发展中国家社会经济状况的非政府组织的不断增多等,促使健康治理活动逐渐将重点放在全面促进全球公共健康的合作方面。从全球治理的视角,从保护全人类公共健康的高度,逐渐形成了全球健康治理的理论和实践,全球健康合作得以快速蓬勃发展。

这一时期全球健康治理机制的主要转变有:

1. WHO 职能和职权不断扩张 从 21 世纪开始,由于全球健康日益得到重视,对世界卫生组织的期望不断提高。在传染病防控之外,WHO 更加重视对非遗传病和人为因素导致的疾病预防,更多关注妇女儿童等弱势群体和非洲等特定群体的健康,更加致力于改善发展中国家的医疗卫生条件和卫生不公平。

与此同时,在不断应对全球化时代的公共卫生危机的实践中,世界卫生组织的职权也不断得到扩大。原《国际卫生条例》已不能适应全球公共卫生的需要。2003 年 SARS 危机使得各国认识到世界卫生组织工作的被动性。经过多次讨论与磋商,2005 年 5 月,第 58 届世界卫生大会审议通过了修订的《国际卫生条例(2005)》,以增强其法律约束力。这是全球公共卫生治理史上的一个里程碑。新条例扩大了疾病的范围,覆盖现有、新出现和再现的传染病疾病,甚至包括由非传染病因素引起的突发公共卫生事件;对各成员国国家级、地方各级包括基层的突发公共卫生事件监测和应对能力,以及机场、港口和陆路口岸的相关能力的建设提出了明确要求;规定了可能构成国际关注的突发公共卫生事件的评估和通报程序;扩展了世界卫生组织的职权,有权按照规定的程序确认是否发生可能构成国际关注的突发公共卫生事件,提出采取公共卫生应对措施的临时建议和长期建议,并成立突发事件专家委员会和专家审查委员会,为其相关决策提供技术咨询和支持;对成员国的权利与义务进行了平衡,各成员国可以根据本国立法和应对突发公共卫生事件的需要,采取新条例规定之外的其他各项卫生措施,但应根据世界卫生组织要求,提供相关信息,并根据世界卫生组织要求考虑终止这些措施的执行。新条例对于进一步加强公共卫生全球合作起到了积极作用,也牢固树立了世界卫生组织在全球化时代应对全球公共卫生危机中的领导地位。

2. 协调贸易与健康之间矛盾的国际协商机制发挥作用 近年来,国际贸易与公共健康的矛盾日益突出,《与贸易相关的知识产权协议》(TRIPS)等法律所确立的国际知识产权保护在一定程度上与公共健康产生了冲突。最明显的就体现在与挽救生命药物相关的贸易领域,即药品的专利保护方面。发达国家强调对药品进行专利保护而导致大量用于挽救传染病患者生命的新药价格高居不下。同时,药物研发生产能力不足或没有研发生产能力的贫穷国家,因为政府无力负担购买高价药品而导致大量传染病患者面临死亡。

2001 年底的多哈会议上通过了《关于 TRIPS 协议与公共健康的多哈宣言》。这标志着世界贸易组织全体成员在解决公共健康问题上取得的共识。《多哈宣言》确定了公共健康权优先于私人财产权,确认了世界贸易组织成员强制实施专利药品强制许可和平行进口等措施的权利,并从政治上和法律上增强了发展中国家获得药物的能力,对于公共健康与知识产权之间的冲突具有积极作用。之后,凡涉及医药产品可及性的问题均与研发和生产等密切相关,世界卫生组织、世界贸易组织、世界知识产权组织(WIPO)等国际组织之间的协调沟通越来越迫切和重要。

3. 多边发展援助体制风起云涌　世界银行《1993 年世界发展报告:投资于健康》将国际社会的关注重点转向健康,并加大了对卫生领域的多边援助和支持。20 世纪 90 年代中期开始,世界银行已成为所有国际组织中最大的捐赠机构。之后,卫生相关指标列入联合国千年发展目标,以及 2001 年 WHO 宏观经济与卫生委员会报告强调了健康、贫困、发展的互动关系,催生了更多的多边发展援助机构,以及更多的资金用于健康卫生领域。最大的变化就公私合作伙伴关系的发展,强调政府、政府机构、国际机构以及民间非政府组织之间的协调合作。此类援助在 1990 年以前极为少见,现在已成为健康援助领域的主导。

4. 大量非政府组织活跃在健康援助领域　这些组织形成了诸如无国界医生组织等机构,以及盖茨基金会等基金会。非政府组织力量增强,极大地影响了政府的观念,并逐步改变全球卫生管理决策的影响力。另外,一些跨国石油和医药公司很明显地感受到,如果不为发展中国家控制传染病做出重要贡献,将导致名誉受损。企业的捐赠,使得其所在国家政府压力加大,客观上要求企业捐助要与所有捐赠者以及国内机构合作,以改进整体援助有效性。

5. 健康与外交的关系更为密切　长期以来,公共卫生一直处于外交政策的较低层次,其在国际关系中的作用不被重视(图 10-3)。近年来,公共卫生被更多地赋予了"全球"的特性,人们逐渐意识到公共卫生与外交政策中经济发展和国家安全等较高层次的交互关系,卫生在外交中的作用日益凸显;而卫生问题的解决,尤其是涉及各国的全球卫生问题,需要外交中谈判、协商等手段的介入。这种卫生与外交的融合有利于主权国家解决涉及自身的全球卫生问题。2003 年 WHO 通过的《烟草控制框架公约》和

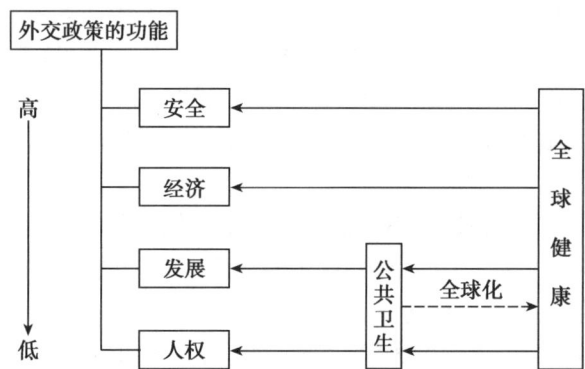

图 10-3　全球卫生在外交中的地位示意图

2005 年修订的《国际卫生条例》,就是依靠国际谈判与协商所达成的具有约束力的工具,在应对全球健康问题上发挥了重要作用。

二、全球健康治理的理论

全球健康治理作为全球治理理论在卫生与健康领域的衍生发展,具有高度国际化和跨学科的特点。相互渗透和相互交叉是一门新兴学科的重要特征,对与全球健康治理相关的学科理论进行梳理,其呈现出与政治、外交、社会学、医学、经济学、法学、管理学等多学科的必然联系。

(一) 政治外交相关理论

卫生与外交的融合不仅有利于主权国家解决波及自身的全球卫生与健康问题,提高各国对全球卫生与健康的认识,也使全球健康在国家事务中占据越来越重要的地位并发挥日益重要的作用。

1. 全球化对健康的政治外交影响　健康的决定因素已经跨越国界,非一国之力所能解决的公共卫生问题向全球范围扩大和延伸,经济的全球性发展使得威胁人类生存和发展的非传统安全问题有增无减。艾滋病、禽流感、SARS、甲流、埃博拉病毒等具有流行倾向的新发和复发疾病不断涌现,正在直接或间接威胁到国家和国际安全。人们生活方式的改变、生存环境的恶化等,导致慢性非传染性疾病的负担日益剧增。城市化的推进,加大了城市和农村、发达国家和发展中国家的健康负担差距,造成健康不公平广泛存在。一些潜在的生物性恐怖袭击给国际社会和国家卫生安全带来严重威胁。这使得国际卫生和全球健康正逐渐在国际政治关系领域得到人们的关注和重视,并促使健康与政治外交融合。

2. 全球健康治理的政治与政治外交融合　公共卫生与健康问题的全球化倾向,以及公共卫生威胁逐渐上升为安全议题,卫生与健康问题成为政治外交领域的新议题与重要议题。多国开始以各种方式和行为参与到全球健康的治理中,拥有在全球卫生与健康领域的话语权越来越重要,通过健康治理提高

国家的"软实力",同时对国家政治经济"硬实力"产生显著的影响。

卫生与健康已不再仅仅局限于纯粹的医学技术领域,也不仅仅只是一个国家可以独立解决的问题。全球健康外交既是现代政治外交发展与公共卫生全球化的结合点,也是现代政治与外交发展的新领域,卫生政策的制定在全球化的趋势下势必要打破传统的行为模式,健康外交必将成为各国政治外交行为决策亟待关注的领域。

(二) 全球健康治理的医学相关理论

与医学相关的学科理论应该是全球健康治理理论发展的最早的学科理论基础。回顾历史,我们会发现,疾病对人类社会的发展有着至关重要的影响,特别是传染性疾病,对人群和区域发展影响深远。19 世纪以来,伴随着细菌学、流行病学的发展,公共卫生体系逐渐完善,部分横行一时、被认为是绝症的传染性流行性疾病基本上获得了控制。同时,据世界卫生组织的统计,在过去的 20 年内至少又出现了30 多种新的传染病,甚至过去已经被控制的疾病又重新出现或扩大传播范围,对人类健康造成新的伤害与威胁。这些疾病的来袭警示人们,在全球化效应冲击下,国际间除了战争与和平的议题之外,疾病的防控与公共卫生问题,迄今仍是人类社会发展的重大隐患和重要议题。

(三) 全球健康治理的社会学相关理论

在全球化影响下,人类健康所面临的挑战不仅来自于生物、心理、行为因素,也直接或间接地来源于政治、经济和社会因素的影响。健康作为社会发展的资源,是社会人力资本的重要构成元素和坚实基础,也是推动经济和生产力发展的重要影响因素。人口健康成为社会发展的重要标志,也是社会经济发展的主要目的之一。社会学也因而在与健康相关的领域,与医学及其他学科渗透交叉衍生出一些与健康治理密切相关的新兴学科,如社会医学、医学社会学、医学心理学、小区医学等。

三、全球健康治理的主要行为体

目前,参与全球健康治理的主要行为体众多。前面介绍的国际发展援助机构均是重要的参与者。此外,还有一些多边机构,以及政府、非政府组织等,在全球健康治理中发挥了积极的作用。

(一) 多边机构

1. 联合国 是第二次世界大战后成立的国际组织。1945 年 10 月 24 日,在美国旧金山签订生效的《联合国宪章》,标志着联合国正式成立。联合国的宗旨是:维持世界各地和平;发展国家之间的友好关系;帮助各国共同努力,改善贫困人民的生活,战胜饥饿、疾病和扫除文盲,并鼓励尊重彼此的权利和自由;成为协调各国行动,实现上述目标的中心。

联合国现在共有 193 个成员国,总部设在美国纽约。联合国的经费由会员国分摊和自愿捐赠。联合国内的五大常任理事国有:中华人民共和国、美国、俄罗斯联邦、英国和法国。截至 2013 年 5 月,联合国共有 193 个成员国。全球健康问题也是联合国关注的焦点,2000 年联合国提出的千年发展目标,在 8 个目标当中,5 个与卫生健康密切相关。

在联合国系统中,愈来愈多的机构参与全球公共卫生工作,其中重要机构包括:世界卫生组织、联合国开发援助署、联合国艾滋病规划署、联合国人口基金、联合国儿童基金会、世界银行等。

2. 世界卫生组织 是联合国系统内负责卫生问题指导和协调的专门机构,其宗旨是使全世界人民获得尽可能高水平的健康。其主要职能包括:促进流行病和地方病的防治;提供和改进公共卫生、疾病医疗和有关事项的教学与训练;推动确定食品、药品和生物制品的国际标准;负责全球卫生事务的领导,拟定卫生研究议程,制定规范和标准,阐明以证据为基础的政策方案,向各国提供技术支持,以及监测和评估卫生趋势。

1948 年 4 月 7 日世界卫生组织宣布成立,由此每年 4 月 7 日被称为"世界卫生日",总部设在瑞士日内瓦,目前是国际上最大的政府间卫生组织,现有 194 个会员国。秘书处下设非洲、美洲、欧洲、东地中海、东南亚、西太平洋 6 个地区办事处。

3. 联合国艾滋病规划署 于 1996 年 1 月 1 日正式成立,总部设在日内瓦,共有成员 193 个。最初由世界卫生组织、联合国儿童基金会、联合国开发计划署、联合国人口基金、联合国教科文组织和世界银行6个联合国组织联合发起组成，目前已增加到11个联合国机构，包括联合国难民事务高级专员办事处（UNHCR）、世界粮食计划署（WFP）、联合国妇女署（UN Women）、联合国毒品和犯罪问题办公室（UNODC）、国际劳工组织（ILO）。其主要目的是集中人力财力，加强联合国各机构在防治艾滋病方面的协调与合作，以及向发展中国家提供技术支持，更好地应付全球范围内的艾滋病流行。

联合国艾滋病规划署在所在的国家支持下开展"专题工作组"的工作。其合作伙伴包括政府部门、以小区为基础的组织、非政府组织、私营部门、学术和研究机构、宗教和其他社会文化机构以及艾滋病病毒感染者和病人。中国是规划署最早的成员国之一，也是第一个向该组织捐款的发展中国家。

（二）国家政府机构

在政府层面，各国政府构架不同，在参与全球健康治理的过程中，出现同一国家政府，不同机构参与到不同的全球健康治理议程的情况。

1. 发达国家　以美国、英国、德国、日本和欧洲等为代表的发达国家，均成立了发展援助机构。这些机构有的隶属于外交部，有的属于独立运行的准政府机构。有的随着政府领导人的调换，有的体制在不断变化。如：澳大利亚国际发展援助署，在2013年被新当选政府重新合并到外交部。这些发展援助机构代表各自政府，负责援助有效性等重要议题的讨论，以及其他全球健康发展援助的治理过程，各国卫生部门参与较少。而卫生部门主要参加世界卫生组织等全球健康治理工作。由于近来外交与卫生的融合，卫生部门、外交部门、发展援助部门共同参与全球健康援助治理和全球健康治理，以加强对外全球健康政策的一致性，现已成为较为普遍的现象。

2. 新兴国家，有时称新兴经济体　以巴西、俄罗斯、中国、印度和南非为代表的"金砖国家"在政治、经济等多个领域正体现出日益增长的影响力。近年来，金砖国家的发展援助迅速增加，卫生领域是关注的重点。金砖国家在很多方面仍然是发展中国家，自身面临重大的卫生挑战，因此支持全球卫生的积极性和目的，都受到国内问题的影响。在过去，金砖国家同其他发展中国家一样，其卫生部门很少参与全球发展援助治理的讨论，后者基本是各国外交部、财政部的工作。随着金砖国家的对外援助增加，卫生部、外交部、财政部共同参与全球健康发展援助和全球健康治理，已成为一种趋势。

巴西的发展援助注重合作伙伴关系、能力建设和医疗保障的可及性。巴西既是外国援助的接受国也是捐助国。巴西的国际合作项目优先针对葡语国家，如安哥拉、东帝汶、几内亚比绍、莫桑比克以及拉丁美洲和加勒比地区国家。卫生当前是巴西国际合作的三大重点领域之一，特别是关于艾滋病防控、营养、药品可及性和能力建设，以及健康社会决定因素等全球健康议题。

随着前苏联解体，俄罗斯从世界上最大国际援助国变成一个20世纪90年代的净受援国。目前俄罗斯不接受任何形式的双边援助，在21世纪成为援助国。俄罗斯的对外援助国主要是邻国和独联体地区，包括教育和传染病控制。塔吉克斯坦的脊髓灰质炎疫情防控很大程度上依赖俄罗斯的援助。多边援助倾向于通过八国集团和联合国的框架下进行，绝大部分俄罗斯的卫生援助进入了世界卫生组织、全球基金的管道。慢性非传染病防控是俄罗斯全球健康关注的重点。

印度随着自身经济发展和国际形象不断提高，大幅度提升了对外援助的规模和范围。其对外发展援助大部分由外交部主管，服务于其外交。印度对外援助形式包括技术合作、项目赠款、政府贷款、基础设施等。绝大多数受援国是其周边国家，同时对非洲的援助力度也不断增强。另外，印度民营企业，尤其是生物制药公司通过大幅度降低艾滋病治疗药物和多种疫苗的价格，在全球卫生领域做出了很大贡献。印度生产的疫苗占联合国各机构采购的60%以上。因此，印度对于全球健康治理领域涉及药品研发生产的知识产权问题极为重视。

南非自1994年种族隔离制度结束以来，外交政策的核心是促进非洲的发展和稳定。发展援助包括南部非洲区域的稳定与和平维护、民主的促进，以及在国际上维护非洲利益。南非的发展援助资金绝大多数是通过南部非洲发展共同体、非盟等多边机构进行的。总体来说，南非国内卫生发展问题严峻，其接受的卫生援助要远远超过其提供的。受国内健康问题的影响，南非重视全球的艾滋病、结核病和疟疾等传染病防控问题,以及相关药品可及性的讨论。

(三) 非国家行为体

非国家行为体主要包括非政府组织、慈善基金会、学术机构和私立企业。

1. 非政府组织　与近代出现的大量国际多边、双边发展援助相比,还存在着一类诞生时间更早、涉足领域更广的国际机构,即国际非政府组织,也称为国际非官方机构。有时非政府组织也泛指广义的非国家行为体。在此是狭义的概念,主要指以提供技术、咨询服务为主的非政府组织。

无国界医生组织(Medicine Sans Frontiers,MSF)于1971年在巴黎组成,是一个由各国专业医学人员组成的国际性的志愿者组织,是全球最大的独立人道医疗救援组织。一直独立于政治、经济和宗教势力之外,秉承完全中立、独立的指导原则,致力于为战争、自然灾害和疾病患者提供紧急医疗救助,并为一些医疗设施不足的地区提供基本医疗服务,协助当地人民重建医疗系统。其成员包括医生、护士、麻醉师、实验室研究员、后勤人员、助产士、行政人员等。资金主要由私人捐助,每年需用2亿美元营运经费,大部分经费由社会热心人士捐赠,其余来自欧共体、联合国难民专员公署等国际组织和个别国家或地区的政府。这些资金80%用于开展人道主义救援活动,其余20%资金用于组织运行管理以及资金储备。该组织通过项目运作、倡议与呼吁两种形式参与全球健康治理。每年逾3000名来自世界各地的无国界医生志愿人员被派往全球逾70个国家,提供人道及医疗援助。

英国救助儿童会(Save the Children)成立于1919年,是为实现儿童权利而奋斗的非营利、非政治、非宗教的非政府组织。目前在27个国家有分会,并在120个国家展开项目,在纽约、日内瓦和布鲁塞尔设有分部。20世纪80年代末,在中国云南、安徽、西藏开展项目,目前在北京设有代表处,重点为促进流浪儿童、残疾儿童、被拐儿童、少数民族儿童、违法儿童和流动儿童等弱势儿童,在健康、教育和福利方面的发展。

2. 慈善基金会　私人基金会在全球卫生领域引入了创新型的管理和方法,强调援助者个人充分参与到受援者决策过程中,强调决策的灵活性和援助的快速反应。由于盖茨基金会等私人慈善基金会的全球影响力,在积极参与重大全球健康议程讨论,有力支持全球发展援助的同时,引发了是否会影响全球健康议程的设置,以及是否有企业利益冲突的担忧。

3. 学术机构　愈来愈多的大学研究机构参与到全球健康的研究、教学和培训中,并通过研究咨询报告等形式影响决策者。总体而言,学术机构试图保持其观点的严肃性、独立性和科学性,但是不少全球健康治理的报告依然能看到不同的国家利益、不同政治党派,甚至企业和个人的踪影。

英国查塔姆学会(Chatham House),又名皇家国际事务研究所,1920年在伦敦成立,是一家登记在册的非政府、非营利性组织,是目前英国规模最大、世界最著名的国际问题研究中心之一。它与英国政府、企业、媒体和学术界均有着广泛的联系,对政府外交政策有一定影响。目前,关注的十大研究议题有:气候问题、能源问题、全球健康问题、国际经济问题、国际法和国际治理问题、国际安全问题、资源问题、新兴国家问题、社会运动问题、跨大西洋问题。在全球健康治理领域,该机构聚焦于三大议题:健康产品和服务的可及性、疾病危险、健康治理,并设有一个全球健康安全中心,研究抗生素和抗生素的耐药性、全球健康监视、生物安全及战后国家卫生系统重建问题。

美国战略与国际研究中心(CSIS)成立于1962年,地处美国首都华盛顿。主要开展政治、经济及安全方面的全球政策研究、战略分析。由于全球健康问题长期被美国视为影响美国国家安全的重要因素之一,该中心加强了美国参与全球健康治理的研究及对中国的研究,包括新兴国家参与全球健康治理的研究,并在盖茨基金的资助下成立了专门的全球健康政策研究中心。主要研究项目有:全球食品安全、水与健康;金砖国家等全球健康外交;全球健康政策;艾滋病防控。

第三节　全球健康发展援助与全球健康治理的发展趋势

一、全球健康发展援助

进入 21 世纪以来,全球化达到了前所未有的深度和广度。卫生与健康议题进入了全球发展的议程,推动了全球健康发展援助在总体发展援助中异军突起。全球健康发展援助为健康状况的改善发挥了积极作用。从目前进展看,卫生相关千年发展目标的全球实现仍然任重而道远,最困难的国家仍需要全球的援助。

存在的问题和挑战

1. 总体规模上升,但是还不能完全满足援助资金的需要　官方发展援助的卫生领域援助金额在 2000 ~ 2006 年实现了 15% 的年增长率。虽然在 2008 ~ 2010 年年增长率降到了 6% ,但是非官方发展援助的卫生领域援助金额增长明显。双边援助占卫生发展援助额的比例从 1990 年的 46.8% 降至 2001 年的 34% ,2008 年又增至 43% 。美国、英国、法国、德国和日本等发达国家是主要援助国。发达国家捐助离国民总收入 0.7% 的承诺相去甚远(图 10-4)。

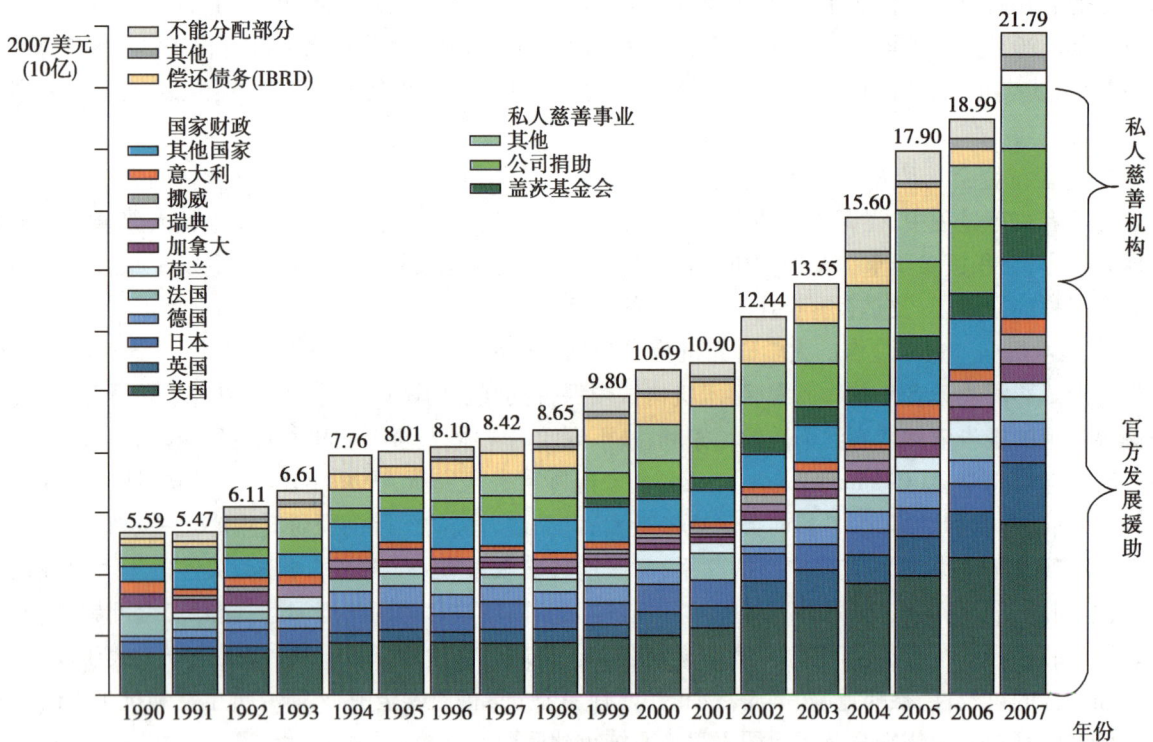

图 10-4　1990 ~ 2007 年间全球健康发展援助的资金来源

2. 私人基金会援助增长,对新兴国家的要求渐增　随着全球主要疾病负担的转型,以及新发传染性疾病、全球气候变化等一系列全球性挑战的出现,世界卫生组织等国际组织,以及各国政府、非政府组织、社会和私人团体等相继参与到发展援助中。非官方发展援助中的非政府组织、私人基金会援助稳步增长,所占份额逐步增加,虽然总量尚未超过政府官方发展援助,但对现有的国际发展援助机制构成了一定的挑战(图 10-5)。国际社会对发展中国家,特别是新兴国家增加发展援助的呼声渐高,发达国家试图转嫁其责任的意图明显。新兴国家逐渐走上了国际援助的舞台中央,如中国已经成为世界粮食援助的第三大捐助国。

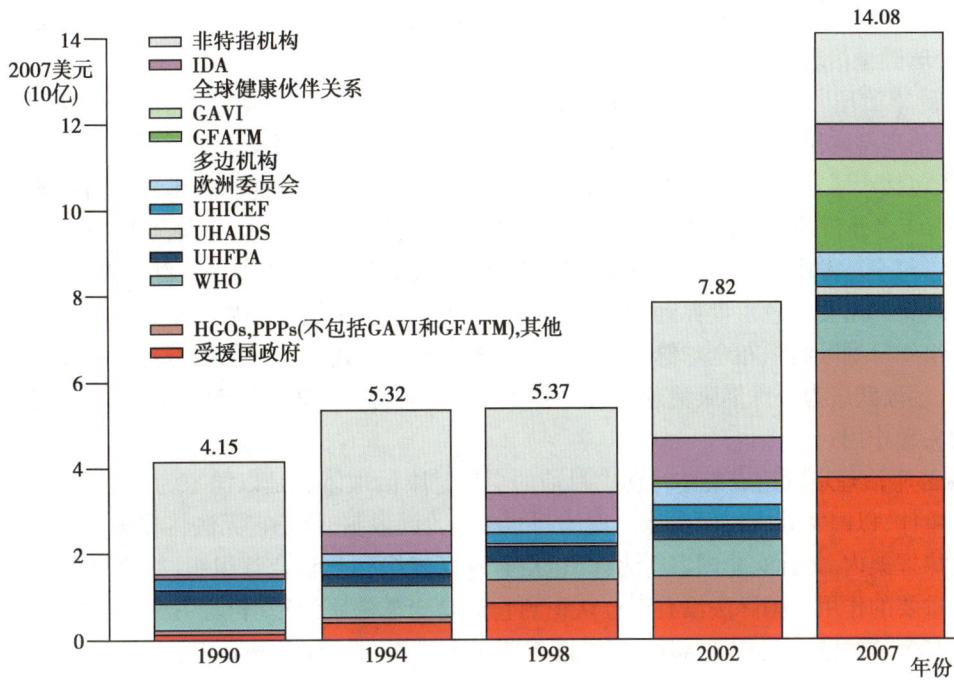

图 10-5　1990～2007 年间全球健康发展援助：公共筹资的资金总额

3. 全球健康相关的专门组织发展，协调与统筹更为复杂　除了传统的国际援助组织，针对健康的特殊目的的组织出现并迅速发展，并产生了创新型筹资模式。近年来，全球疫苗免疫联盟、全球抗击艾滋病、结核及疟疾基金等专门组织迅速发展，成为全球健康发展援助的一个新亮点。同时，这些组织的出现进一步分化和肢解了传统国际发展援助的格局。

4. 发展援助对象和重点转移　近年来，援助国加强了对撒哈拉以南的非洲国家的援助，减少了对东南亚国家的援助。带有特殊目的的捐款，包括卫生技术合作、人道主义援助、应对突发传染病和公共卫生危机事件的捐款不断上升。倾向于中低收入和低收入国家。

5. 继续坚持单一疾病防控的项目运作，卫生体系建设未能得到重视　由于援助方主导国际发展援助的决策，其目光短浅、急功近利、追求短期的量化目标，热心于热点疾病的防控，忽视基本卫生问题，往往使得援助是短期行为，忽略需要整代人努力解决的卫生问题。特别是 2014 年几内亚、塞拉利昂、利比里亚发生的埃博拉出血热疫情之后，国际社会更加强调发展援助要支持受援国的能力建设，通过推进基础设施建设，完善医疗制度，建设综合的医疗卫生体系，保障全球健康发展援助项目在受援国的可持续性。

6. 援助有效性亟待改善　以往捐助者之间分工不明、各自为政、缺乏协调，与受援国需要脱节，导致援助效果不佳，资金浪费。如何使全球健康发展援助更为有效，需要考虑影响援助有效性的相关因素：受援国政府和发展伙伴机构具有强有力的领导；在援助方案的设计和实施过程中，各国政府、捐助者和非政府组织之间的密切合作；鼓励受援国家庭和小区参与健康的设计、实施和监测；开发适用于受援国的简单、灵活的技术和方法，并且不要求复杂的技能来操作和维护；加强卫生系统建设，特别是人力资源培养；统筹可预测的资金。

二、全球健康治理

全球健康治理是在公共卫生问题日益全球化、全球健康状况差距逐渐增大、全球卫生投入不足且分配严重不均、各国公共卫生治理效率低下等背景下提出的，目的就是要构建一个协调、一致的全球健康治理机制，提高全球健康治理效率，促进全球健康平等，增强各国公共卫生治理的能力，最终完成在全世界范围内实现"人人享有健康"的目标。

（一）存在的问题和挑战

联合国体系、世界贸易组织和各国政府的活动是全球治理的核心因素，但不是唯一的因素。由于全球治理是一种平行的、非统治的治理机制,既包括以国家为中心的治理活动,也包括不以国家为中心的治理活动,全球健康治理面临着诸多困境。

1. 全球健康治理主体缺位　全球健康治理要求集合全球的各种力量,共同治理全球卫生问题。目前,全球健康治理结构比较复杂,既有政府间国际组织的治理和国家治理,也包含非政府组织和跨国公司的治理,还包括小区家庭及个人的社会治理。领导权威的建立对于实现全球健康治理的目标至关重要。除了 WHO 之外,其他政府间组织也在争夺全球健康治理的领导权。世界贸易组织和世界银行正日益广泛地参与全球健康治理的各个方面,越来越多的资源和资金投入到公共健康领域,已成为影响各国公共卫生政策的重要角色。世界动物卫生组织(OIE)、联合国艾滋病规划署、联合国开发计划署、联合国教科文组织等国际组织在全球健康治理中也发挥了重要作用。八国集团近年来频繁地参与全球健康治理事务,逐渐跃居为全球健康治理的新中心。尤其是对艾滋病等传染病的防控,非政府组织发挥着无可替代的关键作用。

2. 全球健康治理难以达成集体行动　目前的全球健康治理体制是以国家为中心的,国家是全球治理的最重要主体,以国家为中心的全球治理体制的一个关键限制,就是它无法将非国家行为体纳入到全球治理的法律框架内。然而,非国家行为体,包括非政府组织和公私合营组织,在全球健康治理中却发挥着越来越重要的作用。国际法没有充分认识到它们是全球健康治理潜在的协同合作利益相关者,没有为它们参与全球健康治理及与 WHO 等国际组织的互动提供足够的法律基础,这必然影响其参与全球健康治理的有效性。

3. 各国对卫生领域议题的优先级存在分歧　同一国家对不同的卫生问题,其关注程度是不一样的。在外交政策方面,国家往往对直接威胁到它们的安全与利益的问题更感兴趣,也更倾向于采取有限的集体行动进行干预;发达国家与发展中国家对不同的卫生议题优先级的设定完全不同步。发达国家更有能力对抗疾病,更关心且愿意改善国内的卫生状况,不愿意花费大量财力、人力投入他国卫生状况的改善,除非是为了巩固或扩展自身的国家利益。很多贫穷国家根本没有能力对除传染病之外的其他卫生问题采取有效行动。发达国家更加关注艾滋病、慢性病、肥胖症、妇女与儿童权益等议题,更加愿意把资金投入到这些议题上;发展中国家更关注结核与疟疾、贫穷与饥饿、缺水与水污染环境污染等议题。发达国家与发展中国家之间对公共卫生议题及其优先次序设置上的分歧,反映了全球健康治理的数量与质量是不均匀的。

4. 全球健康投入存在巨大的资金缺口　由于受到政治格局经济发展水平及公共卫生能力等条件的限制,全球卫生投入相对不足。20 世纪 90 年代以来,全球卫生投入增长迅速,但仍然存在巨大的资金缺口。1990 年全球健康发展援助资金只有 5.6 亿美元,2007 年上升到 21.8 亿美元。近年来由于获得的自愿捐助减少,以及美元汇率贬值等因素,WHO 正陷入财务危机。2011 年 WHO 面临 3 亿美元的赤字。总的看来,全球卫生资金投入仍以疾病为中心,相对忽视发展中国家的基本生存需求与加强卫生系统能力建设。例如,国际社会对艾滋病问题给予了广泛关注并投入了大量资金,远远超过了对其他公共卫生问题的关注与投入;水和良好的卫生设施对于内容更广泛的卫生议题来说是基础性的,但在全球性和国家级计划中,水和卫生设施很少有被列入优先事项的机会。

5. 全球健康治理基本框架尚未完全形成　各种全球性危机频频暴发,对全球健康带来严重影响,暴露了现有全球健康治理的不足及其重要性。目前,既有全球健康治理的结构还比较松散,尚未形成一体化的全球健康治理基本框架,碎片化与重叠化并存,严重缺乏协调。多个组织目标不同,有时甚至相互冲突,部分职能相互重叠,并且缺乏沟通,导致全球健康治理的无计划性和略显混乱的局面。为了更敏捷、迅速地应对各种健康危机,全球健康治理结构必须形成更一体化与更网络化的“全球健康治理基本框架”,国家、政府间组织、公司合营组织、非国家行为体各司其职,各负其责,又相互联系、相互依赖,彼此协调,替补空缺。

6. 全球健康治理的法制化建设需进一步完善　全球健康治理发挥作用的主要前提和基础是各主权国家、国际组织、国际非政府组织等多主体之间的合作与协调。法律制度是全球健康治理顺利实施的重要保障。《国际卫生条例》作为一个国际法律工具,对世界卫生组织的 196 个会员国具有约束力。该条例旨在帮助国际社会预防和应对有可能跨国威胁世界范围人民的紧急公共卫生风险。早在1951年，世界卫生组织颁布了《国际公共卫生条例》，1969年更名为《国家卫生条例》，此后被多次修改和更新。在2007年修订的《国际卫生条例》中，要求各国将一些疾病的暴发情况和公共卫生事件向世界卫生组织报告；明确各国报告公共卫生事件的权利和义务；确定了世界卫生组织在维护全球公共卫生安全工作中必须遵循的一系列程序等。国家卫生条例的实施使全球健康治理迈上一个新的台阶，但仍然存在诸多的不足，全球健康治理需进一步加强国际卫生条例在法律上的约束力。此外，卫生不能仅仅停留在医疗卫生法的范畴，应该拓展到其他的法律制度，包括经济法、环境法、食品安全法等更广的层面，以期实现全球健康管理法治化。

（二）世界卫生组织改革

近年来，为适应新形势的变化，不少国际组织开始实施改革。其中，就影响面而言，世界卫生组织的改革无疑最令人关注。

1. 改革背景　世界卫生组织作为全球卫生领域主要的技术权威机构发挥着至关重要的作用。1948年，世界卫生组织是当年唯一的全球卫生组织，而现在只是众多与健康相关的国际机构中的一个。由于各组织机构繁多，全球健康领域缺乏一致性。世界卫生组织本身面临着新出现的公共卫生威胁，人口卫生挑战日益复杂，被赋予的职责和要求承担的工作越来越多。2014年西非埃博拉病毒病疫情表明，脆弱的卫生系统难以提供必要的卫生服务和医疗产品，不能适当解决健康问题的社会、环境和经济决定因素而导致卫生不公平现象，以及《国际卫生条例（2005）》要求的核心能力的落实工作不足，都是导致疫情蔓延的重要原因。因此，需要重新审视世界卫生组织的定位和作用。

世界卫生组织改革的最直接原因，是2008年的金融危机，暴露了世界卫生组织资金不足、延伸过度，工作重点缺乏战略性，资金状况和分配与本组织各项重点工作和计划脱节。增强其效率、有效性和透明度，使其更为灵活、应变能力更强、更为负责，是世界卫生组织改革的重要内容。通过确立明确的重点并采用更好的管理和治理措施，使世界卫生组织能够更有效地履行世界卫生组织章程所确定的"国际卫生工作之指导及调整机关"法定职责。

2. 改革的预期成果

（1）调整核心业务，应对21世纪国家和全球健康挑战。世界卫生组织将缩小其工作范围，专事其最擅长的工作，为这些重点领域提供足够资金，处理会员国所确定的重点事项。这些核心业务领域是：卫生系统和机构；卫生和发展；卫生安全；关于健康趋势及其决定因素的证据；为增进健康发挥召集作用。

（2）改革世界卫生组织的筹资和管理，更有效地应对卫生挑战。这些改革的预期成果是：提高组织的有效性；明确界定总部、区域和国家办事处的作用和职责；增强以结果为基础的管理和问责制；提高资金的灵活性、可预见性和可持续性，并加强资源调动和战略沟通；采用一个新的、灵活的人力资源模型，注重招聘和留用优秀职工。

（3）彻底改革管理结构，加强公共卫生。这方面的改革通过澄清各理事机构的作用以及通过其他改革措施，将增强世界卫生组织的管理。此外，改革后，世界卫生组织可以协调全球卫生领域的众多行动，在全球卫生管理领域发挥更大的作用。

3. 改革过程有三项目标

（1）改善卫生成果，其中世界卫生组织达到其会员国和合作伙伴的预期，能够解决商定的全球卫生优先事项，重点在于本组织具有独特职能或相对优势的行动和领域，以及使供资方式有利于该侧重点。

（2）全球卫生领域更广泛的一致性，其中世界卫生组织发挥领导作用，使众多不同的行动者能够在促进所有人的健康中发挥积极和有效的作用。

（3）追求卓越的组织，即一个有效益、高效率、反应积极、客观、透明和负责任的组织。

4. 世界卫生组织改革规划　世界卫生组织在其《世界卫生组织为健康的未来而改革》报告中给出了改革的领域，见表10-2。

表 10-2 世界卫生组织改革领域与具体方案

改革领域	具体方案
规划和确定重点	确定世界卫生组织工作重点
治理改革	世界卫生组织治理： 1. 加强执委会的执行作用 2. 加强卫生大会的战略作用 3. 区域委员会与全球理事机构的一致性 4. 加强秘书处的支持
管理改革	全球卫生治理： 1. 扩大参与 2. 加强联合国之内的协调 3. 加强与各联盟、同盟和伙伴关系的协调 4. 指导利益有关方开展互动
	组织的有效性、一致性和效率： 1. 加强国家办事处 2. 促进更好地实现一致性、发挥协同作用与开展合作 3. 规划和业务的战略迁移 4. 改进知识管理
	筹资： 1. 提高资金的可预测性和收入的灵活性 2. 设立一项突发公共卫生事件应急基金 3. 改进行政管理费用筹资工作 4. 应对货币波动 5. 加强财务控制 6. 改进全组织资源调动方法
	人力资源： 1. 修订人力模型和合同类型 2. 简化招聘和遴选程序 3. 改进绩效管理程序 4. 实行流动和轮换框架 5. 改善工作人员的发展和学习机会
	基于结果的管理： 1. 采用新的结果链 2. 编制务实预算 3. 修订计划框架 4. 根据国家需求确定计划次序 5. 创建新的资源配置模型
	问责制和透明度： 1. 改进监督和报告 2. 加强内部控制框架 3. 提高审计和监督能力 4. 加强利益冲突政策 5. 制定信息披露政策
	独立评估： 1. 制定评估政策 2. 设立由理事机构对评估工作进行监督的机制 3. 对世界卫生组织进行独立评估
	战略沟通： 1. 建立沟通能力 2. 开发沟通平台 3. 提高公众和利益攸关方对世界卫生组织工作的认识

三、发展趋势

无论是全球健康发展援助,还是全球健康治理,面对如此多的挑战,调整和改革势在必行。

(一) 合作、协作是大趋势

在日益相互依存的世界,任何国家都不能独善其身,为了维护国家和全球的卫生安全,必须采取协同行动。全球健康问题迫切需要全球合作,这已是共识。因此,近年来出现不少以单一健康问题为议题,以协调为目的的全球健康治理机制,参加的机构不仅有全球健康发展援助机构,也有世界卫生组织等治理机构,还有发展中国家和私立企业的代表。尽管这样难免出现协调机制之外的新的协调机制,有叠加和重复之嫌,但是确实反映了未来全球健康发展援助和全球健康治理的基本趋势。

当然,在合作与协作中,并非没有利益之争。国家利益与全球健康利益的差异、传统的全球健康发展援助机构与新型机制的分歧,政府与企业、非政府组织的不同诉求,都将是合作、协作中必须解决的问题。

📚 **知识拓展** 10-4

H8

H8 是 2007 年由 8 个与健康相关的国际组织构成的非正式集团,以八国集团(G8)的形式命名。它们是世界卫生组织、联合国儿童基金会、联合国艾滋病规划署、全球抗击艾滋病、结核病和疟疾基金、全球疫苗免疫联盟、盖茨基金会和世界银行。H8 的成立是为了加快与健康相关的千年发展目标的达成,注重机构间的协调运作。H8 的领导人一致认为应通过现有协调机制来运作,并支持联合国秘书长作为全球卫生倡导者的角色。

📚 **知识拓展** 10-5

IHP、IHP+

国际卫生伙伴关系(IHP)于 2007 年成立,致力于改进发展中国家健康状况的非正式协调机制,从最初的 26 个伙伴成员发展到如今 55 个伙伴成员,包括发展中国家、双边援助国、国际发展援助机构。

国际卫生伙伴关系以及相关行动(IHP+)旨在通过将援助有效性方面的商定目标付诸实践,将国家政府、发展机构、民间社会和其他方面动员起来,以更加协调的方式支持由国家主导的国家卫生战略。这是一个开放的协调机制,目前共有 63 个签署方。

近期分析发现,IHP+提高了援助的有效性,增强了国家对健康援助的主导和领导角色,提高了援助结果的责任共担机制,同时民间组织参与度明显提高。

(二) 更加重视卫生体系建设

面对不断攀升的新发传染病和非传染性疾病的威胁,是解决一时的突发公共卫生危机,还是支持加强卫生系统的体系建设,以便在未来使受援国能够满足最基本的健康需求并以可持续的方式发展。这是全球健康发展援助机构和全球健康治理机制的艰难选择。相比传统的单一疾病防治的项目支持而言,卫生体系建设需要采取更合适的组织形式,健全管理制度,建立完善的公共卫生职能,培训各级工作人员,以国家卫生体系改革和融资来满足卫生系统的需求,解决公共卫生资金短缺和基本医疗全民覆盖的问题。从目前趋势看,愈来愈多的全球健康发展援助机构认识到卫生体系建设的重要性,但是要求受援国承担这方面的责任和经费,则存在投入太大、成为包袱,以及绩效无法衡量等问题。

在卫生体系建设中,关于药品、试剂、医疗器械和疫苗等卫生产品的研究开发和本地化生产化,近来越来越受到关注。以往的健康发展援助项目,一般仅向受援国提供相关的药品、试剂等卫生产品。项目结束,援助终止。由于大部分发展中国家缺乏基本卫生产品的研发和本地化生产能力,只能高价从欧美市场上购买,援助的项目做法和经验无以为继。目前,世界卫生组织、联合国艾滋病规划署等联合国机构积极推动中国、印度等开展南南合作,支持非洲国家的药品生产和知识产权转让。

（三）新兴国家作用和影响值得期待

随着新兴国家的经济增长,部分新兴国家在全球健康领域越来越自信、主动,甚至在某些专业领域引领全球健康议题的设置和讨论,成为全球健康的积极倡导者。巴西担任世界卫生组织《烟草控制框架公约》政府间谈判机制主席,成功推动公约的起草和通过;印度尼西亚勇敢地打开了"潘多拉的盒子"——发展中国家提供了流感毒株,但是却要高价从欧美跨国企业购买由此毒株研发出来的疫苗。经过各方数年努力,在世界卫生组织框架下,建立了全球流感毒株与疫苗利益分享机制;印度以本国仿制药生产能力为依托,不仅成为"发展中国家的药房",更是挑战原有的国际打击假药机制,强调仿制药不是"假药""劣药",重新构建了成员国主导的世界卫生组织打击假药的全球合作机制;俄罗斯不仅举办了全球首届部长级慢性非传染病防治大会,并推动联合国通过了政治宣言,加强了本国控烟立法进程。

（四）资金问题在未来全球卫生发展援助中将继续占显著位置

政府投资,开发银行,双边、多边等援助机构仍需要不断地融资,基金会,私营部门的额外资金是重要的合作伙伴。有效的卫生发展筹资将是全球卫生发展援助的关键。

第四节　中国的卫生援外与全球健康治理

一、中国对外发展援助

（一）对外援助政策的发展沿革

中国对外援助的主要政策战略是以维护世界和平、维护中国根本利益、保障国家安全、提高中国国际地位、进一步营造和平国际环境为战略目的,以不带任何政治条件、严格尊重受援国主权、帮助发展中国家发展经济、争取最大的经济和社会效益为基本宗旨。为了更好地适应国际政治经济形势的新变化,中国的对外援助战略不断地进行调整(图 10-6)。

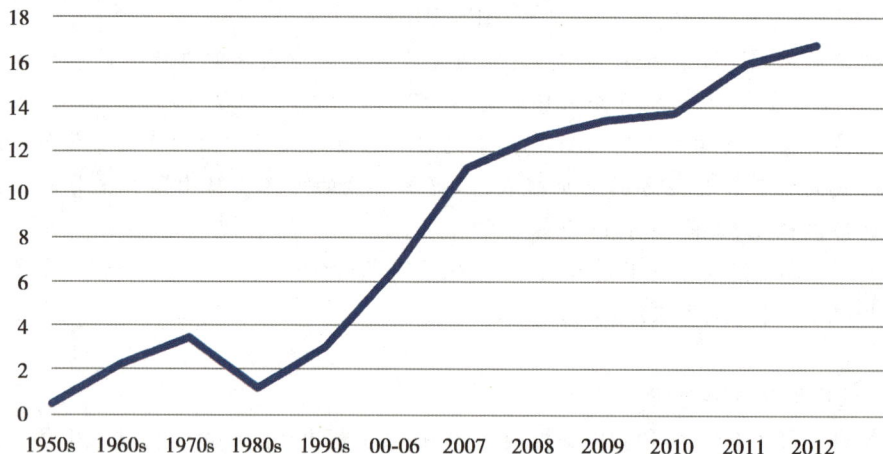

图 10-6　1950～2012 年中国对外官方发展援助

（数据来源:1950-2006 数据来源于商务部,2007-2012 数据来源于财政部。注:不包括优惠贷款）

根据中国对外援助发展变化的阶段性特征,可以将中国对外援助的发展历史划分为六个阶段。

1. 中国对外援助的起步阶段(1950～1963 年)　这一阶段中国对外援助的主要目的是支持第三世界国家的民族解放运动和反对美帝国主义,具有极强的政治色彩。从援助的内容来看,既有军事援助,也有经济技术援助和人道主义援助。

1964 年 2 月 18 日,周恩来总理在访问亚非 14 国期间提出了"中国对外经济技术援助八项原则",明确阐述了中国对外援助的性质和宗旨。这八项原则的基本精神是:平等互利,尊重主权,不干涉内政;切实帮助受援国自力更生;力求使受援国真正受益;尽量减轻受援国的负担;严格履行承担的义务。

2. 中国对外援助的发展阶段(1964～1970 年)　这一时期,中国在外交上既反对美国的侵略政策和战争政策,也反对前苏联的大国沙文主义,对外援助成为中国反对大国霸权、加强与发展中国家友好合作的重要手段。

3. 中国对外援助的高峰阶段(1971～1978年)　这期间,中国总共向68个受援国提供了296.6亿元人民币的援助,比前两个阶段的总和还多110.2亿元。1971年联合国恢复中国合法权利,为中国在国际舞台上参与多边援助提供了机遇。

4. 中国对外援助的调整阶段(1979～1994年)　改革开放后,中国开始推行全方位的对外开放政策。中国从自身和受援国的实际情况出发,从援助的规模、布局、结构到援助方式、管理体制等多方面进行了调整。这一时期,中国对外援助金额减少,但援助面增大。这一时期中国对非洲政策的核心是1983年初中国政府提出同非洲国家进行经济技术合作的四项原则,鼓励和推动中国企业到非洲开展工程承包和劳务合作业务,从而为中国与非洲在互利互惠的原则基础上开展经济技术合作注入了新活力。

5. 中国对外援助的改革深化阶段(1995～2005年)　从1995年下半年起,中国将对外援助的改革进一步深化,突出表现为实行援助资金来源多元化和援外方式和内容多元化,中国积极推行政府贴息优惠贷款和援外项目合资合作,同时适当增加无偿援助。对外援助方式改革后,中国对外援助资金除了政府财政拨款外,还增加了企业和金融机构的部分资金,使得对外援助的规模有所扩大。

1996年5月,江泽民主席访问肯尼亚、埃及、埃塞俄比亚、马里、纳米比亚、津巴布韦6国。在访问非洲统一组织总部时,江泽民发表了题为《为中非友好创立新的历史丰碑》的主旨演讲,提出发展面向21世纪长期稳定、全面合作中非关系的五点建议,这一思想成为中国新时期对外援助的工作方针。

2000年10月,中非合作论坛——北京2000年部长级会议在北京隆重举行。会议通过的《中非合作论坛北京宣言》和《中非经济和社会发展合作纲领》,为中国与非洲国家在21世纪发展长期稳定、平等互利的新型合作伙伴关系确定了方向。

2005年9月,胡锦涛主席在纽约出席了联合国成立60周年首脑会议开幕式,并出席首脑会议发展筹资高级别会议,他在会上宣布了中国为支持发展中国家加快发展而采取的五项重大举措,包括:关税优惠、减免债务、优惠贷款、医疗援助和培养人才。

6. 中国对外援助的全面推进阶段(2006年至今)　2006年1月,中国政府发表《中国对非洲政策》,提出建立政治平等互信、经济合作共赢、文化交流借鉴的新型战略伙伴关系。2006年11月,中非合作论坛北京峰会,胡锦涛主席宣布了中国对非援助的"八项政策措施",标志着中国对外援助进入一个新的发展阶段。

2013年十八大之后,中国对外援助更加展示出中国特色、中国风格、中国气派。习近平主席提出的在外交工作中要坚持正确义利观的重要思想,对于新时期外交和对外援助工作具有重要指导意义,并不断打出新举措:第五次金砖国家领导人峰会决定成立金砖国家开发银行,主要资助金砖国家以及其他发展中国家的基础设施建设,总部设在中国上海;2013年10月,习近平主席在雅加达倡议筹建亚洲基础设施投资银行,向包括东盟国家在内的发展中国家基础设施建设提供资金支持,截至2015年1月,意向创始成员国增至26个,包括东南亚、中亚、南亚和中东地区国家;2014年11月,习近平主席在APEC工商领导人峰会上宣布建设丝路基金,为"新丝绸之路经济带"和"21世纪海上丝绸之路"(简称"一带一路")战略构想提供投资融资支持。

(二) 管理机制

随着对外援助工作的开展,中国逐渐建立了以商务部、外交部和财政部三个部门为主,近20个部委和地方省区市商务部门共同参与的对外援助管理体系。商务部主要负责拟定对外援助政策、编制对外援助计划、拟定国别援助方案等;外交部负责在外交战略上提出对外援助的建议,包括确定对哪些国家提供援助、采取什么方式的援助等;财政部负责制订对外援助的具体预算。现有的以及正在建设的援外管理机制包括:

(1) 商务部、外交部和财政部三部门援外工作联动机制;

(2) 商务部、中国人民银行、财政部以及国家开发银行、进出口银行等部门和机构的减免债务工作机制;

（3）商务部、外交部等部门的紧急人道主义援助联动工作机制；

（4）多部委援外合作机制；

（5）商务部与地方省区市商务部门的工作联系机制；

（6）商务部部内司局援外工作联系机制；

（7）商务部、外交部、财政部以及部内财务、人事、纪检和地区司等单位和技术专家建立的援外项目巡查机制；

（8）与进出口银行优惠贷款联席会议工作机制等。

各部门间的合作体系见图10-7。

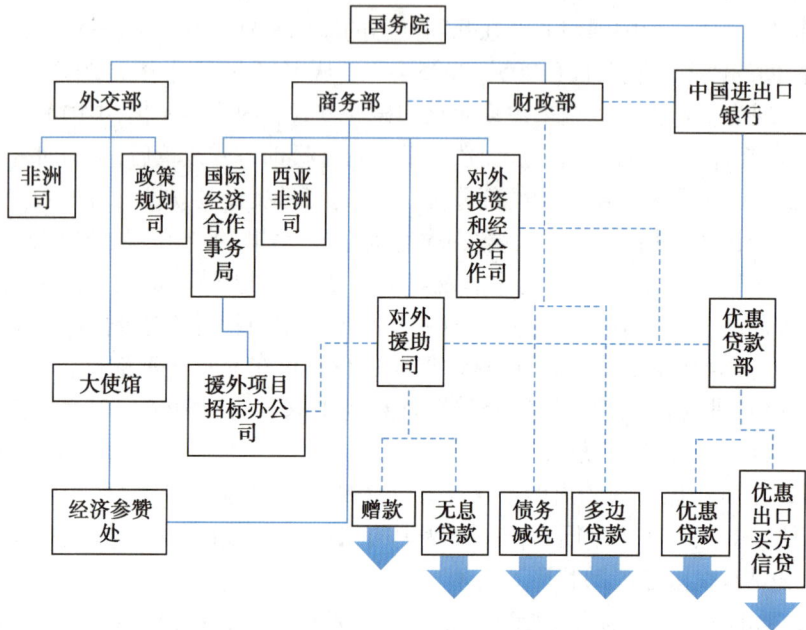

图 10-7　中国对外援助与经济合作体系

除了商务部、外交部、财政部等国家部委和省区市商务部门,援外工作的顺利开展还需要其他相关机构的支持和协助。商务部国际经济合作事务局、商务部中国国际经济技术交流中心、商务部培训中心和中国进出口银行是其中重要的四个对外援助的协作支持机构（表10-3）。

表 10-3　中国对外援助管理部门及其职能

部门	职能
国务院	在制订国家预算时确定一定的支出比例用于对外援助
商务部对外援助司	援外项目的总体规划、年度计划、项目立项等政府间事务,并对执行援外任务的机构进行监督、检查和指导
商务部国际经济合作事务局	主要负责援外成套项目的实施管理
中国国际经济技术交流中心	主要负责援外物资项目的实施管理
商务部培训中心	主要负责援外培训项目的实施管理
中国进出口银行	负责优惠贷款援助事宜
外交部	负责从外交战略角度考虑提出是否向发展中国家提供援助、提供什么方式的援助以及提供多少援助等建议
财政部	负责制订对外援助的具体预算并监督实施
各职能部委	协调配合

二、中国对外卫生援助与合作

（一）援外医疗历史与发展

中国的卫生援助可以追溯到半个世纪以前。从 1963 年起,第一支中国医疗队派往阿尔及利亚。截至 2013 年,中国政府累计向 66 个发展中国家派遣约 2.3 万名医生,诊治患者 2.7 亿人次。目前,中国向 49 个国家派有医疗队,其中 42 个国家在非洲,1171 名医疗队员分布在 113 个医疗点上。50 年来,中国援非医疗队员 1001 人获得受援国总统颁发的总统勋章或骑士勋章。因战乱、意外和疾病所致,50 位优秀医疗队员献出了宝贵的生命。全国有 27 个省(区、市)承担着派遣援外医疗队的任务。援外医疗队的专业组成多样,以内、外、妇、儿等临床科室为主,也包括中医。有普通专科,也有脑外科等高端专业。95% 以上的医疗队员具有中、高级专业技术职称。医疗队员一般两年轮换一次,近年来不断调整,开始出现半年、一年为一期的医疗队。除住房一般由受援国提供外,医疗队费用主要由中国财政承担。随着医疗队的派出,中国每年还向受援国赠送部分药品和医疗器械。

近 10 来,在援外医疗队的基础上,出现了更多的卫生援外的新形式和新举措:

1. 援建医院及无偿捐赠药物器械　中非合作论坛北京峰会召开前,中国共为非洲 24 国援建了 38 所综合性医院、专科医院、妇儿医院、医疗中心、针灸中心和性病治疗培训中心等,为提高受援国医疗基础设施水平发挥了积极作用,在当地社会产生良好影响。其中规模较大的医院包括索马里贝纳迪尔医院、几内亚比绍卡松果医院、刚果(布)731 医院、喀麦隆妇儿医院等,上述项目均由中方按“交钥匙方式”实施,建成后交受援国负责运营管理,为帮助受援国维持医院的正常运行,中方还长期提供医疗设备及医用物资,派遣专家指导医疗设备的使用和维护,并培训当地医务和技术人员。

2. 医疗人力资源开发合作　中国自 1983 年起开始在国内为发展中国家培训技术和管理人员。截至 2011 年底,中国在医疗卫生领域共举办了 400 多期多双边培训班和研修班,为受援国培训医疗领域管理、医护和技术人员共 15 000 余人,培训内容涉及传染病防治、传统中医学、病人护理等专业知识,培训对象包括受援国医疗卫生部门官员、医院院长、医学院校管理人员及专业技术人员。其中,中国在中非合作论坛框架下不断加大对非人力资源开发合作,非洲国家成为中国援外培训的主要对象,累计达到 10 000 人,占医疗卫生领域培训总人数的 60% 以上。

3. 其他形式的援助　在政府鼓励扶持和指导协调下,除上述中央财政资金项下的医疗援助项目外,中国地方政府、企业和民间组织积极参与对外提供医疗援助,主要包括友好城市、社会公益援助等,包括在非洲和拉丁美洲的“光明行”“流动医院”等项目,为中国的医疗援外活动增添了新亮点。

（二）中国对外卫生援助与合作的挑战与机遇

医疗卫生援外是服务中国外交战略的重要平台,是民生领域和扶贫领域最主要的实施工具,是保障中国海外投资利益和驻外人员安全的必要措施,也是中国在海外资源和基础建设投资项目回报当地人民的义务。

中国一贯重视非洲的医疗服务需求,通过援建医院、派遣医疗队、资助药品等方式投入力所能及的人力和物力。而且,非洲经济持续快速发展,以及非洲各国对医疗专业服务和药械产品快速、稳定增长的需求,为中国采取新的医药卫生领域合作模式提供了战略机遇。

1. 挑战

(1) 全球健康援助领域竞争加剧。当前,世界正处于对非援助的战略转型期。随着越来越多的非洲国家局势趋稳,经济发展加速,民生事业发展需求上升,医疗健康领域的国际援助竞争加剧。绝大部分国际援助机构在改革传统的外援方式,寻找更加有效的实施模式。中国提出与形势变化相适应的系统性整体战略和国别规划迫在眉睫。

(2) 受援国对我医疗外援项目的诉求发生变化。随着国际形势变化,中国与受援国在一些项目上的纠纷增加,双边关系从友谊主导型转变为利益主导型。受援国逐渐提出了一些新的要求。中国政府以“交钥匙”方式在非洲援建了一百余家医院与治疗中心,由于受援国的国家财政缺乏卫生经费、缺乏有资质的医务人员和必需的产品供应,导致这些设施有时不能按期投入使用。即使投入使用,由于专业化指导不足,受援医院人员的能力与水平很难得到有效提高,不少医疗设备也因使用不当或缺乏维护频出故障而被闲置,使用效果大打折扣,造成了浪费。

此外,中国通过各地卫生行政部门组建援外医疗队。各地已经越来越难以招募到高水平医疗技术人员。如何在新的形势下,建立一整套完善、有效的鼓励政策和激励措施、采取多种形式来保障医疗队的正当利益,完成这项政府使命,是援外医疗队管理改革的一道难题。

(3)中国医药企业对于非洲等发展中国家的市场了解不够,参与全球卫生产品招标采购的经验和能力不足。近年来,非盟和一些非洲国家在药品生产上推出了很多优惠政策和规则,促使本地区国家加速卫生产品的本地化生产。中国是世界原料药大国,原料药和制剂产能均占全球第一。可生产1500多种化学原料药,产能达200多万吨,约占全球产量的1/5。近年来,原料药行业一直稳定地保持在15%以上的年均增长速率,已经成为中国医药产业的支柱。中国出口原料药优势产品与非洲的需求相吻合,当前非洲市场原料药基本靠进口,且70%~80%的原料药由中国进口(图10-8)。然而,中国的绝大部分医药生产企业虽生产能力和管理效率较高,但缺少国际市场进入的系统技术指导,缺少参与国际招标采购的经验,导致大多数的非洲医药市场招标采购项目由印度企业获得。

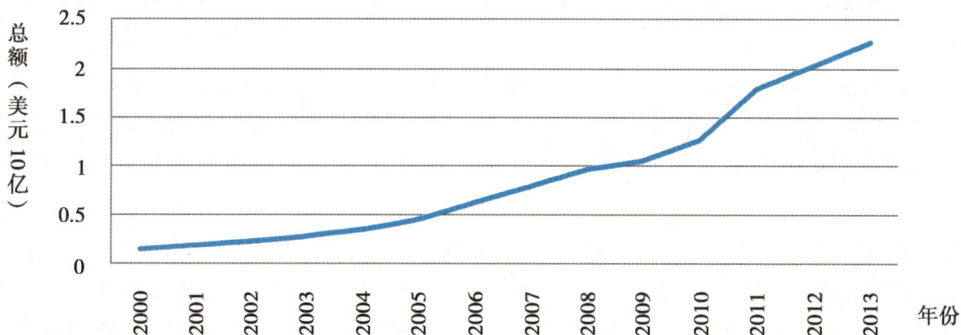

图10-8 2000~2013年中国援非药品出口

(4)国内相关部门间协调亟待加强。商务部是负责对外援助政策制定与方案实施的主管部门,而涉及对外援助的还包括外交部、财政部等多达20多个部委,有效协调、规划、管理的问题一直没有完全解决。医疗卫生援外涉及社会发展领域的各个部门,技术性强,政策协调难度大。从国际经验看,各部委在医疗项目计划突出归口管理部门战略主导,在受援国按照职能统一"入口"的管理实施模式应当得到重视。

(5)援外需要获得国内社会更多的理解和支持。政府部门对援外信息的公开程度远远满足不了国内民众对援外知情权的要求。目前由于缺少官方权威的援外信息公开,导致民间分散、不实的报道占据了援外舆论的主流,影响了国内民众对援外工作的认同、理解和支持,使援外工作面临新的国内挑战。此外,社团、基金会等非政府组织参与全球健康行动甚少,国际社会感觉中国人缺乏国际爱心、缺乏责任感。

2. 机遇

(1)健康是一项基本人权,全球健康是促进全球经济增长的基础。更多的国家和国际组织从全球的高度审视公共卫生问题。可以预计,在2015年后的国际发展目标中,全世界范围内促进人人享有健康,依然是国际社会为之奋斗、各国政府必行切实承诺和采取行动的目标。中国基本解决了13亿人口的卫生健康问题,值得发展中国家借鉴和学习。

(2)南南合作的理念和模式越来越受到非洲等发展中国家政府、国际组织的重视和推崇。中国在医疗卫生领域所取得的成绩,从医疗保障制度的全民覆盖,到医疗服务体系的综合加强,再到医疗产品输出能力的不断提升,引得越来越多的非洲国家将目光投向中国。近年来不少非洲国家政府加大了卫生投入,制定了医疗服务发展的优惠政策和卫生发展规划。寻求医疗卫生领域政策和技术交流的要求越来越多,学习中国经济社会发展成功经验的愿望更加强烈,中国建立的妇幼保健服务体系、疾病监测报告体系、农村新型合作医疗制度、农村人才培养机制等"中国经验""中国故事",成为这些国家提出的合作新领域。

(3)医疗产品需求大幅度提升。非洲等发展中国家政府开展的加强医疗卫生体系建设和增大政府医疗卫生支出的政策,提升了基本医疗产品的需求。由于基础条件差,这些国家和地区的医疗产品生产和供应不能保障普通常见病的治疗,同时一些富裕起来的国家和人们对医疗服务出现了差异化的需求。比如,拉丁美洲部分国家需要进口医疗卫生服务必需的大量产品。传统援助国在这些国家的援助和合作项目仍旧集中在艾滋病、疟疾、传染疾病、儿童健康等传统卫生援助领域。由于心血管疾病和肿瘤发病率高,各类残疾病人占人口的比例很高,在诊断技术服务和防治领域存在大量的刚性需求。与此同时,中国医药生产企业在国内的竞争加剧,转向海外拓展市场空间成为自身发展的内生需求。

国际组织积极支持中国南南合作,促进非洲医疗卫生事业自身发展。世界卫生组织、联合国艾滋病署、联合国儿童基金会、联合国人口基金、比尔和梅琳达·盖茨基金会等通过实施援助和合作项目,采购药品设备,协助中国产品进入非洲和国际市场;并支持中国通过加强与国际组织的交流与合作、援助非洲建设医院、援非医疗队、援助物资等方式,更有效地带动国内医药产品和医疗器械生产企业的投资与出口。

三、中国参与全球健康治理的实践与展望

中国是世界上历史最为悠久且文明延续至今的国家。过去30年里,中国在国际舞台上展现了强大自信的合作伙伴形象。中国不断扩大参与全球各种国际事务,但是中国在全球卫生中的重要性还没有得到国内足够重视。

(一)中国面临的主要健康问题挑战及自身特点

1. 中国面临的主要健康挑战 同许多发展中国家一样,中国面临着人口和流行病学变迁。随着城市化进程加速和人口老龄化,主要健康威胁是慢性非传染性疾病,目前已占了死亡人数的四分之三。虽然中国在控制传染性疾病和妇幼卫生方面成果卓著,但尚未完全根除风险,传染病流行、生殖健康问题仍然存在。这表明中国未来仍面临十分艰巨的健康挑战。由于吸烟、饮食和行为等危险因素的变化,为未来疾病负担投下潜在的巨大阴影。

2. 中国健康问题的自身特点 一是规模大。13亿人口、高达3亿多人的吸烟群体、1.77亿高血压患者和约1.4亿的城市流动人口等,卫生服务需求巨大。二是健康转型迅猛。短短几十年间,从传染病为主的疾病谱,转为传染病和非传染性疾病的双重疾病负担,相当于发达国家几乎一个世纪的变化。第三,健康状况差异大。独特的历史和生态环境所形成的地区差异、人群差异、城乡差异,在人群的健康状况上同样明显。卫生服务需求、卫生发展政策,甚至文化价值观均可能完全一致。最后,中国的累计数十年的经济增长,正在为健康投资创造新的资源。

(二)中国在全球健康领域的作用逐渐增强

2008年北京奥运会之后,中国全球影响力日益显现。在全球健康领域,中国的作用更是日渐增强。主要原因包括:

1. 中国巨大的人口压力以及快速而深刻的健康转型问题具有广泛的全球性影响 实际上,中国正面临着大多数的全球健康挑战,如:慢性心血管疾病和癌症的流行;高致病性禽流感之类的传染病威胁的再现;因食品、饮食结构和身体活动改变而导致的营养问题以及新的环境和行为方式引起的危害,等等。所有这些对健康的挑战,只要发生在中国就会对全球卫生产生显著影响。因此,探索中国式解决方案,也是对全球健康的积极贡献。

2. 中国是卫生创新的重要源泉 这不仅是基于中国拥有丰富的传统医药资源,更是基于中国拥有数量庞大的现代科技工程人才以及拥有社会实践的资源。早在20世纪30年代就开始探索的小区卫生

工作者,以及后来发展壮大的"赤脚医生"制度,是中国对国际初级卫生保健方面做出的创新贡献。如同其他国家一样,中国正在不断调整公私混合的卫生保健体制。中国近年来在应对医疗卫生市场失灵方面所作出的努力可以使全球各国明白哪些是有效的,哪些又是无效的。

3. 中国在全球健康风险的控制和扩散方面承担着重要角色　中国发生的事件对于世界各国的健康也有重大影响。SARS 等新传染病的出现和结核病等传染病的死灰复燃,都提示中国的卫生状况对全球具有重要影响。跨国健康风险的扩散是中国参与全球贸易所面临的不可避免的问题。随着中国能源消耗的增加,工业污染和碳排放对全球健康的影响越发引起全球的关注。

4. 中国在维护和平与促进健康等领域承担越来越多的全球责任　中国的卫生部门主要是内向型的,但其全球作用正在增强。中国首次在联合国专门机构——世界卫生组织成功地赢得选举,获任该组织的总干事,这是中国更加积极、主动参与全球健康治理的一个转折点。中国已向非洲等国家派遣了40 多支医疗队,向拉丁美洲国家,如圭亚那和加勒比海地区国家派出了 200 余名专家提供医疗援助。2014 年西非暴发埃博拉疫情,中国实现了首次派遣专机、多次承诺援助,高调参与全球公共卫生危机救援行动,首次向非洲国家派出大规模公共卫生专家组、开展现场流行病学培训,首次派出军队医疗队参与非洲疾病防控行动,首次运送移动式高等级生物安全实验室开展烈性病毒检测,首次援建固定高等级生物安全实验室,首次向联合国和世界卫生组织派遣专家等多个重大突破。这体现了中国正在从全球安全的视角,认识卫生和健康问题。

（三）中国参与全球健康治理的特点

1. 参与全球健康治理的动力日益增强,范围明显扩大　由于中国的海外利益增多,客观上要求中国通过积极参与全球治理,有效维护自身的利益。此外,中国目前已是 GDP 总量居世界第二的新兴大国,关注全球公共事务,参与全球治理不仅是维护自身利益,也是大国维护和推进人类共同利益所应尽的责任与义务。

2. 参与全球健康治理的自觉性、积极性明显提高,并在其中发挥重要作用　中国在全球健康治理中表现突出,特别是世界卫生组织改革、世界卫生大会的议程设置和议题谈判中,主动作为,敢言善辩,既维护了国家的利益,又从全球健康的视角积极推动重大议程取得进展。此外,在亚太经济合作组织（APEC）、东盟、金砖国家卫生合作机制等多边机制中,加强协调合作、实现共同发展。

3. 参与全球治理的能力亟待提高,非政府组织参与缺位　中国参与全球健康发展援助和全球健康治理的主体多是政府。全球治理是多元行为体的共同治理,而不是国家行为体唱"独角戏"。中国卫生领域的非政府组织众多,但是从总体而言,中国非政府组织的国际化程度不高,具有国际视野与能力的学术研究机构、社团和基金会等非政府组织力量依旧薄弱,能够参与全球健康发展援助和全球健康治理的更是稀缺,缺乏整体的队伍建设和学科发展。因此,有时在全球治理中难免感觉是"配角",表现出被动性、滞后性。

4. 更多出于国家利益的考虑,尚未提升到全球高度　中国对全球健康发展援助和全球健康治理的参与程度,很大程度上取决于对国家利益的影响。如何从更高的层面、更长远的视角,平衡国家利益与全球利益,是未来要逐步解决的问题。更多地从经验、技术、理念上,积极参与全球健康发展援助。

5. 参与力度大,协调统筹与评价体系欠缺　随着中国参与力度的加大,中国应借鉴他国经验,体现中国发展阶段和南南合作特点,建立整体的对外援助和全球治理的协调统筹体系,包括法律框架和机构建设,尽快制定专门的援外立法和"国际发展署",统一筹划和协调援外工作。应将参与全球健康发展援助纳入整体中长期战略规划、政府部门协调机制、援外项目监督和评估机制之中,在全球卫生事务中发挥更大作用。

（任明辉　鲁新　梁晓晖　哈那提）

👁 思考题

1. 纵观国际发展援助历史,当前全球健康发展援助最大的特点是什么?

2. 双边援助与多边援助有什么区别? 各自优缺点是什么?

3. 您认为全球健康治理应该如何改革,才能适应未来全球健康形势的要求?

4. 请以最近发生的国际关注公共卫生事件为例,分析全球健康发展援助和全球健康治理的贡献和挑战。

5. 如何评价中国参与全球健康发展援助和全球健康治理?

第十一章　全球健康展望

🌐 **学习目标**

掌握　联合国未来15年可持续发展目标的重要性和内容。

熟悉　发展中国家实现可持续发展目标的主要挑战。

了解　中国在全球健康领域的作用和角色。

　　全球健康的发展受到每个国家人口数量及其结构、经济发展与科技进步、全球化进程等诸多因素的影响。近年来,随着经济和社会的持续发展,中国在国际事务和国际规则制定中拥有了更多的话语权,在全球健康领域发挥了越来越重要的作用。本章总结了全球健康发展的国际趋势及其影响因素,介绍了全球健康发展战略的演变过程以及从"纵向战略"转为"横向战略"的趋势,阐述了千年发展目标的完成情况和主要经验,以及2015年后可持续发展目标的内容,探讨了全球健康发展的主要挑战和机遇。

第一节　全球健康发展的大趋势

一、全球健康的变化趋势及其影响因素

　　人类的经济发展与科技进步、人口总量及其结构同人群健康状况之间存在着密切关系。随着农业文明向工业文明迈进,全球人口急速增加。近200年来,世界人口爆炸式增长,增长速度远超此前1800年(图11-1)。

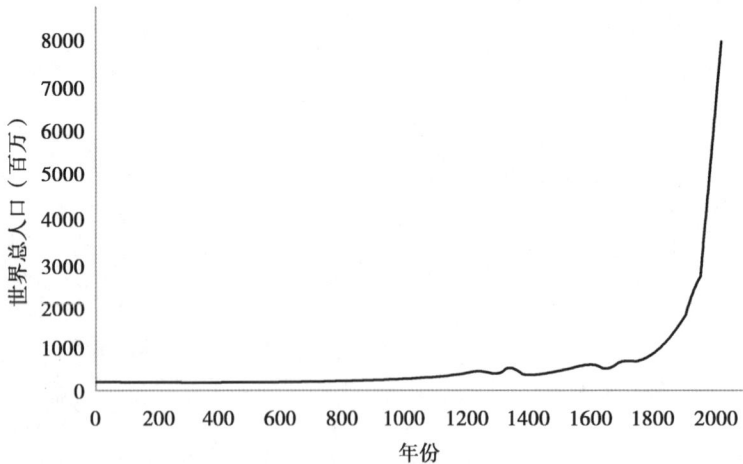

数据来源:

International Programs 2008,Historical Estimates of World Population,International Data Base(IDB),
U.S.Census Bureau,Silver Hill Road, Washington,DC,viewed 13th April, 2015,
<http://www.census.qov/ipc/www/worldhis.html>
International Programs 2008,Total Midyear Population far the World:1950–2050,International Data
Base(IDB),U.S.Census Bureau,Silver Hill Road,Washington,DC,viewed 13th April,2015,
<http://www.census.qov/ipc/www/idb/worldhis.html>

图 11-1　公元 1 世纪以来世界总人口的变化

随着总人口数增加,人口分布也呈现高度集中的趋势。发达国家在 20 世纪 50 年代就进入城市化进程,城市人口数超过了农村人口数(图 11-2)。发展中国家在进入 20 世纪以后也出现了明显的城市化趋势,且城市化的速度较发达国家更快,并出现了众多人口超过 1000 万的超大规模城市(图 11-3)。

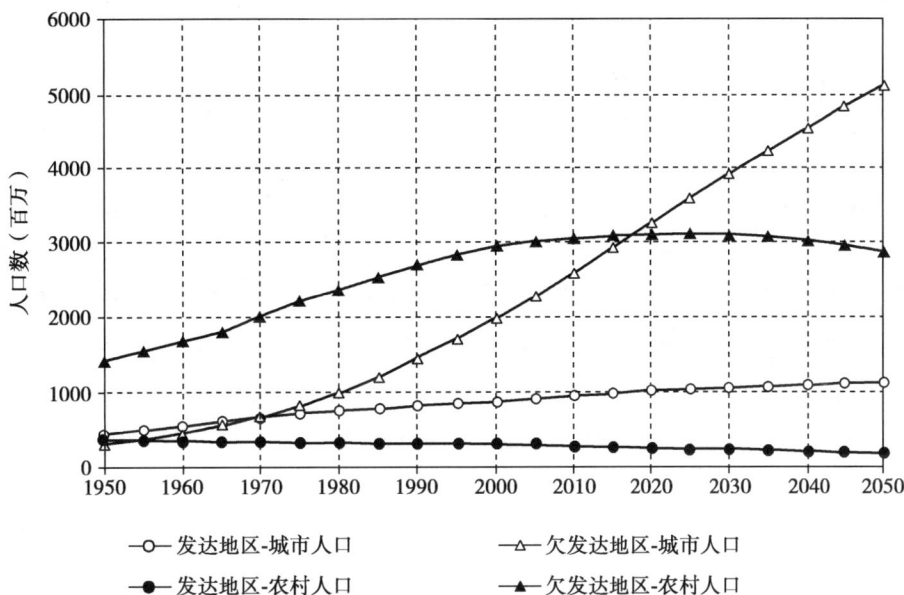

图 11-2　发达与欠发达地区的城市与农村人口

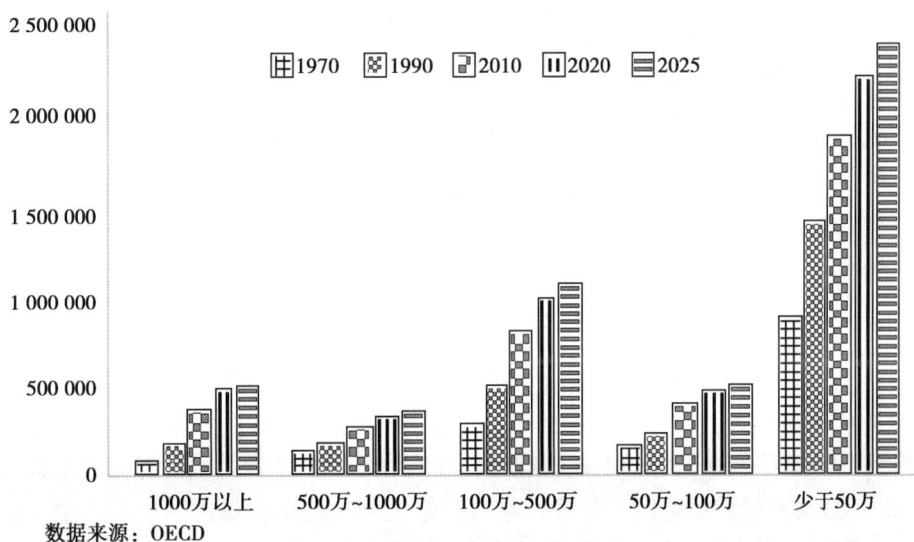

数据来源：OECD

图 11-3　国际援助的数量及构成

自第二次世界大战以来,世界上绝大多数国家在社会、经济等方面都取得了巨大的成就,公共卫生基本状况得到了极大的改善,人口健康水平普遍得到提高。20 世纪 50 年代初,全球总人口为 26.4 亿,平均期望寿命仅为 46.5 岁,到 20 世纪 70 年代末期人口增长至 42.5 亿,平均期望寿命提高至 59.8 岁,而在 21 世纪初全球人口已达 62.6 亿,期望寿命也提高至 65.4 岁。在 21 世纪初,平均期望寿命达到 70 岁以上的国家已经超过了一半,平均期望寿命达到 75 岁以上的国家占 25%。

面对全球化及国际化的进程,传染病控制、预防绝不仅仅是一个国家的内部问题,而是需要跨国合作的全球问题。与此同时,人类的疾病谱发生了很大变化。正如本书第三章所描述的,慢性非传染性疾病、伤害及精神疾患已经成为很多国家最主要的健康问题。这些疾病和对健康的损害造成了巨大的社会经济负担,需要更加有效的应对措施。

目前,环境因素与遗传生物学因素、行为社会学因素并列为影响人类健康的三个主要因素。许多严重的公共健康问题都由环境污染引起或与之相关。例如,1943 年洛杉矶光化学烟雾事件,1952 年伦敦烟雾事件,1953 年日本水俣病事件,1984 年博帕尔毒气泄漏灾难,2010 年美国墨西哥湾原油泄漏事件和 2011 年的日本福岛核泄漏事件。如何通过减少环境诱因来降低疾病负担,改善公众健康,是一个全球性的问题。

全球气候变化是伴随土地退化、海洋酸化、平流层臭氧浓度及淡水资源持续减少等其他人类导致的环境变化而来的现象,自 1950 年开始全球温度平均上升了 0.7℃,伴随而来的是海平面的上升、冰川加速融化及极端天气的出现。在过去几十年中,气候变化已经明显地影响了人类健康。已有研究表明,自 1975 年起,肯尼亚所在地区的气候变化(气温升高和降雨量减少)同儿童发育不良有明显关系,这表明人口增长所带来的全球变暖和持续干旱破坏了农作物的生长并对人类的营养状况造成影响。这些人为造成的气候变化通常与环境的、人口学的和社会学压力相结合而影响人类健康,并且随着全球化的趋势而有更广泛的地域影响(图 11-4)。

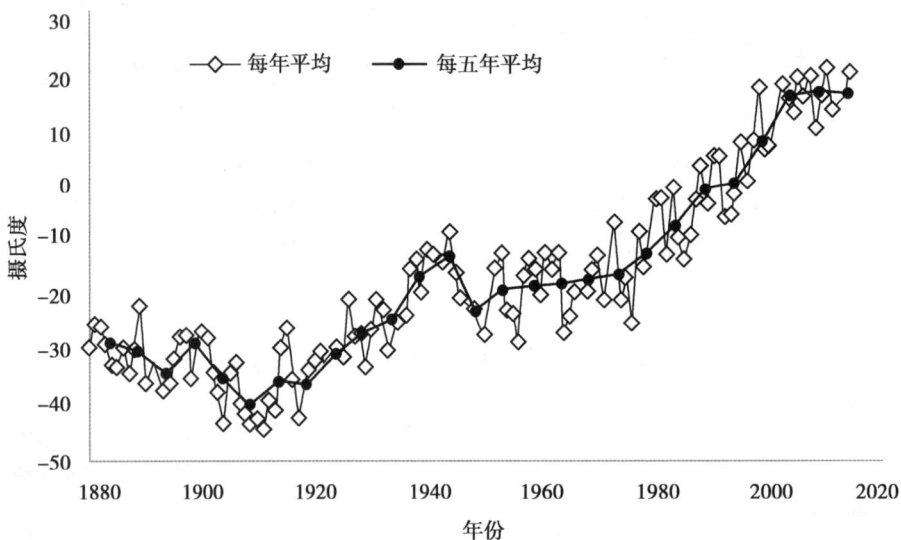

数据来源:NASA Goddard Institute for Space Studies

图 11-4 全球气候的变化 1880~2020

新的科学技术的出现对疾病负担的影响十分巨大,卫生技术的发展可以减轻疾病负担,从而降低卫生需求。1999 年世界健康报告指出:自 1952 年至 1992 年间人类整体健康水平的提升有一半应归功于科学技术的发展。高效抗病毒治疗的出现、预防疟疾的杀虫蚊帐、治疗疟疾的青蒿素组合疗法及高效疫苗的出现(如肺炎球菌和轮状病毒的疫苗等),均对减轻全球疾病负担做出了巨大贡献。虽然科学技术的投入和创新发展可以很大程度地缓解疾病负担,但中低收入国家应更加关注国民健康和卫生体系等更深层面的问题,例如贫穷、缺乏教育、政府对穷人的健康重视不够及少数民族和妇女在社会中的地位。同时,加强基础设施建设、解决用水及基本卫生问题也是减轻全球疾病负担,实现可持续性发展的基本条件。

二、全球健康发展战略的演变

纵观全球范围内控制疾病和维护人类健康的实践经验,可以发现以下两个主要趋势:

(一) 从孤军奋战转为全球合作

在一个世纪以前,一个国家和人群的健康问题主要取决于各国自身的自然资源、经济与社会发展状况。因此,低收入国家的健康问题形成了一个个"问题孤岛",成为"孤军奋战的战场"。随着全球经济贸易往来的不断增加,人们对于疾病传播超越国界的认识不断加深,特别是二战所形成的新世界秩序及 1948 年世界卫生组织的建立,全球健康的合作框架逐步得到完善。

在全球健康的合作框架中,共同应对传染病和慢性病的挑战让全球健康领域的国际合作变得更加紧密,世界卫生组织及联合国儿童基金会、联合国开发计划署、联合国人口基金、联合国教科文组织和世界银行等联合国其他组织,在开展全球范围内的健康发展援助方面起到了十分重要的作用。过去几十年中,全球健康领域的双边合作扮演了重要的角色。进入 21 世纪后,以千年发展目标为指引的一系列有目标、有组织、有协同的多边合作逐渐成为主流。与此同时,以盖茨基金会为代表的民间组织的力量发挥了不可忽略的作用。图 11-5 反映了近些年来全球健康领域国际援助资源投入迅速增加的趋势。

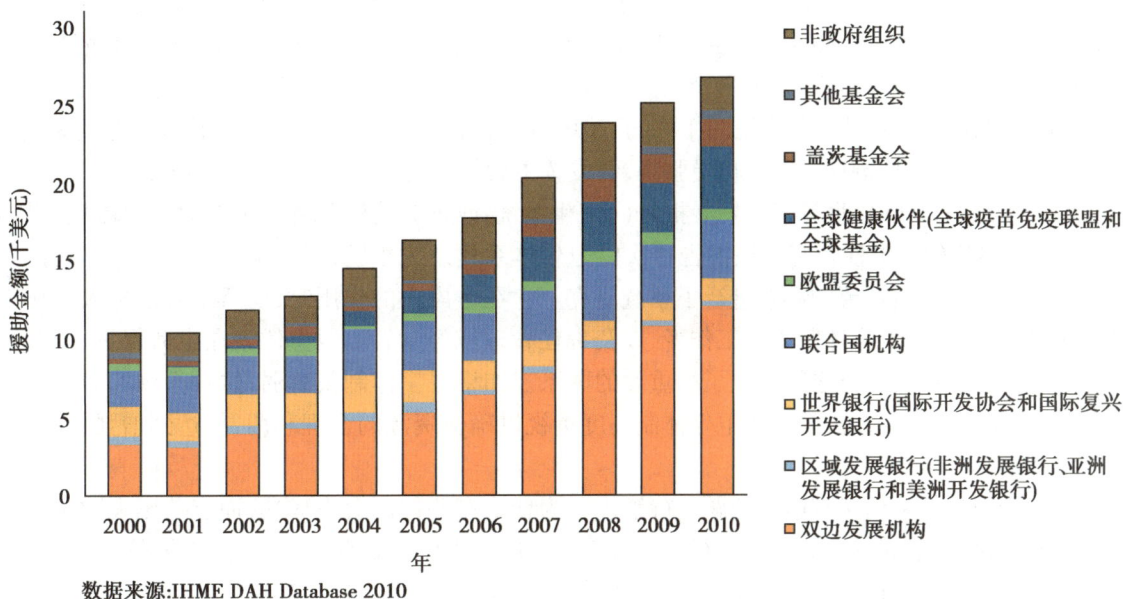

数据来源:IHME DAH Database 2010

图 11-5 国际援助的数量及构成

(二)从"纵向战略"转为"横向战略"

世界卫生组织创立后的前 30 年里,国际社会将注意力集中在防控某一具体疾病上,即"垂直疾病"的防控,例如结核病疫苗的广泛应用。天花曾经对人类健康产生了巨大的威胁,在很多发展中国家肆虐了数个世纪。随着一系列防治项目的推行,天花成为第一个被人类彻底根除的疾病。进入 21 世纪之前,健康领域的国际合作大多采取的是这种针对特定的疾病而开展的"垂直项目管理模式"。

随着各国卫生体系的逐步建立和发展以及国际合作的深化,人们越来越清楚地认识到,"垂直项目管理模式"虽然有其"集中力量打歼灭战"的特点,但常常出现项目一撤疾病卷土重来、一个项目挤占另一个项目的资源,以及对整个卫生体系的可持续发展贡献不明显等缺点。因此,国际社会越来越重视受援国"吸纳能力建设",主要包括卫生体系的基础建设,以及加强卫生体系。

在全球健康发展的历史上,1978 年的《阿拉木图宣言》开启了"横向战略"发展的新阶段。世界卫生组织 1978 年于阿拉木图召开了第一次初级卫生全球会议,这次会议最重要的成果就是《阿拉木图宣言》。这份宣言不但重新确认了健康权是人类最基本的权利之一,还明确了初级卫生保健的基本原则。宣言指出,基层卫生服务不仅仅是卫生服务的一个层级,它还指基于可操作的、科学的及可以被社会接受的方法和技术等基本医疗服务,并且这种医疗服务是所有人群都能享受的。医疗服务每个阶段的发展需要依靠整个社区的参与,社区建立了每个家庭之间的联系,并为基本医疗服务的发展提供财务保障和支持。它的核心价值是"自立(self-reliance)"和"自决(self-determination)",及依靠社区自己的资源并独立地决定医疗服务等事务。

然而,在《宣言》发布后的实践过程中,很多人发现"初级卫生服务保健"和"人人健康"这两个目标不仅难以测算达成度并且脱离实际甚至不可能实现。因此,各国政府和联合国的其他部门开始转变方针,实行"有选择性的基本医疗卫生"政策。主要的改变在于满足特殊人群的需求,尤其是妇女的需求。在这项方针的指导下,著名的"GOBI-FFF"原则诞生了,即:更多的监测(growth monitoring)、简单易得的口服补水盐溶液(oral rehydration)、母乳喂养(breast feeding)、免疫接种(immunization)、计划生育(family planning)、女性教育(female education),以及食物供给(food supplementation)。实际上这些是全球健康领域的一种"纵向措施"。

社会经济水平的不断提高,越来越多的业内人士将眼光再次投回《阿拉木图宣言》中提到的"横向措施"。他们认为"横向措施"是可以让世界健康水平整体提高的唯一路径。1986年,在加拿大渥太华召开的首届国际健康促进大会的重点在于减少健康不平等和倡导更健康的生活方式。在这次会议上,《渥太华宣言》获得通过。该《宣言》中明确指出,健康促进涉及5个重要领域,制定促进健康的公共政策(building healthy public policy),创造支持性环境(creating supportive environments),加强社区行动(strengthening community actions),发展个人技能(developing personal skills)和调整卫生服务方向(reorienting health service)。值得一提的是,中国将于2016年,即渥太华会议后的30年,首次承办全球健康促进大会,这是中国在全球健康领域发出更强声音、发挥更大作用的一个历史性机会和平台。

世界卫生组织2000年世界卫生发展报告(《卫生系统:改进业绩》)标志着全球健康领域从"纵向战略"向"横向战略"的历史性转变。该报告首次以卫生体系建设为主题,对卫生体制在全世界人民日常生活中所产生的越来越重要的影响进行了系统研究。它在考虑人的作用时,前所未有地把人看作卫生服务提供者和消费者,卫生体制内的工作者,以及责任管理或经营者。卫生体系在生命保护、生命改善干预与使用卫生体系的人群之间建立了很重要的联系。如果卫生体制很薄弱,这种干预的力量也同样会被削弱,甚至消失。因此需要给予卫生体制高度重视以确保资源的合理利用,以达到增强保健、防控疾病的目的。

目前关于卫生体系仍然有诸多问题亟待解决。为什么有些体制会很成功,而有些则失败了呢?其运行仅仅是受供求原则的影响,或者还存在其他推动作用?为什么对服务的不满普遍存在,甚至是在能够提供最先进的医疗干预的富裕国家也是如此?如果需要完善体制,目前都有哪些可衡量卫生体制运行和结果的手段?

世界卫生组织2000年的报告系统分析了以上诸多问题,并在三个重要目标的基础上,即提高健康水平和配置、增强卫生服务的"反应性"以及确保公平的资金投入等,首次将联合国成员国卫生体系业绩进行排序,在全球范围内产生了很大影响。

第二节 千年发展目标与可持续发展目标

一、千年发展目标的进展、影响和经验

2000年9月6日至8日,联合国千年首脑会议于美国纽约联合国总部召开,各国首脑在会议中进行了会晤,并于9月8日表决通过了联合国千年宣言。会上各国承诺将建立新的全球伙伴关系以降低极端贫穷人口比重,并设立了一系列以2015年为最后期限的目标,即千年发展目标。从宏观角度谈,千年发展目标的8个目标从不同角度都对全球健康有促进作用,其中目标4、5和6三项与全球健康直接相关,这在之前的章节已有阐述。

截至《千年发展目标:2014报告》发布之时,在与健康直接相关的具体目标中,仅具体目标6.C,即到2015年遏制并开始扭转疟疾和其他疾病的发病率指标已实现。2000年至2013年间,全球疟疾干预措施的扩展使疟疾的发病率下降了30%;其中欧洲的下降最为显著(100%),非洲的下降趋势最不明显(34%)。此外,全球结核病发病率持续下降,2000年至2013年间,年均下降率约为1.5%,而在2012~2013年间为0.6%。其他尚未达成的具体目标有着以下两项共性:第一,既定的具体目标虽然尚未实现且预计2015年前很难实现,但在大多数领域中已取得实质性进展;第二,同一目标在不同地区实现程度差别较大,例如撒哈拉以南非洲较其他发达国家;且在同一地区中不同国家的差别也较大,如中国较其他亚洲国家。举例说明,与1990年相比,2013年全球5岁以下儿童死亡率下降了49%,在2005年至2013年间的年均5岁以下儿童死亡率下降率约为4%,在2013年全世界5岁以下儿童死亡率为每千活

产 46 例,高于所需达到的每千活产 30 例。如要在 2015 年按期达到具体目标 4.A,2013 年至 2015 年需将死亡减少的速度提升为每年 20.8%,是现在的 5 倍左右。

在发达地区,与 1990 年相比 2013 年 5 岁以下儿童死亡率下降了 58%,在 2005 年至 2013 年间的年均 5 岁以下儿童死亡率下降率约为 3.8%,在 2013 年 5 岁以下儿童死亡率仅为每千活产 6 例,十分接近千年发展目标在 2015 年所要达成的儿童死亡率。但是,在撒哈拉以南非洲,情况则十分不同:即使与 1990 年相比,2013 年其 5 岁以下儿童死亡率下降了 48%,其年均下降率十分缓慢,仅为 2.9%。同样,在 2013 年其 5 岁以下儿童死亡率高达每千活产 92 例,远高于 2015 年需达到的每千活产 60 例的目标。如果将中国从数据中剔除,与 1990 年相比,2013 年东亚地区 5 岁以下儿童死亡率下降了 45%,其年均下降率约为 2.6%,其死亡率为每千活产 15 例,高于需达成的既定目标每千活产 9 例。但同时,与 1990 年相比,中国的 5 岁以下儿童死亡率下降了 76%,年均下降率约为 6.3%,在 2013 年中国的 5 岁以下儿童死亡率为每千活产 13 例,远低于 2015 年所需达成的每千活产 18 例。

与全球健康直接相关的具体目标都遵循了此项规律。虽然大部分目标尚未达成,但是其进展是明显的。同时,虽然实现目标情况存在着较大的地区差异与国别差异,但是千年发展目标为今后开展的行动提供了平台,奠定了基础。

自千年发展目标确立以来,无论从世界和地区的角度上来说,人类在健康发展方面都取得了很大成就。大规模的调查显示,人们普遍认为千年发展目标在其中起了很大的作用。27 个发展中国家及超过 100 家非政府组织均强烈支持千年发展目标,支持率占 75%。但与此同时,有部分业内人士和政策制定者认为千年发展目标的框架存在一定的问题。

一方面,问题存在于千年发展目标制订的过程中。曾有人士指出,千年发展目标的制订过程主要由美国、欧洲和日本三方面参与,由世界银行、国际货币基金组织和经济合作与发展组织提供资金,对其项目进行支持。千年发展目标无论是在发展目标的方向选择上,还是在具体发展目标的确定上,都没有完全考虑发展中国家的利益,发展中国家也没有发出自己的声音。

另一方面,很多学者都认为,千年发展目标的制订"过于简单""不可实现",同时忽略了每个目标本身的特性。例如,将孕产妇健康与儿童健康制订为两个目标,在一定程度上忽略了孕产妇健康与新生儿健康之间的紧密关系。此外,将疟疾、艾滋病和其他的传染性疾病相分开,丧失了制订整体性项目的可能性。这事实上是"纵向干预",而不是现在国际社会更提倡的"横向干预"。

二、可持续发展目标的提出

在 2010 年千年发展目标首脑会议的成果文件中,各国要求秘书长启动关于活动、磋商和分析工作的年度报告制度,为 2015 年后国际发展议程提供参考。

联合国系统工作组是以联合国秘书长为核心,为准备 2015 年后国际发展议程而于 2012 年 1 月份建立的。工作组汇集了 60 余个联合国实体、机构及国际组织,并由联合国经社部与联合国发展署共同主持。工作组为关于 2015 年后发展议程的讨论提供了分析投入、专业知识和宣传推广。

工作组于 2012 年 6 月向秘书长提交了第一份关于 2015 年后国际发展议程的报告。这份题为《实现我们所有人期望的未来》的报告列出了工作组对 2015 年后发展议程的主要建议。报告呼吁在发展议程中采取综合政策手段来促进和保证包容性经济发展、包容性社会发展和环境可持续发展,并将此作为进一步讨论 2015 年后联合国发展议程的参考。

1987 年,联合国世界环境与发展委员会主席布伦特兰夫人(Gro Harlem Brundtland)在报告《实现我们所有人期望的未来》中,将可持续发展定义为"既满足当代人的需要,又不对后代人满足其需要的能力构成危害的发展",这一定义得到了国际社会的广泛接受,并在 1992 年联合国环境与发展大会上取得广泛共识。中国的学者对这一定义作了如下补充:可持续发展是"不断提高人群生活质量和环境承载能力的、满足当代人需求又不损害子孙后代满足其需求能力的、满足一个地区或一个国家需求又未损害别的地区或国家人群满足其需求能力的发展"。

《实现我们所有人期望的未来》的报告还提及了于 2012 年 7 月建立的致力于 2015 年后的高级别小

组的工作情况。该小组于 2013 年 5 月末向秘书长提交了关于 2015 年后发展议程的建议报告。里约+20 会议最主要的一个成果就是成员国同意制订出一套行之有效的可持续发展目标(sustainable development goals,SDGs),以在可持续发展方面采取集中统一行动。里约+20 会议的成果表明,制订可持续发展目标的进程应考虑到与 2015 年后发展议程的进程协调一致。由 30 名成员组成的联大开放工作组的任务就是向第 68 届联大(2013~2014 年)提请审议可持续发展目标的提案。联大公开工作组的技术支持由机构间技术支持工作组提供,该工作组得到致力于 2015 年后发展议程的联合国系统工作组的支持。

2014 年底,联合国秘书长潘基文向联合国大会提交了 2015 后发展议程综合报告草案,对 2015 年后发展议程进行了全面介绍。潘基文指出,2015 年将为我们提供一个前所未有的机会,希望所有国家采取行动,以确保我们未来的福祉。千年发展目标将在 2015 年底到期,世界各国领导人都呼吁制订长远的 2015 后发展议程,继续完成千年发展目标的未完成任务,消除极度贫困,全力应对气候变化,实现全球可持续发展,促进持续性和包容性的经济增长。报告本着实事求是和透明的原则,汇集了各成员国的意见,共同制订出 2015 年后发展议程。

该报告确定了六方面基本内容:消除贫困和不平等,改善人民生活和福祉,确保包容性的经济转型,构建正义、安全与和平的社会,为当代和未来保护地球,建立持久的伙伴关系以实现可持续发展。

2015 年 9 月,包括习近平主席在内的各国领导人在联合国召开特别峰会,通过了"可持续发展目标",即为后 2015 发展议程的目标,旨在为下一个 15 年世界发展提出明确的战略目标,共含 17 项:

目标 1:在世界各地消除一切形式的贫穷

目标 2:消除饥饿,实现粮食安全,改善营养和促进可持续农业

目标 3:让不同年龄段的所有的人过上健康的生活,促进他们的安康

目标 4:提供包容和公平的优质教育,让全民终身享有学习机会

目标 5:实现性别平等,增强所有妇女和女孩的权利

目标 6:为所有人提供水和环境卫生并对其进行可持续管理

目标 7:每个人都能获得价廉、可靠和可持续的现代化能源

目标 8:促进持久、包容性和可持续经济增长,促进充分的生产性就业,促进人人有体面工作

目标 9:建造有抵御灾害能力的基础设施、促进具有包容性的可持续工业化,推动创新

目标 10:减少国家内部和国家之间的不平等

目标 11:建设包容、安全、有抵御灾害能力的可持续城市和人类住区

目标 12:采用可持续的消费和生产模式

目标 13:采取紧急行动应对气候变化及其影响

目标 14:养护和可持续利用海洋和海洋资源以促进可持续发展

目标 15:保护、恢复和促进可持续利用陆地生态系统,可持续地管理森林,防治荒漠化,制止和扭转土地退化,阻止生物多样性的丧失

目标 16:创建和平和包容的社会以促进可持续发展,让所有人都能诉诸司法,在各级建立有效、负责和包容的机构

目标 17:加强执行手段,恢复可持续发展全球伙伴关系的活力

就像"千年发展目标"一样,"可持续发展目标"包括任务里程碑和任务完成指标。为了实现与健康直接相关的目标,提出了以下里程碑和指标:

- 到 2030 年,将孕产妇死亡率降低到 10 万分之 70 以下,消除可预防的孕产妇死亡、新生儿死亡、婴儿死亡以及 5 岁以下儿童死亡;
- 到 2030 年,实现生殖健康权利的均等化,包括向全民提供高质量的性生活和生殖健康的信息、知识、器具,特别是青少年;
- 到 2030 年,彻底遏制艾滋病、结核、疟疾和被忽略的热带病流行;

- 到 2030 年,将因非传染性疾病造成的基本和损伤负担降低三分之一;
- 到 2030 年,加强心理疾患、酒精和毒品依赖问题的预防和控制;
- 到 2030 年,将交通事故死亡人数降低一半;
- 到 2030 年,实现全民健康保障覆盖,包括让所有人都不会遭遇"因病致贫",都能获得基本药物、技术和疫苗;
- 到 2030 年,将因环境污染所造成的死亡率和发病率降低一半;
- 加强国际控烟框架协议的实施;
- 支持科技研发,支持发展中国家灵活应用关于知识产权的国家贸易协定;
- 加强发展中国家的卫生人类资源,包括社区卫生工作者的培训;
- 加强全球健康风险预警、防范和应对;
- 全面强化卫生体系建设;
- 清除影响卫生保健服务的法律和政策障碍;
- 确保实现全民健康保障覆盖的财政预算,发达国家至少将其国民收入的 0.7% 用于援助发展中国家。

第三节　挑战和机遇

一、主要挑战

在实施"千年发展目标"的过程中,各个国家以及各种国际组织所遇到的挑战主要是来自资源和体制机制两方面的挑战。一方面,发达国家还没有走出经济发展低迷的困境,短时间内明显提高其国际援助的可能性不大;另一方面,很多发展中国家、特别是低收入国家,要实现"可持续发展目标",就像实现"千年发展目标"一样,无论是财力还是人力资源,缺口还很大。因此,发达国家在双边和多边合作方面需要加大支持力度。与此同时,由于受援国较弱的吸纳能力和整体协调能力、国际援助的多元化及缺乏有效协调,很多国际援助的资源并没有得到有效的利用,产生应有的效果。未来全球健康领域的发展模式应当是"纵向战略"(即有效防控重大疾病)和"横向战略"(即加强整个卫生体系建设)的有机融合。

二、战略机遇

与 21 世纪前 15 年的发展历程相比,在未来 15 年实现"可持续发展目标"的过程中,全球健康发展面临重要的战略机遇和利好条件。

其一,随着"全球化"进程的深入,人们对全球健康的认识进一步提高,越来越多的有识之士认识到:世界各国正在成为全球健康领域的"命运共同体",这对于进一步加强全球健康领域的合作十分重要;

其二,随着科学技术的不断发展,特别是信息技术和生命科技的日新月异,人类应对疾病、改善健康的手段也越来越多,"移动医疗""智慧医疗""精准医疗"等新的医疗卫生服务模式的出现,必将为全球健康的发展提供新的推动力;

其三,在过去 15 年间,各个国家以及各种国际组织在全球健康发展领域以及双边、多边合作方面,已经积累了大量的宝贵经验,建立了必要的互信基础;

其四,全球健康的内涵与外延得到进一步扩展,参与全球健康发展的力量也呈现出多元化的发展态势。近些年来,世界卫生组织所提倡的"将健康融入所有政策"得到越来越多的国家的响应,促进了健康相关部门的合作。像盖茨基金会这样的民间机构,其每年的支出超过了整个世界卫生组织的年度预算,在全球健康领域已经发挥而且必将进一步发挥重要的作用。

在这样的形势下,中国政府开启了更加积极的外交政策。随着"一带一路"倡议的提出、"亚洲基础建设投资银行"的建立,中国在全球健康在内的全球事务中的作用和影响力必将进一步地提升。

中国政府积极参与 2015 年后发展议程的制订,同时提出如下思路和立场:

一是 2015 年后发展议程应坚持发展模式多样化、"共同但有区别的责任"等原则,坚持以消除贫困和促进发展为核心,确保经济、社会、环境等领域全面均衡发展。

二是 2015 年后发展议程的重点领域和优先方向应包括:消除贫困和饥饿、全面推进社会进步并改善民生、促进经济包容性增长、加强生态文明建设和促进可持续发展。

三是 2015 年后发展议程应将可持续发展目标作为主要基础,不应就具体目标重开谈判。应建立完善的实施机制和执行手段,保障发展资源,确保目标得以实现。应建立平等均衡、合作共赢的全球发展伙伴关系,其核心仍是政府主导的南北合作。南南合作、私营部门和非政府组织合作等均是补充而不是替代。发达国家应兑现官方发展援助承诺,建立健全向发展中国家转让发展技术的机制,鼓励和支持发展中国家能力建设。发展中国家应继续加强南南合作,团结互助,共谋发展。

四是 2015 年后发展议程应致力于营造公平、开放、有序的国际经济环境。应进一步深化国际金融体系改革,增加发展中国家的代表性和发言权,维护自由、开放、非歧视的多边贸易体制,探讨完善全球投资规则,加强区域互联互通,促进区域经济一体化,努力形成深度交融的互利合作网络。应重点关注发展中国家,特别是非洲和最不发达国家面临的困难与挑战,注重解决南北发展不平衡问题,缩小发展差距。

五是 2015 年后发展议程应加强后续执行与落实,加强国际层面执行手段的监督,重点审议官方发展援助、技术转让和能力建设等发展承诺的落实情况,而不是设立国别层面的强制性监督机制或指标。各国应根据本国国情、能力和发展阶段,按照自愿原则落实 2015 年后发展议程。中国将支持将联合国可持续发展高级别政治论坛作为 2015 年后发展议程审议的执行机构。

毫无疑问,可持续发展目标的提出和组织实施,为全球健康领域的进一步发展提供了一个新的组织动员框架和国际合作平台。挑战虽多,但是随着中国国力和参与全球事务的意识增强,以及世界对于中国的期待提升,未来的 15 年将是中国在全球健康领域迅速增加其影响力的"黄金时代"。

（刘远立　汤胜蓝　田格媛）

👁 思考题

1. 全球健康状况的主要影响因素是什么?
2. 全球健康发展战略是如何演变的? 其原因有哪些?
3. 从全球而言,卫生相关的千年发展目标进展如何?
4. 您认为,2015 年后全球卫生发展目标应该包括哪些主要内容?

参考文献

1. Koplan JP, Bond TC, Merson MH, et al. Towards a common definition of global health. The Lancet, 2009, 373(9679):1993-1995.

2. Beaglehole R, Bonita R. What is global health? Global Health Action, 2010(3):5142. Doi:10.3402/gha. v3i0.5142.

3. Velji A, Bryant JH. Global Health: Evolving Meanings. Infect Dis Clin N Am, 2011(25):299-309. doi: 10.1016/j. idc. 2011.02.004.

4. Richard Skolnik. Global health 101. 2nd Edition. Burlington: Jones & Bartlett Learning, 2012.

5. 世界卫生组织. The determinants of health. http://www. who. int/hia/evidence/doh/en/.

6. 联合国. 千年发展目标报告. 纽约: 联合国, 2008.

7. Hallal PC, Andersen LB, Bull FC, et al. Global physical activity levels: surveillance progress, pitfalls, and prospects. The Lancet, 2012, 380(9838), 247-257.

8. Merson, Michael, Black, et al. *Global Health*. Burlington: Jones & Bartlett Publishers, 2012.

9. 任明辉, 郭岩, 关于健康公平的伦理学思考. 中华预防医学杂志, 2008(6):388-390.

10. 石光, 韦潇, 汝丽霞. 卫生政策的优先重点: 健康和健康不公平的社会决定因素. 卫生经济研究, 2012 (5):35-37.

11. WHO, UINICEF, UNFPA, The World Bank and the United Nations Population Division. Trends in maternal mortality: 1990-2013. Genewa: WHO. 2014.

12. Pamela A. Meyer, Paula W. Yoon, Rachel B. Kaufmann, et al. CDC Health Disparities & Inequalities Report-United States, CDC, 2013, 62(03):3-5.

13. 李立明. 流行病学. 北京: 人民卫生出版社, 2008.

14. Institute for Health Metrics and Evaluation. *The Global Burden of Disease: Generating Evidence, Guiding Policy*. Seattle, WA: IHME, 2013.

15. Dean T Jamison, Lawrence H Summers, George Alleyne, et al. Global Health 2035: a world converging within a generation. The Lancet, 2013(382):1898-1995.

16. WHO. Global health estimates summary tables: deaths by cause, age and sex by various regional grouping. Geneva: World Health Organization, 2013.

17. Richard Skolnik. Global Health 101. 2nd Edition. Burlington: Jones & Bartlett Learning, 2012.

18. Lim SS, Vos T, Flaxman AD, et al. A comparative risk assessment of burden of disease and injury attributable to 67 risk factors and risk factor clusters in 21 regions, 1990-2010: a systematic analysis for the Global Burden of Disease Study 2010. The Lancet, 2013, 380(9859):2224-2260.

19. Lozano R, Naghavi M, Foreman K, et al. Global and regional mortality from 235 causes of death for 20 age groups in 1990 and 2010: a systematic analysis for the Global Burden of Disease Study 2010. The Lancet, 2013, 380(9859):2095-2128.

20. Forouzanfar MH, Alexander L, Anderson HR, et al. Disability-adjusted life years (DALYs) for 291 diseases and injuries in 21 regions, 1990-2010: a systematic analysis for the Global Burden of Disease Study 2010. The Lancet, 2013, 380(9859):2197-2223.

21. 孙德建. 我国消除淋巴丝虫病的全球意义. 中国寄生虫学与寄生虫病杂志, 2005, 23(S1):331-338.

22. World Health Organization. Global status report on noncommunicable diseases 2014. Geneva: WHO, 2015.

23. Stuckler D, Siegel K. Sick societies: Responding to the global challenge of chronic disease. New York: Oxford University Press, 2011.

24. Institute of Medicine. Promoting Cardiovascular Health in the Developing World: A Critical Challenge to Achieve Global Health. Washington, DC: The National Academies Press, 2010.

25. 世界银行东亚及太平洋地区人类发展部. 创建健康和谐生活, 遏制中国慢病流行. 华盛顿: 世界银行, 2011.

26. 中华人民共和国突发事件应对法. http://www.gov.cn/ziliao/flfg/2007-08/30/content_732593.htm.

27. WHO. International Health Regulations (2005), 2nd edtion. Geneva: WHO, 2008.

28. Asia Pacific Strategy for Emerging Diseases (2010). Manila, World Health Organization South-East Asia Region and Western Pacific Region. [2011-03-10]. http://www.wpro.who.int/internet/resources.ashx/CSR/Publications/APSED_2010.pdf.

29. WHO. Emergency response framework (ERF). Geneva: WHO, 2013.

30. Li A, Kasai T. The Asia Pacific Strategy for Emerging Diseases-a strategy for regional health security. Western Pacific Surveillance and Response Journal, 2011, 2(1): 6-9. doi: 10.5365/wpsar.2011.2.1.001.

31. WHO. The world health report 2007: a safer future: global public health security in the 21st century. Geneva: WHO, 2007.

32. 钱序, 陶芳标. 妇幼卫生概论. 北京: 人民卫生出版社, 2014.

33. UN IGME. Levels & trends in child mortality: Report 2013. United Nations Inter-agency Group for Child Mortality Estimation, 2013.

34. WHO. Trends in maternal mortality: 1990 to 2013. Geneva: World Health Organization, 2014.

35. Dickson KE, Simen-Kapeu A, Kinney MV, et al. Every Newborn: health-systems bottlenecks and strategies to accelerate scale-up in countries. The Lancet, 2014, 384(9941): 438-454.

36. Bhutta ZA, Black RE. Global maternal, newborn and child health-So near and so far. The New England Journal of Medicine, 2013, 369(23): 2226-2235.

37. Prince MJ, Wu F, Guo Y, et al. The burden of disease in older people and implications for health policy and practice. Then Lancet, 2015, 385(9967): 549-562. doi: http://dx.doi.org/10.1016/S0140-6736(14)61347-7.

38. Yang WY, Lu JM, Weng JP, et al. Prevalence of diabetes among men and women in China. New England Journal of Medicine, 2010, 362(12): 1090-1101.

39. 胡琳琳, 胡鞍钢. 中国如何构建老年健康保障体系. 南京大学学报: 哲学·人文科学·社会科学, 2008(6): 22-29.

40. Clegg A, Young J, Iliffe S, et al. Frailty in elderly people. The Lancet, 2013, 381(9868): 752-762. doi: 10.1016/S0140-6736(12)62167-9.

41. Wu B, Chi I, Plassman BL, et al. Depressive symptoms and health problems among Chinese immigrant elders in the US and Chinese elders in China. Aging &mental health, 2010, 14(6): 695-704.

42. Ursula C, Kenny C. The Best Things in Life are (Nearly) Free: Technology, Knowledge, and Global Health. World Development, 2012, 40(1): 21-35.

43. H. Varmus, R. Klausner, E. Zerhouni et. al. Grand Challenges in Global Health. Science, 2003, 302: 398-399.

44. Matsubara C, Ikeda N, Ishijima H, et al. Technologies for global health. The Lancet, 2012, 380(9855): 1738-1739.

45. WHO. Sustaining the drive to overcome the global impact of neglected tropical diseases. Geneva: World Health Organization, 2013: 20-26.

46. WHO, 被忽视的热带病: 全球影响与防治对策. 盛慧锋, 主译. 北京: 人民卫生出版社, 2011.

47. WHO. Research and development to meet health needs in developing countries: strengthening global finan-

cing and coordination：report of the consultative expert working group on research and development：financing and coordination. Geneva：WHO，2012.

48. WHO. Landscape analysis of barriers to developing or adapting technologies for global health purposes. Geneva：WHO，2010.

49. WHO. Accelerating work to overcome the global impact of neglected tropical diseases. Geneva：World Health Organization，2012；5-17.

50. Colin Konschak，移动医疗：渐行渐近的变革. 时占祥，马长生，主译. 北京：科学出版社，2014.

51. WHO，WIPO and WTO. Promoting Access to Medical Technologies and Innovation：Intersections public health，intellectual property and trade. WHO，WIPO，and WTO，2013.

52. Marc J. Roberts、William Hsiao、Peter Berman，et al. 通向正确的卫生改革之路——提高卫生改革绩效和公平性的指南. 任明辉，主译. 北京：北京大学医学出版社，2010.

53. 饶克勤，刘新明. 国际医疗卫生—体制改革与中国. 北京：中国协和医科大学出版社，2007.

54. Evans DB，Murray CJL. Health systems performance assessment：debates，methods and empiricism. Geneva：World Health Organization，2003.

55. Roemer MI. National health systems throughout the world. Annual Review of Public Health，1993，14：335-353.

56. Johnson JA，Stoskopf CH. Comparative health systems：Global perspectives. Sudbury，Mass：Jones and Bartlett Publishers，2010.

57. Seán Boyle. United Kingdom（England）：Health system review. Health Systems in transition，2011，13（1）：1-486.

58. Busse R，Blümel M. Germany：health system review. Health Systems in Transition，2014，16（2）：1-296.

59. Rice T，Rosenau P，Unruh LY，et al. United States of America：Health system review. Health Systems in Transition，2013；15（3）：1-431.

60. 李小云，唐丽霞，武晋. 国际发展援助概论. 北京：社会科学文献出版社，2009.

61. 全球卫生战略行动组织（GHSi）. 转变思维模式：金砖国家如何改变全球卫生与发展. 2012.

62. 李安山. 中国援外医疗队的历史、规模及其影响. 外交评论，2009，1：25-45.

63. Deborah Brautigam. The dragon's gift：the real story of China in Africa. Oxford ：Oxford University Press，2009.

64. Daniel Low-Beer. 创新卫生伙伴关系：多元化的外交. 郭岩. 任明辉，译. 北京：北京大学医学出版社，2014.

65. 联合国. 千年发展目标报告 2014. 纽约：联合国，2014.

66. 世界卫生组织. 2010 年世界卫生报告——卫生系统筹资：实现全民覆盖的道路. 日内瓦：世界卫生组织，2010.

67. 世界卫生组织. 2008 年世界卫生报告——初级卫生保健：过去重要，现在更重要. 日内瓦：世界卫生组织，2008.

68. 世界卫生组织. 2000 年世界卫生报告——卫生系统：改进业绩. 王汝宽等，译. 北京：人民卫生出版社，2000.

中英文名词对照索引